刘兵律师税务著作系列

本书由赵俊杰 赵永生担任顾问

中国第一本全面论述现行税收程序制度的专著

税收程序法概论

SHUISHOU CHENGXUFA GAILUN

LAW

刘 兵 著

兰州大学出版社

图书在版编目(CIP)数据

税收程序法概论／刘兵著.—兰州:兰州大学出
版社,2010.12
ISBN 978-7-311-03633-1

Ⅰ.①税… Ⅱ.①刘… Ⅲ.①税法—研究 Ⅳ.
①D912.204

中国版本图书馆 CIP 数据核字(2010)第 245841 号

策划编辑　敬兆林
责任编辑　李　文
封面设计　管军伟

书　　名　税收程序法概论
作　　者　刘兵　著
出版发行　兰州大学出版社　(地址:兰州市天水南路 222 号　730000)
电　　话　0931-8912613(总编办公室)　0931-8617156(营销中心)
　　　　　0931-8914298(读者服务部)
网　　址　http://www.onbook.com.cn
电子信箱　press@lzu.edu.cn
印　　刷　兰州奥林印刷有限责任公司
开　　本　710×1020　1/16
印　　张　23.75
字　　数　458 千
版　　次　2011 年 1 月第 1 版
印　　次　2011 年 1 月第 1 次印刷
书　　号　ISBN 978-7-311-03633-1
定　　价　58.00 元

(图书若有破损、缺页、掉页可随时与本社联系)

内容提要

　　本书是我国第一本全面论述现行税收程序法律制度的专著。

　　本书分上下两编,按照税收程序法的基本原理、基本制度、具体程序制度和法律责任的逻辑结构展开论述。基本原理在本书中起到提纲挈领的作用,基本制度、具体程序制度和法律责任则是本书的主体内容。

　　上编总论部分,简略论述了税收程序法的基本概念、法律渊源、基本原则、税收程序法的地位和性质、税收程序法的历史发展脉络、税收程序法律责任、税收程序法的效力、税务管辖、期间和送达制度。

　　下编分论部分,在上编总论部分的基础上,以分论的形式概括介绍了税收程序法所包含的具体的程序法律制度。这些程序法律制度包括:税务管理程序法——税务登记程序法律制度、账簿凭证管理程序法律制度、发票管理程序法律制度、税收管理员程序法律制度;税收征收程序法——税收核定与纳税调整程序法律制度、纳税申报程序法律制度、纳税评估程序法律制度、税款征收程序法律制度、税款的追征与退还程序法律制度;税收保障程序法——税收优先权程序法律制度、税收代位权与撤销权程序法律制度、纳税担保程序法律制度、税收保全程序法律制度、税收强制执行程序法律制度;税务稽查程序法——税收检查程序法律制度、税收稽查程序法律制度;税务争议处理程序法——税收行政处罚程序法律制度、税收行政复议程序法律制度、税收行政诉讼程序法律制度。

　　本书的优点是:以现行法律法规为着眼点,全面介绍了与税收程序有关的全部税收程序制度;内容全面,体例完整,语言简洁,逻辑顺畅,并附有案例,能使读者通过生动的案例领略具体税收程序制度的法律运作过程。

序

正所谓"文章合为时而著",《税收程序法概论》即将付梓,令人欣慰。

税收作为一种历史现象,随着国家职能的产生而出现,并在其后的发展中造就了与不同民族各个历史阶段的社会经济发展水平相适应的税收制度。但是作为规范和保障税收活动的税收程序制度,却并非自始即与税收法律制度相伴而生,具体到我国的税收程序制度,甚至可以说近些年才开始逐步成型。

改革开放至今,顺应社会主义市场经济建设的要求,同时也出于和国际税收规则接轨的需要,在我国税法制度逐步成熟的背景下,我国的税收程序法律制度也有了相当程度的发展。经历了1984年、1994年的两次税制大改革后,特别是基于WTO对公开、公平、公正的税收环境与简洁、高效的税收工作效率的要求,世纪之交的中国税制又呼唤着新一轮的改革,而其间,税收程序制度的建设和完善将成为重中之重。

虽然中国的法制传统中存在着"重实体、轻程序"的历史倾向,但人类的法治经验表明,完善的(税收)程序制度对(税收)实体规则的实现有着极为重要的意义。正如作为孟德斯鸠政治理想而被描绘成"自动售货机"的法律实现机制所揭示的那样,税收程序制度具有如下两个基本功能:控权和交涉。由于现实中的立法机关既不具备专业知识条件,同时也没有充足的时间和精力为税收机关及其征税行为制定"疏而不漏"的实体规则,致使具体征税过程中的税务行政机关的自由裁量权往往过大、过宽,亟须通过制定一套完善的税收程序规则来约束税收行政机关的恣意行为,令税务行政机关的税收行为在保证"道德耗费"与"经济耗费"最小化的前提下,实现税收实体规则所蕴含的立法目的与宗旨的最大化。另一方面,通过税收程序及其对纳税人主体地位的提升,使税收机关和纳税人之间形成平等为本质的良性互动关系,以替代传统的以"国家政权强制无偿剥夺"为特征的税收机关与纳税人之间的不平等的单向关系,使纳税人的意见富有成效地参与和影响税收的决定过程及决定结果,进而使税务活动建立在征纳双方合意的基础上,最终达到控制税务机关征税权滥用的目的。

当然,税收程序制度在保障税收实体法及其立法目的实现的外在价值之外,还具有独立的内在价值,即程序规则所要求的程序中立、程序公正、程序参与和人格尊严等内在品质,不仅要求税收程序建设更多地注重如前所述的实践层面,而且还要求它关注通过对纳税人人格尊严和权利的尊重等心理层面上的机制保障来实现立法目的并有效解决争端。因为,对于同样的税收决定,纳税人在心理上更愿意接受在中立和公正的程序下所作出的决定;而且,如果在做出税收决定的过程中有相关纳税人的参与,即便纳税人的交涉意见未能实质性地影响税收决定,纳税人也可能更乐于接受该决定。因为,程序的参与消除了税收征纳双方之间的隔阂,并赋予了税收决定更多的合法性与合理性。

由此可见,完善的税收程序制度对于一国税法制度的重要性不可言喻。但是,纵观我国税收程序的实务和理论表现,其现状均不容乐观。特别是从理论研究的角度,虽然税法作为一个年轻的学科,其研究的广度和深度都尚处于起步阶段,但新中国法治建设走过三十年历程后的今天,中国法学界对此领域依然未能给予应有的重视。迄今,在税收程序法方面有价值的专门论著鲜有面世就是明证。我手边的这本《税收程序法概论》的面世,对于税收理论和实务界而言,誉为"及时春雨"恐怕也并不为过。

本书分为总论与分论上下两编。上编总论,按照基本概念、法律关系、基本原则、法律原则、诉讼中的技术规定等主流体例来安排知识编排;下编分论,基于税收程序作为一个开放体系与刑法、民法和行政法等天然的、不可分离的联系,按照征收制度、管理制度、稽查制度及责任制度等税收征管的工作运作流程来安排结构。本书全面地介绍了与税收程序有关的所有问题,如总论中穿插了对税收程序法的发展历史和发达国家税收程序方面的历史经验的宏观描述;分论中("发票管理程序法律制度"一章)又详尽介绍了从发票印制程序制度到发票检查程序制度等非常具体的技术环节,这种安排和叙述模式在其他税收程序法方面的著作中都是不多见的。另外,本书系统而全面地论述了税收程序制度的基本理论、法律规定。它的系统性,使得相关税收程序知识的学习和查阅方便而快捷;它的全面性,又使得读者坐拥此书,便可综览税收程序法的全貌。除此之外,每章还都极具特色地附有"延伸阅读",通过将本章的相关税收程序理论用于典型案例的分析,既深化了对抽象理论的认识和"消化",同时又关注了税务实践中的热点案例。在案例分析中将理论与实践相结合,理论得以具体化,案例分析有了理论依托。总之,理论与实务并重、系统而全面是本书最大的特色。在某种意义上,可谓是一本为税收实务工作人员和即将走上税务岗位的法科学生专门量身定做的实用税收程序法手册,同时,它也为中国税法理论界反思与重构我国税收程序法律制度提供了具有实务慧眼的思路与样本。

最后,无论是从理论研究的角度还是从实务工作方面来看,我相信《税收程序法概论》都是一本顺应时代要求而诞生的著作,我祝贺她的降生。

兰州大学法学院副院长、教授

刘光华

2010年10月

前　言

　　税收程序法是关于税收征收程序基本制度的法律,是税收的基本法律。

　　我国现行税收征收管理体制是建国后经过几次较大的改革逐步建立起来的。总体上看,我国的税制发展大体上经过三个大的历史阶段,即1950—1973年税法的创建与调整阶段;20世纪80年代税法体系的重建与改革阶段;1994年以后新税制改革的确立与完善阶段。我国现行税收体制是按照"以纳税申报和优化服务为基础,以计算机网络为依托,集中征收,重点稽查,强化管理"原则构建的征管体制。围绕这一征管体制,我国建立了以《税收征收管理法》为中心的税收征收管理程序法律制度。

　　本书结合我国税收征管体制的特点,在上编总论部分论述税收程序法的基本概念、法律渊源、基本原则、税收程序法的地位和性质、税收程序法律责任,梳理税收程序法的历史发展脉络。

　　由于税收程序法包含的基本原理、基本制度、具体制度和法律责任是其主体,因此在上编总论部分的基础上,笔者以分论的形式用大量的篇幅来介绍税收程序法所包含的具体的程序制度。这些程序制度包括:税务登记程序法律制度、账簿凭证管理程序法律制度、发票管理程序法律制度、税收管理员程序法律制度、税收核定与纳税调整程序法律制度、纳税申报程序法律制度、纳税评估程序法律制度、税款征收程序法律制度、税款的追征与退还程序法律制度、税收优先权程序法律制度、税收代位权与撤销权程序法律制度、纳税担保程序法律制度、税收保全程序法律制度、税收强制执行程序法律制度、税收检查程序法律制度、税收稽查程序法律制度、税收行政处罚程序法律制度、税收行政复议程序法律制度、税收行政诉讼程序法律制度。由于我国的税收程序法律制度包含了"征"与"纳"的关系,是"税务机关征收税款"与"纳税人依法纳税"程序的有机结合,因此,对于具体的程序制度,笔者是按照主管税务机关应遵守的程序制度和纳税人应遵守的程序制度两个方面分别论述的, 这样既便于税务人员阅读,也便于纳税人阅读。众所周知,在我国税法制度中,实体制度中没有规定具体的法律责任,这是我国税法的特殊之处。我国税法制度的责任问题是在程序制度中解决的,例如在《税收征收管理法》、《发票管理办法》以及其他的相关法规中都有关于法律责任的规定,因此,笔者在介绍具体的程序制度时还将涉及法律责任问题。对于法律责任的论述,笔者也是按照税务人员违法应承担的法律责任和纳税人、扣缴义务人违法应承担的法律责任两个方面分别论述的。

总体上讲,税收程序法包括税务管理程序法、税款征收程序法、税收保障程序法、税务稽查程序法和税务争议处理程序法。从大的方面讲,在我国现行税法体系中,流转税、财产税、所得税、资源税和行为税等税种的征收管理由《税收征收管理法》及其他相关税法予以调整和规范。关税、进出口环节海关代征的增值税、消费税由《海关法》予以调整和规范。税务行政复议由《行政复议法》予以调整和规范,但《税收征收管理法》和《海关法》作了限制性的规定。税务行政诉讼和税务行政赔偿分别由《行政诉讼法》和《国家赔偿法》予以调整和规范。本书将围绕这一系列法律依据,详细介绍税收程序法中的相关理论和制度。

我国税收程序立法在总体上是比较落后的,还存在比较多的问题,主要有:"重实体,轻程序"的观念还广泛存在;税收程序法理论与实践相结合的研究还有待加强;税收管理行政行为缺乏操作性强的税收程序法规范,比如外出经营报验登记在外地该如何登记,没有相应的程序规定;税收程序制度没有法定化,比如发票管理问题,目前只有管理办法;税收程序法规范规定程序过于简单,比如,税收强制执行,目前只有一个法条有规定,并且是与税收保全制度规定在一起的,比如税收优先权问题该如何解决,也没有详细规定;税收程序法规范偏重于规范税务机关的行政行为,缺乏保护纳税人等当事人合法权益的规定;税收程序立法不统一,税收程序法规范比较凌乱,没有税收程序法的名称,更没有税收程序法典。

本书解决不了上述存在的问题,只是想从目前我国现有的税收程序法律规范中找到税收程序法的一些规律和原理,并试图运用这些规律和原理来解释、阐述、分析我国现行的税收程序制度。笔者是这样想的,也是这样做的,是否能达到这一预期的目的,有待读者评判和指正。

目 录

上 编 　 总 　 论

下 编 分 论

第一部分 税务管理程序法

第二部分　税收征收程序法

上编　总　论

　　这一编,是对税收程序法一般原理的论述。主要论述:
税收程序法的概念、特征、法律渊源;税收程序法律关系;税
收程序法的基本原则;税收程序法的性质、作用和地位;税
收程序法的体系、历史发展和发达国家的历史经验;税收程
序法律责任;税收程序法的效力、管辖、期间和送达。

第一章　税收程序法的概念、特征和法律渊源

目前，我国税收程序管理方面的法律是《税收征收管理法》以及其他大量的行政法规，还没有税收程序法法典。因此，税收程序法这一概念，也是在理论界存在。为了讲清楚税收程序法的内涵问题，本章首先阐述了法律程序、税收程序的含义，在此基础上，归纳了税收程序法的概念和税收程序法的特征，然后概括阐述了税收程序法的法律渊源问题。

第一节　税收程序法的概念和特征

一、税收程序法的概念

要理清税收程序法的概念，必须先理清法律程序的含义和税收程序的含义。

1.法律程序的含义

要准确地理解程序的含义，应当从以下几个方面入手。

第一，从法理学的角度来看，程序主要体现为法律关系主体按照一定的顺序、方式和步骤来作出决定的相互关系。

程序的基本表现形态是：法律关系主体按照某种标准和条件整理争论点，公平地听取各方当事人意见，在使当事人可以理解或认可的情况下作出某种具有法律意义的决定。但是，程序不能简单地等同于某种结果的决定过程，因为程序还包含着决定成立的前提，存在着左右当事人在程序完成之后的表明态度的机会，并且保留着客观评价决定过程的可能性。程序通过促进各种意见疏通、加强法律理性思考、扩大选择范围、排除外部干扰来保证法律关系主体作出的决定的成立和正确性。

第二,各种程序具有共同性要素。通说认为,无论是体现自然事实过程的自然性程序,还是反映社会活动过程的社会性程序,都包含着某些几乎是共同性的要素:时间和空间。程序的发生和存续必定处在一定的时空中。时间的流逝、空间的位移构成了任何一项程序不可缺少的组成部分。

第三,法律程序是社会程序中的一部分。法律程序除了具有时空要素外,还具有另外两个重要的要素:主体和结果。法律程序是法律关系主体参与其中,并推动该程序运动的一种程序。它是一个动态过程,并且能够满足法律关系主体某种需要的程序,它反映的是主体和程序之间的关系。法律程序关注法律关系主体的命运,通常以法律关系主体的需要得到满足为其基本要求,因此,法律程序的终结总会产生一定的法律后果。在法律程序中,法律关系主体的活动从来都是有目的的或者说是有目标价值追求的,所以法律程序不会无缘无故地启动、展开,它总是基于一定的原因,并在特定的时空间限制下进行。

第四,对法律程序的研究方兴未艾。长期以来,人们对法律程序的研究局限在民事诉讼、行政诉讼和刑事诉讼等诉讼程序领域,忽视了非诉讼程序,特别是行政程序的研究。但是20世纪以来,随着行政法制的兴起,政府行政权力日益膨胀,行政权力向社会生活的每一个角落渗透,各国在提高行政效率的同时,保障、控制、规范行政权力的正当行使便成为客观现实的需要。美国、德国、日本等发达国家相继颁布实施了行政程序法典,以期强化政府的科学管理,预防和控制行政权力的滥用,加强对公权力的限制,由此各国掀起了第三次行政程序法的立法浪潮。我国是社会主义国家,社会主义法治理念的核心是依法治国,建设社会主义法治国家,这就要讲求人民民主、讲求树立宪法法律的权威、讲求限制公权力的滥用。税收程序法领域也不例外。

2.税收程序的含义

税收程序的定义可以按照如下的层次进行分析。

(1)从主体上看,税收程序是由税务机关管理操作,并由纳税人、扣缴义务人、纳税担保人等当事人参与的运行程序。税收征纳行为包括税务机关的征税行为和纳税人的纳税行为以及扣缴义务人解缴税款的行为,相应地,税收程序也分为税务机关的税款征收程序和纳税人的税款缴纳程序以及扣缴义务人的税款解缴程序。税务机关在税收征收程序中应当遵守属于自己的法定程序制度,同样,纳税人、扣缴义务人也应当遵守属于自己的法定程序制度。税法是公法、是强行性法律,因此,在税收程序中,基于税收债权的公益性和非直接对待给付性以及无偿强制性的特征,国家征税权力的运行程序在税收程序中必然居于主导地位、强制地位,但税务机关与纳税人、扣缴义务人在税收程序中的法律地位却是平等的。税务机关在依据税法主动启动和推进税收程序的过程中,应当认真实行税收程序参与原则，为纳税人参加到税收程序中创造机会和条件，使税务机关和纳税人之间形成良性、和谐的互动关系，以便富有成效地促使税收程序的依法实现，从而保障国家税收的及时、足额入库。

(2)从目的上看，税收程序是以实现税收实体债务请求权为目的的强制程序。国家税收的特点是无偿性、强制性、非直接对待给付性，这使得国家税收债务请求权的实现不同于私法上债务的履行，它必须借助于国家政治权力，按照强行性法律规定的标准才能完成。所以，税收程序制度一方面要求征税主体即税务机关必须依据国家法律赋予的征税职权实施征税行为，另一方面也要求享有纳税义务的纳税主体即纳税人也必须依法实施纳税行为，只有这两种行为相互结合在一起，才能共同完成强制性的国家税收征纳行为，从而保证税收这一公法上的金钱给付之债及时、全面得到履行。

(3)从内容上看，税收程序是包含方式、步骤、时限和顺序诸多要素的公开程序。税收程序上的征纳行为不仅具有实质内容，还具有其独特的运动形式。其实质内容是指以行使征税职权和履行纳税义务为实质内容的税收征纳权利义务；其运动形式是指征纳行为运行的方式、步骤、时限等表现形式。任何一个事物都是内容和形式的统一，内容离不开形式，反过来形式也离不开内容，内容和形式相互联系。同样，任何一个税收征纳行为也是内容和形式两方面的统一，没有实质性的征纳行为，就没有其表现形式的征纳程序。从某种意义上讲，国家税收的征纳程序取决于具有实质内容的具体税收征收法律制度。

方式，是指税务机关完成某一税收征收行为的方法及行为结果的表现形式。步骤，是指税务机关完成某一税收征收行为所要经历的环节和阶段。税收程序一般由税收征收程序的启动、进行和终结三个步骤组成。时限，是指税务机关完成某一税收征收行为的期限。顺序，是指税务机关完成某一税收征收行为所必经的步骤间的先后次序。税收征收行为的方式、步骤构成了税收征收行为的空间表现形式；行为的时限、顺序构成了税收征收行为的时间表现形式。税收程序正是税收征收行为空间和时间表现形式的有机结合，并且这种有机结合所涵盖的方式、步骤、时限、顺序必须以法律的形式事先预设并予以公开为前提。因此，从这一意义上看，税收程序应是包含方式、步骤、时限和顺序诸多要素的公开程序。

(4)从结果上看，税收程序是税务机关解决征税问题的执法程序。在税收程序中，不论是税收征收程序还是税收缴纳程序，其程序结果都是由税务机关代表国家针对具体的课税对象作出征税决定，即税务机关为实现税收法律所规定的目标和任务，应纳税人等税收相对人的申请或依法定职权，依法处理涉及特定税收相对人的某种权利义务事项的税收具体行政行为，税务机关作出的这种税收具体行政行为必须依据国家法律预先规定的各税种的课税对象、征收数额或者征收比例、征税期限以及征税方式依法进行。税务机关按照法律预先规定的制度完成税收征收行为,其目的是为了保证实现对纳税人有法律拘束力的征税决定是公正的。

(5)从法律层面上看,税收程序是一种法定程序。税收是国家为了满足一般的社会共同需要,凭借暴力机关做后盾的政治权力,按照国家事先规定的标准,强制地、无偿地向负有纳税义务的纳税人征收货币的一种活动。因此,为了完成这一税收活动,就必须规定相应的税收程序制度,这种程序制度主要是税务机关代表国家行使征税权力时所遵循的程序。税收征纳双方在税收活动中,都必须诚实履行法定义务、行使法定权利。税务机关在税收征收管理活动中,不得违背法律、行政法规的规定,为纳税人、扣缴义务人设定金钱、财务给付或者其他经济性义务。如果国家不事先规定税收征收程序制度,那么税务机关在征税时就可以想当然地随意征收,其结果必将引发社会矛盾。

3.税收程序法的含义

税收程序法是税收实体法的对称,是指以围绕国家税收管理活动中所发生的程序管理关系为调整对象的税法,是规定国家征税管理权行使程序和纳税人纳税义务履行程序的法律规范的总称,即规定税收管理行为和纳税行为的方式与步骤的所有法律规范的总称。对这一含义可以从以下几个方面分析:

第一,税收程序法是有关税收程序的法,与税收程序活动方式和步骤有关。税收程序法所规范的主要内容是税务机关的税收行政行为,尽管税收程序法也对纳税人、扣缴义务人、纳税担保人的行为作出了要求和规范,但是这都直接或者间接地与税务机关的税收行政行为有关,从某一层面讲,这也是在直接或者间接地规范税务机关的税收行政行为。简言之,税收程序法是规范税收行政行为的方式和步骤的法律。

第二,税收程序法的调整对象是税收行政管理权运作过程中形成的税收行政管理关系,简言之,税收程序法的调整对象就是税收行政管理程序关系。在税收行政管理权运作过程中会形成税务机关之间,税务机关与税务工作人员之间的内部管理关系,税务机关与纳税人、扣缴义务人、纳税担保人和其他当事人之间的各种外部管理关系、服务关系。税务机关与纳税人、扣缴义务人、纳税担保人之间形成的征纳关系是税收行政管理的基本关系,法律、行政法规是处理征纳关系的准绳。这些管理关系是税收程序法调整的主要对象。除此之外,对税收行政管理权监督过程中形成的监督管理关系也是税收程序法的调整对象。建立对税收行政管理权的监督机制,其目的是确保税收行政管理权的合法、正当行使,防止税务机关滥用权力。税收行政管理权监督过程中形成的监督管理关系包括:各级权力机关与税务机关之间的关系、司法机关与税务机关之间的关系、税务机关之间的关系、纳税人与税务机关机关之间的关系、扣缴义务人与税务机关之间的关系等。在税收程序法调整的这些关系中,其核心是控制税收行政管理权的运行。税收程序法的最高价值是控制税务机关的税收行政管理权,最低价值是保障税务机关的税收行政管理权的运行、规范税务机关的税收行政管理权的运行。

第三,税收程序法是关于税收程序的法律规范的总和。它不仅包括税收征收管理法律规范,还包括其他关于税收程序的法律规范。具体讲,税收程序法的内容主要包括:税务管理程序、税收征收程序、税收强制程序、税收检查程序和税收救济程序等,这一系列程序所涵盖的税法内容组成了完整的税收程序制度。

第四,税收程序法的研究对象,在具体层面上,是以与税收程序相关的法律概念、法律规范、法律原则和法律制度为自己的研究对象。从法律角度看,税收程序法的研究对象主要包括税收征收管理制度、发票管理制度、税务登记管理制度、纳税担保制度、增值税专用发票使用制度、抵税财物拍卖变卖制度等,这些具体的法律制度共同构成了我国税收程序法的基本研究体系。

二、税收程序法的特征

1.税收程序法在形式上的特征

(1)税收程序法缺乏统一、完整的法典。和其他程序法不一样,税收程序法由分散于法律、法规、规章中的法律规范组成,目前我国还没有一部统一的综合性的程序性法典,不仅如此,就连税收程序制度方面的主要法律使用的名称还是《税收征收管理法》这一名称。税收程序法的这一特征主要是由税收程序法属于公共行政程序法的部门分支所决定的,而公共行政程序法的特点是广泛性、复杂性和多变性。目前制定行政程序法法典已成为世界潮流,随着行政程序法典立法技术的发展和行政程序法典的制定,税收程序法法典的出现不再是遥远的事情。

(2)税收程序法由不同效力层次的法律规范组成。众所周知,诸如民法、刑法等法律多由法律形式加以规定,而法律以外的规范性文件原则上不能涉及,如果在实践中有问题需要解决,一般是通过立法解释、司法解释来处理的,但是由于税收程序法属于公共行政程序法的范畴,因此要由法律、法规、规章等多层次的法律文件构成。从目前我国的《税收征收管理法》来看,只是涉及了税收管理中的原则性问题,具体的技术标准和操作规程是由其他的法规和规章来规定的。例如,发票管理问题就有《发票管理办法》及其实施细则,《税务登记管理办法》及其实施细则,等等。

2.税收程序法在内容上的特征

(1)税收程序法的内容广泛。由于税收管理涉及税务登记、发票管理、税款征收、税务稽查、强制措施、行政处罚、行政救济等多种制度,因而决定了税收程序法的调整范围极其广泛,不仅数量多,而且内容涵盖税收管理的各个方面。同时随着纳税人、扣缴义务人的合法权益的不断扩展,相应的也需要税收程序法增加、补充程序规范。

(2)税收程序法易于变动。我国的税收法律在立法体制上有多个层次,既有全国人民代表大会及其常务委员会制定的税收基本法律,又有财政部、国家税务总局和海关总署制定的税务规章,还有一些地方人民代表大会及其常务委员会制定的税收地方性法规和地方政府制定的税收地方规章。同时,我国目前正处在改革阶段,许多关系并没有理顺,许多制度并没有定型,这就需要国家根据形势进行宏观调控以维护大局的稳定。由于要配合国家的宏观调控,税收程序法的内容也必须随着国家宏观调控的变动而变动。对同一个问题,可能会在一年中发布几个相关的文件。所以,税收程序法是易于变动的。

(3)税收程序法中实体规范与程序规范没有严格分开。《税收征收管理法》是规范我国的税收管理程序制度的基本法律,在这部法律中,既有实体性的规定,也有程序性的规定。如果从这一角度看,我国的税收程序法既包括实体规范,也包括程序规范,没有将实体规范和程序规范严格分开。

第二节　税收程序法的法律渊源

法的渊源,通说认为是指法的存在或者法的表现形式,大致包括制定法、司法判例、司法解释、习惯、政策等。我国法的渊源基本上都是制定法或者说是成文法,税收程序法也不例外。税收程序法的法律渊源主要是我国的成文法、司法解释,不包括税务行政机关的行政惯例、人民法院的司法裁判案例以及学者的学理解释。

一、概述

税收程序法的渊源是指税收程序法规范的存在和表现形式。由于税收程序法调整的关系较为广泛,因而,税收程序法规范众多,可见诸于宪法、法律、法规、规章和国际协定之中。但是税收程序法的法律渊源有广义、狭义之分。

从广义上说,一切有关税收程序的法律规范的表现形式都是税收程序法的渊源。在我国,广义的法律渊源包括宪法、税收法律、刑法、国际协定等法律规范。另外,在我国,上级税务机关根据行政组织法规定的职权,就有关实施税收程序法的问题向下级税务机关发布的税收规范性文件,在征税机关系统内部具有普遍约束力,这些规范性文件也应当属于税收程序法的渊源。在实行判例法的国家,法院在处理个案的法律文书中对有关税收程序法规范解释中的合理部分,一般承认其具有约束力,从而使这种得到普遍承认的判例形式成为税收程序法的一个重要渊源。依据税收法定主义的要求,我国一般不承认判例法是税收程序法的渊源,也不承认习惯法是我国税收程序法的法律渊源。

狭义上的法律渊源仅是指具体规范税收程序制度的相关法律、法规和规章,例如《税收征收管理法》、《发票管理办法》等。

二、我国税收程序法的法律渊源

(一)广义上的法律渊源

1.宪法

《中华人民共和国宪法》第五十六条规定:"中华人民共和国公民有依照法律纳税的义务。"税收作为我国财政的主要来源,其重要性不可忽视。因此,国家把税收的根本性法律精神写入宪法,理所应当。税法规定应当由纳税人缴纳的国家税款,其所有权依法为国家所有,任何纳税人不得拖欠、拒缴、抗缴国家税款。如果纳税人有逃避国家税收的行为,即是违反宪法,并应受到相应的法律制裁。《宪法》在税收程序法的法律渊源体系中具有最高法律效力。《宪法》关于税收的规定是税收程序法的根本法律渊源。

2.税收法律

税收法律是指由全国人民代表大会或者全国人民代表大会常务委员会通过的有关税收的各个方面的法律。从理论上讲主要包括税收基本法、税收行政法和大量的地方性法规。

(1)税收基本法律。税收基本法是指根据宪法的规定专门制定的用以系统、全面调整税收法律关系的法律,是税收法律关系领域内的基本法律,在宪法与税收部门法之间担负着承上启下的作用。税收基本法的内容包括立法的原则、宗旨、税收原则、税法管辖、税务机关法律地位及其权利义务、纳税人法律地位及其权利义务、税收行政执法、税收司法,其中,税务机关、纳税人的法律地位及其权利义务是核心内容,税收执法和税收司法是重要内容。税收法律的创制一般要经过以下程序:税收法律案的提出;税收法律案的审议;税收法律案的通过;税收法律案的公布。根据立法级次,税收基本法应当由全国人民代表大会通过。目前,我国的《企业所得税法》、《个人所得税法》即是税收基本法律。

税收基本法应当包括税收实体法和税收程序法。税收实体法是关于税收实体性制度的规定,并非程序性的规定,在税收基本法中占有重要的地位,是税收基本法的重要组成部分。在讨论税收基本法时,不应该将税收法律实体性的规定和程序性的规定割裂开来,因为二者之间有相互联系的地方。因此,有学者将税收实体法也视为税收程序法的法律渊源并不是没有道理的。

(2)税收行政法、税收法规、税务规章、税务行政规范。

①税收行政法。税收行政法是指国家最高行政机关根据其职权或者国家最高权力机关的授权,依据宪法和税收法律,通过相应立法程序制定的有关税收活动的实施规定或者办法。2001年4月28日颁布的《税收征收管理法》就是我国重要的税收行政法。这部法律是目前我国关于税收征收管理最主要的程序性法律规范。《税收征收管理法》当然是我国税收程序法的重要法律渊源。当然,除此之外,我国的《行政复议法》、《行政诉讼法》、《国家赔偿法》、《公务员法》、《行政许可法》、《行政处罚法》、《行政监察法》等法律中的有关程序性规定也是税收行政法体系的重要组成部分。

②税收法规。税收法规是指国家最高行政机关即中华人民共和国国务院制定和颁布的有关国家行政管理活动的各种规范性文件,一般使用条例、办法、规则、规定等形式,其地位高于地方各级权力机关制定和颁布的各种规范性文件。税收法规的创制程序一般要经过以下程序:立项;起草;审查;决定和公布。颁布税收法规的目的主要是规范税收行政执法行为,具体内容是规范税务机关行政执法、税务机关与纳税人之间的权利义务关系或者因不当的税收执法而导致的诸如税收行政复议、税务行政诉讼、税务行政赔偿等一系列税收执法活动。2002年国务院发布的《税收征管法实施细则》就属于税收法规。税收法规是目前我国税收立法的主要形式。税收法规的效力低于宪法、税收法律,高于税务规章。

③税务规章。税务规章是税务部门规章的简称,是指根据法律或者国务院的行政法规、决定、命令,在国家税务总局职权范围内制定的,在全国范围内对税务机关、纳税人、扣缴义务人及其他当事人具有约束力的税收规范性文件,其表现形式是命令、指示或者规章等。这些命令、指示或者规章所涵盖的税收程序制度内容也是税收程序法的法律渊源之一。税务规章的创制程序一般也要经过立项、起草、审查、决定和公布。但是,税务规章设定处罚的形式只能是警告和一定数额的罚款,不能设定行政许可项目。

关于税务规章的冲突裁决机制问题,我国法律作了如下规定:税务规章与地方性法规对同一事项的规定不一致,不能确定如何适用时,由国务院提出意见,国务院认为应当适用地方性法规的,税务规章就不再适用;认为应当适用税务规章的,应当提请全国人大常委会裁决。因为国务院的权限范围是可以对税务规章的合法性及合理性加以判断,有改变或撤销税务规章的权力,而对地方性法规,由于其制定主体是地方人大,国务院无权改变或撤销地方性法规,只能提请全国人大常委会裁决。

税务规章与其他部门规章、地方政府规章对同一事项的规定不一致,由国务院裁决。

关于税务规章的监督问题,按照《立法法》及《规章制定程序条例》和《法规规章备案条例》的有关规定,对税务规章的监督主要包括:一是备案审查。税务规章应当自公布之日起30日内由国家税务总局法制部门向国务院法制办备案,国务院法制办对报送备案的税务规章有权加以审查。二是提请审查。国家机关、社会团体、企业事业组织、公民认为税务规章与法律、行政法规相抵触的,可以向国务院书面提出审查的建议,由国务院法制机构研究处理。三是国务院有权改变或撤销税务规章。税务规章具有下列情形的,应当予以改变或撤销:超越权限的、违反上位法规定的、违背法定程序的、对同一事项的规定不一致经裁决应当改变或撤销的等。此外,人民法院在行政诉讼中对规章"参照"适用,对不适当的税务规章虽然不能宣布无效或予以撤销,但有权不适用不适当的税务规章,这在一定程度上体现了对税务规章的监督。

④税务行政规范。在税收征管实践中,还存在着大量的税务行政规范,作为指导税收征管实践活动的依据,纳税人也必须严格遵守。

税务行政规范,即通常所称的税收规范性文件,是指税务机关依照法定职权和规定程序,针对普遍的、不特定的对象作出的对征纳双方具有普遍约束力的、可反复适用的行为规则。通常是指对税务机关制定和发布的除税务规章以外的其他税务行政规范性文件的统称。税务行政规范虽然不是法律的构成形式,但它是税务行政管理的依据,税务行政相对人也必须遵循。从性质上说,税务行政规范多表现为行政解释,即税务机关对法律、行政法规和规章的说明和阐述,是对法律、行政法规和规章的含义、界限以及税务行政中具体应用相关法律规范所作的说明。

(3)地方性法规。在我国,各省、自治区、直辖市的人民代表大会和它们的常务委员会根据本行政区域的具体情况和实际需要,在同宪法、法律、行政法规不相抵触的前提下,可以制定地方性法规,发布决议和决定。凡县级以上地方各级人民政府发布决定和命令,其中带有规范性的法律文件,也是我国的法律形式之一。民族自治地方的人民代表大会有权依照当地民族的政治、经济和文化的特点,制定自治条例和单行条例。地方性法规,其生效范围受到一定的约束,只能在各政权机关管辖的范围内生效。地方性法规中与税收程序制度有关的内容也是税收程序法的法律渊源。

(4)自治条例和单行条例。自治条例和单行条例,是指我国民族自治地方的人民代表大会根据本民族的特点,按照一定的权限和程序发布的规范性文件。

根据《宪法》、《立法法》的规定,在我国有权制定自治条例和单行条例的机关是自治区、自治州和自治县的人民代表大会。

(5)其他。《反倾销条例》、《反倾销调查立案暂行规则》、《反补贴条例》、《反补贴调查立案暂行规则》等涉及反倾销税、反补贴税的相关内容也是税收程序法的法律渊源。

3.刑法

《中华人民共和国刑法》第十五章破坏社会主义市场经济秩序罪第七节专门规定了"危害税收征管罪",共计规定了十二类罪名。《刑法》的这些规定涉及税收程序制度的法律责任问题,因此,这些规定也是税收程序法的法律渊源。

4.国际条约

国际条约是指两个或两个以上国家关于政治、经济、贸易、文化、军事、法律等方面规定其相互间权利与义务的各种协议。我国与世界其他国家签订或加入的国际条约生效后,对于国内的各国家机关、公职人员和公民都有约束力,具有法律效力。因此,我国政府签订或者加入的国际条约,涉及税收程序制度的条款也是税收程序制度的法律渊源。

5.立法解释、司法解释

在法律的实施过程中,遇到有需要进一步明确的法律问题,在实践中由立法机关或最高司法机关作出解释。由立法机关作出的解释称为立法解释。由司法机关作出的解释称为司法解释。在我国一般由全国人大常委会作出立法解释,由最高人民法院或最高人民检察院作出司法解释。在立法解释、司法解释中,涉及税收程序法方面的规定仍然是税收程序法的法律渊源。例如《刑法修正案》(七)涉及的关于逃税罪的认定程序的规定就是税收程序法的法律渊源。除此之外,还有最高人民法院《关于审理偷税抗税刑事案件具体应用法律若干问题的解释》、最高人民法院《关于审理骗取出口退税刑事案件具体应用法律若干问题的解释》。

(二)狭义上的法律渊源

狭义上的税收程序法的法律渊源,在我国主要包括那些具体规范税收程序制度的一切法律、法规和规章,重要的有:《税收征收管理法》、《税收征收管理法实施细则》、《发票管理办法》、《发票管理办法实施细则》、《税务登记管理办法》、《纳税评估管理办法(试行)》、《纳税担保试行办法》、《税收管理员制度(试行)》、《欠税公告办法（试行)》、《税收执法检查规则》、《税务行政复议规则（暂行)》、《税收减免管理办法(试行)》、《抵税财物拍卖、变卖试行办法》、《增值税专用发票使用规定(试行)》、《税务机关代开增值税专用发票管理办法(试行)》以及国务院、国家税务总局颁布的其他与税收有关的程序性政策规定,例如,财政部、国家税务总局《关于增值税若干政策的通知》，财政部、国家税务总局《关于调整和完善消费税政策的通知》，财政部、国家税务总局《关于营业税若干政策的通知》、财政部、国家税务总局《关于加强企业所得税管理若干问题的意见》，国家税务总局、财政部、国土资源部《关于加强土地税收管理的通知》，等等。

第二章   税收程序法律关系

法律关系是根据法律规范建立的一种社会关系。理论界认为,税收程序法律关系是税收程序法学的基本范畴之一,对税收程序法的一般范畴和应用具有指导作用。税收程序法律关系的理论是对税收程序法各种权利义务及其运行方式、过程的高度抽象,是对税收程序法性质的本质揭示,可用于对各种税收程序法现象的分析。为此,了解和研究税收程序法律关系具有重要意义。为了达到这一目的,本章概括论述了税收程序法律关系的概念、特征;税收程序法律关系的主体、内容、客体;税收程序法律关系的产生、变更、消灭;研究税收程序法律关系的理论和实践意义。

第一节   税收程序法律关系的概念与特征

法律关系是法律规范在指引人们的社会行为、调整社会关系的过程中所形成的人与人之间的权利和义务关系。如果按照法律关系的部门法属性分类,程序性法律关系通常可以分为民事程序法律关系、行政程序法律关系、刑事程序法律关系、仲裁法律关系等。不同程序性法律关系是不同的部门程序法对不同类型社会关系调整的结果[1],各种程序性法律关系在内容、形式、设定以及运行方式上存在各自的特点。税收程序法律关系以其独特性成为全部程序性法律关系中的一个特有的重要部分。

一、税收程序法律关系的概念

不同的部门法调整不同的社会关系,税收程序法与其他

---

[1]刘金国等主编:《法理学教科书》,中国政法大学出版社,1999年版,第112页。

程序法的分工在于它只调整与税务机关税收管理程序活动有密切关联的社会关系,或者说它只调整围绕税收征收管理程序活动所发生的社会关系。这类社会关系是税务机关在实现国家征税职能的过程中形成的,它与税务机关实现其税收管理职能的程序活动有密切联系,并以税务机关为税收程序法律关系的必然的恒定的一方主体。以前有学者认为,与税收程序活动有关的社会关系只是税务机关对纳税人、扣缴义务人、纳税担保人的税收管理程序关系。现在,有的学者已提出这种社会关系主要有两大类:一类是由税收管理程序活动而形成的税收管理程序关系,另一类是因税收管理程序活动而发生的对税收管理程序的监督关系。这一观点已为许多学者所认同。如果将税收程序法律关系作为一个部门法概念,那么,相对于行政程序法律关系、刑事程序法律关系、民事法律关系而言,税收程序法对上述两大类社会关系调整后所形成的各种关系都应统称为税收程序法律关系,也就是说是经由税收程序法这个部门法规范、调整而形成的法律关系。由此,税收程序法律关系应当是指税收程序法对在实现国家税收征收管理程序职能过程中产生的各种社会关系加以调整后,所形成的税务机关之间以及税务机关与纳税人、扣缴义务人、纳税担保人等当事人各方之间的权利义务关系。

对这一概念可以从以下两个方面进一步说明如下:

第一,税收程序法律关系是税收程序法律规范对一定社会关系调整后所形成的特定法律关系的总称。这些社会关系是税务行政主体即税务机关在实现国家税收征收管理职能的范围内发生的各种社会关系,其他范围的社会关系不在此列,也不由税收程序法规范调整。同时,对实现国家税收征收管理职能的范围,要作广义的理解,它不仅仅指税务机关为实现税收征收管理职能而进行税收管理程序活动的范围,还应当包括保证有效实现税收征收管理职能所必要的、对税务机关配置权力和实行监督活动的范围。在这个范围内的各种社会关系经税收程序法规范调整后,形成多样性的税收程序法律关系,也就是说,税收程序法律关系的内涵具有复杂性、广泛性。

第二,税收程序法律关系的双方可以都是税务机关,也可以是以税务机关为一方主体而以纳税人、扣缴义务人、纳税担保人等当事人为另一方主体,所形成的由税收程序法予以确定的权利义务关系。需要说明的是,这里所谓的"权利义务",特指税收程序法意义上的权利义务,这种"权利义务"是由税收程序法所规定的权利义务。这些权利义务与其他部门程序法规定的权利义务是有差别的。

二、税收程序法律关系的特征

税收程序法律关系与其他程序法律关系比较,表现出下列几方面特征:

　　1.在税收程序法律关系双方主体中,税务机关这一主体始终具有必然性、恒定性,并以税务机关这一主体为主导

　　税收程序法律关系的一方主体始终必然是税务机关,这是税收程序法律关系主体方面的特征。换句话讲,无论是何种类型的税收程序法律关系,在其双方主体中必然有一方主体是税务机关。这是因为,税收程序法律关系是税务机关在实现税收征收管理职能时发生的一种特定的社会关系的法律化,没有税务机关的活动就不可能发生这种特定的社会关系。税务机关是税收征收程序的当然启动者,没有税务机关,就不可能启动税收征收程序。

　　2.税收程序法律关系主体双方的权利义务不具有对等性

　　这是税收程序法律关系在内容方面的特征,也是税收程序法律关系与民事程序法律关系等其他程序制度相比较而具有的一个显著特征。民事程序法律关系的双方主体具有对等性,因为民事诉讼程序法律制度调整的是以"平等主体之间因财产关系、人身关系所涉及的权益争议"为主要内容的法律关系。

　　虽然税收程序法律关系主体双方相互行使权利并履行义务,不存在一方只行使权利而另一方只履行义务的情况,但是这种权利义务的对应并不是税收程序法律关系调整的权利义务的对等。从理论上讲,法律关系主体互有权利义务,即要求该主体相互之间既行使权利,又要履行义务,反之亦然。权利义务的对等性,是要进一步要求法律关系主体双方相互的权利义务是等值的或基本等值的。在税收程序法律关系中,主体各方都是既行使权利又履行义务,不存在只享有权利的一方或只履行义务的一方。比如,税务机关一方面对纳税人、扣缴义务人、纳税担保人等当事人行使行政处罚的权力,同时又要履行说明理由、允许申辩、告知救济渠道以及接受监督的义务。从更大的范围看,税务机关一方面对纳税人行使征税的权力,另一方面又要对纳税人履行保护、救助的义务。

　　进一步讲,税收程序法律关系主体权利义务的不对等性,还包括各自权利义务的质量不对等。从质的方面讲,双方各自权利义务的性质完全不同;从量的方面讲,双方各自权利义务的价值量也不能相等。从经济学的角度讲,由于权利义务的性质不同,也就无法等量衡量,双方不能形成等价交换。在税收程序法律关系中,各方主体的权利义务在性质上也完全不同。当税务机关与纳税人、扣缴义务人、纳税担保人等当事人之间形成税收程序法律关系时,税务机关行使的是国家征税职权,履行的是法定职责,而它的相对人即纳税人、扣缴义务人、纳税担保人等当事人行使和履行的却是普通公民、法人的权利和义务,两类权利和义务显然具有根本不同的性质,更谈不上具有相等的价值量,而且税务机关一方所固有的权利义务是法定的、不能让渡的,也是纳税人、扣缴义务人、纳税担保人一方根本不可能具有的,因而税收程序法律关系主体双方的权利义务不

具有对等性。

3.税收程序法律关系中的税收征收管理职权具有不可处分性

在税收程序法律关系中，主体中相当一部分都是行政机关即税务机关，其拥有和行使的是国家征税职权。国家征税职权属于国家，是作为国家的主人——全体人民赋予的，它不同于个人的私权利，不能由掌握有这种权力的税务机关自己擅自、随意处分，包括不能放弃、转让等，在应当运用征税职权时必须运用，在不应当运用时则不得运用。这是由税务机关权力的性质决定的。这一特征决定了这种权力对拥有它的税务机关来说，还是一种法定职责。这就是权利义务的重合，即一种权利同时又是一种义务。因此，税收征收管理领域统称的职权，就是职责和权力的统一。税务机关征税，对纳税人来讲，它是税务机关对其行使的一种权力，对国家来讲，它又是税务机关对国家应有的法定责任，或者说是法定的义务。税务机关不能放弃这种权力，放弃了就是对国家的失职，是要视具体情况被追究相应的责任的。

4.相对于民事程序法律关系中的权利而言，税收程序法律关系中个体权利的行使具有明显的限制性特征

纳税人、扣缴义务人、纳税担保人一方权利的行使不具有完全的自由性。纳税人、扣缴义务人、纳税担保人的权利虽属于其个人或者法人或者其他组织，但该权利在税收管理活动中的行使，相对于在民事活动中的行使来讲，自由程度是不同的。纳税人、扣缴义务人、纳税担保人在民事活动中的权利针对另一民事主体时，是完全自由的，不应受任何妨碍与限制，但在税收征收管理活动中，针对税务机关这一主体时，由于涉及个体利益与国家税收利益、个体权利与国家公共权力的关系，它只能是相对自由的，因为在税收管理活动中，纳税人、扣缴义务人、纳税担保人行使权利必须依法受到税务机关这一主体的制约，这是税法的强行性规则规定的。

5.税收程序法律关系设定的灵活性与及时性

税收程序法律关系内容丰富，种类繁多，很难由一部统一的法典加以全面设定。同时，税收程序法所调整的税收征收管理关系，由于税收征收管理事务的复杂多变而具有较大的变化，这就赋予了税收程序法律关系设定的灵活性与及时性特征。这一特征主要表现为：

(1)税收程序法律关系在不易由立法机关以统一法典全面设定的情况下，通常要以其他更多的、非法典的方式来灵活设定，比如国家的税收政策、部门规章等。

(2)税收程序法律关系设定的周期较短，一旦新的税收程序社会关系出现，而又有必要由税收程序法加以调整时，税收程序立法就必须尽快作出反应，及

时以法律规范的形式予以确认和规范。

(3)在许多情况下,已设定的税收程序法律关系存续期间不会太长,一旦社会生活有了变化,已设定的税收程序法律关系已经与之不相适应,就需要废止或修改,已设定的税收程序法律关系就需要随之及时变动。比如,《企业所得税》颁布后,国务院就及时颁布出台了相关实施细则,原有关于企业所得税的实施细则与新的实施细则相抵触的内容即行废止;再比如,农业税废除后,与农业税的征收的法律程序制度就应当作废。

第二节　税收程序法律关系的构成要素

税收程序法律关系的要素,是指构成税收程序法律关系的基本因素。税收程序法律关系和其他法律关系一样,也由主体、内容和客体三要素构成。

一、税收程序法律关系主体

税收程序法律关系主体,或者税收程序法律关系当事人,是指税收程序法律关系权利的享有者和义务的承担者,或者说是法律关系的参加者。税收程序法律关系主体应当有权利能力和行为能力。税收程序法律关系主体包括参加税收程序法律关系的各方当事人,具体包括税务机关、纳税人、扣缴义务人、纳税担保人、税务行政复议机关、人民法院、监督机关以及其他当事人(证人、鉴定人、翻译人员等)等。

1.税务机关

在税收管理活动中,税务机关是占主导地位的一方主体,担负着组织、指挥税收征收管理活动的进程,并组织国家税款及时足额入库的职能,但同时,在税收征收管理活动中,税务机关要依法征税,依法保障纳税人、扣缴义务人、纳税担保人等当事人的合法权益,因此,税务机关不仅仅是税收征收管理程序权利的享有者,也是实施税收征收管理程序义务的承担者。税务机关是税收程序法律关系的主体。

2.纳税人

法律、行政法规规定负有纳税人义务的单位和个人是纳税人。纳税人必须依法纳税,但在纳税的同时,也享有控告权、申辩权等权利。比如2009年国家税务总局就公布了纳税人所享有的各种权利。纳税人是税收程序法律关系的权利享有者,也是税收程序法律关系义务的承担者。纳税人是税收程序法律关系的主体。

纳税人应当包括连带纳税人。连带纳税人,是指对同一纳税义务,数人共同承担清偿或担保责任的纳税主体。连带纳税人履行纳税义务,其效力及于其他连带纳税人。履行纳税义务的连带纳税人,对于超过自己的责任部分,可以向其他连带纳税人追偿。

纳税人还应当包括二次纳税人。二次纳税人,是指纳税人欠缴税款,税务机关无法执行或者追缴时,该纳税人的纳税义务由独立企业业主及其家庭、总公司、清算组织、财产实际管理人、遗产执行人、承担有限责任的股东以及法律、行政法规规定的关系人承担,承担这种义务的关系人称为二次纳税人。

将连带纳税人、二次纳税人视为税收程序法律关系的主体,其目的是为了适应新的经济发展形式,有效杜绝纳税人的偷漏税行为,最大限度地增加国家税收。

3.扣缴义务人

法律、行政法规规定负有代扣代缴税款、代收代缴税款义务的单位和个人是扣缴义务人。扣缴义务人必须依法扣缴税款,但在履行扣缴税款义务的同时,也享有陈述权、申辩权等权利。扣缴义务人是税收程序法律关系的权利享有者,也是税收程序法律关系义务的承担者。扣缴义务人是税收程序法律关系的主体。

4.纳税担保人

经主管税务机关同意或确认,以保证、抵押、质押的方式,为纳税人应当缴纳的税款及滞纳金提供担保的自然人、法人或者济组织,是纳税担保人。纳税担保人提供的担保合法,理应得到税务机关的确认,但同时纳税担保人必须提供合法的担保并承担相应的保证责任,因此,纳税担保人也是税收程序法律关系的主体。

5.人民法院

人民法院代表国家行使审判权,是各种诉讼活动的主持者,在诉讼中担负着重要职责。人民法院的审判行为对于审判活动的发生、发展和终结具有主导和决定作用,全部诉讼法律关系都是以人民法院为一方,以诉讼参与人为一方而形成的。人民法院在诉讼中既享有权利,又承担义务,是诉讼法律关系的主体。如果纳税人、扣缴义务人、纳税担保人等当事人认为自己的合法权益被税务机关侵害,在完成相关程序活动后,向人民法院依法提起行政诉讼,税务行政诉讼程序被启动,此刻人民法院即成为税务行政诉讼程序法律关系的主体。换句话说,人民法院要成为税收程序法律关系的主体,只有在税务行政诉讼程序启动之后。

6.税务行政复议机关

依法受理税务行政复议申请,对具体的税务行政行为进行审查并作出税务行政复议决定的税务机关,是税务行政复议机关。在税务行政复议程序活动中,税务行政复议机关享有税收程序法律关系赋予的进行行政复议的权利,也承担税收程序法律关系要求的相应义务。税务行政复议机关是税收程序法律关系的主体。

7.监督机关

监督机关可能是税务机关的上级机关,也可能是其他机关,比如纪检监察机关,等等。监督机关行使的是对税务机关的监督职权,履行的是依法、如实监督税务机关的义务。监督机关是税收程序法律关系的主体。

8.其他当事人

其他当事人包括证人、鉴定人、翻译人员等,它们要成为税收法律关系的主体,必须具备一定的条件。比如,税务行政复议程序案件调查需要,税务行政诉讼程序案件的需要,等等。这些主体是为了协助税收管理活动或是为了协助人民法院查明案情而成为税收程序法律关系主体的。

二、税收程序法律关系的内容

税收程序法律关系的内容是指税收程序法律关系主体依法享有的税收程序权利和承担的义务。税收程序法律关系以税务机关的税收征收管理活动为基础,并与税务机关的管理职能相适应。由于税收程序法律关系的主体较为广泛,因此,税收程序法律关系的不同主体之间形成了多种税收程序法律关系,不同类型的税收程序法律关系主体的权利和义务也不相同。

(一)税务机关相互之间以及税务机关与其税务执法人员之间的权利义务

1.税务机关之间在税收程序方面的权利义务

第一,上级税务机关对下级税务机关具有行政职权职责的划分配置权;指挥权、命令权和决定权,监督检查权,纠纷裁决权,等等。下级税务机关具有接受和服从上级税务机关的各种决定的义务。第二,下级税务机关对上级税务机关具有请求权、建议权、申诉权和监督权等,而上级税务机关则相应地具有听取建议或申诉的义务、接受监督的义务、纠正错误决定的义务等。第三,横向同级税务机关之间以及斜向不同级税务机关之间则具有要求配合协助与给予配合协助的权利义务。第四,委托税务机关与接受委托机关的权利义务。第五,税务机关建议其他机关与听取其他机关建议的权利义务以及监督其他机关与接受其他机关监督的权利义务。

2.税务机关与其税务执法人员之间在税收程序方面的权利义务

一方面:第一,税务执法人员是由税务机关任用和管理的内部工作人员,在与税务机关的法律关系上,他们有代表税务机关执行税收管理的权利、税务执法人员身份受保障的权利,对税务工作提出批评建议、申诉控告的权利,等等。第二,与上述权利相对应,税务机关对税务执法人员则有保障他们实现上述权利的义务。

另一方面:第一,税务执法人员对税务机关又有服从命令和指挥的义务、忠于职务的义务、保守国家秘密和工作秘密的义务等。第二,相应地,税务机关对税务执法人员则有工作上的指挥命令权、监督权等。

(二)税务机关与纳税人等当事人之间的权利义务

税务机关与纳税人、扣缴义务人、纳税担保人等当事人之间的权利义务可从以下两个层面来看:

1.税务机关对纳税人等当事人的权力层面

一方面,在税收管理活动过程中,税务机关对纳税人、扣缴义务人、纳税担保人等当事人的权力包括实体上的权力和程序上的权力。第一,实体上的权力主要有:制定规范纳税人、扣缴义务人、纳税担保人等当事人行为规则的权力;对纳税人、扣缴义务人、纳税担保人等当事人的命令权、决定权、裁决权、确认权、强制权、处罚权、许可权、指导权以及检查权等。第二,程序上的权力主要有:对纳税人、扣缴义务人、纳税担保人等当事人的调查取证权、强制执行权等。

另一方面,纳税人等当事人对税务机关的上述权力所具有的主要义务有:不得妨碍、阻挠各种税收行政管理权力合法、正确行使的义务、配合协助税务机关合法行使管理权力的义务、服从税务机关行使管理权力结果的义务等。因此,从税务机关具有权力与纳税人等当事人具有义务的关系上看,其基本特征是一种不对等的、以税务机关为主导地位的权力与义务结构。

2.纳税人等当事人对税务机关的权利层面

一方面,在税收管理活动过程中,纳税人、扣缴义务人、纳税担保人等当事人对税务机关的权利也包括实体上的和程序上的两类。第一,纳税人等当事人实体上的权利主要有:在各种形式和渠道的税收管理过程中,合法权益受保障的权利、受到与其他纳税人公平对待的权利、要求并获得赔偿的权利等。第二,纳税人等当事人程序上的权利主要有:对税收管理活动的了解权、对税务机关作出不利于自己的处理决定的申辩权、对税务机关提出行政复议、行政诉讼的权利等。另一方面,税务机关对纳税人等当事人上述权利所具有的主要义务是:保障纳税人等当事人各种合法权益得以实现的义务、保护纳税人等当事人合法权益不受侵害的义务、服务的义务、对纳税人等当事人作出的补偿和赔偿义务以及在税收管理程序上对纳税人等当事人说明理由的义务、听取申辩意见的义务等。

(三)监督机关与税务机关的权利义务

监督机关是在监督税收程序法律关系中依法对税务机关享有国家监督权力或其他监督权利的各种主体,包括国家权力机关、国家司法机关、税务机关自身、纳税人(扣缴义务人、纳税担保人)、其他各社会组织、团体及个人。从行政法角度分析,上述所有监督主体对税务机关的监督可分为权力性监督和权利性监督。权力性监督是运用国家权力对税务机关实施的监督,这种监督运用的是具有强制力的国家权力,其监督结果能直接产生法律效力,是具有实质意义的监督。权利性监督是依照法律赋予的权利对税务机关实施的监督,这种监督只是具有请求性、主张性,因而,其监督结果只是具有程序意义而不具有实质意义,即不能就实质问题直接产生法律效力。

1.权力性监督主体与税务机关之间的权力义务

一方面,权力性监督主体包括国家权力机关、国家司法机关和税务机关自身。第一,权力机关对税务机关的监督权力主要包括:对税务机关权力的撤销权或改变权、对税收管理权力违法运用结果的撤销权或变更权、对税务机关管理活动的检查权、调查权、质询权等,但是权力机关不能对税务机关实行个案监督。比如,某纳税人涉嫌逃税被税务机关立案查处,那么作为权力机关的某市人民代表大会常务委员会就不能就此案予以干预。但是,某市人民代表大会常务委员会可以组织人大代表对税务机关实施税法的情况予以调查,从中发现问题并要求税务机关予以整改。第二,国家司法机关对税务机关的监督权力主要有:对税务机关具体行政行为的审查、裁判权、对作为具体行政行为依据的行政规章和规范性文件的判断权及其适用的否定权、对税务机关申请人民法院强制执行的决定的审查、否定权、对税务机关的司法建议权、对税务机关所作的行政裁决的否决权等,司法机关可以对税务机关实行个案监督。比如,某纳税人涉嫌逃税被税务机关立案查处,并查实该纳税人逃税属实,税务机关据此作出税务处理决定,要求该纳税人依法补缴税款和滞纳金,该纳税人在收到税务机关送达的税务处理决定书后在法定的60天内提起税务行政复议。税务行政复议机关并没有在法定期限作出复议决定,该纳税人就此提起税务行政诉讼,受理该案的人民法院依法处理本案就属于个案监督。另一方面,税务机关对上述国家机关的各种权力性监督不能干扰和妨碍,必须配合并接受监督,必须服从并执行监督机关作出的决定。

2.权利性监督主体与税务机关的监督权利义务

一方面,权利性监督主体对税务机关的监督包括纳税人、扣缴义务人、纳税担保人等当事人对税务机关的监督。这种监督属于税法赋予纳税人、扣缴义务人、纳税担保人等涉税当事人的救济权利。在权利性监督中,监督主体有对税务机关的税收行政管理活动提出批评、建议的权利,申诉、控告、揭发的权利,来信来访的权利,提出税务行政复议、税务行政诉讼的权利,要求税务行政赔偿的权利等;另一方面,对于这些监督权利,税务机关有受理要求、听取情况的义务,及时给予答复的义务,复查的义务以及依法定程序参加税务行政复议和税务行政诉讼应诉的义务。权利性监督的权利主要是一种程序上的权利。这种程序上的权利在税收程序法律制度中有明确的规定,如《税务行政复议规则》、《反倾销调查立案暂行规则》、《反补贴调查立案暂行规则》等。

税收程序法律关系主体的权利和义务的实现要通过国家以立法的形式作出明确的法律规定来保障。主要途径是:税法应当明确规定税收程序法律关系主体行使权利的应当遵循步骤和程序,使权力的行使具有可操作性;税法应当明确规定税务机关行使权力的限制性要求,督促税务机关依法执法,依法征税;税法应当明确规定对纳税义务人履行纳税义务的法律要求,督促纳税义务人依法履行纳税义务。税收程序法属于行政法制度范畴,行政法律制度的基本核心是控制行政机关的权力。税务机关在行使国家税收征收管理职权的过程中,其权力的行使仍然要受到相关法律的控制,从而保障纳税人等当事人的合法权益不被侵害,保障国家税收能及时足额入库。

三、税收程序法律关系的客体

税收程序法律关系客体是指税收程序法律关系主体的权利、义务所共同指向的对象或标的。它通常包括税收事实和税收程序法律关系主体之间争议的税收实体法律关系。由于不同的税收程序法律关系主体有不同的程序权利义务,因此税收程序法律关系的客体即税收程序性权利义务指向的对象也有不同。例如,税务机关和纳税人等当事人之间税收程序性权利义务指向的对象只能是涉税事实,人民法院和其他税收程序法律关系主体之间的权利义务指向的对象是涉税案件事实和当事人之间争议的涉税实体法律关系。也正是由于税收程序性权利义务指向的对象不同,才能反过来对税收程序法律关系主体作出不同的区分。

另外,在学界,有人认为,税收程序法律关系的客体是税收程序法律关系主体的行为,包括作为和不作为。税收程序法律关系主体的行为成为税收程序法律关系客体的情况主要有这样几个方面:在纳税人等当事人这一主体层面,作为税收程序法律关系客体的行为,主要是指纳税人、扣缴义务人、纳税担保人等当事人的行为;在税务机关这一主体层面,作为税收服务法律关系客体的行为,主要是指税务机关的服务行为, 而这种行为是税务机关行使税收行政管理职权,进行税收行政管理的行为;在监督机关这一主体层面,作为监督法律关系客体的行为,主要是指税务机关接受监督时应作出的行为。不同的税收程序法律关系主体层面,其行为作为税收法律程序关系的客体是不相同的。

第三节　税收程序法律关系的产生、变更与消灭

税收程序法律关系处在不断地产生、变更和消灭的运动过程中,它是一种动态的法律关系,当某种法定事由出现后,就可能引起税收程序法律关系的产生、变更或者消灭。

一、税收程序法律关系的产生

税收程序法律关系的产生,是指因法定事由出现后,税收程序法律关系的主体之间按税收程序法规定的权利义务规则形成的必然的权利义务联系。这种联系可分为应有联系和实有联系两种情况。应有联系是指当某种条件具备后,税收程序法律关系主体双方就自然形成一定的权利义务关系,这种权利义务关系的存在不以某一主体是否意识到这种权利义务已经形成,或者某一主体是否承认这种权利义务关系。比如,纳税人一旦有了达到应缴纳税款的应税收入,税收机关就与该纳税人自然形成应有的法定征纳税关系,这种征纳关系的形成不以该纳税人是否知道或承认自己有应纳税的义务,或者无论税务机关是否已要求该纳税人必须缴纳税收为前提。实有联系是指当某种条件具备后,税收程序法律关系主体双方在自然形成一定的权利义务关系的基础上,积极主动地主张这种联系,它是税收程序法律关系主体有意识、有行为并已付诸实现的联系。

税收程序法律关系的产生必须具备两个条件:法律规范和法律事实。具体讲就是:

1.税收程序法已设定了程序性的权利义务规则

规定税收程序权利义务的税收程序法规范是税收程序法律关系产生的根据。税收程序法定原则的含义就包含了税收程序法律关系产生的理论基础。

2.适用该权利义务规定的法律事实出现

法律事实包括法律事件和法律行为。法律事件分为社会事件和自然事件,都是不以人们的意志为转移的客观现象。社会事件即社会变革,自然事件是自然的变化。法律行为是产生税收程序法律关系的最主要法律事实。但这种法律行为只能是税收程序法预先规定的行为,即税收程序法预先已确定只有这类行为才能引起税收程序法律关系的产生。明确这一点的意义在于要求税务机关必须依法行政,即必须依据现有的法律法规进行税收管理活动。比如,《税务登记管理办法》规定,违反税务登记管理的行为要受到处罚,这就确定了只有当出现

没有依法办理税务登记的行为时才能引起税务行政处罚法律关系的产生,而其他行为的出现则是不能的。税务机关、纳税人等当事人和监督主体的法律行为都能引起税收程序法律关系的产生。比如,税务机关合法造成纳税人损失的行为能导致税务行政补偿法律关系的产生,违法造成纳税人损害的行为就能导致税务行政赔偿法律关系的产生。再比如,纳税人的涉税违法行为就能引起税务行政处罚法律关系的产生。

二、税收程序法律关系的变更

税收程序法律关系的变更,是指税收程序法律关系产生后,因一定的原因而发生局部的变化。但应当明确,税收程序法律关系的变更与原税收程序法律关系消灭后所产生的新的税收程序法律关系是不同的。税收程序法律关系的变更,只能是主体与客体的一定变化,而不能是内容即权利义务发生变化,无论税收程序法律关系之间在权利义务方面发生什么变化,都意味着原有税收程序法律关系已消灭,并形成了新的税收程序法律关系。

(一)主体的变化

主体的变化,指税收程序法律关系主体发生了不影响原权利义务的某种变化。这里的主体变化,只是限于不影响原有权利义务的范围之内。如果它们发生的变化会带来权利义务即内容的改变,则属于消灭原税收程序法律关系而建立新的税收程序法律关系。

税收程序法律关系主体发生不影响原权利义务的变化主要是指以下两种情况:

1.主体在数量上的变化

主体在数量上的变化是主体人数的增减,增减均不改变原权利义务的质和量,比如原由一个主体享有和行使原权利,改变为由多个主体共同享有和行使原权利,或者原由一个主体履行原义务改变为由多个主体共同履行原义务。比如,纳税人依据《公司法》的规定,进行了分立活动,原纳税人由一个公司分立为数个公司的情况,就属于主体在数量上的变化。还比如,两个或者两个以上的纳税人依据《公司法》的规定,进行了合并,原纳税人由多个公司合并为一个公司的情况,也属于主体在数量上的变化。

2.主体在接替上的变化

主体在接替上的改变是原税收程序法律关系中的主体被更替,更替后的主体继续随原主体的权利和义务,权利义务本身均无质量、数量的变化。比如,某纳税人原属于国有企业,现在依法改制为有限责任公司,该纳税人在名称、性质等方面发生了变化,但根据法律的规定,改制后的有限责任公司仍然要对以前的债权债务承担责任,税收属于债务的一种,因此该有限责任公司仍然要承担缴纳改制前的税收的义务。

（二）客体的变化

客体的变化,是指税收程序法律关系客体发生了不影响原权利义务的某种变化,通常只能是具有可替代性的变化,即以一种客体取代另一种客体。如果客体不具有可替代性,则不能发生变化。客体的变化也只限于在不影响原有权利义务的范围之内。如果它们发生的变化会带来权利义务即内容的改变,也属于消灭原税收程序法律关系而建立新的税收程序法律关系。

三、税收程序法律关系的消灭

税收程序法律关系的消灭,是指原税收程序法律关系已不复存在,包括主体、客体和内容即权利义务的消灭。

（一）税收程序法律关系消灭的原因

税收程序法律关系消灭的原因通常是:

1.税收程序法律关系主体双方之间已经产生的税收程序法律关系再存在下去显然没有意义或没有必要而归于消灭

比如,税务机关与纳税人之间原已产生有税务行政复议的法律关系,在税务行政复议终结前,纳税人因故死亡,纳税人也没有继承人愿意参加到该税务行政复议中来,该税务行政复议继续下去已经没有必要,税收程序法上的这种权利义务因失去继续存在的意义归于消灭。又如,某纳税人因章程规定公司解散的原因出现,依法解散了公司,那么就应当缴清各种税款或者滞纳金或者罚款,办理注销税务登记,该纳税人办理了注销税务登记,不再享有纳税主体资格,因此引起税收程序法律关系的消灭。

2.原产生的税收程序法律关系已完成而使其消灭

原产生的税收程序法律关系,因权利得以实现或义务已被履行完毕,该税收程序法律关系因完成归于消灭。比如,税务机关与纳税人之间形成的税款退还关系,由于税务机关已履行退还义务,纳税人已实现受益的权利,该税收程序法律关系因已实现而告消灭。

3.原适用的税收程序法律关系模式已取消,使税收程序法律关系归于消灭

税务机关与纳税人之间已产生征纳税法律关系,但是国家因某种调控原因取消该税种的征收,即取消对这一税种的征纳税法律关系模式,由此已产生的征纳法律关系将随之也不再存在,由此消灭了税务机关与纳税人之间的权利义务关系。比如,上文讲到的我国原来开征农业税,后来国务院取消了农业税,税务机关征收农业税的税收程序法律关系即归于消灭。

4.纳税人等当事人放弃权利使税收程序法律关系归于消灭

在税收程序法律关系主体各方中,具有国家权力的税务机关、国家监督机关都不能放弃自己的权力,因为这些权力是国家赋予的,不能随意处分。因此,税务机关和国家监督机关不能放弃自己的权力而使税收程序法律关系归于消灭。但纳税人、扣缴义务人、纳税担保人等当事人的权利属于他们自己,他们可以自主地处分自己的权利。一旦他们放弃权利,就免除了税务机关对他们原有的义务,从而消灭了双方的权利义务关系。比如,税务机关对因遭受自然灾害的纳税人依法实行税收优惠,但该纳税人认为没有必要,放弃了这一获得税务机关帮助的权利,这一权利的放弃将消灭该纳税人与税务机关之间的权利义务关系。

(二)税收程序法律关系消灭的类型

以税收程序法律关系主体、客体以及内容等要素的消灭为标准,可以将税收程序法律关系的消灭分为以下类型:

1.税收程序法律关系内容即权利义务的消灭使税收程序法律关系归于消灭

权利义务不存在则税收程序法律关系也不再存在。权利义务这一要素的消灭,通常由于已被适用的设置税收程序法律关系的规则被废除、权利义务已行使或履行完毕以及纳税人等当事人放弃自己的权利等。权利义务的消灭是税收程序法律关系人为的消灭,即人们有意识、有目的地消灭已产生的税收程序法律关系。

2.因税收程序法律关系主体消灭使权利义务归于消灭

税收程序法律关系主体的消灭,不一定必然导致税收程序法律关系的消灭。主体的消灭可以形成税收程序法律关系的变更和消灭两种情况:(1)原主体消灭后,有新的主体承接原主体的权利义务,即权利义务并没有消灭,则税收程序法律关系只是变更而不是消灭。(2)原主体消灭后,没有主体承接或不能有承接主体,则权利义务要随之消灭。不能有承接主体的情况,比如,税收程序主体与纳税人有处罚与受处罚的权利义务,在义务未履行前该纳税人死亡,但其他任何人都不能承接该纳税人受处罚的义务,此时双方的权利义务也要随主体的消灭而消灭。不能有承接主体的权利义务都是与原主体特定人有密不可分关系的权利义务,他人不能代替,在此情况下,主体消灭只能使权利义务随之消灭。主体的消灭导致权利义务的消灭,属于客观的消灭,即客观原因导致的、不以人的意志为转移的消灭。

3.因税收程序法律关系客体的消灭使原权利义务归于消灭

税收程序法律关系客体的消灭也不一定必然导致税收程序法律关系的消灭。客体的消灭也可以形成税收程序法律关系的变更和消灭两种情况,如果原客体消灭后,能以另一种客体代替原客体,则原权利义务仍可实现而并没有消灭,税收程序法律关系只是有了一定变更。如果原客体消灭后,他物不能取代原客体,则原权利义务无法实现,只能随之消灭。客体的消灭导致权利义务的消灭,也属于自然的消灭,即客观原因导致的、不以人的意志为转移的消灭。

第四节　研究税收程序法律关系的理论和实践意义

税收程序法律关系问题是税收程序法学中的重大理论问题,同时也与税收程序实践有密切联系。研究税收程序法律关系既有重要的理论意义,也有重要的实践意义。

研究税收程序法律关系,有助于理解和掌握税收程序法律规范的精神实质。税收程序法律规范是由一系列的具体程序制度构成的,而这些程序制度又是围绕税收程序法律关系主体的权利义务来规定的。换句话讲,税收程序法律关系主体的权利义务如同一条主线贯穿于税收管理程序活动的全过程,是连接各种税收程序制度的桥梁和纽带,能有力地推动税收程序的发展。因而,只有对税收程序法律关系作全面、深入的研究,特别是研究不同主体之间的程序性权利和义务以及它们与税收程序制度之间的内在权利,才能正确理解和掌握税收程序法律规范的精神内核,充分发挥税收程序法的作用。

研究税收程序法律关系,有助于税务机关尊重纳税人、扣缴义务人、纳税担保人等当事人的各种权利,依法行使税收管理权,正确履行职责。税务机关在税收行政管理活动中,是国家税收管理权的行使者和税收管理活动的主持者,享有一系列的法定职权,对全部税收管理活动起着组织、指挥和推动作用。但是税务机关又是税收程序法律关系的一方主体,除了享有法定的税收管理职权外,还和其他税收程序法律关系主体一样,必须承担相应的法定义务,这种义务最重要的就是尊重纳税人等当事人的税收程序权利,依法行使税收行政管理权,正确履行职责。税务机关只有认识到这一问题的重要性,才能在税收管理活动中抛弃特权思想,自觉接受法律的监督,做到税收管理公正、民主、合法。

研究税收程序法律关系,有助于引导纳税人、扣缴义务人、纳税担保人等当事人正确行使税收程序权利和自觉履行税收程序义务。纳税人、扣缴义务人以及纳税担保人等一切当事人在税收管理活动中,都是税收程序法律关系的主体,他们依法享有一定的税法程序性权利,但同时也要承担税法规定的程序性义务。为了保证税收管理活动的正常进行,使国家税收及时足额入库,纳税人、扣缴义务人、纳税担保人等当事人必须正确行使税法程序性权利和自觉履行税法程序性义务。

第三章 税收程序法的基本原则

　　研究税收程序法的基本原则具有重要意义。我国税收程序法的基本原则具有二重性特征，表现在：第一，税收程序法的程序性原则与税收实体法的实体性原则密不可分，也就是说，税收程序法的基本原则与税收实体法的基本原则可以共用。二者可以共用的原则体系包括：依法征税原则、征税公平原则、征税效率原则、比例原则、诚信原则、实质课税原则。第二，税收程序法独自具有的程序性原则体系。这一原则体系包括：程序法定原则、公开参与原则、保障纳税人合法权益原则、保障国家税收原则。税收程序法基本原则的二重性特征反映了税收程序法基本原则的复杂性。本章借鉴了部分学者的观点，阐述了我国税收程序法基本原则的相关问题。

第一节　税收程序法基本原则的含义

　　法律基本原则是指能够作为法律规则的基础或综合性、稳定性的原理和准则，它贯穿于法律始终，指导法律的制定和实施。税收程序法基本原则的来源一方面是国家立法性和政策性文件的规定，另一方面是税收程序法理论的阐述。税收程序法理论对税收程序法基本原则的阐述注重反映人们对一般规律的认识，但是由于认识上的差异，法学理论对税收程序法基本原则的表述也有所不同。鉴于这种情况，国家相关政策性文件会吸收税收程序法理论的研究成果，以便使这两种来源在一定程度上达到统一。

　　税收程序法基本原则的作用主要是指导税收程序法的制定、修改和废止，指导税收程序法的统一适用和解释，弥补法制漏洞。税收程序法基本原则是基本控制税收行政职权运行的原则,它贯穿于税收程序法的制定和实施过程,为征纳各方主体必须遵循的根本行为准则,是税收程序法精神实质的体现,是指导税收征纳活动的重要基本原理,是税收程序法律规范存在的基础,并且相对于税收程序价值的思想观念来说,税收程序法基本原则还发挥着法律规范的效用。对税收程序法基本原则体系的科学建构和解读,是税法理论体系形成和理论创新的标志,对税收程序法的理论和实践以及对推动税法学的发展和税收法治建设都有重大意义。

税收程序法的基本原则作为税收程序法的基本问题之一,是税收程序法的具体规范形成和展开的基本依据。在税收程序法的构建和研究中占有重要地位。因此,各国对税收程序法的基本原则都很重视。我国也有部分学者在积极地探索和研究这方面的问题,并且取得了一定的成果。

第二节　税收程序法基本原则的作用

税收程序法原则是贯穿于所有税收程序法律规范的基本准则和内在精神,它对税收程序立法和税收程序法的实施具有重要的作用和影响。

一、对税收程序立法提供指导并引导税收程序法的发展

在税收程序法的内部逻辑结构中,税收程序法原则属于税收程序法价值取向、目标模式和具体制度的核心内容,是对税收程序法走向的理性选择,对税收程序法的制定提供纲领性指导。基本原则作为税收程序法最基本的原理,可以为税收程序法规则体系的建立提供内在的合理性根据。不仅如此,税收程序法的基本原则还将对税收程序法整体的发展以及税收程序法的结构体系产生深刻的内在影响。

二、指导税收程序法的制定、解释、实施和弥补法制漏洞

制定任何一部法律规范时,立法者必须确定立法的基本价值目标,明确立法的方向。税收程序法的制定,涉及如何处理纳税人、扣缴义务人、纳税担保人等当事人与税务机关的关系,税收行政管理权的设定需要考虑哪些因素等,这些都需要税收程序法基本原则的指导。由于基本原则是税收程序法内在精神和价值目标的体现,它对科学制定税收程序法将起到重要的指导作用,有助于防止立法偏差和弥补立法漏洞。

在税收程序法实施过程中,实施税收程序法的税务机关众多,实施机关只有根据税收程序法基本原则才能统一认识和行为,准确把握税收程序法条文的含义,并将税收程序法的规定正确地运用于具体的纳税活动。税收程序法基本

原则还有助于对税收程序法规范的解释,为税收程序法的解释提供统一的目标和尺度。

三、为征纳双方提供行为准则

当税收程序法对征纳主体的行为,特别是对征税行为问题缺乏规定时,依据何种标准来判断这种行为的正确与否,就需要税收程序法的基本原则来提供判断依据。税务机关在没有税法规定时要处理涉税行为,其处理决定应该符合作为具体规则本源的税收程序法基本原则的内在要求,不至于使自由裁量权的行使超出税收程序法基本原则的范围,由此防止税务机关的税收行政管理权出现偏差。

四、为法院的审判活动提供审判准则

在税收行政诉讼活动中,人民法院不仅要对征税行为的合法性进行审查,同时还要对征税决定是否符合法定程序进行审查。人民法院的审理活动必须依法进行,但是,我国现行法律法规是有局限性的,不可能对任何事情都预先作出规定。当具体的税收程序法律规定缺乏时,人民法院就应当根据税收程序法的基本原则来审查判断征税机关的征税程序是否合法,从而作出正确的裁判。

第三节　我国税收程序法基本原则的二重性特征

一、目前我国税法基本原则的研究概况

关于我国税法基本原则,学界有三原则说[1]、四原则说[2]、五原则说[3]、六原则说[4]。目前我国学界对基本原则的研究现状可以作这样的描述:第一,部分学者在对税法基本原则问题进行研究时,并没有注意从理论上严格区分"基本原则"与"具体原则"的界限,这表现在有些学者只是论述税法的基本原则,并不对其进行分层次的研究。第二,对税法原则问题进行概括研究的学者,虽然将税法原则区分为"基本原则"与"适用原则"两大方面,但对区分的依据和标准并没有给予太多的关注,并且认识也不统一。第三,但也有部分学者将众多的税法基本

---

[1]三原则说包括:税收法定原则、税收公平原则、税收效率原则。
[2]四原则说包括:税收法定主义原则、税收公平主义原则、社会政策原则、税收效率原则。
[3]五原则说包括:公平原则、效率原则、无偿性财政收入原则、宏观调控原则、税收法定原则。
[4]六原则说包括:兼顾需要与可能、有利于国家积累建设资金的原则;调节市场经济、促进经济发展原则;公平税负、合理负担原则;维护国家主权和经济利益、促进对外经济交往和对外开放原则;统一领导、分级管理和以法治税原则;税制简化原则。

原则统一纳入层次不同的税法原则体系,对税法基本原则在不同层次上进行了分类研究。按照这些学者的观点,税法基本原则可进行三种分类:一是按照原则本身是道德取向还是政策取向,将税法基本原则分为税法公德性基本原则与税法政策性基本原则。前者包括保障财政收入原则、无偿征收原则、公平原则、税收法定原则、维护国家主权和经济利益原则;后者包括税法效率原则、税法宏观调控原则、社会政策原则。二是按照税法调整的税收关系是税收分配关系还是税收征收管理关系,分为税法实体性基本原则和税法程序性基本原则。前者包括税收公平原则、税收效率原则、社会政策原则、无偿缴纳原则、税收法定原则和维护国家利益原则;后者包括征税简便原则、税收确实原则、最少征收费用原则和税收管辖权原则。三是根据税法调整对象的内容与形式的关系,分为税法实质性基本原则与税法形式基本原则。前者包括税收公正原则、税收效率原则、税收社会政策原则、维护国家税收权益原则;后者包括税收法定原则、征税简便原则和税收管辖权原则。

分析我国税法基本原则问题的研究现状,不难发现其存在的问题:第一,没有对基本原则体系进行系统的基础理论研究,特别是没有从理论上分析"基本原则"与"具体原则"的区别,没有将基本原则与税法价值、目标模式和税法宗旨等税法内涵结合起来进行研究。第二,注重对实体税法基本原则的研究,忽视对税收程序法基本原则的研究。部分学者虽然提出了应区分税法实体性基本原则和税法程序性基本原则的理论范畴,但其所提出的程序性基本原则完全是从提高征税效率的目标上来考虑的,没有包括监督征税权公正行使和保护纳税人权利的公开原则、参与原则、尊重纳税人原则等,更没有将正当法律程序和程序保障原则作为税收程序法基本原则的核心内容;同时他们所提出的税法程序性基本原则也仅限于纯程序性的,并将本应属于程序与实体共通的基本原则统一划归为实体税法基本原则。第三,将税收职能或税收活动的某一阶段原则当做基本原则,如"强化宏观调控原则"和"确保财政收入原则"等应属于税收职能,"维护国家主权和经济利益、促进对外开放原则"应属于涉外税法原则。

二、确立我国税收程序法基本原则应当注意的问题

税收程序法基本原则是税收程序法基础理论的重要内容,是税收程序法内在精神的具体体现,它对整个税收程序的立法、执法、司法和理论研究有重要的指导作用。根据上述考察,我国在确立税收程序法基本原则体系时,应注意下列几个问题:

第一,税收程序法基本原则必须融入现代宪政精神,以程序价值和目标模式为基础,即基本原则必须在层次更高的税收程序价值、目标模式中确立。宪政

制度的基本问题涉及的公民与国家的关系以及国家权力的分工与制约都与税收程序法息息相关，比如税收程序法就涉及税务机关与纳税人的关系问题，涉及税务机关之间的关系问题。程序正义是一切程序法的灵魂。法治理论是税收程序法的内核。宪政制度的基本问题、程序正义和法治理论是税收程序法赖以建立的理论基础，必须处理好税收程序法理论基础与基本原则的关系。从内容上看，三者具有交叉融合关系，但前两者指的是理论前提，又具有一定的目的性，后者则是指行为准则，是对理论基础的进一步阐发和规范化，也是理论基础的具体表现。众所周知，税收程序法的目标模式制约着其基本原则体系的构建，有什么样的目标模式就会有什么样的基本原则。我国在确立税收程序法基本原则时，必须考虑税法所选择的目标模式的要求。

第二，不能将税收程序法的基本原则与税收实体法的基本原理和基本原则相割裂，税收程序法基本原则必须具有普遍性。税收程序虽有相对独立的价值，但它与税收实体法是密不可分的，保证税收实体税法的正确有效实施是税收程序法的重要功能和外在价值，两者的基本原则应在统一的税法理论基础上保持和谐、统一，但又不能相互等同或替代。同时，鉴于目前我国税收程序法在内容上采用实体与程序并存的立法模式，税收程序法的基本原则不应局限于程序原则，还应包括程序与实体共用原则，以期税收程序法基本原则对税收程序活动提供全方位的指导。税收程序法的基本原则应当是税收程序规范中最高层次的规则。

第三，确立税收程序法的基本原则必须体现法律的基本价值，重视纳税主体的参与，应将纳税主体置于独立的程序主体地位，切实尊重纳税人基本权利，这是现代税收程序法的重要特征。法律有其共同的价值追求。公正、秩序、效益是现代法律追求的基本价值，税收程序法也不例外。税收程序法同样要保障纳税人的基本合法权益，确保税收行政管理秩序的稳定和税收的高效管理，因此税收程序法的基本原则作为法律价值的载体，应当承担、协调各项价值要素，并将这些基本价值融入税收程序法律制度之中，其中就要求纳税主体的参与机制被考虑到税收程序法的基本原则当中去。

第四，税收程序法的基本原则应当反映税收程序法的目的，并且必须考虑世界范围内税收程序法的发展趋势，在本土化与国际化之间寻求平衡。税收程序法的基本原则是税收程序法的目的与基本制度之间的桥梁，必将对税收程序法的各个环节、各项程序制度的建立、实施起指导作用，而这些税收程序法律制度又直接关系到税收程序法的目的是否实现。因此，税收程序法基本原则的确立应当反映税收程序法的目的。同时，我国税收程序法基本原则的确立，既要立足于我国国情，也应考虑法律全球化的新形势，处理好与国际有关制度的接轨问题。法律文化的开放性及制度文明交流与优化选择，构造了一国法律发展与国际接轨的内在机制。而经济因素的全球性特征和税收活动的流动性特征,特别是现代市场经济的开放性和竞争性,则为一国税收程序法与国际接轨提供了经济动力。因此,我国税收程序法基本原则的确立,必须充分考虑世界范围内税收程序法、行政程序法的发展趋势,借鉴国外的先进立法经验,顺应时代潮流。另外,就形式而言,制定统一的税收程序法典,并在法典中直接规定基本原则,已为越来越多的国家和地区采用,我国也应在将来采用这一立法形式。

三、我国税收程序法基本原则体系的二重性特征

根据以上前提,笔者认为,我国税收程序法基本原则体系应当包括下列基本原则:

第一,程序与实体密不可分的原则体系。这一原则体系包括:依法征税原则、征税公平原则、征税效率原则、比例原则、诚信原则、实质课税原则。

第二,程序性原则体系。这一原则体系包括:程序法定原则、公开参与原则、保障纳税人合法权益原则、保障国家税收原则。

由此可见,我国税收程序法基本原则体系具有二重性特征。这种二重性特征反映了税收程序法基本原则的复杂性。

第四节 税收实体性原则体系的基本内容

税收实体法的基本原则可以概括为依法征税原则、征税公平原则、税收合作信赖原则、实质课税原则、比例原则。这些原则仍然适用于税收程序法,并且对税收程序性原则有基础性理论作用。

一、依法征税原则

依法征税原则,是指税收法律关系主体的权利和义务必须由法律加以规定,税法的各类构成要素都必须并且只能由法律予以明确规定,征纳双方的权利义务只以法律规定为依据,没有法律依据,任何主体不得征税或减免税收。依法征税的要求是:一方面,要求纳税人必须依法纳税;另一方面,征收税款只能在法律的授权下进行,超越法律规定的税款征收行为是违法和无效的。

依法征税原则是税收程序法的首要原则。实行依法征税原则是税收活动区别于其他民事活动的标志。依法征税原则的要求是:(1)税务机关必须遵守现行有效的法律法规。其内涵包括:税务机关实施税收征收管理职权时,应当依照法律、法规、规章的规定进行,禁止税务机关违反现行有效的法律规定。也就是说,税务机关的任何决定都不得与法律法规相抵触,税务机关不得作出不符合现行

法律法规的决定;同时税务机关有义务积极执行和实施现行有效法律法规规定的税收行政义务。如果税务机关不积极履行法定作为义务,将构成不作为。这种不作为是违法行为。(2)税务机关应当在法律法规的授权范围内活动。其内涵包括:没有法律、法规、规章的规定,税务机关不得作出影响纳税人、扣缴义务人、纳税担保人合法权益或者增加纳税人、扣缴义务人、纳税担保人义务的决定。税务机关不遵守这一不作为义务,将构成行政违法。

二、征税公平原则

征税公平原则是近代法的基本原理即平等性原则在课税思想上的具体体现,与其他税法相比,征税公平原则渗入了更多的社会要求。一般认为,征税公平最基本的含义是:税收负担必须根据纳税人的负担能力分配,负担能力相等,税负相同;负担能力不等,税负不同。当纳税人的负担能力相等时,以其获得收入的能力为确定负担能力的基本标准,但收入指标不完备时,财产或消费水平可作为补充指标;当人们的负担能力不等时,应当根据其从政府活动中期望得到的利益大小缴税或使社会牺牲最小。征税公平原则的核心要求是:税务机关要平等对待纳税人、扣缴义务人、纳税担保人等当事人,做到不偏私、不歧视。

三、税收合作信赖原则

称税收合作信赖原则也称诚实信用原则。它在很大程度上汲取了民法"诚实信用"原则的合理思想,认为税收征纳双方的关系就其主流来看是互相信赖、互相合作的,而不是对抗性的。一方面,税务机关提供的行政信息要真实。其基本要求是:纳税人应按照税务机关的决定及时缴纳税款,税务机关有责任向纳税人提供完整的税收信息资料,征纳双方应建立起密切的税收信息联系和沟通渠道。税务机关用行政处罚手段强制征税也基于双方合作关系,目的是提醒纳税人应当与税务机关合作,自觉纳税;另一方面,要保护纳税人、扣缴义务人、纳税担保人等当事人的信赖利益。其基本要求是:第一,没有充足的依据,税务机关不能提出对纳税人是否依法纳税的怀疑,纳税人有权利要求税务机关予以信任,纳税人也应信赖税务机关的决定是公正和准确的,税务机关作出的法律解释和事先裁定,可以作为纳税人缴税的根据,当这种解释或裁定存在错误时,纳税人并不承担法律责任。第二,非因法定事由并经法定程序,税务机关不得撤销、变更已经生效的税务行政处理决定;因国家利益、公共利益或者其他法定事由需要撤回或者撤销变更税务行政处理决定的,应当依照法定权限和法定程序进行,并对纳税人、扣缴义务人、纳税担保人等当事人因此而遭受的财产损失依法予以补偿。

四、实质课税原则

实质课税原则是应根据纳税人的真实负担能力决定纳税人的税负,不能仅考核表面上是否符合课税要件。也就是说,在判断某个具体的人或事件是否满足课税要件,是否应承担纳税义务时,不能受其外在形式的蒙蔽,而要深入探求其实质,如果实质条件满足了课税要件,就应按实质条件的指向确认纳税义务。反之,如果仅仅是形式上符合课税要件,而实质上并不满足,则不能确定其负有纳税义务。之所以提出这一原则,是因为纳税人的伪装可以产生差异。例如,纳税人借转让定价而减少计税所得,若从表面看,应按其确定的价格计税。但是,这不能反映纳税人的真实所得,因此,税务机关根据实质课税原则,有权重新核定计税价格,并据以计算应纳税额。实质课税原则的意义在于防止纳税人的偷漏税。

五、比例原则

比例原则是公法上普遍适用的法律原则。它是指公法主体在行使公权力时,要在保护与平衡的意义上,对个人利益与公共利益仔细进行斟酌,尤其是要具体斟酌国家与公民利益在冲突状况下的失衡度,防止过分、错误的立法与行政决定。换言之,公权力的行使必须符合立法目的性,不得损害权力相对方的利益,如果确实要损害,也必须限定在最小的范围内,即在公权力行使的手段与目的间应存在合理的比例关系。

比例原则的具体要求是:(1)合目的性。要求税务机关行使自由裁量权所采取的具体措施必须符合法律目的。为满足这一要求,就需要税务机关在作出某种决定前准确理解和正确确定法律要达到的目的。(2)适当性。要求税务机关所选择的具体措施和手段应当为法律所必需,结果、措施和手段之间存在正当性。为满足这一要求,就需要税务机关根据具体情况,判断拟采取的措施对达到结果是否有利和必要。(3)损害最小。要求税务机关在可以采用多种方式实现某一种税收征收行政目的的情况下,应当采用对纳税人、扣缴义务人、纳税担保人权益损害最小的方式。税务机关采取的措施和手段应当是必要的、适当的。税务机关实施税务行政管理可以采取多种方式实现税务行政管理目的,但是应当避免采用损害当事人合法权益的方式。

第五节　税收程序性原则体系的基本内容

一、程序法定原则

程序法定基本原则的基本要求是税收程序法律制度由法律来规定。具体内容是,征税主体应当将作为行使征税权的依据,在没有实施征税行为或者作出最终征税决定之前,向纳税人或社会公开。

这里讲的征税权的"依据"包括两方面的内容:第一,如果行使征税权的依据是抽象的(税收规范性文件),必须事先以法定形式向社会公布。例如我国《行政处罚法》第4条第3款规定:"对违法行为给予行政处罚的规定必须公布;未经公布的,不得作为行政处罚的依据。"第二,如果行使征税权的依据是具体的,必须在作出决定前将该依据以法定形式告知相关的征税相对人。例如我国《行政处罚法》第31条规定:"行政机关在作出行政处罚决定之前,应当告知当事人作出行政处罚决定的事实、理由及依据,并告知当事人依法享有的权利。"

除此之外,程序法定原则还要求征税主体应当将征税决定的形成过程涉及的有关事项向纳税人和社会公布,但批准程序等不直接涉及当事人权利义务的内部程序不属于公布的内容。征税决定作出过程的公布包括两方面的内容:第一是听取陈述申辩和举行听证,这是为了听取当事人的申辩意见和接受其提供的证据;第二是公开征税信息,征税机关根据当事人的申请,应当及时、迅速地向其提供所需的信息和资料,除非法律有不得公开的禁止性规定。

与此同时,程序法定原则还要求征税机关对相对人的合法权益作出有影响的决定后,必须通过适当的方式向其公布决定的内容,以便其行使救济权。如果应当公布的征税决定没有公布,该征税决定就不能产生法律效力,不能作为执行的依据。

程序法定原则是税收程序法上最为重要的程序性原则,在很多税收程序制度上都有所体现。例如,为了使一般性征税职权依据为社会知晓,应当建立征税主体所制定的税收规范的公布制度, 即需要建立税收咨询服务和税法公告制度;征税主体作出个别性决定之后应当及时送达,以便相对人了解决定内容和便于执行,这需要建立文书送达制度;为了使征税相对人能及时行使税法上的权利,应当及时告知其享有的权利,以利其维护自身的合法权益,这需要建立权利告知制度。正是通过有关税收程序制度的预先匹配,才使程序法定原则产生预期的法律效果。

二、公开参与原则

公开参与原则,是指受征税权力运行影响的人有权公开参与征税权力的运作过程,并对征税决定的形成发挥有效作用。公开参与原则的法律价值是使纳税人、扣缴义务人、纳税担保人在税收程序中成为具有独立人格的税法主体,而不致成为为征税权随意支配的、附属性的税法客体。同时,公开参与原则也使得公开参与更有意义;没有公开参与原则,公开参与充其量只是让纳税人等当事人知晓而已,并且还只是可知而不可为,其民主权利依然无法真正实现。公开参与原则在很多国家和地区的行政程序法上都已得到规定,我国《行政处罚法》、《立法法》等法律的有关规定也体现了这一原则。公开参与原则是现代行政法制民主化的必然要求,也是征税公正的重要保障。在征税机关作出影响纳税人权益的决定时,纳税人等当事人只有被尊重为税收程序法层面的法律主体,享有充分的陈述意见和辩论等参与机会,才可能真正捍卫自己的人格、财产等基本权利。

公开参与原则在税收程序法上的适用范围包括两个层面,第一是在作出具体征税决定过程中的参与。纳税人等当事人对一个影响自己权利义务的征税决定,除了享有在事后有通过法律救济的权利外,更应在事前、事中参与影响其权利的决定过程,并有权随时提出权利抗辩。第二是在制定征税规则中的参与。制定税收征收规范是征税机关进行税收征管活动的另一项重要内容。我国《立法法》、《行政法规制定程序条例》、《规章制定程序条例》都规定了社会公众对征税一般规则制定过程的公开参与。但是,公开参与原则的范围应当有所限制,因为在当今社会中,让每一个公民在每一个可能对他们造成重要影响的重要行政裁决程序的每一个重要阶段都参与进来,这几乎是不可能的。

三、保障纳税人合法权益原则

以人为本、个人尊严不受侵犯是一项基本人权,这是国际社会公认的。基于人性尊严和人的主体性的要求,作为税收程序当事人的纳税人应当立于程序的主体地位,而不是受征税权支配的客体,征纳双方都是税收程序的主体。因此,保障纳税人合法权益原则是各国法律普遍规定的一项税收程序法原则,税收程序法上的很多制度,纳税人享有的很多权利,都与这一基本原则有关。例如,纳税人享有听证和陈述申辩权,征税机关在拟对纳税人作出不利的决定前,原则上应事先给予纳税人陈述意见的机会;纳税人对征税机关保管、持有的税收资料,有申请阅览卷宗的权利;纳税人有权要求征税机关说明作出征税决定所依据的事实根据、法律根据和裁量根据;纳税人对涉及个人隐私、经营秘密等情况,有要求征税机关予以保密的权利;征税机关在进行检查、处罚、强制执行等征税行为时,应当向纳税人告知相关情况和其享有的权利,即征税机关在税收程序上,负有保护纳税人的义务,以免因其疏忽或不知而遭受损害。上述这些制度和权利,使纳税人得以参与征税权的行使过程,并有效地影响征税决定的作出,维护了自己的尊严和合法权益,体现了作为税收程序主体的法律地位。

四、保障国家税收原则

税收是国家与纳税人之间形成的以国家为主体的社会剩余产品分配关系。税收的主体是国家,除了国家之外,任何人都无权征税。国家征税的依据是政治权力,征税的目的是满足国家的财政需要,税收具有强制性的特征。因此,要保证国家的税收及时足额入库,就必须借助法的形式来规定国家与纳税人"可以怎样行为、应当怎样行为以及不得怎样行为",即必须通过设定一系列的规定来规范、制约征税主体和纳税人的税收行为。税收程序法的一系列原则、规则、概念为征税机关、纳税人提供了全面、具体、明确的行为模式,借助税收程序法,可以使税收强制性目标更为明确。税收程序法有一套完备、有效的实施保障系统,可以使税收的强制性落到实处,并得到长期稳定的保证。

第四章　税收程序法的性质、
　　　　　作用和地位

　　本章主要阐述了作为重要的程序法部门，税收程序法属于义务性程序法规范,其在税收管理领域的作用不可替代。税收程序法的作用可以归纳为四个方面:可以有效地规范、控制税务机关行使税收管理权，充分保障纳税人的合法权益不受侵犯;可以合理设定税收管理权,积极提高税收的管理效能;可以促进良好的税收管理秩序的建立与完善；可以保障社会的稳定与发展,促进依法纳税社会氛围的形成。

第一节　税收程序法的性质

一、税收程序法与行政程序法的关系

　　税收程序法是行政程序法的一个重要分支，税收程序法的地位和性质与行政程序法的地位和性质相关。在讨论税收程序法的地位和性质之前，有必要对行政程序法的地位和性质作简单的介绍。

　　1.税收程序法具有从属价值

　　行政程序法与行政实体法的调整对象都是行政法律关系,但它们在调整的内容上有所不同。行政实体法调整的是行政主体实体上的权利和义务关系，而行政程序法调整的是行政主体在行政程序上的权利和义务。行政实体法规定的权利和义务作为结果都必须经过相应的法定程序才能实现。行政程序性的权利和义务为实体结果的实现提供了途径、方式、步骤、顺序和时限等,它们构成实体结果实现的过程。行政程序法作为实现行政实体法结果的一个过程或者说一个程序,体现的是行政程序法的工具和手段的作用。税收程序法调整的是税收管理过程中的管理关系,相对于行政程序法来说,是行

政程序法的分支,具有从属价值。

2.税收程序法具有其独立的价值

税收程序法保障税收实体法的实施。税收实体性权利依赖于程序性权利的保障，缺乏相应的程序性权利的实体权利可能只是法律"画在墙上的一张诱人的饼"。从这一意义上讲,程序性权利可以影响、制约实体性权利的实现状况。如果法律赋予纳税人、扣缴义务人、纳税担保人等当事人某种实体权利,但对这种权利的行使和实现缺乏严密的程序制度保障,其结果可能是该实体权利形同虚设。同样,如果纳税人、扣缴义务人、纳税担保人等当事人被赋予一系列实体权利,但对这些权利如何行使、如何实现的程序没有事先规定,纳税人、扣缴义务人、纳税担保人等当事人为行使或实现其实体权利而必须享有的程序性权利得不到确认,那么纳税人、扣缴义务人、纳税担保人等当事人的实体权利将形同虚设。税收程序法在保障税收实体法实施过程中,具有独特的不可替代的重要性,因此,税收程序法作为重要的程序制度,尽管其从属于行政程序法,但它又具有自己独立存在的价值。

二、税收程序法的性质属于义务性程序法规

税收行为作为国家财政税务行政机关的一种非常重要的经济行政行为,一方面,对国家而言,它是国家财政的保障,是国家进行各种财政调控的一种重要手段,是国家稳定的直接经济基础;另一方面,对于公民而言,从某种意义上说,它与我们每个公民的生活息息相关,对每个公民都会产生最直接的影响,所以说税收行为对国家、对公民的影响广泛而深刻。因此就产生了一个非常重要的命题,那就是,一方面,作为掌握公权力的国家要保证其财政收入,另一方面,作为纳税人的公民,也要防止合法权益不受国家公权力的侵害。如何做到这一点呢? 税收程序法在这方面发挥着关键性的作用,直接强制税务机关和纳税人必须按照税收程序制度的规定从事税收行为。因此,笔者认为税收程序法属于义务性程序法规。

第二节　税收程序法的作用

长期以来,我国在"重实体、轻程序,重结果、轻过程"的传统法律思想和意识的影响下,一直忽视行政程序的价值和作用,人们只追求结果公正,而不要求程序的正当与否,行政机关也从官本位出发,将行政程序视为"自家的事",不顾及行政相对方的参与。当代中国的法制经历着从传统型法制向现代型法制的转换阵痛,这个转换的阵痛过程就是法制现代化即建设有中国特色社会主义法制的过程。1993年3月,我国确定了依法治国的基本方略。依法治国的要求之一就是:国家的政治、经济、文化等活动都要依法进行,不受任何个人意志的干预和阻碍,但同时国家法律又要保障公民享有广泛的权利,并得到发展。在依法治国过程中,行政程序法起到了积极的推动作用。税收程序法作为行政程序法的一部分,其在税收行政管理领域的作用显然也不可替代。

税收程序法的作用,是指税收程序法在税收管理活动过程中所能产生的实际功效。关于税收程序法的作用,目前主要流行三种说法:第一种是,税收程序法的作用主要在于保障税收行政管理权的有效行使,从而确保纳税人、扣缴义务人依法履行纳税义务。第二种是,税收程序法的作用主要在于规范和控制税收行政管理权,通过规范和控制税务机关的税收行政管理权来保障纳税人、扣缴义务人、纳税担保人以及其他纳税当事人的合法权益。第三种是,税收程序法具有双重作用,税收程序法既能保障税收行政管理权的有效行使,又能保护纳税人、扣缴义务人、纳税担保人以及其他纳税当事人的合法权益。应当说第三种说法更具有合理性。笔者认为,税收程序法的作用可以归纳为以下几个方面:

第一,税收程序法可以有效规范、控制税收管理权,充分保障纳税人的合法权益不受侵犯。税收程序法要求,税务机关在税收行政行为作出之前或进行中就必须受到税收程序法律规则的有力约束和监督。由于税收程序法规则规范、控制了税务机关的行政行为,确保税收行政管理权不被滥用,从而保障了公民的合法权益。税收程序法必须以公正作为自己的首要和最高价值目标。公众的一致认识是,税收程序制度真正永恒的生命力在于它的公正性。没有税收程序法,纳税人等当事人的合法权益的保障将大打折扣或无从实现。

第二,税收程序法合理设定税收行政管理权,积极提高税收的管理效能。税收程序法用法律的理性的方法设置了合理的税收管理组织机构,规定了完整的管理程序,确定了科学的管理和服务方式,可以有效缓解税务机关和纳税人等当事人之间的矛盾和纠纷,增强税务机关与纳税人等当事人之间的信任与合作,使税收行为按程序低成本、高效率进行,从而获得最高的行政效能,实现为纳税人等当事人服务的宗旨。

第三,税收程序法促进税收管理秩序的建立与完善。税收是国家的一种财政权力手段,具有强制性,但也要求建立合法、完善的纳税秩序。纳税秩序除了由刑法作为强制性后盾以外,主要由税收程序法提供日常保障。税收程序法在这方面的作用在于:第一,通过确认纳税人、扣缴义务人的各种纳税权利,建立平等的纳税规则,维护良好的纳税秩序;第二,通过设置严格的税法规制来保障和规范税务机关行使税收管理权,排除其他行政机关对税收管理的非法干预,从而保障正常的税收秩序。

第四,保障社会的稳定与发展,促进依法纳税社会氛围的形成。社会的稳定和发展要建立在法治、秩序的基础之上。没有法治和秩序的社会,就会有许多社会隐患和矛盾,容易引发社会公众与国家的对抗,整个社会就难以稳定。国家不依法征税,或者加重纳税人的负担,或者造成国家财政困难;国家不公平征税,厚此薄彼,必然造成纳税人之间的不公平。如果国家的税收局面如此,那么社会矛盾必然接踵而至。税收程序法的主旨就在于要建立一个法治、秩序的纳税社会环境,通过依法、有序纳税,促进良好纳税社会氛围的形成,这就有利于社会的稳定与发展。

第三节　税收程序法的地位

一、税收程序法是部门法律

税收程序法是法律,是法律部门之一,是部门法,是以税收管理程序中涉及的各种管理关系为自己的调整对象的一个特殊的法律部门,是税收程序法规范的总称,它同税收实体法一样,具有法律效力,在税收活动中,征纳双方当事人应当严格遵守。

二、税收程序法属于行政法部门法律

行政法是调整国家行政管理活动的法律规范的总称。税法和税收程序法与行政法有着十分密切的联系。这种联系主要体现在税法和税收程序法具有行政法的一般特征:第一,调整国家机关与法人或者自然人之间的法律关系,或者说调整税务机关与纳税人等当事人之间的法律关系;第二,法律关系中居于领导地位的一方始终是国家,或者说是代表国家行使征税权的税务机关;第三,体现国家单方面的意志,不需要双方意思表示一致,即国家征税是无偿性的、强制性的;第四,解决法律关系中的争议,一般都按照行政复议程序和行政诉讼程序进行。因此学界有人认为税收程序法属于行政法法律部门。

三、税收程序法属于重要的行政程序部门法律

法律依其内容和功能的差异,可以分为实体法和程序法。这两者的区别在于:实体法一般规定法律关系主体的权利义务关系,程序法一般规定法律关系主体实现权利义务关系以及解决争议的出现和方式方法。两者相互依存、相互作用。一方面,程序法的存在必须以实体法的存在为前提,它是为实体法服务的,另一方面实体法的生命力又必须通过程序法的保障作用得以体现。税收程序法作为程序法部门,对于保证增值税法、消费税法、营业税法等税收实体法的贯彻执行具有十分重要的作用。

第五章　税收程序法的体系、发展历史和发达国家的历史经验

我国税收程序法的发展历史轨迹没有诸如美国等发达国家丰富,但是改革开放以后,我国也逐渐制定颁布了一系列的法律法规来规范税收程序制度,形成了以《税收征收管理法》为核心,以《税务登记管理办法》等相关法规为基础的税收程序法律体系。税收程序法可以分为税务管理程序法、税收征收程序法、税收保障程序法、税务稽查程序法、税务争议处理程序法五个部分。

第一节　我国的税务管理机构和税收程序法的体系

一、我国的税务管理机构

在我国,税务机关是税收征收管理工作的主管部门。1994年,我国开始实行分税制管理体制。因此我国对税收管理机构进行了改革,设立国家税务总局,是国务院主管税收工作的直属机构。省及省以下税务机关分设国家税务局和地方税务局两个系统。

国家税务局系统的机构设置为四级,即国家税务总局、省(自治区、直辖市)国家税务局、地(市、州、盟)国家税务局、县(市、旗)国家税务局。国家税务局系统实行国家税务总局垂直领导的管理体制,在机构、编制、人员、经费、领导干部职务的审批等方面实行垂直管理。

地方税务局按行政区划设置,分为三级,即省(自治区、直辖市)地方税务局、地(市、州、盟)地方税务局、县(市、旗)地方税务局。地方税务局系统的管理体制、机构设置、人员编制按地方人民政府组织法的规定办理。省(自治区、直辖市)地方税务

局实行省(自治区、直辖市)人民政府和国家税务总局双重领导,但以地方人民政府领导为主的管理体制。国家税务总局对省(自治区、直辖市)地方税务局的领导,主要体现在税收政策、业务的指导和协调以及对国家统一的税收制度、政策的组织实施和监督检查等方面。省(自治区、直辖市)以下地方税务局实行上级地方税务局和同级人民政府双重领导和上级地方税务局垂直领导为主的管理体制,即地(市、州、盟)地方税务局、县(市、旗)地方税务局管理体制、机构设置、人员编制、经费开支由所在省(自治区、直辖市)地方税务局垂直管理。

国家(地方)税务局系统依法设置,对外统称国家(地方)税务局、税务分局、税务所以及国家(地方)税务局稽查局,按照行政或者经济区划或者隶属关系命名税务机关名称并明确其职责。各级税务局为全职能局,税务分局、税务所为非全职能局(所),是上级税务机关的派出机机构。各级税务局稽查局是各级税务局依法对外设置的直属机构。目前,国家税务局系统全国有31个省(自治区、直辖市)局、15个副省级城市局、336个地(市、州、盟)局、81个直辖市区局、152个副省级城市区局、840个地(市、州、盟)区局、2054个县(市、旗)局、2898个稽查局(直属分局)、10507个税务分局(税务所)、4153个信息中心(机关服务中心)。地方税务局系统全国有30个省(自治区、直辖市)局、15个副省级城市局、317个地(市、州、盟)局、71个直辖市区局、106个副省级城市区局、571个地(市、州、盟)区局,1049个县(市、旗)局、4977个稽查局(直属分局)、18178个税务分局(税务所)、2132个信息中心(机关服务中心)。[1]

目前,我国正在加快完善税收制度,坚持按照"简税制、宽税基、低税率、严征管"的原则,优化税制结构,公平税收负担,规范收入分配秩序,促进经济发展。按照调动中央和地方两个积极性的原则,积极健全中央和地方财税体制。各级税务机关应当继续深化财税体制改革,完善税收征管体系,提高税收管理绩效。

二、税收程序法的体系

1.法律体系

法律体系是指一国现行的全部法律规范根据一定的标准和原则划分成不同的法律部门,并由这些法律部门所构成的具有内在联系的统一体。它是一个国家本国法律规范构成的体系,是一个国家现行国内法所构成的体系,是一个国家现行的全部法律规范所组成的不同类别的部门法所构成的体系,是由既相互独立又具有内在联系的法律部门所构成的体系,是一个不断发展变化的法律体系。研究法律体系有重要意义有:有助于发现现行法律规范的缺陷;有助于执

---

[1]刘天永主编:《中国税务律师实务》,法律出版社,2009年版,第92页。

法人员掌握法律规范的全部;有助于对法律学科的分类。[1]

2.税收程序法体系

税收程序法体系,指的是我国现行的全部税收程序法律规范依据一定的标准划分成不同的管理程序制度,并由这些不同的管理程序制度所构成的内在联系的统一体。构造税收程序法的体系,应当依据税收程序法的特点和具体功能,在税收程序法规范调整的范围内,符合税收程序法的内在结构来设计,以便尽可能减少重合或者缺漏,力争做到结构清晰。由此,按照税收程序法规范整的内在逻辑,税收程序法可以分为税务管理程序法、税收征收程序法、税收保障程序法、税务稽查程序法、税务争议处理程序法五个部分。具体讲,这五个部分所包含的具体税收程序制度是:第一部分税务管理程序法律制度:税务登记程序制度——开业登记程序制度、变更登记程序制度、停复业登记程序制度、外出经营报验登记程序制度、注销登记程序制度;账簿凭证管理程序制度;发票管理程序制度——发票印制程序制度、发票领购程序制度、发票开具程序制度、发票保管程序制度、发票检查程序制度;税收管理员程序制度。第二部分税收征收程序法律制度:纳税评估程序制度;纳税申报程序制度;税收核定与纳税调整程序制度;税款征收程序制度;欠税公告程序制度;税款的追征与退还程序制度。第三部分税收保障程序法律制度:纳税担保程序制度——纳税保证程序制度、纳税抵押程序制度、纳税质押程序制度;税收保全程序制度;税收代位权与撤销权程序制度;税收优先权程序制度;税收强制执行程序制度。第四部分税务稽查程序法律制度:税务检查程序制度;税务稽查程序制度。第五部分税务争议处理程序法律制度:税收行政处罚程序制度、税务行政复议程序制度、税收行政诉讼程序制度、税收行政赔偿程序制度。

围绕上述税收程序制度,我国分别制定颁布了《税收征收管理法》及其《实施细则》、《税务登记管理办法》、《发票管理办法》及其《实施细则》、《纳税评估管理办法》、《纳税担保试行办法》、《税收管理员制度》(试行)、《抵税财物拍卖、变卖试行办法》、《税务检查规则》、《税务行政复议规则》、《税收减免管理办法》等一系列法律、行政法规;同时,全国人大常委会、最高人民法院、最高人民检察院还制定颁布了与税收程序制度有关的立法解释、司法解释。这些法律、行政法规、立法解释、司法解释构成了我国税收程序法的法律体系。

我国税收程序法的法律体系,对于促进我国税收程序管理制度的建立、规范税务机关的税收管理行为、保证纳税人依法纳税起到了重要作用,但是也应该看到,我国的税收程序法律体系还存在不完善、不合理的方面。

---

[1]刘金国等主编:《法理学教科书》,中国政法大学出版社,1999年版,第97~99页。

第二节　税收程序法的发展历史

一、税收程序制度是历史发展的产物

税收是一个财政范畴,也是一个历史范畴。当我们回顾历史的时候,不难发现,税收并不是天然存在,它是社会发展到一定阶段的产物。

在古代社会,税收总是一个国家或者是一个统治集团财政的支柱。统治者为了满足自己骄奢淫逸的生活或者是侵略战争,总是通过制定法律来向被统治者征收各种各样的税赋。但是被征收税赋的被统治阶级不堪沉重的税负,经常奋起反抗。由此便产生了税法。比如12世纪末13世纪初的英国,国王为了积累足够的资金来支持英法战争,便向国民征收大量的赋税,最终导致在1215年签订了《大宪章》,这个具有宪法性质的文件其中一项很重要的内容就是限制国王擅自征税。

但是随着民权和人权思想的不断传播和深入人心,纳税人已经意识到自己把其部分财富交给政府最终的目的是要服务于自己的生活和未来,绝不是满足统治者的私欲。在这种思想的影响下,税收不再是一件很随意的事情,资本主义国家纷纷制定宪法和宪法性文件,用法律的形式规定资本主义国家的税收制度。1778年,美国成立了联邦共和国,通过了新宪法。新宪法规定各州将进口关税让度给联邦政府,作为联邦政府的主要收入来源,这样联邦政府就拥有了课税权。

税收的目的要达到,但是征税的过程也必须以法律的形式予以明确的规定,正如其他的行政行为要遵循一定的程序一样,税收的征收管理也应当有严格的程序规定。一直标榜法治立国的西方国家对征收税收程序的重视是不言而喻的。诸如美国、英国,包括日本等国家,都有相对比较成熟的税收征收管理制度来规范征税机关的税收行为,同时也规范纳税人的纳税行为。

二、我国税收程序法的历史空白

中国历史上最早的税收是春秋时期鲁国实行的"初税亩"。据《春秋》记载,鲁宣公十五年(公元前594年),鲁国首先实行初税亩,这是征收田税的最早记载。在税收出现后的数千年的中国古代社会,赋税和徭役便与中国人民的苦难生活相生相伴。

由于受到中国社会政治、经济以及传统法律文化等多种因素的影响,我国自古以来的法律制度就存在"诸法合体"、"实体法与程序法不分"、"轻程序重实体"的思想观念。很难相信在这种思想观念的影响下,中国历史上能够产生出对实体法律有制约的程序性的法律。更何况,我国自古以来就强调"人治大于法治",更谈不上我们的先人能够对程序法有多大程度的眷顾和青睐了。所以说,我国程序法的发展尤其是本书所要论述的税收程序法也是改革开放这几十年才出现的事情。

三、新中国税收程序法的历史发展脉络

随着新中国的建立和改革开放的发展,我国的《税收征收管理法》及其《实施细则》的颁布,逐渐催生了税收程序法的系统理论和制度。考量分析我国税收程序法的历史脉络,大致经历了四个阶段。

第一阶段,缺乏专门立法阶段。这一阶段自建国至1986年4月21日颁布《税收征收管理暂行条例》前。在这一阶段,由于我国长期实行高度集中的计划经济体制,税收的宏观调控和组织财政收入的职能被忽视,税收法制不健全,一直没有制定专门的税收征收管理法,有关税收征收管理的规定分散在各个实体税收法律、法规之中。不统一、不规范,税收征管的程序法律制度处于"分散"状态,根本不利于税收的征收管理是这一阶段的主要特点。

第二阶段,统一立法阶段。这一阶段自1986年4月21日至1992年12月31日,即《税收征收管理暂行条例》的颁布实施阶段。为了改变税收征管制度分散、混合、不规范的状况,适应当时正在进行的税制改革,1986年4月21日国务院颁布了《税收征收管理暂行条例》(不适用涉外税收),把分散在各个税种法规中有关税收征收管理的内容以及国务院、财政部、地方人大和地方政府先后制定的一些税收征收管理法规、规章等,进行了归纳、补充、完善。《条例》的颁布,标志着我国税收征收管理制度开始单独立法,初步实现了税收征收管理制度的统一化和法制化,对于促进依法治税、加强税收监督管理、保证国家财政收入起到了积极作用。但由于历史的原因,《条例》存在不少缺陷:一是税收征收管理法律、法规的适用内外有别,不统一、不规范,《条例》仅适用于内税,而涉外税收的征收管理则按照各个涉外税法的有关条款执行。二是淡化税收行政执法权,未赋予税务机关必要的检查权、处罚权、行政强制执行权;三是税收征收管理法规不适应经济形势发展的要求;四是对纳税人合法权益的保护和税务人员执法的制约不够;五是《条例》的法律效力有待提高等。

第三阶段,开始进入法治化阶段。这一阶段自1993年1月1日至2001年4月30日。1992年9月4日七届全国人大常委会第二十七次会议通过了《中华人民共和国税收征收管理法》,于1993年1月1日起施行,1995年2月28日八届全国人大常委会第十二次会议对该法个别条款作了修改。《税收征收管理法》是我国调整税

收征纳程序关系的第一部法律,统一了"内外"税收征管规定,强化了税务机关执法手段,赋予了税务机关必要的行政执法权,建立了对税务机关的执法制约制度,体现了对纳税人合法权益的保护。为了保证《税收征收管理法》的有效实施,国务院以及财政部、国家税务总局又相继颁布实施了《税收征收管理法实施细则》及其他与税收征收管理法配套实施的法规、规章和规范性文件,使税收征收管理的各个方面和环节基本做到了有法可依,我国税收征收管理工作开始步入法治化轨道。但是随着改革的深化、开放的扩大和社会主义市场经济体制的逐步建立与发展,经济和社会各方面都发生了许多变化,税收征管也出现了机构分设、税制简化等新情况、新形势,该税收征收管理法暴露出诸多问题和不足:一是税收征管的基础管理制度不够健全;二是税款征收、税务检查和税务行政执法不够规范、有力和完善;三是未明确、全面规定纳税人的权利,税收征管中侵犯纳税人合法权益的现象时有发生;四是法律责任不够严密、完善;五是税收征管法与相关法律存在一定的冲突;六是税务争议的救济和司法保障需要加强和改善;七是税收征管工作中面临的一些新情况在法律上缺乏明确的规定。因此,该部税收征管法已不能完全适应实际需要。

第四阶段,法制逐步完善阶段。这一阶段自2001年5月1日起新《中华人民共和国税收征收管理法》正式实施至今。2001年4月28日,第九届全国人民代表大会常务委员会第二十一次会议对《税收征管法》进行了修订,其修改达90余处,并增加了不少现行条款,由62条增为94条。2002年9月7日,新修订的《中华人民共和国税收征收管理法实施细则》经国务院总理签发第362号国务院令颁布,并于2002年10月15日正式施行。现行《税收征管法》及其《实施细则》的颁布和实施,进一步推进了我国税收征管的法制化进程,促使税收理念和税务管理发生深刻的变化,标志着我国依法治税工作又迈上了一个新台阶,主要表现在以下六个方面:一是在保证税收收入的同时,更加重视税收与经济发展和社会进步的关系,进一步发挥税收的积极作用;二是在确保税务机关依法治税的同时,进一步强调应收尽收、不收过头税;三是规范税收执法行为的同时,加大防范和打击税收违法行为的力度;四是在强调纳税人义务和责任的同时,更加注重保护纳税人权益和为纳税人服务;五是在保证税务机关行政权力有效行使的同时,更加注重规范和监督税务机关的执法行为;六是在保证税务机关独立行使职权的同时,重视与有关部门的协作与配合、信息共享及协税责任的落实。由此可知,我国的税收立法正在逐步走向完善。

通过上面的论述,我们发现《税收征收管理法》作为一部程序性法律制度,与实体法制建设一样,经历了一个漫长的探索和不断完善的过程。目前我国已基本形成了以《税收征收管理法》为核心,以《税收征管法实施细则》为辅助,以国务院、国家税务总局制定的行政法规、规章和规范性文件(诸如《发票管理办法》、《税务登记管理办法》等)为补充的税收征收管理法律体系。当然,在构建我国税收程序法体系的时候,必须以宪法为根据,总结我国的税收实践工作经验,结合我国的实际情况,而不能相反。

第三节　发达国家税收程序法的历史经验

我国税收程序制度还存在一些问题,国外一些发达国家的经验值得我们借鉴。

一、发达国家的税务机构

对于国外一些主要的发达国家而言,由于国家体制的不同,其税务机构的设置方式也有所区别。

1.美国的税务机构

美国制定有《美国税法典》。美国税法讲求法典化、务实性、公平性,并且十分复杂。

美国是联邦制国家,所以在各级政府之间不存在资金上缴和资金下拨关系,各级政府所需资金主要是通过在税收上采取联邦与地方分税制的办法来解决。

美国税务机构的设置是中央与地方分设。在此对中央税务机构的设置情况作一简介。美国中央税务机构的名称为美国联邦税务局(以下简称"国税局"),它隶属于美国财政部。国税局局长由总统任命,并随总统的任期变更而变更。国税局总部负责制定税收的政策和规则(税收政策需经国会批准通过)及查账过程,它下设7个区域,63个部门,各个部门下设有若干个小单位,包括负责查账业务部门、负责联邦税征收部门、负责调查犯罪部门、为纳税人服务部门、负责免税部门、行政管理部门、主管电脑系统部门和帮助查账部门等。

2.英国的税务机构

英国的税收分别由各有关的政府部门负责征收:国内收入局负责征收个人所得税、公司税、石油税、财产税、印花税、土地发展税并代收国民社会保险费。海关和消费税局负责征收增值税、消费税和关税。除此之外,交通部征收车辆消费税,各地方政府还征收地方税。

在每个财政年度结束前夕(通常是每年的3月中下旬),财政大臣在英下议院向议会提出下一财政年度的税收政策措施,经议会批准后即生效,列入财政法案,任何人无权变动。英国税收征管工作的重要特点是税额的核定和税款的征收是分别管理的。国内收入局下属650个税务所,专门负责审查公司及其职工和自谋职业者的纳税申报,确定纳税数额。另外有150个征收所,直接办理征收业务。除此以外,对大公司的税收有40个所专门管理,对银行及保险业的税收分别有15个所专门管理,对石油税收有一个所专门管理。每个税务所都有数量不等的税务督察官。他们都是有专业知识,从事税收工作多年,懂经营、会核算的专业人员。此外,每个税务所都有70名左右的税务工作人员。

二、发达国家的税务登记制度

对纳税人基本情况的掌握,许多国家采用的方式是进行税务登记。将其作为税收确定程序的起点和前置程序,税收法律关系在此得到初步确认。税务登记作为一项法律行为,使纳税人的身份得到法律的承认,纳税人和税务机关不及时或不如实办理、变更、注销登记的行为应受到法律的制裁。如《德国税收基本法》第134条、135条、136条对税务登记的范围、义务、变更通知等作了明确规定。国外税务登记的普遍化,与多数国家建立了全国性的纳税人登记号码,运用计算机管理纳税人的信息资料有关。如在意大利,凡年满十六岁的公民均须到当地税务机关登记,领取一份在全国范围内独一无二的税务编码卡;印度实行永久账号制度;加拿大、日本、美国等,均采用全国性登记号码。另外,在发票管理方面,各国都十分严密,特别是对增值税专用发票的管理。如韩国利用计算机对增值税专用发票进行大规模的双向交叉核对,核对率占发票总量的40%,据此控制了增值税85%的税源。

三、发达国家的税收监督制度

税收监督方面的审计主要是税务审计,它是政府税务机构根据税法检查和监督纳税人履行纳税义务的重要手段。税务审计对监督纳税人依法纳税,减少和防止偷漏税的现象,促使纳税人自觉纳税,保证税款及时足额入库,防止税款流失等都有着重要的意义。许多国家都建立了专门的税务审计机构,并配备了专门的税务检查人员。如美国国税局对纳税申报表的日常税务审计由国税局指派的区办公室进行。目前,美国有63个区办公室,在主要城市都设有税务审计人员。税务审计人员一般分为税收收入审计人员和特别调查人员两类。税收收入审计人员主要是从事对被选作审计对象的纳税申报表的适当性进行类似日常调查的工作,其工作根据问题的严重程度可选择在美国国税局办公室完成,即"办公室审计",或是在纳税人的经营地进行,即"现场审计"。特别调查人员主要是调查那些被日常审计怀疑有税收欺诈问题的案子。在加拿大,其税务总部下设审计部,审计部配备专业审计师,通常是会计师及助手秘书和行政人员。加拿大税务部门的审计工作一般分为三个组,即常规性审计组、避税审计组、特别调查小组,每个小组都各司其职,分工明确。另外,加拿大各级议会都设有审计办公室,主要审计税务机关资金和财产使用情况,评估税务机关是否在有效使用其人力、技术和资金为纳税人提供高效服务,是否严格执行各项税收法律、法规,评估税务机关税收政策和制度对公众健康、社会安全、公共环境的影响,评估税务机关与其他政府部门的合作情况等。

四、发达国家的税收处罚制度

国外大多数国家都制定、执行严厉的税收违法处罚制度。处罚一般包括罚款、没收财产以及判刑等,执行也非常严厉,充分体现其严管重罚的原则。对负有纳税义务的人,在催缴后拒绝或忽视偿清所欠税款,便对其拥有的动产和不动产实施税收扣押。美国对违反税法的处理规定就非常详细和明确。例如:(1)纳税人不准时报税的,每月罚5%的税金,最高可罚25%的税金;(2)纳税人不准时缴税的,每月罚5%的税金,最高可罚25%的税金;(3)个人低估该缴的税款,罚金按每月利息计算;(4)股份有限公司低估该缴的税款,罚金按每月利息计算;(5)疏忽税法的规定或少报太多的税金,或故意抬高纳税扣除金额,罚20%的调整额的税金;(6)对逃税欺诈行为,罚75%的调整额税金;(7)对故意不报税或故意不交税,或故意不给税务部门提供所需资料,最高25000美元的罚款,监禁最高一年;(8)领薪水者不向雇主提供自己的正确资料的,给予罚款最高1000美元和监禁最高一年的处罚。澳大利亚的税务处罚分为欠税处罚和少缴税款处罚。欠税处罚是指税款计算准确并申报,但不按时缴纳税款的处罚,一是征收滞纳金;二是罚款最高不超过所欠税款的8%。少缴税款处罚,一是与欠税一样征收滞纳金;二是处以少缴税款总额200%的罚款。对伪造或隐瞒身份,妨碍税务人员工作,拒绝回答或不接受税务部门检查等情况严重的,税务部门可要求法院对违反税法的个人实行法律制裁,一经查实,将处以10万澳元以下罚款或10个月监禁,两罚并用。英国的税务所每年要对1%的重点公司和3%的自谋职业者进行收入和纳税情况的抽查。对拒不交纳税款者强制其纳税。这可采取抵押其资产,通过代理人将其资产拿到市场上去拍卖,向法院起诉,甚至经高级法院判决宣布其公司破产等办法。通过严厉的处罚措施,促使公民形成高度自觉的纳税意识,维护了税法的尊严,防止税收流失。

五、发达国家税务人员的素质培训

高素质的税务人员对于国家来说具有非常重要的作用。英国很重视对税务人员的培训。如国内收入局在全国设有10个培训中心,担负着全国近10万在职税务人员和新进人员的培训任务。负责增值税收任务的英国海关,每年对其税务人员进行税收政策及纳税管理的专业训练。税务官员的升迁、任免,完全根据对其工作业绩的考核来进行。英国的税务机构和人员全部实行垂直管理,国内收入局直接管理15个大区,15个大区又直接管理650个税务所。税务人员的工作只向上级税务机关负责,与地方政府不发生领导和被领导的关系。这些给税收政策法令的执行提供了组织保证。日本在学习西方法制与民主的基础上,取得了依法治税的成功经验,但与西方的法制与民主不同的是,日本的税收法律关系从来都是以上治下。为维护国家利益,保证财政收入不流失,征管人员所付出的努力是巨大的。可以说,严密健全的征管制度、具有良好素质的征管人员的积极努力是日本做好税收工作的基础。

第六章　税收程序法律责任

　　我国关于税收程序法律责任的税法规制，分散在大量的税收程序法律、行政法规之中。税收程序法律责任主要包括税务机关的法律责任，税务执法人员的法律责任，纳税人、扣缴义务人、纳税担保人的法律责任，监督机关的法律责任。不同的责任主体承担的法律责任各不相同。税收程序法律责任的方式有行政责任、刑事责任和赔偿损失。分析税收程序法律责任，就必须分析违反税收程序法行为的构成要件。税收程序法律责任的构成要件与违反税收程序法行为的构成要件是两个不同的法律概念。

第一节　税收程序法律责任的概念和特征

一、税收程序法律责任的概念

　　税收法律责任，指的是税收法律关系主体因违反税收程序法律规范所应承担的否定性后果。

　　税收程序法律责任按照责任主体的不同，可以分为四种：

　　1.税务机关的法律责任

　　税务机关的法律责任，是指税务机关违反税收管理程序法律规范所应当承担的法律责任。税务机关的法律责任的对象是国家或纳税人、扣缴义务人、纳税担保人。比如，当税务机关的税收管理行为损害了国家或社会公共利益时，就要向国家承担法律责任；当税务机关的税收管理行为侵害了纳税人、扣缴义务人、纳税担保人的合法权益时，就要向纳税人、扣缴义务人、纳税担保人承担法律责任。

　　2.税务机关税务执法人员的法律责任

税务机关税务执法人员的法律责任,是指税务机关的税务执法人员违反税收管理程序法律规范所应当承担的法律责任。税务机关税务执法人员的法律责任是一种个人责任。税务机关税务执法人员的法律责任分成两种情况:第一种是,在税务机关内部,税务执法人员违反了税收程序管理法律规范,破坏了税务机关的内部秩序,就要对税务机关承担法律责任;第二种是,税务执法人员代表税务机关对外行使税收管理者权时,由于违法或者过失致使税务机关对纳税人、扣缴义务人、纳税担保人作出了违法的具体行政行为,并由此造成了纳税人、扣缴义务人、纳税担保人的合法权益的损害时,首先要由税务机关向纳税人、扣缴义务人、纳税担保人承担法律责任,但是,由于税务机关向纳税人、扣缴义务人、纳税担保人承担的这种法律责任是由于税务执法人员的违法或者过失造成的,因此,根据行政法律规范的要求,税务执法人员要向税务机关承担相应的法律责任。

3.纳税人、扣缴义务人、纳税担保人的法律责任

纳税人、扣缴义务人、纳税担保人的法律责任,是指纳税人、扣缴义务人、纳税担保人违反税收管理程序法律规范所应当承担的法律责任。纳税人、扣缴义务人、纳税担保人的法律责任是一种个人责任,它的承担对象是代表国家行使征税权的税务机关。由于在税务机关的征税活动中,纳税人、扣缴义务人、纳税担保人违反税收程序管理法律规范的行为的结果,是破坏了国家的税收管理秩序,侵害了国家的利益,因此,税务机关必须依法要求纳税人、扣缴义务人、纳税担保人承担相应的法律责任。

4.监督机关的法律责任

监督机关的法律责任,是指监督机关在监督税务机关进行税管理收程序活动中违反税收程序管理法律规范所应当承担的法律责任。监督机关的种类较多,本书主要讲上级税务机关或者税务行政复议机关。监督机关在监督税务机关进行税收管理程序活动时,违反税收管理程序法律规范,就应当承担法律责任,这种责任有的承担对象是国家,有的承担对象是纳税人、扣缴义务人、纳税担保人。比如,税务行政复议机关在复议下级税务机关作出的错误具体行政行为时,不依法作出税务行政复议决定,造成了税务行政复议申请人的损失,那么税务行政复议机关就应当依法承担法律责任。

二、税收程序法律责任的特征

税收程序法律责任的特征,主要有以下几点:

1.税收程序法律责任是违反税收程序法确立的规则所应当承担的法律责任

这种法律责任的依据是税收程序法律规范,而不是其他的法律规范,比如不是刑事程序法律规范,也不是民事程序法律规范。税收程序法律责任以违反税收程序法律规范为前提。

2.税收程序法律责任的主体是复合主体

税收程序法律责任的主体,不仅限于税务机关,还包括税务机关的税务执法人员,纳税人、扣缴义务人、纳税担保人,履行监督职责的监督机关。

3.追究税收程序法律责任的机关

追究税收程序法律责任的机关较多,除了上级税务机关以外,还有审计、纪检、监察、司法机关。至于由哪一个机关来追究法律责任,要视违法主体的具体情况和违法的情节来决定。比如,税务机关的税务执法人员在税收管理活动中,滥用职权,致使纳税人死亡,那么,该税务人员要被司法机关追究刑事责任,该税务机关要被上级税务机关追究行政责任。应当说,税收程序法律责任的追究制度是比较复杂的,正因为如此,本书把法律责任也作为分析重点。

4.税收程序法律责任的性质和程度

税收程序法律责任的性质和程度不同于刑事责任,也不同于民事责任。刑事责任注重惩罚性,民事责任注重补偿性,税收程序法律责任既要考虑对违法者的惩罚,又要考虑对受害者的补偿,兼具刑事责任和民事责任的内核。但同时,从总体上看,税收程序法律责任的惩罚性没有刑事责任的惩罚性严厉。

第二节　税收程序法律责任的构成要件

一、违反税收程序法的行为

违反税收程序法的行为,是指税收程序法律关系主体的各种违反税收程序法律规范的行为的总称。不同的税收程序法律关系主体有不同的税收程序违法行为。但是,不同的税收程序违法行为,具有相同的构成要件。

违反税收程序法的行为的构成要件,是指违反税收程序法律规范的行为所应当具备的各种必要条件的总和。要明确违法主体的法律责任,就必须准确认定违法主体的违法行为,而要准确认定违法主体的违法行为,就必须考察违反税收程序法行为的构成要件。违反税收程序法行为的构成要件有以下几个方面:

1.违反税收程序法行为的主体必须是税收程序法律关系主体

非税收程序法律关系的主体,其行为不是税收程序法意义上的行为,因此就谈不上是违反税收程序法的行为。这是违反税收程序法行为构成要件的主体条件。

2.税收程序法律关系主体具有相关的法定义务

税收程序法律规范有要求税收程序法律关系主体作为和不作为的义务,如果税收程序法律关系主体违反了税收程序法律规范关于作为和不作为的义务,就是违反税收程序法的行为。具有法定义务,是构成违反税收程序法行为的前提条件之一。

3.税收程序法律关系主体要有主观过错

行为人在主观上有过错是构成一切违法行为的要件之一。主观过错,包括故意和过失两种形式,是指行为人实施行为的一种心理状态。不过,在违反税收程序法的行为中,对于税务机关或者监督主体,并不要求其有主观过错,只要税务机关或者监督主体在客观上有违反税收程序法律规范的行为,就可以认定税务机关或者监督机关的行为违法;但是,对税务执法人员或者纳税人、扣缴义务人、纳税担保人而言,就要强调其有主观过错,否则不能认定其有违反税收程序法的行为。主观过错是认定税务执法人员或者纳税人、扣缴义务人、纳税担保人的行为构成违法的前提条件之一。

4.税收程序法律关系主体要有不履行法定义务的客观行为

税收程序法律关系主体只要有不履行法定义务的客观行为,就构成违反税收程序法的行为。当然,还要求税收程序法律关系主体这种不履行法定义务的客观行为侵害了税收程序法律规范所保护的社会关系,对税收管理秩序具有一定的危害性。

二、税收程序法律责任的构成要件

税收程序法律责任的构成要件是指违反税收程序法律规范的行为所应当具备的各种必要条件的总和。税收程序法律责任的构成要件与违反税收程序法行为的构成要件互相区别。分析违反税收程序法行为的构成要件,其目的是为了准确判断某种行为是不是违反税收程序法的行为,而分析税收程序法律责任的构成要件,其目的在于确认某种违反税收程序法的行为是否要承担法律责任。税收程序法律责任的构成要件有以下几项:

1.税收程序法律关系主体要有违反税收程序法的行为存在

这是构成税收程序法律责任的首要前提。

2.税收程序法律关系主体要有法定的责任能力

税收程序法律关系主体不具有法定的责任能力,即使其行为违法,也不能对其追究法律责任。税收程序法律关系主体具有法定的责任能力是构成税收程序法律责任的又一重要前提。税务机关,监督机关,纳税人、扣缴义务人、纳税担保人是法人或者其他组织的,对责任能力没有特殊的要求,只要是依法成立的,即具备法定的责任能力;纳税人、纳税担保人是自然人,就必须要求其具有责任年龄和正常的智力状况,否则即便是该纳税人或者纳税担保人有违反税收程序法的行为,也不能追究其法律责任。

3.税收程序法律关系主体违反税收程序法的行为,其情节或者后果必须达到一定的程度

税收程序法律关系主体违反税收程序法的行为,其情节十分轻微,后果也不严重,就不应当追究法律责任。相反,只有税收程序法律关系主体违反税收程序法的行为情节或者后果达到一定的程度,造成了一定的危害,才能追究其相关的法律责任。

4.税收程序法律关系主体违反税收程序法的行为与后果之间存在因果关系

第三节   税收程序法律责任的追究

在我国税收程序法体系中,税收程序法律责任的承担依据是:违法行为较轻的,根据《税收征收管理法》以及其他的税法规定(如《发票管理法》、《税务登记管理办法》等)给予行政处罚,或者处以罚款;情节严重、触犯刑律的,属于犯罪,要追究刑事责任,除了依法承担刑事责任外,还要处以附加刑即判处罚金。在这些法律法规中,既规定了纳税人、扣缴义务人、纳税担保人的法律责任,也规定了税务执法人员的法律责任。下面结合其他相关的法律规定,对法律责任的追究问题作简要阐述。

关于法律责任的问题,主要包括行政责任、刑事责任和赔偿损失。

对于税务机关而言,其承担的责任只有行政责任和赔偿损失;对于税务执法人员而言,其承担的责任有行政责任、赔偿损失、刑事责任;对于纳税人、扣缴义务人、纳税担保人而言,其承担的责任有接受税务行政处罚、履行法定义务;对于监督机关而言,其承担的责任有行政责任、赔偿损失。

一、关于行政责任

1.税务机关的责任

对税务机关追究行政责任主要是由具有法定监督权力的国家机关进行。大致有这样几种情况:由上级税务机关以书面决定的方式追究;由司法机关主要是人民法院以税务行政诉讼(含税务行政赔偿)判决的方式追究;由税务行政复议机关以税务行政复议决定的方式追究;由审计、监察、纪检部门以书面决定的方式追究。

税务机关承担责任的方式有:第一,赔礼道歉,承认错误。这一责任方式的

适用条件是:税务机关对纳税人、扣缴义务人、纳税担保人作出了违法的或者不当的具体行政行为,损害了纳税人、扣缴义务人、纳税担保人的合法权益,就必须向纳税人、扣缴义务人、纳税担保人当面赔礼道歉,承认错误。第二,恢复名誉,消除影响。这一责任方式的适用条件是:税务机关对纳税人、扣缴义务人、纳税担保人作出了违法的或者不当的具体行政行为,损害了纳税人、扣缴义务人、纳税担保人的名誉,产生了不良影响,就必须为纳税人、扣缴义务人、纳税担保人恢复名誉、消除影响。第三,责令作出检查,通报批评。这一责任方式的适用条件是:税务机关有违反税收程序法的行为时,上级税务机关决定由有违法行为的税务机关作出检查;或者由上级税务机关通过新闻媒体发布书面决定,以此对违法的税务机关予以惩戒。第四,纠正不当或者违法的行为。这一责任方式的适用条件是:税务机关对纳税人、扣缴义务人、纳税担保人作出了违法的或者不当的具体行政行为,主动依法纠正不当或者违法的行为。

2.税务执法人员的责任

2007年4月22日,国务院第495号令公布了《行政机关公务员处分条例》,该条例对规范行政机关公务员的行为,保证行政机关及其公务员依法履行职责有重要意义。

税务执法人员也属于税务行政机关公务员,其执法行为当然要受《行政机关公务员处分条例》的规范和调整,所以税务执法人员的执法行为违纪违法,所面临的行政责任就是《行政机关公务员处分条例》规定的责任形式。

根据《行政机关公务员处分条例》的规定,行政机关公务员的处分形式分为警告、记过、记大过、降级、撤职和开除六种。行政机关公务员在受处分期间不得晋升职务和级别,其中,受记过、记大过、降级、撤职处分的,不得晋升工资档次;受撤职处分的,应当按照规定降低级别;受开除处分的,自处分决定生效之日起,解除其与单位之间的人事关系,不再担任公务员职务。

如果税务执法人员的执法行为有下列情形之一的,应当从重处分:

(1)在两人以上的共同违法违纪行为中起主要作用的。

(2)隐匿、伪造、销毁证据的。

(3)串供或者阻止他人揭发检举、提供证据材料的。

(4)包庇同案人员的。

(5)有其他法定的从重情节的。

根据《行政机关公务员处分条例》的规定,自2007年7月1日起,税务行政机关公务员依法被判处刑罚的,给予开除处分。这里讲的"被判处刑罚",包括各种形式的刑罚。

综合分析《公务员法》、《行政监察法》、《行政机关公务员处分条例》、《税务人员涉税违规违纪若干问题行政处分暂行规定》就会发现,对行政机关公务员的法纪要求日益规范、严格,因此,税务执法人员的执法活动一定要遵从这些法律规定,否则要承担相应的行政责任。鉴于此,各级税务机关应当建立、健全内部制约和监督管理制度。上级税务机关应当对下级税务机关的执法活动依法进行监督。各级税务机关应当对税务执法人员的执法活动依法进行监督。

3.纳税人、扣缴义务人、纳税担保人的责任

对纳税人、扣缴义务人、纳税担保人法律责任的追究,主要由税务机关依法行使税收管理职权得以实现,表现为税务机关通过对其实施税务行政处罚权等方式进行法律责任追究。

纳税人、扣缴义务人、纳税担保人承担法律责任的方式有:履行法定义务、接受行政处罚、赔偿损失。

二、关于刑事责任

1.税务执法人员的责任

与税务职务有关的罪名[1]有:贪污罪、受贿罪、私分罚没财物罪、滥用职权罪、玩忽职守罪、徇私舞弊不移交刑事案件罪、徇私舞弊不征(少征)税款罪、徇私舞弊发售发票(抵扣税款、出口退税)罪、违法提供出口退税凭证罪。

另外,根据《税收征收管理法》第80条的规定,税务执法人员如果与纳税人、扣缴义务人勾结,唆使或者协助纳税人、扣缴义务人偷税、逃避追缴欠税、骗取出口退税,那么,税务执法人员将构成共同犯罪,成为纳税人、扣缴义务人实施的偷税罪、逃避追缴欠税罪、骗取出口退税罪的同案犯。

2.纳税人、扣缴义务人、纳税担保人的责任

纳税人、扣缴义务人、纳税担保人承担的刑事责任主要有:在偷税罪、逃避追缴欠税罪、骗取出口退税罪、抗税罪以及违反发票管理程序制度犯罪方面承担的责任。详细内容见本书后面章节。

前述罪名涵盖的刑事责任为有期徒刑、无期徒刑直至死刑。

三、关于赔偿损失

1.税务机关以及监督机关(税务行政复议机关)赔偿损失

根据1994年5月12日公布的《国家赔偿法》的规定,税务行政机关及其税务执法人员行使职权时,有下列侵犯财产权情形之一的,税务机关或者税务行政复议机关应当承担赔偿责任:

---

[1]分别参见《中华人民共和国刑法》第382、385、396、397、402、404、405条规定。

(1)违法对财产采取查封、扣押、冻结等强制措施的。税务执法人员的法律责任主要有:改正错误、被调离工作岗位、承担降级或者撤职等行政责任;退还违法收取的款物、赔偿损失等行政赔偿责任;被追究刑事责任。

(2)违反规定征收税款、摊派税款的。

(3)违法实施罚款等。

(4)造成财产损害的其他违法行为。同时,经税务复议机关复议的,复议机关决定加重损害的,复议机关要对加重的部分履行赔偿义务。

2.税务执法人员赔偿损失

税务执法人员在税务执法过程中,如果违法执法造成了纳税人、扣缴义务人或者纳税担保人的财产损失,应当先由税务行政机关进行赔偿,然后由税务行政机关责令有故意或者重大过失的税务执法人员承担部分或者全部赔偿费用,这在赔偿法上叫追偿制度。同时,税务行政机关还应对有故意或者重大过失的税务执法人员给予行政处分;构成犯罪的,应当依法追究刑事责任。

关于具体程序制度涉及的法律责任,本书将在后面各章节分别介绍。

第七章　税收程序法的效力、税务管辖、期间和送达

第一节　税收程序法的效力

一、税收程序法的空间效力

我国税收程序法的空间效力原则是:税收法律、税收行政法规、税收行政规章以及具有普遍约束力的税务行政命令中的程序规范除在个别特殊地区外的全国范围内有效。个别特殊地区主要指香港、澳门、台湾和保税区等。

二、税收程序法的时间效力

税收程序法的时间效力,是指税收程序法何时开始生效、何时终止效力和有无溯及力的问题。税收程序法在特定条件下具备溯及力。一般说来,税收程序法大多是自通过发布之日起生效,并采取"程序法从新"原则。程序法从新,是指税收程序法的新法优于旧法适用。具体内涵是:当税收程序法发生变动时,无论纳税义务发生在新税法实施之前还是发生在新税法实施之后,只要履行有关的纳税程序的时间发生在新的税收程序法实施之后,就应该选用新的税收程序法。

三、税收程序法对人的效力

税收程序法对人的效力,国际上有三个通行的原则:属人主义、属地主义、属人主义和属地主义相结合的原则。我国采用属人主义和属地主义相结合的原则,即凡我国公民,在我国居住的外籍人员,以及在我国登记注册的法人,或虽未在我国设立机构但收入来源于我国的外国企业、公司、经济组织等,

均适用我国税收程序法。

第二节　税务管辖

一、税收管辖权

税收管辖权是指一国政府在其主权管辖范围内所享有的征税权,它是一个国家在税收领域内的主权,具有独立性和排他性。税收管辖权可按属地主义原则和属人主义原则确立,与此相应,税收管辖权可以分为属地管辖权和属人管辖权。我国实行的是属人和属地相结合的混合管辖权制度。其基本内核是:我国政府对居民来源于中国境内和境外的所得征税,但要对其在境外已缴纳的外国税收给予税收抵免;对非居民,只就其取得来源于中国境内的所得征税,对其取得来源于中国境外的所得免于征收。采用混合管辖权制度是世界上多数国家的做法,它有利于维护国家的税收利益。

二、税务管辖的原则

税务管辖,是指税务机关对税务活动所作的权限分工。我国税务管辖的一般原则是:税务机关按照法律、行政法规规定的管辖范围对纳税人实施管辖;税务机关发现已管辖的纳税人不属于自己管辖的,应当向有税收管辖权的税务机关移送;税务机关对其他税务机关实施的管辖有异议的,由异议各方协商解决,协商不成的,报各自的上级税务机关协商解决,仍协商不成的,由各自的上级税务机关中级别最高的税务机关指定管辖;纳税人发生了有影响税务管辖权的情形,应当向主管税务机关申请税务管辖权变更,主管税务机关应当依法移送;纳税人对税务机关实施的税务管辖权有异议的,可以向主管税务机关申请变更税务管辖,对申请结果不服的,可以依法申请税务行政复议或者提起税务行政诉讼。税务管辖是我国税务管理的基础。税务机关的一切税务管理活动都必须遵循税务管辖的一般原则,否则会发生税务管理活动的混乱。

第三节　期间

一、期间的概念

期间,是指税收程序法律关系主体完成某种涉税行为的一段时限。比如,扣缴义务人应当自扣缴义务发生之日起30日内向所在地的主管税务机关申报办理扣缴税款登记,领取扣缴税款登记的证件,这里的"30日"就是税收程序法关于期间的规定。

二、期间的种类

1.法定期间

法定期间,是指税法规定的不能随意变动的期间。比如:企业及其在外地设立的分支机构和从事生产、经营的场所、个体工商户和从事生产、经营的事业单位自领取营业执照之日起30日内,持有关证件,向税务机关申报办理税务登记;《税务登记管理办法》规定,办理税务登记的期间是自领取营业执照之日起30日内,这里的"30日"就是税法规定的法定期间。

2.指定期间

指定期间,是指税务机关依据税法的规定在职权范围内要求纳税人等其他税收程序法律关系主体完成某种行为的期限。指定期间是税法赋予税务机关的一项权力,该项权力只能在税收法律规定的范围之内行使,并不得与法定期间相冲突。税务机关确定的指定期间要明确而具体。比如,某纳税人有偷税行为,主管税务机关查实后要求该纳税人在5日之内缴纳税款,这里的"5日"就是税务机关指定的期间;《税收征收管理法》第31条前段规定,"纳税人、扣缴义务人按照法律、行政法规规定或者税务机关依照法律、行政法规的规定确定的期限,缴纳或者解缴税款"。这里的"税务机关依照法律、行政法规的规定确定的期限",就是指定期间。

三、期间的计算

期间的计算以时、日、月、年为单位。期间开始的时和日不计算在内,即期间是从下一个小时或者次日起计算。期间以月计算,不分大月、小月;以年计算,不分闰年、平年。期间届满的最后一日是节假日的,以节假日后的第一个工作日为期间届满日。期间不包括在途时间。税收程序法律关系主体因不可抗拒的事由或者其他正当理由造成了期间的耽误,可以依法补救。

第四节　送　达

一、送达的概念、特点和意义

1.送达的概念

送达,是指税务机关依照法律规定的程序和方式,将税务文书送交纳税人、扣缴义务人、纳税担保人等当事人的行为。

2.送达的特点

送达是税务机关单方实施的税收程序行为,其特点是:

第一,送达的主体只能是税务机关。

第二,送达的对象是纳税人、扣缴义务人或者纳税担保人等当事人。

第三,送达的内容是各种税务文书。

第四,送达必须按法定的程序和方式进行。

执行送达任务,向纳税人、扣缴义务人、纳税担保人等当事人履行送达义务的人,称为送达人;接受税务机关送达的税务文书的纳税人、扣缴义务人或者纳税担保人等当事人称为受送达人。依法将税务文书交给受送达人的方法,称为送达方式。

3.送达的意义

税务文书一经送达,就会产生一定的法律后果。比如,税务机关的税务行政处罚决定书送达纳税人、扣缴义务人、纳税担保人等当事人后,当事人有权在收到税务行政处罚决定书后,在规定的期限内提起税务行政复议或者提起税务行政诉讼。如果当事人提起税务行政复议或者税务行政诉讼,税务机关送达的税务行政处罚决定书就不发生效力。如果纳税人、扣缴义务人、纳税担保人等当事人既没有提起税务行政复议或者税务行政诉讼,也不自动履行税务行政处罚决定书,税务机关就有权申请执行或者自己执行。所以,必须规范送达行为和送达方式,这对于保障纳税人、扣缴义务人、纳税担保人等当事人的合法权益以及保证税收管理活动的顺利进行有重要意义。

二、送达的方式[1]

送达必须依法定方式进行,根据相关法律规定,送达的方式有以下六种。

1.直接送达

直接送达,是执行送达任务的税务执法人员将应当送达的税务文书,直接交付给受送达人签收的送达方式。受送达人在送达回证上签收的日期即送达日期。税务文书以直接送达为原则,直接送达是最基本的送达方式。根据法律规定,以下情况都属于直接送达:

(1)受送达人是公民的,应当由本人签收;本人不在的,交他的同住成年家属签收。

(2)受送达人是法人或者其他组织的,应当由法人的法定代表人、其他组织

---

[1]谭兵主编:《民事诉讼法学》,法律出版社,2004年版,第285~288页。

的主要负责人或者该法人、组织负责收件的人签收。

(3)受送达人有诉讼代理人的,可以送交其代理人签收,但要核对授权委托手续。

(4)受送达人已向税务机关指定代收人的,送交代收人签收。

2.留置送达

留置送达,是指受送达人拒收税务文书时,送达人把税务文书留在受送达人住处的送达方式。留置送达与直接送达具有同等的效力。

根据法律规定,受送达人或者他的同住成年家属拒绝签收税务文书时,送达人应当邀请有关基层组织或者其所在单位的代表到场,说明情况,在送达回证上记明拒收事由和日期,由送达人、见证人签名或者盖章,将税务文书留在受送达人的住所,即视为送达。

适用留置送达应当注意以下问题:

(1)向法人或者其他组织送达税务文书,应当由法人的法定代表人、该组织的主要负责人或者办公室、收发室、值班室等负责收件的人签收或者盖章,拒绝签收或者盖章的,适用留置送达。

(2)受送达人有委托代理人的,税务机关既可以向受送达人送达,也可以向其委托代理人送达。受送达人指定的诉讼代理人为代收人,税务机关向委托代理人送达时,适用留置送达。

3.委托送达

委托送达,是指税务机关直接送达税务文书有困难时,委托受送达人所在地的有权机关代为送达的方式。

委托送达一般在直接送达有困难时适用。接受委托的只能是有权机关。税务机关需要委托送达时,应当出具委托函,将委托的事项和要求明确地告知受托的机关,并附送达回证。

4.邮寄送达

邮寄送达,是指税务机关直接送达有困难时,将税务文书附送达回证交邮局用挂号信寄给受送达人的送达方法。挂号信回执上注明的收件日期为送达日期。挂号信回执上注明的收件日期与送达回证上收件日期不一致的,或者送达回证没有寄回的,以挂号信回执上注明的收件日期为送达日期。

邮寄送达方式简便易行,但是,这种送达方式应当是在上述几种送达方式不能实施的情况下才能采用的。

5.转交送达

转交送达,是指在特定情况下,不宜或者不便直接送达时,税务机关的税务文书通过受送达人所在单位转交的送达方式。

根据法律规定,转交送达是在受送达人身份特殊的情况下适用的,具体包括:

(1)受送达人是军人的,通过其所在部队团以上单位的政治机关转交。

(2)受送达人被监禁的,通过其所在监所或者劳动改造单位转交。

(3)受送达人被劳动教养的,通过其所在劳动教养单位转交。

代为转交的机关、单位在收到税务文书后,必须立即交受送达人签收,以受送达人在送达回证上的签收日期为送达日期。

6.公告送达

公告送达,是指税务机关以公告为载体的方式,将需要送达的税务文书的有关内容告知社会公众的送达方式。无论受送达人是否知悉公告内容,经过法定的公告期限,即视为送达。

公告送达有如下要求:

(1)公告送达是在受送达人下落不明,或者用其他方式无法送达的情况下,所适用的一种送达方式。

(2)《税收征收管理法实施细则》第106条规定,税务文书公告的法定期限是30日。自公告之日起,经过30日,即视为送达。

(3)公告的方式。可以是在税务机关的公告栏、受送达人原住所地张贴公告,也可以在上级税务机关指定的媒体上刊登公告。

(4)公告的内容。公告送达税务文书的,应当说明相关内容,并告知权利救济渠道。采用公告送达的,应当在案卷中记明公告送达的原因和经过。

三、送达回证是税务文书生效的凭证

送达回证,是指税务机关按照法定格式制作的,用以证明完成送达行为的书面凭证。其内容包括:实施送达的税务机关,受送达人的姓名、职务、住所或者居住地,应当送达文书的名称和案件编号;送达方式;送达人、受送达人或者见证人签名、盖章、签收日期等。

送达回证是检查税务机关是否按法定程序和方式送达税务文书的标志,是送达人完成送达任务的凭证,不仅能够证明税务机关是否履行了法定的职责,完成了送达任务,还是受送达人接受或者拒绝签收税务文书的证明,能够证明当事人是否耽误了期间,是衡量涉税当事人涉税行为是否有效的依据。因此,不应当忽视送达回证在送达中的作用。

送达诉讼文书必须有送达回证,由受送达人在送达回证上记明收到日期、签名或者盖章。受送达人在送达回证上的签收日期为送达日期,它是计算期间的主要根据。

税务机关向纳税人、扣缴义务人、纳税担保人等当事人送达税务文书,无论采取何种送达方式,都应当有送达回证,让受送达人在送达回证上签收。接受委托代为完成或者代为转交税务文书的机关,应当依法将送达回证及时寄回送达的税务机关。但是,在公告送达中,因为公告期间届满的日期即是送达日期,所以没有送达回证。

下编　分　论

　　这一编,主要论述税收程序法的基本制度和具体制度。主要论述:税务管理程序法;税收征收程序法;税收保障程序法;税务稽查程序法;税务争议处理程序法。这一编的论述依据是现行税收程序法律规范。

第一部分 税务管理程序法

　　税务管理程序法主要包括:税务登记程序制度;账簿、凭证管理程序制度; 发票管理程序制度; 税收管理员制度。这四类程序制度是我国税收程序法律规范的基础制度规范。

第八章 税务登记程序法律制度

　　为了适应税制改革的需要，保证中央财政和地方财政的收入，国家进行了分税制改革，按税种分别设置了国家税务局和地方税务局，分别负责中央税、地方税以及中央与地方共享税的征收管理，由此形成了国家税务局和地方税务局两套相对独立的税收征收管理体系。国家税务总局是我国的最高税务管理机构，负责全国的税务管理工作，并且在各级国家税务机关实行垂直管理。在省一级及以下政府分别设置了地方税务局，并且也在系统内实行垂直管理，但是地方税务局的业务归属于国家税务总局指导。

　　税务登记工作在税收管理环节中是由税务机关内设的税收管理部门来完成的。根据我国税法的规定，税务登记的主管税务机关是县、区(含县、区)以上国家税务局(分局)、地方税务局(分局)。税务登记由国家税务局、地方税务局按照国务院规定的税收征管范围，实行统一代码，分别登记，分别管理。为了便于管理和识别，我国税法规定，企业或相关组织，其税务代码为15位数，由省、直辖市、自治区国家税务局、地方税务局共同编排前6位数，加上组织机构统一代码(后9位数)组成；个体工商户的税务代码为该业主的身份证号码。现在，全国已经普遍推行国税、地税联合登记制度。联合办理税务登记，即统一受理税务登记、统一税务登记表式、统一纳税人识别码、统一税务登记证件、统一使用税务机关印章。这种做法不仅可以减轻纳税人的负担，而且有利于汇总税务信息，增加信息的综合利用程度。

　　需要说明的是，2001年修改《税收征收管理法》时增加了对扣缴义务人办理扣缴税款登记的规定。其原因是：随着经济的发展，人民收入的增加，国家税收制度的不断完善，扣缴义务人在税收征收过程中的作用也越来越大,扣缴义务人代扣代缴税款数量也不断扩大,有必要在《税收征收管理法》中增加对扣缴义务人的相关规定。

　　税务登记,又称纳税登记,是指税务机关为加强税源管理,防止税收流失,依法对纳税人在开业、停业、复业前以及生产经营期间发生有关变动时,在法定时间内就其经营情况实行登记管理的一项税务管理制度。这是税收管理工作的首要环节和基础环节。税务登记是税务管理程序中十分重要的基础管理制度,是确定纳税人履行纳税义务的必经法定手续,是税务机关切实控制税源和对纳税人进行监督的一项依据,在税务管理程序中占有重要地位。通过税务登记,税务机关能够全面了解和掌握本地区纳税数量和税源分布情况,有利于加强税收增收管理,增强纳税人的依法纳税意识,保障国家应收税款能及时足额入库。

第一节　开业登记程序制度

　　开业登记既是管理环节,也是对纳税人日后依法纳税、诚信纳税的基础教育手段。

　　开业登记环节的税法制度比较多,这些法律制度主要是:开业登记的对象、开业登记的地点、开业登记的时限要求、开业登记的内容、开业登记的具体程序、纳税人分支机构的税务登记、纳税人办理税务开业登记应提供的证件和资料、纳税人应填报的相关登记表、税务机关如何受理审核纳税人的开业登记、对违法者的处罚等。

一、开业登记程序制度概述

(一)开业登记的概念

　　税务登记,在税收实践中称开业登记,在现行《税务登记管理办法》[1]中称设立登记,是指企业及其在外地设立的分支机构和从事生产、经营的场所、个体工商户和从事生产、经营的事业单位自领取营业执照之日起30日内,持有关证件,向税务机关申报办理税务登记。也就是说,凡是具有法律、行政法规规定的应税收入、应税财产、应税行为的各类纳税人,均应依照《税务登记管理办法》的有关规定办理税务登记。

　　办理开业税务登记的主体依照《税务登记管理办法》的规定分为两大类,即从事生产、经营的纳税人和其他纳税人。两大类主体办理税务登记的时间、程序

---

　　[1]《税务登记管理办法》是我国现行的关于税务登记的基础法规,也是关于税务登记的基本操作规程。它对设立登记、变更登记、停业复业登记、注销登记、外出经营报验登记、证照管理、非正常户处理等税务登记程序作了详细规定。

和内容等程序性要求有所不同。

(二)办理开业登记的主体

1.从事生产、经营的纳税人

这类主体包括:(1)从事生产、经营的纳税人,即从事生产经营的单位或组织,包括国有企业、集体企业、私营企业、股份制企业、外商投资企业、外国企业等;(2)企业在外地设立的分支机构和从事生产、经营的场所,如分公司、分厂、分店、驻某地的产品经销处、维修服务站、产品加工点等;(3)个体工商户,即经工商行政管理部门登记批准的城乡个体工商户;(4)从事生产、经营的事业单位,即在工商行政管理部门登记注册,领取营业执照,从事生产经营活动的机关、团体、部队、学校和其他事业单位。

2.其他纳税人

其他纳税人,是指从事生产、经营以外的纳税人,即非从事生产、经营,但依照法律、行政法规和规定负有纳税义务的单位和个人,除临时取得应税收入或发生应税行为以及只缴纳个人所得税、车船使用税的以外,也应按规定向税务机关办理税务登记。例如,杂志社、报社、出版社就属于这类纳税人。它们虽然不从事生产经营活动,但是也会经常或定期取得收入,也会发生纳税义务,因此需要办理税务登记(即开业登记)。

(1)关于扣缴义务人办理扣缴税款凭证的问题。《税收征收管理法实施细则》第13条作了这样的规定:扣缴义务人应当自扣缴义务发生之日起30日内向所在地的主管税务机关申报办理扣缴税款登记,领取扣缴税款登记的证件,税务机关对已办理税务登记的扣缴义务人可以只在其税务登记证件上登记扣缴税款事项,不另行发给扣缴税款登记证件。

(2)不需要办理税务登记的情形。税法规定,以下情形不需要办理税务登记:临时发生应税行为、临时取得应税收入、只缴纳个人所得税和车船使用税的纳税人。

(3)纳税人申报开业登记的法定时限。

①上列第一大类纳税人应当自领取营业执照之日起30日内,持有关证件向生产经营地或者纳税义务发生地的主管税务机关申报办理税务登记。从事生产、经营的纳税人所属的跨地区的非独立经济核算的分支机构,除由总机构申报办理税务登记外,应当自设立之日起30日内,向所在地税务机关申报办理税务登记。

②上列第二类纳税人,除国家机关和个人以外,应当自纳税义务发生之日起30日内,持有关证件向所在地的主管税务机关申报办理税务登记。

纳税人必须按照上列法定时间限制办理开业登记,如果超过法定的期限办理开业登记,就有可能承担不利的法律后果。

③扣缴义务人办理扣缴税务凭证的时限要求是:如果扣缴义务人提供的资料完整、填写的表格内容准确、各项手续齐全、没有违章历史,税务机关应当场办结税务登记。

④个人所得税的纳税人办理税务登记的办法由国务院另行规定。

(4)税务机关审核开业登记的内容。

①现行税法要求开业登记的内容应当涵盖单位名称、法定代表人或业主姓名及有效身份证件;住所、经营地点;登记注册类型及所属主管单位;核算实施;行业、经营范围、经营方式;注册资金、投资额、开户银行及账号;经营期限、从业人数、营业执照号码;财务负责人、办税人;其他有关应当予以登记的事项。

②如果是企业在外地设立的分支机构和从事生产、经营的场所,还应当登记总机构名称、地址、法定代表人、主要业务范围、财务负责人等内容。

开业登记的内容应当填写齐全、规范,字迹工整。

(5)纳税人申报开业登记的地点。开业登记的地点,是指纳税人应当向哪些税务机关申报办理税务登记。这里涉及税务管辖的问题,开业登记的地点应当严格按照税务管辖的规定选定或者确定。

①根据税法的规定,纳税人应当自工商行政管理机关领取营业执照之日起30日内,向生产、经营地或者纳税义务发生地的主管税务机关申报办理税务登记。

②如果纳税人在外地设立了分支机构和从事生产、经营的场所,也应在上述期限内向所在地的主管税务机关申报办理税务登记。

二、开业登记程序制度的基本内容

纳税人申报办理税务登记是纳税人履行纳税义务的前提,也是纳税人进行其他税务登记和进行纳税申报的前提,更是纳税人同主管税务机关建立监督、管理关系的开始,因此,不论是纳税人,还是主管税务机关,对税务登记均应审慎对待。因为这既是税法对纳税人的要求,也是税法对主管税务机关的要求。换句话说,开业登记程序制度纳税人要遵守,主管税务机关也应当遵守。

(一)主管税务机关应遵守的程序制度

1.受理审核开业登记的程序

税务机关可以按照如下程序审核纳税人申请的税务开业登记。

(1)审核纳税人是否在本辖区管辖范围,如不在本辖区管辖范围,要告知纳税人到管辖范围的税务机关办理开业登记。

(2)审核纳税人报送的资料和相关证件是否齐全、真实、合法,《税务登记表》的填写是否准确。

(3)审核纳税人报送的资料、证件与其填写的《税务登记表》是否一致。

(4)如果纳税人提供的资料不全或者填写的《税务登记表》不符合规定,税务执法人员应当场告知纳税人补正。

(5)按照纳税人识别号的编制规则录入纳税人识别号。

(6)系统检测纳税人的历史办证情况。

(7)如属于重复办证,则要转入重新办理税务登记流程;如属于纳税人逾期办理税务登记,要按违章予以处理;如纳税人的法定代表人在系统中有逃走记录的,则不予受理税务登记,并告知纳税人到原主管税务机关接受相关处理。

(8)对于纳税人提供的资料有疑问的,要打印《税务文书受理通知单》交给纳税人,并予以信函调查,视函查情况决定是否发放税务登记证件。

对于开业登记,税务机关一定要依法审核,因为开业登记是税收管理的首要环节,是税务机关对纳税人的基本情况进行登记管理的基础环节,也是纳税人被纳入税务机关监督的基本证明。首要环节、基础环节是不能有任何差错的。如果首要环节、基础环节出了差错,必将给以后的税务管理带来诸多法律问题。

2.在法定期间发放税务登记证件

对于开业登记,只要纳税人提交的证件和资料齐全并且《税务登记表》的填写内容符合法律规定,税务机关就应及时发放税务登记证件。这里讲的"及时",是指《税收征收管理法》第15条规定的"应当自收到申报之日起三十日审核并发放税务登记证件"。如果纳税人提交的证件和资料不全或填写的税务登记表内容不符合规定,税务机关应当场通知其纠正或重新填报。如果发现纳税人提交的证件和资料存在疑问,税务执法人员就应当进行调查,经核实后发放税务登记证件。

3.应依法处罚纳税人的违法行为

对纳税人未按规定及时办理税务登记的,应当自发现之日起3日内责令其限期改正,同时还要对其进行处罚,处罚的尺度有两个,一是对其进行2000元以下罚款;二是对其进行2000元以上10000元以下罚款。至于给予何种尺度的罚款,要根据纳税人的违法情节是否严重、违法以后有无悔改的态度、造成的后果大小而决定。对于责令纳税人限期改正而逾期不改正的,税务机关要及时提请工商行政管理机关吊销其营业执照。

4.加强对税务登记证件的管理

(1)税务机关对税务登记证件要严格实行定期验证和换证制度。税务执法人员必须要求纳税人在规定的期限内持有关证件到主管税务机关办理验证和换证手续。

（2）纳税人应当将税务登记证件在其生产、经营场所或者办公场所公开悬挂，接受税务机关的日常检查，并且按照国务院税务主管部门的规定使用税务登记证件，不得转借、涂改、损毁、买卖或者伪造税务登记证件。

（3）对纳税人遗失税务登记证件的，税务执法人员应当要求纳税人在15日内书面报告主管税务机关，并登报声明作废。

（4）税务执法人员也要依法对税务登记证件进行不定期检查，以便随时掌握纳税人的相关情况。

（5）从事生产、经营的纳税人到外县市临时从事生产经营活动的，应当持税务登记证件副本和所在地税务机关填开的外出经营活动税收管理证明，向营业地税务机关报验登记，接受税务管理。

（6）从事生产、经营的纳税人到外县市临时从事生产经营活动，在同一地超过180天的，应当在营业地办理税务登记手续。税务机关及其税务执法人员如果发现有临时到本地从事生产经营活动的纳税人，要主动依法予以检查。

（7）从事生产、经营的纳税人应当持税务登记证件在金融机构开立基本银行账户，金融机构应当在审核纳税人的税务登记证件之后才能办理基本账户的开立手续。纳税人基本账户的开立情况，税务机关应当掌握。

5.不忽略扣缴税款登记

扣缴义务人办理扣缴税款登记与纳税人办理开业登记的程序制度是有区别的。

（1）扣缴义务人办理扣缴税款登记应当填写《扣缴义务人登记表》，提供税务登记证件或者组织机构代码证。

（2）税务执法人员要查验扣缴义务人提供的证件和资料是否有效、真实、合法；要审核《扣缴义务人登记表》的填写是否准确，印章是否齐全；要审核扣缴义务人填写的《扣缴义务人登记表》的内容与报送的资料是否一致，原件与复印件是否核对一致。如果扣缴义务人提供的资料不齐全或者填写的相关资料有误，应当场告知扣缴义务人予以补正或重新填报。对符合条件的，核准扣缴义务人的登记。

（3）如果扣缴义务人已办理税务登记，税务执法人员只在其税务登记证件上登记扣缴义务事项，但要在管理系统中核定记录扣缴义务人的扣缴税种，不另行发放证件。

（二）纳税人应遵守的程序制度

第一，纳税人应当按照税法的规定申报办理税务开业登记。

第二，纳税人办理开业登记时，应当如实填写税务登记表。税务登记表因纳税人的性质不同而有所不同。它包括内资企业税务登记表、分支机构税务登记表、个体经营税务登记表、其他单位税务登记表和涉外企业税务登记表六个大类。概括起来,税务登记表的内容包括:单位名称、法定代表人或者负责人的姓名及其居民身份证、护照或者其他合法证件的号码;纳税人的住所或者经营地点;纳税人申请的税务登记的类型;纳税人的核算方式;纳税人的生产经营方式;纳税人的生产经营范围;纳税人的注册资金、投资总额;纳税人的生产经营期限;纳税人的财务负责人以及财务负责人的联系电话以及由国家税务总局确定的其他有关事项。

第三,纳税人领取税务登记表后,应当按照税法的规定逐项如实填写相关内容,加盖纳税人印章,并经法定代表人或者业主签字后,将税务登记表报送主管税务机关。

第四,如果是纳税人在外地设立的分支机构或者从事生产、经营的场所,还应当按照税法的规定如实填写总机构名称、地址、法定代表人、主要业务范围、财务负责人等内容。

第二节　变更登记程序制度

已经依法办理纳税登记的纳税人,税务登记内容发生了变化,要依法及时办理变更税务登记。税务机关执法人员要对变更税务登记的范围、变更登记的时限要求、变更登记的程序和变更登记的受理与审核程序等税法制度作相应的了解。

一、变更登记程序制度概述

纳税人在办理税务登记后,其名称、法定代表人、住所或者经营地点、经营范围、经营方式、经济性质等情况发生变化时,应当申报办理变更税务登记。如果纳税人不申报办理变更税务登记,主管税务机关应当及时予以纠正。

1.变更税务登记的概念

变更登记,是指纳税人办理开业税务登记后,由于税务登记内容发生变化,自工商行政管理机关办理变更之日起30日内,持有关证件向主管税务机关申请办理的税务登记。

2.实施变更税务登记的原因

实施变更税务登记管理的原因在于:纳税人办理开业税务登记后,随着生产、经营情况的变动,相应的原税务登记也会变化。为了及时掌握纳税人生产、经营的变化情况,根据《税收征收管理法》第26条规定,纳税人必须办理税务变更登记。

3.引起税务登记变更的情形

引起税务登记变更的情形有:改变单位名称;改变法定代表人或业主姓名;改变住所、经营地点(不涉及主管税务机关变动的);改变经济性质;改变企业形式、核算方式;改变生产经营方式;增减注册资金(资本)、投资总额、改变或增减开户银行账号;改变生产经营期限;改变财务负责人或办税人员;增设或撤销分支机构;改变生产经营权属;改变隶属关系;改变其他税务登记内容。

变更登记的情形也属于法定税务变更登记的范围,也就是说,凡是纳税人出现了诸如改变单位名称等上列情形,就必须依法办理税务变更登记。

二、变更登记程序制度的基本内容

(一)主管税务机关应遵守的程序制度

1.主管税务机关应当按照《税务登记管理办法》的规定为纳税人办理变更税务登记

2.纳税人提交有关变更登记的证件、资料的具体流程

纳税人提交的有关变更登记的证件、资料齐全的,在按规定填写了税务登记变更表后,经审核符合规定的,税务机关应当受理;不符合规定的,税务机关应通知其补正。具体流程是:

(1)证件资料是否齐全、合法、有效,《变更税务登记表》的填写是否完整、准确,印章是否齐全。

(2)审核纳税人《变更税务登记表》的填写内容与其他报送资料是否一致,原件与复印件是否一致。

(3)报送资料或者填写内容不符合规定的,应当场予以告知。

(4)根据营业执照变更日期审核纳税人办理变更登记是否逾期,如果逾期,要进行违章处理。

(5)纳税人提供的资料完整、填写内容符合规定、各项手续齐全,应当在签署意见并进行系统录入处理和进行相关调查后发放税务登记证件。

(6)及时审核办理变更税务登记

(二)纳税人应遵守的程序制度

作为纳税人,也应当按照《税务登记管理办法》的规定,在出现税法规定的变更登记情形之后,依法申报办理变更税务登记,以便于主管税务机关的管理。

1.纳税人应在法定期限内申报办理变更登记

根据《税收征收管理法》第16条的规定,原来在工商行政管理机关办理过注册登记的纳税人,应当自工商行政管理机关办理变更登记之日起30日内,持有关证件向原税务登记机关申报办理变更税务登记。按照规定不需要在工商行政管理机关办理注册登记的纳税人,应当自有关机关批准或者宣布变更之日起30

日内,持有关证件向原税务登记机关申报办理变更税务登记,纳税人必须遵守变更税务登记的时限要求。

2.纳税人应如实提供相关证件和资料

(1)纳税人办理与工商登记变更内容一致的变更登记时,主管税务机关应当要求纳税人提供税务登记变更申请表、营业执照变更表、营业执照复印件、税务登记证、变更登记的相关证明文件以及主管税务机关要求的其他证件资料。

(2)纳税人办理与工商登记内容无关的变更登记时,主管税务机关应当要求纳税人提供税务登记变更申请表、变更登记的相关证明文件以及主管税务机关要求的其他证件资料。

第三节　停业、复业登记程序制度

停业、复业登记程序制度是税务登记程序制度中的一个较为重要的程序制度,它解决了实行定期定额征收方式的纳税人在不能正常经营的情况下,该如何处理停业期间的税收管理问题。加强对停业、复业登记程序的管理,有助于优化主管税务机关的日常税收管理。

一、停业、复业登记程序制度概述

1.停业、复业登记的含义

停业、复业登记包括两层含义:停业登记和复业登记。《税务登记管理办法》将二者规定在同一个法条中。停业、复业登记制度包括停业登记的适用范围、复业登记的适用范围;停业登记的要求、复业登记的要求;纳税人停业期间的纳税问题。

2.停业登记的适用对象

《税收征收管理法》第16条规定,实行定期定额征收方式的纳税人(主要是个体工商户),在营业执照核准的经营期限内需要停业的,应当向税务机关提出停业登记申请,填写申请停业登记表,说明停业的理由、停业期限、停业前的纳税情况和发票的领、用、存情况,并如实结清应纳税款、滞纳金、罚款。税务机关经过审核,应当向申请停业的纳税人收回税务登记证件、发票领购簿和发票,办理停业登记。

二、停业、复业登记程序制度的基本内容

(一)主管税务机关应遵守的程序制度

1.办理停业、复业登记的法定程序

（1）界定纳税人是否属于定期定额征收方式的纳税人，如是则受理其停业、复业登记申请。

（2）审核纳税人提供的税务登记证副本、发票领购簿、未使用完的发票是否齐全，《停业复业报告书》的填写是否完整、准确，印章是否齐全。

（3）报送资料或者填写内容不符合规定的，应当场予以告知。

（4）审核纳税人的申请停业期限。税法要求，纳税人的申请停业期限最长不能超过一年。

（5）系统审查纳税人是否结清应纳税款、滞纳金、罚款，如有这些情况，告知纳税人必须结清应纳税款、滞纳金、罚款。

2.应当注意的其他程序性问题

（1）《税务登记管理办法》第23条规定，办理停业登记的纳税人要满足两个条件：一是实行定期定额征收方式；二是已办理工商登记的个体工商户。只有同时满足这两个条件的纳税人需要停业时，才能申请办理停业登记。对纳税人的停业登记问题，税法是有严格的主体范围条件限制的，不是所有的纳税人都可以申请停业。

（2）由于纳税人申请停业后存在是否复业等诸多不确定因素，为避免税款流失，税务机关要根据税法规定，在为纳税人办理停业登记手续的同时，必须要求纳税人结清应纳税款、滞纳金、罚款。税务机关应当在见到纳税人结清税款（滞纳金、罚款）的相关手续后，方可办理停业登记手续。

（3）滞纳金是对纳税人未按时缴纳税款所实施的一种经济上的补偿性与惩罚性相结合的措施，是世界各国普遍采取的做法。关于滞纳金的比例，我国在《税收征收管理法》中规定的比例为万分之五，相当于年息18.25%。罚款在《税收征收管理法》中也作了规定，罚款比例和幅度根据不同的违法情节确定。纳税人的停业期限不得超过一年。

（4）对已办理停业登记手续的纳税人的税务登记证件及副本、发票领购手续、未使用完的发票和其他税务证件，《税务登记管理办法》规定税务机关应予以收存。

（5）《税务登记管理办法》规定，停业期满复业的纳税人办理复业登记后方可营业。停业期满不能复业的纳税人，应当填写《停、复业报告书》，办理延长停业登记手续；如果纳税人不办理延长停业登记手续，视为正常营业，税务机关要按正常户对待，按照定期定额征收方式对该纳税人征税。

（二）纳税人应遵守的程序制度

（1）实行定期定额征收方式的纳税人需要停业的，应当在停业前向主管税务机关申报办理停业登记，但该停业期限不得超过一年。

(2)纳税人在申报办理停业登记时,应如实填写停业申请登记表,说明停业理由、停业期限、停业前的纳税情况和发票的领购、使用、留存情况,并应依法结清应缴纳的税款、滞纳金、罚款。除此之外,纳税人还应当将税务登记证件及副本、发票领购簿、没有使用的发票和其他税务证件交存主管税务机关。

(3)纳税人在停业期间发生纳税义务的,应当按照规定申报缴纳税款。

(4)纳税人应当于恢复生产、经营之前向税务机关申报办理复业登记,填写《停、复业报告书》,经确认后,办理复业登记,领回或启用税务登记证件和发票领购簿以及领购的发票,纳入正常户管理。

(5)纳税人停业期满不能及时恢复生产、经营的,应当申请延长停业,并如实填写应《停、复业报告书》。

第四节　外出经营报验登记程序制度

税法规定外出经营报验登记程序制度,目的是要解决纳税人到外地经营该如何进行税务管理的问题。税务机关应当加强外出经营报验登记管理,防止由此埋下税收流失的隐患。

一、外出经营报验登记的税法依据

《税务登记管理办法》第6章对外出经营报验登记作了这样的规定:(1)纳税人到外县(市)临时从事生产经营活动的,应当在外出生产经营前,持税务登记证向主管税务机关申请开具《外出经营活动税收管理证明》,简称《外管证》。(2)税务机关要按照"一地一证"的原则核发《外管证》。(3)《外管证》管理的有效期限为30日,最多不得超过180日。(4)纳税人外出经营活动结束后,应当向经营地税务机关填报《外出经营活动情况申报表》结清税款、缴销发票。(5)纳税人应当在《外管证》有效期届满后10日内,持《外管证》回原税务登记机关办理《外管证》的缴销手续。

二、外出经营报验登记程序制度的基本内容

(一)主管税务机关应遵守的程序制度

由于《税务登记管理办法》属于程序性法规,因此,必然要求税务管理人员严格遵守税务管理的程序性规定。

1.外出经营报验登记的税法含义

一个层面是纳税人在本地申请《外管证》的管理问题。对此,税务执法人员必须按照税法要求的"一地一证"原则,严格审核后,为纳税人开具《外管证》。另

一个层面是,纳税人在异地外出经营活动结束,经营地的税务机关税务执法人员应当要求纳税人填报《外出经营活动情况申报表》,并要求纳税人如实结清税款、缴销发票。

2.《外管证》的有效期限

(1)《外管证》的有效期限为30日,最长不超过180日。这就要求本地的税务执法人员和异地的税务执法人员对纳税人的外出经营活动予以掌握。如果纳税人在异地从事生产、经营活动超过180日,异地税务执法人员应要求纳税人在该地办理税务登记证,将该纳税人纳入该地的正常户管理,而不仅仅是限于对纳税人进行外出经营活动的税务管理。

(2)纳税人要在《外管证》有效期届满后10日内,持《外管证》回原税务登记地税务机关办理《外管证》的缴销手续。之后,税务执法人员将对该纳税人恢复正常户管理。

(二)纳税人应遵守的程序制度

1.纳税人要依法申请《外出经营活动税收管理证明》

纳税人因为经营的需要,要到本地以外的县市临时从事生产、经营活动的,必须在外出生产经营以前,持税务登记证件向主管税务机关申请开具《外出经营活动税收管理证明》。

2.纳税人应在经营地进行报验登记

纳税人在获取《外出经营活动税收管理证明》后,生产经营前,应当根据该证明的注明地点,持税务登记证件副本和《外出经营活动税收管理证明》向当地主管税务机关申请报验登记。

如果纳税人持《外出经营活动税收管理证明》销售货物的,还应当如实填写《外出经营货物报验单》,申报查验货物。

3.纳税人应在经营地结清税款

纳税人在外出经营活动结束后,应当按照税法的规定向经营地主管税务机关填报《外出经营活动情况申报表》,并依法或者根据税务机关的要求结清应纳税款、缴销发票。

4.纳税人应当缴销《外出经营活动税收管理证明》

纳税人结束外出经营活动后,在《外出经营活动税收管理证明》规定的有效期限届满后10日内,持在《外出经营活动税收管理证明》回原税务登记地的主管税务机关办理《外出经营活动税收管理证明》的缴销手续。

第五节 注销登记程序制度

注销登记环节的总体要求是:第一,税务机关熟悉注销登记的适用范围、注销登记的时限要求、注销登记的管理规程以及进行实地调查等;第二,要求纳税人在出现注销税务登记的法定情形后,要备齐相关证件资料,依法及时申报办理注销税务登记手续和注销工商登记手续。

一、注销登记程序制度概述

注销登记,是指纳税人税务登记内容发生了根本性变化,需要依法终止履行纳税义务时,向主管税务机关申报办理的税务登记手续。

如果纳税人在办理了税务登记后,发生了下列情形,必须办理注销登记。这些情形包括:纳税人经营期限届满而自动解散;纳税人因分立、合并等原因而被撤销;纳税人破产;纳税人住所、经营地点迁离主管税务机关管辖区域;纳税人因违法行为而被工商行政管理机关吊销营业执照;纳税人的营业执照未依法参加年度审验。

工商行政管理机关应当将纳税人的注销信息及时通报给税务机关。税务机关要加强税务登记证件的管理,要采取不定期实地调查、上门验证的方法,建立"征、管、查"联动机制,或者结合税务和工商行政管理部门之间以及国、地税局之间的信息交换,比对进行税务证件的管理,从而及时、全面把握纳税人的相关情况。

二、注销登记程序制度的基本内容

1.主管税务机关应遵守的程序制度

注销登记程序的管理规程包括如下几个方面:

(1)纳税人发生解散、破产、撤销以及其他情形,依法终止纳税义务的,应在向工商行政管理机关或者其他机关办理注销登记前,持有关证件向原税务登记机关申报办理注销税务登记;按照规定不需要在工商行政管理机关或者其他机关办理注销登记的,应当自有关机关批准或宣告终止之日起15日内,持有关证件向原税务登记机关申报办理注销税务登记。

(2) 纳税人被工商行政管理机关吊销营业执照或者被其他机关撤销登记的,应当自营业执照被吊销或者被撤销登记之日起15日内,向原税务登记机关申报办理注销税务登记。

(3)纳税人因住所、经营地点变动,涉及改变税务登记机关的,应当在向工商行政管理机关或者其他机关申请办理变更、注销登记前,或者住所、经营地点变动前,持有关证件和材料,向原税务登记机关申报办理注销税务登记,自注销税务登记之日起30日内向迁达地税务机关申报办理税务登记。

(4)境外企业在中国境内承包建筑、安装、装配、勘探工程和提供劳务的,应当在项目完工、离开中国前15日内,持有关证件和资料,向原税务登记机关申报办理注销税务登记。

(5)主管税务机关应当对纳税人提交的申报办理注销税务登记的申请以及提供的证件资料及时进行审核,建议税务机关对纳税人的注销情况进行实地调查,对符合注销条件的并已结清税款、滞纳金、罚款和交回发票的,应依法办理注销税务登记手续。

2.纳税人应遵守的程序制度

(1)涉及上列情况需要办理注销登记的纳税人在办理注销税务登记前,应当向税务机关提交相关证明文件和资料,结清应纳税款、滞纳金和罚款,缴销发票、税务登记证件和其他税务证件,经税务机关核准后,办理注销税务登记手续。

(2)《税收征收管理法》、《税务登记管理办法》规定,纳税人在办理注销税务登记前,应当向主管税务机关提交相关证明文件和资料,这些证明文件和资料包括:税务登记证件、《注销税务登记表》;纳税人发生解散、破产、撤销的资料,纳税人被吊销营业执照的资料,纳税人改变住所、经营地点的资料,等等;结清应纳税款、多退(免)税款、滞纳金和罚款,纳税人要提交结清税款的完税凭证;缴销发票、税务登记证件和其他税务证件;取消相关资格认定;办结申报事项;交回防伪税控设备;办结未结案件,认真审核后办理注销税务登记手续,纳税人要提交税务机关开具的缴销凭证。

(3)纳税人持结清税款证明及其他有关证件资料,向工商行政管理机关申请办理注销工商登记。

第六节　法律责任

税务登记程序的法律责任有两方面,一方面是针对纳税人和扣缴义务人的,另一方面是针对税务执法人员的,但主要是针对纳税人和扣缴义务人的。这两方面的法律责任分别在《税收征收管理法》和《税务登记管理办法》中作了相应规定。

一、关于纳税人的法律责任

在税务登记程序制度方面,纳税人的法律责任主要有以下几点:

1.纳税人未办理税务登记的法律责任

(1)《税收征收管理法》第60条规定,纳税人如果没有按照规定的期限申报办理税务登记、变更或者注销登记的,由税务机关责令限期改正,可以处2000元以下的罚款;情节严重的,可以处2000元以上10000元以下的罚款。

(2)如果税务机关责令没有办理税务登记的纳税人限期改正,而纳税人没有限期改正的,税务机关可以提请工商行政管理机关吊销其营业执照。

(3)根据《税务登记管理办法》第42条的规定,纳税人如果没有按照规定的期限申报办理开业登记、变更登记或者注销登记的,税务机关应当自发现之日起3日内责令纳税人限期改正。

2.纳税人违规使用税务登记证件的法律责任

纳税人必须依照税法的规定使用税务登记证件,如果纳税人未按照规定使用税务登记证件,或者转借、涂改、损毁、买卖、伪造税务登记证件,税务机关可以对该纳税人处以2000元以下的罚款;情节严重的,可以处2000元以上10000元以下的罚款。

3.纳税人未参与年审的法律责任

纳税人应当按照规定参与税务登记证件的验证或者换证,如果纳税人没有按照规定办理税务登记证件的验证或者换证手续的,由税务机关责令限期改正,可以处2000元以下的罚款;情节严重的,可以处2000元以上10000元以下的罚款。

4.纳税人骗取税务登记证的法律责任

(1)纳税人通过提供虚假的证明资料、证明文件等手段骗取税务登记证的,税务机关可以对该纳税人处以2000元以下的罚款;情节严重的,可以处2000元以上10000元以下的罚款。

(2)如果纳税人的这种行为牵连其他犯罪的,税务机关应当依法移交有关机关处理。

(3)如果纳税人违反《税务登记管理办法》的规定,未办理税务登记的,并拒不接受税务机关处理的,税务机关除可以按照上列规定对其予以处罚外,还可以收缴其发票或者停止向其供应发票。

二、关于扣缴义务人的法律责任

税务登记程序制度涉及扣缴义务人的法律责任是:扣缴义务人未按照规定办理扣缴税款登记的,税务机关应当自发现之日起3日内责令纳税人限期改正,并可以处2000元以下的罚款;情节严重的,可以处2000元以上10000元以下的罚款。

如果扣缴义务人违反《税务登记管理办法》的规定,未办理扣缴税款登记的,并拒不接受税务机关处理的,税务机关可以收缴其发票或者停止向其供应发票。

三、关于税务执法人员的法律责任

关于税务人员的法律责任,在《税收征收管理法》中没有规定,但在《税务登记管理办法》第47条中作了原则性规定:税务机关的税务人员徇私舞弊或者玩忽职守,违反《税务登记管理办法》的规定为纳税人或者扣缴义务人办理税务登记或者扣缴税款凭证等相关手续的,或者滥用职权,故意刁难纳税人、扣缴义务人的,要调离工作岗位,并依法给予行政处分。当然,如果税务人员的违法行为情节严重,构成犯罪的,应当依法追究刑事责任。

第七节　延伸阅读——纳税人违反税务登记规定案

案例一:关于变更登记案例[1]

某市某家具公司,2006年3月将以经营地点从原来的街道搬至离原来不远的另一街道,但仍属原主管税务机关管辖,因此没有按规定期限到主管税务机关办理变更税务登记。主管税务机关责令其3天之内办理变更税务登记,该家具公司没有理会。主管税务机关向其下达《行政处罚通知书》,对其处以1000元罚款。该家具公司不服,扬言要起诉主管税务机关,理由是自己虽然搬家,却仍属原主管税务机关管辖,没有必要办理变更税务登记。

根据《税收征收管理办法》第60条的规定,该家具公司的理由显然是不正确的。原因如下:

1.该纳税人需要办理变更税务登记

根据《税收征收管理法实施细则》的规定,纳税人凡因单位名称、法定代表人、住所或经营地点、生产经营范围、经营方式、经济性质、开户银行账号以及其他税务登记内容发生变化时,应当自工商行政管理机关办理变更工商登记之日起30日内,到原税务机关申报办理变更税务登记。因此,该企业需要办理变更税务登记。

2.税务机关的处罚符合法律规定

根据《税收征收管理法》第60条的规定,纳税人未按规定期限申报办理税务登记、变更或注销登记的,由税务机关责令限期改正,可处以2000元以下的罚款;情节严重的,处以2000元以上10000元以下的罚款。本案中某家具公司未在规定时间内办理变更税务登记,税务机关依法责令其限期改正,处以1000元的

---

[1]案例来源:笔者接待咨询的登记簿记录。

罚款于法有据。

案例二:关于注销登记案例[1]

某市某服装经营公司因经营管理不善,于2002年9月停业,后出卖给他人;同年11月,主管税务机关检查时发现事情真相后,找到原服装经营公司经理章某,令其5天之内到主管税务机关办理注销税务登记。章某认为公司已不营业了,是否办理注销登记无所谓,对主管税务机关的要求置之不理。5天后,章某接到主管税务机关送达的《行政处罚通知书》,主管税务机关对章某经营的服装公司不依法办理注销税务登记处以1500元罚款。

本案中,章某经营的服装公司是否需要办理注销登记?根据《税收征收管理法》的规定,可作如下分析:

1.章某经营的服装公司需要办理注销税务登记

根据《税收征收管理法实施细则》有关规定,当纳税人发生歇业、破产、解散、撤销以及依法应当终止履行纳税义务的其他情形的,应当在申报办理注销工商登记之前,向原主管税务机关申报办理注销税务登记;未在工商行政管理部门办理注册登记的,应当自有关部门批准或宣告之日起15日内,向原主管税务机关申报办理注销税务登记;被吊销营业执照的,应当自被吊销营业执照之日起15日内,向原税务机关申报办理注销税务登记。由于章某经营的服装公司已经停业并将厂房转让给他人,属于终止纳税义务的情形。因此,章某经营的服装公司应在规定的期限到原主管税务机关办理注销税务登记。

2.主管税务机关对章某经营的服装公司处以罚款是合法的

根据《税收征收管理法》第60条的规定,本案中章某经营的服装公司没有按规定期限办理注销税务登记,原主管税务机关责令其限期改正,到期未改正,对其处以1500元的罚款是合法的。

---

[1]案例来源:笔者办理的民事案卷。

第九章 账簿、凭证管理 程序法律制度

账簿、凭证是十分重要的税收资料,税法对加强账簿、凭证的管理作了相关规定。本章根据现有的税法规定,简要阐述了账簿、凭证管理程序制度的基本内容和违反账簿、凭证管理程序制度的法律责任。

第一节　账簿、凭证管理程序制度概述

税收程序制度对账簿、凭证的管理原则是:纳税人、扣缴义务人应当按照有关法律、行政法规和国务院财政、税务主管部门的规定设置账簿,根据合法有效凭证记账,进行核算。

一、账簿的概念和种类

1.账簿的概念

账簿,亦称"账册",是由具有一定格式而又相互联系的账页所组成,以全面、系统、连续地记录各项经济业务的簿籍,是纳税人用来连续地登记和反映其各种经济业务的账册或簿籍,是编制报表的依据,也是保存会计数据资料的工具和载体。

2.账簿的种类

《税收征收管理法》中所称的账簿,是指总分类账、明细账、日记账和其他辅助性账簿。《税收征收管理法实施细则》第22条明确规定,总账、日记账应当采用订本式。

二、凭证的概念和种类

1.凭证的概念

税法上讲的凭证,就是指会计凭证,是用来记载经济业务,明确经济责任,并据以登记账簿的书面证明。

2.凭证的种类

(1)在税收征收层面,凭证主要指发票。

(2)纳税人的凭证按其填制程序和用途主要分为两类:一是原始凭证,它是经济业务活动发生或完成时的最初记录,是记账的原始依据。二是记账凭证,是由财会人员根据原始凭证填制而成的记账依据,包括:收款凭证,即用于现金、银行存款收入业务的记账凭证;付款凭证,即用于现金、银行存款付出的记账凭证;转账凭证,即用于不涉及现金、银行存款收付业务的其他转账业务的记账凭证。

(3)完税凭证。完税凭证指的是,由税务机关统一印制的,并由税务执法人员向纳税人征收税款或者纳税人缴纳税款使用的专用凭证,它是纳税人依法纳税的法定凭证,也是税务机关检查纳税人是否及时足额纳税的凭据。

三、加强对账簿、凭证管理的意义

账簿、凭证是纳税人进行生产、经营活动必不可少的工具和记账载体,也是主管税务机关对纳税人或者扣缴义务人进行财务监督和实施税务检查的重要事实依据。加强对账簿、凭证的管理,对堵塞税收漏洞,增加国家税收有重要的现实意义。

第二节　账簿、凭证管理程序制度的基本内容

账簿、凭证是与税收密切相关的税收史料和证据,是税务机关开展税务稽查的主要对象。加强对账簿、凭证的管理,始终是我国税收征管工作和税收征管法律规制的重要内容。

一、主管税务机关应遵守的程序制度

主管税务机关要依法不定期履行对账簿、凭证及其他税收资料的法定检查义务,发现问题,及时责令违法者整改。

二、纳税人、扣缴义务人应遵守的程序制度

纳税人自领取营业执照或者发生纳税义务之日起15日内,必须依法设置账簿,必须根据真实、合法、有效的凭证进行账务处理。

纳税人自领取税务登记证件之日起15日内,应当将其财务、会计制度或者二者的处理办法(含使用计算机记账的问题)报送主管税务机关备案。

对这一备案制度必须严格执行,如果纳税人不将上述会计制度或者其处理办法报送备案,就要承担一定的法律后果。

　　扣缴义务人自扣缴义务发生之日起10日内，按照税种分别设置代扣代缴、代收代缴税款账簿。这一规定体现了扣缴义务人与纳税人在承担设置账簿、凭证的法定义务层面上是平等的。

　　纳税人、扣缴义务人的账簿、记账凭证、完税凭证、发票以及其他涉税资料应当合法、真实、有效、完整，并应当保存10年。

　　《税收征收管理法》第19条规定，纳税人、扣缴义务人必须按照有关法律、行政法规和国务院财政、税务主管部门的规定设置账簿，根据合法、有效凭证记账，进行核算。这一税法规定从税收角度而非会计角度明确了设置账簿的范围、设置账簿的原则和会计核算的要求。

　　账簿设置的具体要求是，根据《税收征收管理法》第二章第二节及《税收征收管理法实施细则》第三章的规定，从事生产、经营的纳税人应当自领取营业执照或者发生纳税义务之日起15日内，按照国家有关规定设置账簿，根据合法、有效的凭证记账，进行核算；同时，纳税人要在领取税务登记证件之日起15日内，将财务、会计制度或者二者的处理办法报送主管税务机关备案。根据税法的这一规定，凡是纳税人都应当按照税收法律、法规的规定设立账簿，同理，纳税人在外地设立的分支机构和从事生产、经营的场所也应当依法设立账簿。

　　《税收征收管理法实施细则》第23条规定，生产、经营规模小又确无建账能力的纳税人，可以聘请经批准从事会计代理记账业务的专业机构或者经税务机关认可的财会人员代为建账和办理账务；聘请上述机构或者人员有实际困难的，经县以上税务机关批准，可以按照税务机关的规定，建立收支凭证粘贴簿、进货销货登记簿或者使用税控装置。

　　《税收征收管理法实施细则》第25条规定，扣缴义务人应当自税收法律、行政法规规定的扣缴义务发生之日起10日内，按照所代扣、代收的税种，分别设置代扣代缴、代收代缴税款账簿。

　　纳税人应当在使用前将会计电算化系统的会计核算软件、使用说明书及有关资料报送主管税务机关备案。由于电子计算机具有高效、快捷和网络化的优势，受到广大纳税人的青睐，纳税人利用其记账日渐盛行。为适应现实发展的需要，《税收征收管理法实施细则》第26条规定："纳税人、扣缴义务人会计制度健全，能够通过计算机正确、完整计算其收入和所得或者代扣代缴、代收代缴税款情况的，其计算机输出的完整的书面会计记录，可视同会计账簿。纳税人、扣缴义务人会计制度不健全，不能通过电子计算机正确、完整计算其收入和所得或者代扣代缴、代收代缴税款情况的，应当建立总账及与纳税或者代扣代缴、代收代缴税款有关的其他账簿。"

第三节　法律责任

本章涉及的法律责任,税法作了如下规定。

一、关于纳税人的法律责任

税法规定,纳税人应当在领取营业执照或者发生纳税义务之日起15日内,按照法律法规的有关规定设置账簿。这些账簿包括总账、明细账、日记账和其他辅助账簿。

纳税人应当在每一年度结束后,将各种账簿、凭证以及与此相关的资料按顺序装订成册,统一编号,归档保管。

纳税人的账簿、记账凭证、会计凭证、报表和完税凭证、发票、出口凭证及其他有关纳税资料,应当保存10年,保存期届满需要销毁时,由财务人员编制销毁清册,经主管税务机关批准后方可销毁。

纳税人应当保证账簿、记账凭证、会计凭证、报表和完税凭证、发票、出口凭证及其他有关纳税资料的完整和真实,不得伪造、编造或者擅自销毁账簿、记账凭证、会计凭证、报表和完税凭证、发票、出口凭证及其他有关纳税资料。

纳税人应当自领取税务登记证件之日起15日内,将财务、会计制度或者财务、会计处理办法以及银行账号报送主管税务机关备案。同时,纳税人还应当及时安装、使用税控装置。

纳税人未按照规定设置、保管账簿或保管记账凭证和有关资料的,或者未按照规定将财务、会计制度或者财务、会计处理办法和会计软件报送税务机关备查的,或者未按照规定将其全部银行账号向税务机关报告的,或者未按照规定安装、使用税控装置,或者损毁或者擅自改动税控装置的,税务机关应当责令纳税人限期改正,并可以处2000元以下的罚款;情节严重的,可以处2000元以上10000元以下的罚款。

二、关于扣缴义务人的法律责任

税法规定扣缴义务人应当自税收法律、法规规定的扣缴义务发生之日起10日内,按照所代扣、代收的税种,分别设置代扣代缴、代收代缴税款账簿。扣缴税款账簿、会计凭证、报表和完税凭证、发票、出口凭证及其他有关纳税资料,应当保存10年,保存期届满需要销毁时,由财务人员编制销毁清册,经主管税务机关批准后方可销毁。

如果扣缴义务人未按照规定设置、保管代扣代缴、代收代缴税款账簿或者保管代扣代缴、代收代缴税款记账凭证及有关资料的,税务机关应当责令扣缴义务人限期改正,并可以处2000元以下的罚款;情节严重的,可以处2000元以上10000元以下的罚款。

三、关于税务执法人员的法律责任

主管税务机关的税务执法人员要依法不定期履行对账簿、凭证及其他税收资料的法定检查义务,发现问题,及时责令违法者整改。如果,因为税务执法人员管理失职,造成国家税款流失,根据情节要承担相应的法律责任。

第四节　延伸阅读——违法索取虚假报销凭证案例[1]

2002年10月,笔者办理了一个索取虚假发票的案件,这个案件留给我们的教训是很深刻的。

本案基本案情如下:

某市精神康复医院是一家隶属于市民政局的事业单位,主要承担无依无靠的精神病患者的收治工作。

2000年5月,该院院长徐某某到某副食品商店开具了一张12000元的购货发票,但没有购买副食品,也没有支付12000元,只是给付了该商店应纳的税款。然后,徐某某将12000元的发票交给办公室主任并让书记签字后予以报销,财务室制作了虚假的会计凭证并记账,之后将12000元交付给了徐某某。

2002年7月,某市民政局对精神康复医院领导班子进行考核,有人遂将徐某某的这一情况举报到某区人民检察院反贪局。反贪局经过初查查明:徐某某供认了开具发票套取12000元的事实,但徐某某将该12000元中的6000元用来给民政局的某两位领导购买了手机,另6000元除了支付开具发票时的税金外,均用来请民政局的领导吃饭、唱歌找小姐了,他自己一分钱也没占有。反贪局决定以徐某某涉嫌贪污立案查处,随后决定将徐某某刑事拘留。考虑到徐某某是精神康复医院的院长,民政局要求反贪局对徐某某取保候审。

基于上述情况,徐某某通过朋友介绍,聘请笔者担任他的辩护人。

笔者在与徐某某谈话时,徐某某对反贪局调查的事实予以承认,但始终想不通他的行为构成贪污罪。笔者明确告诉徐某某,他的行为确实构成贪污罪,并向他讲清了构成贪污罪的理由。

反贪局经过侦查后认定徐某某的行为构成贪污罪,并依法移送审查起诉。

---

[1]案例来源:笔者办理的刑事案卷。

　　某区人民检察院公诉科在审查案件过程中,笔者作为徐某某的辩护人向公诉机关阐明了相关意见,并建议公诉机关对徐某某不予起诉。公诉机关采纳了笔者的意见,作出了对徐某某不予起诉的决定。

第十章　发票管理程序法律制度

发票是商事活动中基本的书面凭证，是对纳税人进行纳税管理、监督、控制、处罚的重要依据，因此，有学者建议，应当制定《发票管理法》。从某种角度讲，加强对发票的管理就是在堵塞税收漏洞，为防止国家税收流失作贡献。发票管理涉及的内容很复杂，法律规范很多。发票管理包括对发票的印制管理、对发票的领购管理、对发票的开具管理、对发票的保管管理、对发票的检查管理等环节，在不同的管理环节，有不同的管理规范和法律规制。税务执法人员要把发票的管理作为税务管理的重中之重。作为纳税人，也要遵守发票管理法规，依法诚信纳税。本章较为详细地阐述了发票管理各程序环节的税法制度。

第一节　发票管理程序制度概述

发票作为记载相关商事主体经济往来的凭证，其法定证明效力在整个社会经济活动中的作用越来越大，特别是在税收征管和财务管理中，它作为最主要、最基本的会计核算和财务收支的原始凭证，同其他原始凭证一道，共同构成了会计核算的基础与关键，从而成为税务监控、税务稽征的重要依据和手段，是维护市场经济秩序的重要武器。

一、发票管理概况

1.发票的概念

发票，是指在购销商品、提供或者接受服务以及从事其他经营活动中，开具、收取的收付款凭证。税法指称的发票，是指由国家法定机关依法指定印制企业印制并套印全国统一发票监制章的涉税发票,包括普通发票和增值税专用发票。

2.发票的内容

普通发票的基本内容包括发票的名称、字轨号码、联次和用途、客户名称,开户银行及账号,商品名称或经营项目,计量单位、数量、单价、大小写金额,开票人,开票日期,开票单位名称;增值税专用发票还有特殊的内容要求。

3.发票管理

发票管理,是指税务机关对发票的印制、领购、开具、取得、保管、缴销、检查、处罚等各个环节进行的组织、协调和监督。发票管理制度是税务机关强化国家税收管理和财务监督,贯彻实施国家税收政策和法律,保护合法经营,对发票所进行管理的制度。

纳税人在经济活动和财务收支业务中,必须开具发票或取得合法凭证。税务机关加强发票管理,可以制止企业乱摊成本,做假账,确保财务收支的真实性和合法性,督促企业按照财税法规对其生产经营成果予以反映和核算;税务机关加强发票管理,有利于控制税收,堵塞漏洞,确保国家财政收入。

4.发票管理立法概况

从我国国情出发,根据新中国成立以来我国发票管理的历史经验,《税收征收管理法》、《发票管理办法》、《发票管理办法实施细则》、《增值税专用发票使用规定》、《税务机关代开增值税专用发票管理办法》(试行),对全面加强发票管理作了相关规定,具体情况是:

(1)1992年9月4日, 第七届全国人民代表大会常务委员会第二十七次会议通过的《税收征收管理法》对发票的印制管理作了规定,即发票必须由省、自治区、直辖市人民政府税务主管部门指定的企业印制;未经省、自治区、直辖市人民政府税务主管部门指定,不得印制发票。该法同时授权国务院制定发票的管理办法。

(2)1993年12月23日,经国务院批准,财政部公布了《发票管理办法》,该《办法》共计45条;1993年12月28日,国家税务总局公布了《发票管理办法实施细则》国税发(【1993】157号);1993年12月30日,国家税务总局公布《增值税专用发票使用规定》,对增值税发票管理的印制、领购、开具、保管、检查、违法处理等方面作了详细规定;2004年12月22日,国家税务总局公布了《税务机关代开增值税专用发票管理办法(试行)》,对主管税务机关为所辖范围内的增值税纳税人代开专用发票的管理作了详细规定。

(3)为适应税制改革的需要,同时加强对增值税专用发票的管理,1995年2月28日,第八届全国人民代表大会常务委员会第十二次会议通过了《税收征收管理法》修正案,修改了有关发票管理的条文,规定增值税专用发票由国务院税务主管部门指定的企业印制;其他发票,按照国务院税务主管部门的规定,分别由省、自治区、直辖市国家税务局、地方税务局指定企业印制;未经有关税务机关指定,不得印制发票。

(4)2001年4月28日,第九届全国人民代表大会常务委员会第二十一次会议修订了《税收征收管理法》,进一步加强了对发票的管理。修订后的《税收征收管理法》第21条规定:"税务机关是发票的管理机关,负责发票的印制、领购、开具、取得、保管、缴销的管理和监督。单位和个人在购销商品、提供或者接受经营服务以及从事其他经营活动中,应当按照规定开具、使用、取得发票。发票的管理办法由国务院规定。"第23条规定:"国家规定根据税收征收管理的需要,积极推广使用税控装置。纳税人应当按照规定安装、使用税控装置,不得损毁或者擅自改动税控装置。"这些规定说明,发票是财务核算的原始凭据和税务稽查的重要依据,而发票管理是税务管理的重要组成部分,因此,在税收实践中,税务机关经常对发票实施专项检查活动,并把发票的专项检查活动同税务稽查结合起来进行。税务机关对发票实施的专项检查活动有力地打击了发票违法行为,对有效防止国家税收流失起到了较好的作用。[1]

5.发票的管理机制

建国以后,我国的发票管理一直由税务机关负责。1993年12月23日起施行的《发票管理办法》规定,现阶段我国发票管理机构仍是税务机关。具体管理机制是:国家税务总局统一负责全国发票管理工作。各省、自治区、直辖市国家税务局、地方税务局依据各自的职责,共同做好本行政区域内的发票管理工作。财政、审计、工商行政管理、公安等有关部门在各自的职责范围内,配合税务机关做好发票管理工作。但是对国有的金融、邮电、铁路、民用航空、公路和水上运输等单位的专业发票,经国家税务总局或者各省、自治区、直辖市国家税务局批准,可以由国务院有关部门或者省、自治区、直辖市人民政府有关部门自行管理。

在税收实践中,发票管理混乱的问题始终没有得到根本解决,其症结是:现有的发票管理手段和管理方式不能遏制发票的违法行为甚至犯罪行为的发生;现有的发票管理法规有不尽如人意的漏洞,不能适应现实税收管理的需要。从现有的情况看,税务机关只能根据《发票管理办法》及其《实施细则》去加强管理,以期最大限度地杜绝发票违法行为,堵塞税收漏洞,防止国家税收流失。

---

[1]截至2009年7月31日,全国公安机关共计查处发票犯罪案件1616起,捣毁制售假发票窝点439个,摧毁职业犯罪团伙325个,缴获发票4.03亿份,查处利用假发票偷逃税款案件358起,涉案金额9.3亿元。典型案例有:上海"3·17"跨省市销售假发票案、浙江"5·8"特大制售假发票案、江苏连云港"3·20"特大制售假发票案、江苏扬州郭某某等人非法出售发票案、安徽合肥"4·22"特大制售假发票案、安徽界首张某某等特大制售假发票案、河南濮阳李某某等人特大制造假发票案、四川成都平某某等人特大制造假发票案、四川成都江某某等人特大制造假发票案。

二、发票的分类

(一)普通发票

普通发票主要由营业税纳税人和增值税小规模纳税人使用,增值税一般纳税人在不能开具专用发票的特殊情况下也可以使用普通发票。

1.增值税纳税人使用的普通发票

增值税纳税人使用的普通发票的种类有:

(1)工业类:工业企业产品销售统一发票;工业企业材料销售统一发票;工业企业加工产品统一发票;工业企业加工统一发票;工业加工修理统一发票。

(2)商业类:商业零售统一发票;商业批发统一发票。

(3)其他类:农林牧水产品收购统一发票;废旧物资收购统一发票;机动车专项修理专用发票;电力局电力销售统一发票;自来水公司水销售专用发票;公共事业联合处缴费专用发票;临时经营发票。

2.营业税纳税人使用的普通发票

营业税纳税人使用的普通发票主要有:建筑安装企业统一发票;旅店业统一发票;饮食业统一发票;广告业统一发票;服务业统一发票;代理购销业务统一发票;商品房销售统一发票;产权交易专用发票;房屋出租专用发票;全国联运业统一发票;水路货运结算发票;临时经营发票。

(二)专业发票

专业发票,是指国有金融、保险企业的存兑、汇兑、转账凭证,保险凭证;国有邮政、电信企业的邮票、邮单、话务、电报收据;国有铁路、民用航空企业和交通部门、国有公路、水上运输企业的客票、货票等。经国家税务总局或者省、直辖市、自治区税务机关批准,专业发票可由政府部门自行管理,也可由税务机关统一管理。

(三)货物运输发票和增值税专用发票

除了上述发票种类外,还有货物运输发票和增值税专用发票,但这两种发票涉及的法律问题比较多,将在本章专节介绍。

第二节　发票印制程序制度

一、发票印制程序制度概述

发票的印制管理是发票管理的基础环节,在整个发票管理过程中具有很重要的地位。我国对发票印制有严格规定。

　　发票是财务收支的法定凭证、会计核算的原始凭证,以及进行计税、税务检查的重要依据,税法要求纳税人必须依法取得税务机关出售的发票。

　　规范发票管理,进一步整顿税收秩序,控制税源,防止偷税漏税,打击税收违法犯罪,加强税收秩序监督,保护合法纳税,具有现实而又深远的意义。

二、发票印制程序制度的基本内容

　　发票的印制是发票管理的基础环节,在整个发票管理过程中具有很重要的地位。

　　(一)主管税务机关应遵守的程序制度[1]

　　1.关于印制企业的规定

　　(1)税务机关对发票的印制实行统一管理。

　　(2)增值税专用发票由国务院税务主管部门指定的企业印制。

　　(3)其他发票,按照国务院税务主管部门的规定,分别由省、自治区、直辖市国家税务局、地方税务局指定本省、自治区、直辖市的企业印制。

　　(4)税务机关对指定为印制发票的企业发给国家税务总局统一制发的发票准印证件。

　　2.关于发票套印全国统一发票监制章的规定

　　(1)全国统一发票监制章是税务机关管理发票的法定标志,也是认证发票真伪的主要依据。在印制发票时,应当套印全国统一分配监制章。

　　(2)省、自治区、直辖市税务机关具体负责发票监制章的制作。

　　3.关于发票防伪专用品制度的规定

　　(1)发票防伪专用品由国家税务总局指定的企业生产,禁止非法制造、倒买倒卖发票防伪专用品。

　　(2)发票防伪专用品生产前,主管税务机关应下达发票防伪专用品生产通知书,被指定的生产企业必须按照主管税务机关的要求生产。生产完成的成品,应按规定验收后专库妥善保管,不得丢失。次品、废票应报主管税务机关批准后集中销毁。

　　4.关于发票实行不定期换版制度的规定

　　(1)为了增强发票的印制难度和防伪性能,对发票的印制要不定期换版,换版的具体时间、内容和要求,由国家税务总局确定。

---

　　[1]据2009年6月1日新华网消息,国家税务总局公布的北京"4·18"特大制售假发票案、上海浙江"11·16"特大制售假发票案、湖北"5·27"特大制售假发票案、福建"8·29"特大制售假发票案、安徽"5·27"特大制售假发票案,即利用发票印制环节管理的漏洞,非法制印发票牟利,共计查获各类发票(货物销售发票、汽车修理业发票、旅馆业发票、商业发票、娱乐业发票、有奖定额专用发票)近千万份,抓获犯罪嫌疑人297人,涉及案值上亿元。

(2)对发票实行换版制度,是我国发票管理中早已采用的做法,其目的在于防伪。

5.关于发票基本联次的规定

(1)发票的联次为三联:第一联为存根联,由开票方留存备查;第二联为发票联,由收执方作为付款或收款原始凭证;第三联为记账联,由开票方作为记账原始凭证。

(2)增值税专用发票的基本联次还应包括抵扣联,由收执方作为抵扣税款的凭证。

6.关于印制发票使用文字的规定

(1)发票应当使用中文印制。

(2)民族自治地方的发票,可以加印当地一种通用的民族文字。有实际需要的,也可以同时使用中外两种文字印制。

(二)纳税人应遵守的程序制度

1.禁止纳税人私自印制发票、伪造发票、变造发票。

2.禁止纳税人在境外印制发票。

3.有固定生产经营场所、财务和发票管理制度健全、发票使用量大的纳税人可以申请印制有本单位名称的发票;如同一发票式样不能满足业务需要,纳税人可以自行设计本单位的发票式样,但是必须报经县(市)以上税务机关批准,其中如涉及增值税专用发票,要由国家税务总局批准。

第三节　发票领购程序制度

一、发票领购程序制度概述

纳税人如果已经依法办理了税务登记,在领取税务登记证件之后,可以依法向主管税务机关申请领购发票。主管税务机关审核后,发给纳税人发票领购簿,纳税人据此领购发票。

发票领购簿是纳税人领购发票的凭证,也是主管税务机关检查发票管理的基本凭据。

二、发票领购程序制度的基本内容

(一)纳税人应遵守的程序制度

1.发票领购的程序

(1)依法办理税务登记的单位和个人,在领取税务登记证件后可以向主管税务机关申请领购发票。购票人应提出购票申请,提供经办人身份证、税务登记证件或者其他有关证明以及财务印章或者发票专用章的印模。

(2)主管税务机关在对领购发票申请及有关证明材料进行审核后,发给发票领购簿。购票人凭发票领购簿核准的种类、数量及购票方式,向主管税务机关领购发票。

2.临时到外地从事经营活动的发票领购

(1)临时到本省、自治区、直辖市以外从事经营活动的纳税人,应当凭其所在地税务机关的证明,向经营地税务机关申请领购发票。

(2)在本省、自治区、直辖市以内跨市、县从事经营活动领购发票,按照省一级税务机关的规定领购。

3.临时使用发票的领购

(1)依法不需要办理税务登记的纳税人,需要领购发票的,可以根据有关规定,向主管税务机关申请领购发票,但要提供发生经济业务、提供服务等经营活动的相关证明。

(2)税务机关要根据规定征税。

(二)主管税务机关应遵守的程序制度

1.主管税务机关在对领购发票申请及有关证明材料进行审核后,发给发票领购簿。购票人凭发票领购簿核准的种类、数量及购票方式,向主管税务机关领购发票,主管税务机关必须严格按照发票领购簿记载的内容为纳税人领购发票。

2.依法责令购票人在领购发票时,提供相应担保。

3.外省、自治区、直辖市来本地从事临时经营活动的纳税人申请领购发票的,主管税务机关可以要求其提供保证人或根据所领购发票的票面限额及数量缴纳不超过1万元的保证金,并限期缴销发票。购票人履行了义务并按期缴销发票的,税务机关应解除保证人的保证义务,或退还保证金;反之,由保证人承担保证义务或者以保证金承担法律责任。

第四节　发票开具程序制度

一、发票开具程序制度概述

开具发票必须要有真实的业务关系,开具发票应当有控制范围。发票的开具是否合法,直接关系到发票在整个使用环节的安全与否,因此,必须把发票的开具纳入强制性的管理轨道。

《发票管理办法》及其《实施细则》要求所有单位和个人,在销售商品、提供服务以及从事其他经营活动对外收取款项时,都应向付款方开具发票。特殊情况下(主要指收购农副产品),由付款方向收款方开具发票。

二、发票开具程序制度的基本内容

(一)主管税务机关应遵守的程序制度

1.主管税务机关应当监督纳税人按照税法的规定开具发票和取得发票;严格控制纳税人开具发票的区域范围;监督纳税人建立发票登记使用制度以及发票或者发票领购簿的变更及销毁。

2.对违反发票管理法规,未按规定开具发票的行为的案件,主管税务机关要依法立案查处。

3.《发票管理办法》禁止纳税人出现如下开具发票的行为:应当开具发票但没有开具发票;单联填开发票或发票上下联金额、增值税销项税额等内容不一致;发票填写项目不齐全、不规范;擅自涂改发票;擅自转借、转让、代开发票;未经主管税务机关批准擅自拆本使用发票;虚构经营业务活动,虚开发票;开具票物不相符的票;开具已经作废的发票;未经主管税务机关批准,跨规定的使用区域开具发票;以其他单据或白条代替发票予以开具;擅自扩大专业发票或增值税专用发票的开具范围;未按规定报告发票的使用情况;未按规定设置发票登记簿;其他未按规定开具发票的行为。

4.对违反发票管理法规,造成偷税的,要依法处理。对违反发票管理法规情节严重构成犯罪的,税务机关应书面移送司法机关处理。对立案查处的案件进行行政处罚的,要根据处罚幅度,决定不同层次的税务行政处罚主体,严禁越权行政处罚。

(二)纳税人应遵守的程序制度

1.开具发票的规则

(1)所有单位和个人,在销售商品、提供服务以及从事其他经营活动中,凡对外发生经营业务收取款项的,都应该由收款方向付款方开具发票。

(2)所有单位和个人,在购买商品、接受服务以及从事其他经营活动中,凡发生支付款项的,都应该向收款方取得发票。

(3)收款方应如实开具发票,付款方取得发票时不得要求开具虚假发票。

(4)开具发票应当按照规定的时限、顺序、逐栏、全部联次一次性如实开具,不得要求变更品名和金额,并在发票联和抵扣联上加盖单位财务印章或者发票专用章。

(5)开具发票应使用中文,民族自治地方可以同时使用当地通用的一种民族文字,外商投资企业和外国企业可以同时使用一种外国文字。

（6）使用电子计算机开具发票,必须经税务机关批准,并使用税务机关统一监制的机外发票,开具后的存根联应当按顺序号装订成册。

（7）开具发票后,如发生销货退回需开红字发票的,必须收回原发票并注明"作废"字样或取得对方有效证明;发生销售折让的,在收回原发票并注明"作废"字样后,重新开具销售发票。对于不符合规定的发票,不得作为财务报销凭证,任何单位和个人均有权拒收。

（8）不符合规定的发票,是指开具或取得的发票是未经税务机关监制,或填写内容不齐全、内容不真实、字迹不清楚、没有加盖财务印章或发票专用章、伪造、作废以及其他不符合税务机关规定的发票。

（9）任何单位和个人不得转借、转让、代开发票;未经税务机关批准,不得拆本使用发票;不得自行扩大专业发票使用范围。

2.发票开具时的禁止行为

（1）开具发票的范围限于本省、自治区、直辖市内。超出此范围经营的,应当办理《外管证》,开具经营地的发票。

（2）禁止任何单位和个人倒买倒卖发票、发票监制章和发票防伪专用品。

（3）未经批准,不得跨规定使用区域携带、邮寄、运输空白发票。禁止携带、邮寄、运输空白发票出入境。

第五节　发票保管程序制度

一、发票保管程序制度概述

发票保管制度的依法建立,是现代税收管理制度不可或缺的有机组成部分,它也是堵塞税收漏洞、防止国家税收流失的必不可少的有效手段。纳税人应当依法保管发票,按照规定建立发票的存放和保管制度。纳税人未经主管税务机关的同意,不得擅自销毁发票。

二、发票保管程序制度的基本内容

（一）纳税人应遵守的程序制度

1.按照规定存放和保管发票

《发票管理办法》及其《实施细则》要求:(1)开具发票的单位和个人应当建立发票使用登记制度,设置发票登记簿,并定期向主管税务机关报告发票的使用情况;(2)开具发票的单位和个人应当按照税务机关的规定存放和保管发票,不得擅自销毁;(3)开具发票的单位的个人应当在办理变更或者注销税务登记的同时,办理发票和发票领购簿的变更、缴销手续;(4)已开具的发票存根联和发票登记簿,应当保存5年。保存期满,报经税务机关查验后销毁。

2.发票保管的期限和丢失的补救措施

使用发票的单位和个人应妥善保管、使用发票。如果发票丢失,应于丢失当日书面报告主管税务机关,关在报刊和电视等媒介上公告声明作废。

4.禁止违法保管发票

《发票管理办法》禁止纳税人以下保管发票的违法行为:(1)丢失了不应该丢失的发票;(2)损(撕)毁了发票;(3)丢失或未经主管税务机关批准擅自销毁了发票存根联以及发票登记簿;(4)没有按照税法规定缴销发票;(5)印制发票的企业和生产发票的防伪专用品的企业丢失了发票或发票监制章及发票防伪专用品等;(6)没有按照税法规定建立发票保管制度以及其他未按规定保管发票的行为。

(二)主管税务机关应遵守的程序制度

1.依法监督纳税人的发票使用和保管情况,发现纳税人在使用和保管发票时有违法情形,要及时督促纳税人整改。

2.依法监督纳税人对发票存根和发票登记簿的保存期限。保存期满,依法查验后方可允许纳税人销毁。

第六节 发票检查程序制度

一、发票检查程序制度概述

发票检查,指的是税务机关依法对印制发票、使用发票的单位或个人执行发票管理规定情况的监督活动,是发票管理环节的有机组成部分。

发票的真伪由税务机关鉴定。

主管税务机关通过对纳税人领购、开具、使用、保管的发票的检查,可以及时发现纳税人的发票违法行为,也可以从中掌握纳税人的偷漏税的迹象和线索,对有效打击税收违法或者犯罪行为具有重要意义,因此,《发票管理办法》对发票的检查作了较为详细的规定。

二、发票检查程序制度的基本内容

(一)主管税务机关应遵守的程序制度

1.税务机关在发票检查中的职权

(1)检查权——检查印制、领购、开具、取得和保管发票的情况;调出发票查验权——调出发票查验。

(2)查阅复制权——查阅、复制与发票有关的凭证、资料。

(3)询问权——向当事各方询问与发票有关的问题和情况。

(4)调查取证权——在查处发票案件时,对与案件有关的情况和资料,可以记录、录音、照相和复制被检查人从境外取得的发票。

2.税务执法人员在发票检查中的义务

《发票管理办法》规定,税务执法人员在进行税务发票检查时,应由两名以上税务工作人员出示税务检查证,依法进行,这是税务执法人员的法定职责。特别是调出空白发票查验时,应当开付收据,经查无问题时应当及时退还。需要将已开具的发票调出查验时,应当向被检查人开具发票换票证。

(二)纳税人应遵守的程序制度

1.纳税人在发票检查中的义务

纳税人在发票检查中的义务是:必须接受主管税务机关的发票检查,如实反映发票管理环节的全部情况,并有义务提供全部真实资料,不得拒绝主管税务机关的一切合法检查行为。

2.对境外取得的发票或者凭证的确认负有举证义务

主管税务机关在进行纳税审查时,对纳税人从境外取得的与纳税有关的发票或者凭证有异议的,可以要求纳税人提供境外公证机构或者注册会计师的确认证明,纳税人对此应当及时提供相关证明,不得拒绝主管税务机关的这一合理要求。对于纳税人提供的境外公证机构或者注册会计师的确认证明,只有经过主管税务机关依法审核认可后,纳税人方可作为记账核算的凭证。

3.及时反馈发票填写情况核对卡

在税收实践中,主管税务机关有时会向纳税人发出发票填写情况核对卡,其目的是为了核对、检查发票存根联与发票联的填写情况。纳税人接到主管税务机关的发票情况填写核对卡后,应在15日内如实填写有关情况并按期反馈给主管税务机关。

第七节　几类特殊发票的管理程序制度

一、货物运输发票管理程序制度

(一)货物运输发票管理程序制度概述

2003年10月,国家税务总局发布《货物运输业营业税征收管理办法》和《运输发票增值税抵扣管理试行办法》,主要内容如下:

1.纳税人

(1)从事货物运输的承包人、承租人、挂靠人和个体工商户不得认定为自开票纳税人。

(2)铁路运输(包括中央、地方、工矿及其他单位所属铁路)、管道运输、国际海洋运输业务、装卸搬运以及公路、内河客运业务的纳税人不需要进行自开票纳税资格认定,不需要报送货物运输业发票清单。

(二)货物运输发票管理程序制度的基本内容

1.主管税务机关应遵守的程序制度

(1)单位和个人在领取营业执照之日起30日内向主管地方税务局申请办理税务登记的,对其自领取营业执照之日起至取得税务登记期间提供的货物运输劳务,办理税务登记手续后,主管地方税务局可为其代开货物运输业发票。

(2)单位和个人领取营业执照超过30日未向主管地方税务局申请办理税务登记的,主管地方税务局应按《税收征收管理法》及其实施细则的规定进行处理,在补办税务登记手续后,对其自领取营业执照之日至取得税务登记证期间提供的货物运输劳务,可为其代开货物运输发票。

(3)地方税务局对提供货物运输劳务的单位和个人进行税收管理的过程中,凡发现代开发票纳税人(包括承包人、承租人、挂靠人以及其他单位和个人)未办理税务登记、符合税务登记条件的,必须依法办理税务登记。

(4)代开票纳税人管理的所有单位和个人(包括外商投资企业、特区企业和其他单位、个人),凡按规定应当征收营业税,在代开货物运输业发票时一律按开票金额3%征收营业税, 按营业税税款7%预征城建税, 按营业税税款3%征收教育费附加,同时按开票金额33%预征所得税,预征的所得税年终时清算。但代开票纳税人实行核定征收企业所得税办法的,年终不再进行所得税清算。

在代开发票时已征收的属于法律法规规定的减征或者免征的营业税及城市维护建设税、教育费附加、所得税以及高于法律法规规定的城市维护建设税税率的税款,在下一征期退税。具体退税办法按《国家税务总局、中国人民银行、财政部关于现金退税问题的紧急通知》(国税发[2004]47号)执行。

(5)提供了货物运输劳务但按规定不需要办理工商登记和税务登记的单位和个人,凭单位证明或个人身份证在单位机构所在地或个人户籍地由代开单位代开货物运输业发票。

2.纳税人应遵守的程序制度

首先,关于代开票的问题。

(1)按照《货物运输业营业税征收管理试行办法》的规定,对代开票纳税人实行定期定额征收方法。凡核定的营业额低于当地确定的营业税起征点的,不征收营业税;凡核定的营业额高于当地确定的营业税起征点的,代开发票时按规定征收税款。

(2)单位和个人利用自备车辆偶尔对外提供货物运输的劳务的,可不进行定期定额管理,代开票时对其按次征税。

(3)代开票纳税人实行定期定额征收办法时,为避开在代开票时按票征收发生重复征税,对代开票纳税人可采取以下征收方法:

第一,在代开票时按开具的货物运输业发票上注明的营业税应税收入按规定征收(代征)营业税、所得税及附加。

第二,代开票纳税人采取按月还是按季结算,由省级地方税务局确定。

第三,代开票纳税人在缴纳定额税款时,其在代开票时取得的税收完税凭证上注明的税款大于定额税款的,不再缴纳定额税款;完税凭证上注明的税款小于定额税款的,则补缴完税凭证上注明的税款与定额税款差额部分。

其次,关于货物运输发票的抵扣问题。

(1)增值税一般纳税人外购货物(固定资产除外)和销售应税货物所取得的由自开票纳税人或代开票单位为代开票纳税人开具的货物运输业发票准予抵扣进项税额。

(2)增值税一般纳税人取得税务机关认定的为自开票的纳税人的联运单位和物流单位开具的货物运输业发票准予计算抵扣进项税额、准予抵扣的货物运费金额是指自开票纳税人和代开票单位为代开票纳税人开具的货运发票上注明的运费、建设基金和现行规定允许抵扣的其他货物运输费用;装卸费、保险费和其他杂费不予抵扣。货物发票应当分别注明运费和杂费,对未分别注明,而合并注明为运杂费的不予抵扣。

(3)增值税一般纳税人取得的货物运输业发票,可以在自开票开具日90天后的第一个纳税申报期结束以前申报抵扣。

(4)增值税一般纳税人在2004年3月1日以后取得的货物运输业发票,必须按照《增值税运费发票抵扣清单》的要求填写全部内容,对填写内容不全的,不得予以抵扣进项税额。

(5)增值税一般纳税人取得的联运发票应当逐票填写在《增值税运费发票抵扣清单》的"联运"栏次内。

(6)增值税一般纳税人取得的内海及近海货物运输发票,可暂填写在《增值税运输发票抵扣清单》"内河运输"栏内。

二、增值税专用发票管理程序制度[1]

(一)增值税专用发票管理程序制度概述

增值税专用发票是工业、商业企业用于结算销售货物和加工修理修配劳务使用的发票,是销货方纳税义务和购货方进项税款的合法证明,是一般纳税人经济活动中的重要凭证,对增值税的计算和管理起着决定性作用。

增值税专用发票归口于各级国家税务机关管理。

增值税专用发票在领购、开具和保管上除了要遵守《发票管理办法》的相关规定外,国家税务总局还对其设立了特别规范《增值税专用发票使用规定》,该规定对增值税专用发票作了极其严格的规定,具有一般纳税人资格的纳税人在开具、使用增值税发票时必须遵守该规定。同时,为了严厉打击增值税专用发票犯罪,《中华人民共和国刑法》[2]还专节设立了"危害税收征管罪",其中规定了关于虚开增值税发票罪等罪名。为震慑犯罪,国家税务总局每年也要公布一批增值税专用发票犯罪的大案、要案,但是在税收实践中,仍有不法分子利用增值税专用发票犯罪的现象发生,因此,作为工作在税务执法一线的税务执法人员,必须熟悉增值税专用发票的特殊管理规程,加强对增值税专用发票的管理,防止国家税收的流失。具体而言,增值税专用发票的特殊管理规程包括:增值税专用发票领购的范围、领购的程序、开具的范围、开具的要求、开具的时限、专用发票的保管以及小规模纳税人如何申请代开专用发票。

(二)增值税专用发票管理程序制度的基本内容

1.主管税务机关应遵守的程序制度

为了加强税务机关对代开增值税专用发票的管理,防止不法分子利用代开专用发票进行骗税活动,国家税务总局于2004年12月22日公布了《税务机关代开增值税专用发票管理办法》(试行),对代开增值税专用发票的立法目的、适用范围、开具要求、纳税申报、税务执法人员的岗位职责等作了规定。对于不具备

---

[1]http://qun.51.com/accerp/topic.php?pid=4678,2009-09-28披露的"晋鲁"增值税发票偷税案、江苏"铁本"专案、"黑津冀"系列虚开发票案、青海"夏都专案"、宁夏"12·26"重大虚开增值税专用发票案、江西南昌"5·5"案等案件是近年来出现的重点增值税发票犯罪案件。这一系列案件的特点是案件大、跨区域作案、团伙作案并且内部有专业分工作案、影响广泛、副作用强。这些案件暴露出税务机关在增值税发票管理方面还存在薄弱环节,并暴露出我国对增值税发票犯罪的打击力度不够。

[2]参见《中华人民共和国刑法》第三章"破坏社会主义市场经济秩序罪"第六节"危害税收征管罪"第205、206、207、208条规定,它们分别规定了虚开增值税专用发票罪、用于骗取出口退税(抵扣税款)发票罪、伪造(出售伪造)增值税专用发票罪、非法出售增值税专用发票罪、非法购买增值税专用发票罪、购买伪造的增值税专用发票罪。另外,《中华人民共和国刑法》第209条还规定了其他发票犯罪:非法制造(出售非法制造)用于骗取出口退税(抵扣税款)发票罪、非法制造(出售非法制造)发票罪、非法出售用于骗取出口退税(抵扣税款)发票罪、非法出售发票罪。

一般纳税人资格的纳税人,即小规模纳税人需要使用增值税专用发票的,税法规定应当向主管国家税务机关提出书面申请,报县区国家税务机关批准后,领取所在省、自治区、直辖市国家税务局代开增值税专用发票许可证,持许可证、供货合同、进货凭证等证件资料,向主管国家税务机关提出申请,填写填开增值税专用发票申请单,经主管国家税务机关审核后,才能开具增值税专用发票。

2.纳税人应遵守的程序制度

(1)遵守增值税专用发票的开具要求。《增值税专用发票使用规定》第5条规定,专用发票的开具必须符合下列要求:

第一,字迹清楚。

第二,不得涂改。如填写错误,应另行开具专用发票,并在误填的专用发票上注明"误填作废"。如专用发票开具后因购货方不索取而成为废票,也应按填写有误办理。

第三,项目填写齐全。

第四,票、物相符,票面金额与实际收取的金额相符。

第五,各项目内容正确无误。

第六,全部联次一次填开,上、下联的内容和金额一致。

第七,发票联和抵扣联加盖财务专用章和发票专用章。

第八,按照规定的时限开具专用发票。

第九,不得开具伪造的专用发票。

第十,不得拆本使用专用发票。

第十一,不得开具票样与国家税务总局统一制定的票样不相符的专用发票。

纳税人开具的专用发票如果不符合上列要求,不得作为扣税凭证,购买方有权拒收。

(2)符合增值税专用发票的开具时限。《增值税专用发票使用规定》第6条规定,增值税专用发票的开具时限应当符合如下要求:

第一,采用预收货款、托收承付、委托银行收款结算方式的,为收到货款的当天。

第二,采用交款提货结算方式的,为收到货款的当天。

第三,采用赊销、分期付款结算方式的,为合同约定的收款日期的当天。

第四,将货物交付他人代销,为收到受托人送交的代销清单的当天。

第五,设有两个以上机构并实行统一核算的纳税人,将货物从一个机构移送其他机构用于销售,按规定应当征收增值税的,为货物移送的当天。

第六,将货物作为投资提供给其他单位或个体经营者,为货物移送的当天。

第七,将货物分配给股东,为货物移送的当天。

一般纳税人必须按税法规定的时限开具专用发票,不能提前,也不能滞后。

(3)依法领购使用增值税专用发票。《增值税专用发票使用规定》第1条规定,增值税专用发票只限于增值税一般纳税人使用,增值税小规模纳税人和非增值税纳税人不得领购使用。《增值税专用发票使用规定》第2条规定,一般纳税人有下列情形之一者,也不得领购使用增值税专用发票:

第一,会计核算不健全,即不能按会计制度和税务机关的要求准确核算增值税的销项税额、进项税额和应纳税额者。

第二,不能向税务机关准确提供销项税额、进项税额、应纳税额数据及其他有关增值税税务资料者。

第三,有下列行为,经税务机关责令限期改正而仍未改正者:私自印制专用发票;向个人或税务机关以外的单位买取专用发票;借用他人专用发票;向他人提供专用发票;未按税法规定开具专用发票;未按税法规定保管专用发票;未按税法规定申报专用发票的购、用、存情况;未按税法规定接受税务机关检查。

第四,销售的货物全部属于免税项目者。

有上列情况之一的一般纳税人,如果已经领购、使用增值税专用发票,税务机关应收缴其结存的增值税专用发票,及时制止一般纳税人的增值税专用发票违法行为。

(4)按要求保管增值税专用发票。增值税一般纳税人必须按照发票管理办法的规定和税务机关的要求保管增值税专用发票,其具体要求是:要按照主管国家税务机关的要求建立增值税专用发票管理制度;要按照主管国家税务机关的要求设专人保管增值税专用发票;要按照主管国家税务机关的要求设置专门存放增值税专用发票的场所;要按照主管国家税务机关的要求将税款抵扣联装订成册;销毁增值税专用发票基本联次须经主管国家税务机关同意;不得擅自损(撕)毁增值税专用发票。

第八节　法律责任

一、关于纳税人的法律责任

纳税人违反发票管理要承担的法律责任是比较重的,其中很大一部分是要承担刑事责任。因此,笔者结合《税收征收管理法》、《发票管理办法》、《中华人民共和国刑法》以及相关的立法解释、司法解释作了比较详细的阐述。

(一)情节轻微的发票违法行为的法律责任

第一,情节轻微的发票违法行为。

1.未按规定印制发票、生产发票防伪专用品的违法行为

(1)未经省级税务机关指定的企业私自印制发票。

(2)未经国家税务总局指定的企业私自生产发票防伪专用品、私自印制增值税专用发票。

(3)伪造、私刻发票监制章,伪造、私造发票防伪专用品。

(4)印制发票的企业未按"发票印制通知书"印制发票,生产发票防伪专用品的企业未按"发票防伪专用品生产通知书"生产防伪专用品。

(5)转借、转让发票监制章和发票防伪专用品。

(6)印制发票和生产发票防伪专用品的企业未按规定销毁废(次)品而造成流失。

(7)用票单位私自印制发票。

(8)未按税务机关的规定制定印制发票和生产发票防伪专用品管理制度。

(9)其他未按规定印制发票和生产发票防伪专用品的行为。

2.未按规定领购发票的违法行为

(1)向税务机关以外的单位和个人领购发票。

(2)私售、倒买倒卖发票。

(3)贩运、窝藏假发票。

(4)向他人提供发票或者借用他人发票。

(5)盗取(用)发票。

(6)其他未按规定领购发票的行为。

3.未按规定取得发票的违法行为

(1)应取得而未取得发票。

(2)取得不符合规定的发票。

(3)取得发票时,要求开票方或者自行变更品名、金额或增值税税额。

(4)自行填开发票入账。

(5)其他未按规定取得发票的行为。

4.未按规定开具发票的违法行为

(1)应开具而未开具发票。

(2)单联填开或上下联金额、增值税销项税额等内容不一致。

(3)填写项目不齐全。

(4)涂改发票。

(5)转借、转让、代开发票。

(6)未经批准拆本使用发票。

(7)虚构经营业务活动,虚开发票。

(8)开具票务不符发票。

(9)开具作废发票。

(10)未经批准,跨规定的使用区域开具发票。

(11)以其他单据或白条代替发票开具。

(12)扩大专业发票或增值税专用发票开具范围。

(13)未按规定报告发票使用情况。

(14)未按规定设置发票登记簿。

(15)其他未按规定开具发票的行为。

5.未按规定保管发票的违法行为

(1)丢失发票。

(2)损(撕)毁发票。

(3)丢失或擅自销毁发票存根联以及发票登记簿。

(4)未按规定缴销发票。

(5)印制发票的企业和生产发票的防伪专用品的企业丢失发票或发票监制章及发票防伪专用品等。

(6)未按规定建立发票保管制度。

(7)其他未按规定保管发票的行为。

6.未按规定接受税务机关检查发票的违法行为

(1)拒绝检查。

(2)隐瞒真实情况。

(3)刁难、阻挠税务人员检查。

(4)拒绝接受《发票换票证》。

(5)拒绝提供有关资料。

(6)拒绝提供境外公证机构或者注册会计师的确认证明。

(7)拒绝接受有关发票问题的询问。

(8)其他未按规定接受税务机关检查的行为。

第二,情节轻微的发票违法行为应承担的法律责任。

1.对于有上列1~6项行为之一的单位和个人,《发票管理办法》规定,税务机关可责令其限期改正,没收违法所得,并可以并处1万元以下的罚款。对于有两种以上行为的单位和个人,可以分别处罚。对发票违法行为进行处罚,由县以上税务机关决定;罚款额或没收非法所得额在1000元以下的,可由税务所自行决定。

2.对于非法携带、邮寄、运输或者存放空白发票的,由税务机关收缴其空白发票,没收因非法携带、邮寄、运输或者存放空白发票的行为所取得的收入,可以对单位和个人并处1万元以下的罚款。

3.关于因发票违法行为导致其他单位或个人未缴、少缴或骗取税款的法律责任问题,《发票管理办法》作了这样的规定:发票违法行为导致其他单位或者个人未缴、少缴或者骗取税款的,税务机关没收其非法所得,可以并处未缴、少缴或骗取的税款1倍以下的罚款。

(二)情节严重的发票违法行为的法律责任

第一,情节严重的普通发票犯罪行为的法律责任。

《发票管理办法》第38条规定,私印、伪造变造、倒买倒卖发票,私自制作发票监制章、发票防伪专用品要承担较为严厉的法律责任:单位和个人私印、伪造变造、倒买倒卖发票,以及私自制作发票监制章、发票防伪专用品的,由税务机关予以查封、扣押或者销毁,没收非法所得和作案工具,可以并处1万元以上5万元以下罚款。构成犯罪的,应当依法追究刑事责任。

"依法追究刑事责任",指的是依据《中华人民共和国刑法》第206条、第207条、第208条、第209条、第210条的规定追究刑事责任。这些刑事责任涉及的是普通发票的犯罪行为应受追究的刑事责任。

对违反发票管理法规造成偷税的,除了按照《税收征收管理法》予以处理外,如果情节严重构成犯罪,还应当依法移送司法机关处理。

1.非法制造、出售非法制造的用于骗取出口退税、抵扣税款发票罪

本罪是指违反国家发票管理法规,伪造、擅自制造或者出售伪造、擅自制造的可以用于骗取出口退税、抵扣税款的其他发票的行为。[1]本罪的犯罪对象是可以用于申请出口退税、抵扣税款的非增值税专用发票。根据《刑法》第209条第1款、第211条的规定,犯本罪的,处3年以下有期徒刑、拘役或者管制,并处2万元以上20万元以下罚金;数量巨大的,处3年以上7年以下有期徒刑,并处5万元以上50万元以下罚金;数量特别巨大的,处7年以上有期徒刑,并处5万元以上50万元以下罚金或者没收财产。单位犯本罪的,对单位判处罚金,并对其直接负责的主管人员和其他直接责任人员,依照上述规定处罚。

2.非法制造、出售非法制造的发票罪

本罪是指违反国家发票管理法规,伪造、擅自制造或者出售伪造、擅自制造的非增值税专用发票以外的其他发票的行为。本罪除犯罪对象与上一个罪不同外,其余犯罪构成特征完全相同。根据《刑法》第209条第2款、第211条的规定,犯本罪的,处2年以下有期徒刑、拘役或者管制,并处或者单处1万元以上5万元以下罚金;情节严重的,处2年以上7年以下有期徒刑,并处5万元以上50万元以下

---

[1]高铭暄主编:《刑法学》,北京大学出版社,1998年版,第376~377页。

罚金。单位犯本罪的,对单位判处罚金,并对其直接负责的主管人员和其他直接责任人员,依照上述规定处罚。

3.非法出售用于骗取出口退税、抵扣税款发票罪

非法出售用于骗取出口退税、抵扣税款发票罪,是指违反国家发票管理法规,非法出售可以用于骗取出口退税、抵扣税款的非增值税专用发票的行为。根据《刑法》第209条第3款、第211条的规定,犯本罪的,依照第209条第1款非法制造、出售非法制造的,用于骗取出口退税、抵扣税款发票罪的规定处罚。单位犯本罪的,对单位判处罚金,并对其直接负责的主管人员和其他直接责任人员,依照上述规定处罚。

4.非法出售发票罪

非法出售发票罪,是指违反国家发票管理法规,非法出售除增值税专用发票,可以用于骗取出口退税、抵扣税款的非增值税专用发票以外的普通发票的行为。根据《刑法》第209条第4款和第211条的规定,犯本罪的,依照第209条第2款非法制造、出售非法制造的发票罪的规定处罚。单位犯本罪的,对单位判处罚金,并对其直接负责的主管人员和其他直接人员,依照上述规定处罚。

第二,情节严重的增值税专用发票犯罪行为的法律责任。

1.虚开增值税专用发票、用于骗取出口退税、抵扣税款发票罪[1]

(1)犯罪概念。虚开增值税专用发票、用于骗取出口退税、抵扣税款发票罪,是指违反国家发票管理法规,虚开增值税专用发票的行为。包括为他人虚开、为自己虚开、让他人为自己虚开、介绍他人虚开增值税专用发票或者用于骗取出口退税、抵扣税款的其他发票的行为。

(2)犯罪特征。

第一,本罪侵犯的客体是复杂客体,既侵犯了国家对增值税专用发票和其他发票的监督管理,又破坏了国家对税收的征管,造成应收税款的流失。

第二,本罪在客观方面表现为实施了下列为他人虚开、为自己虚开、让他人为自己虚开、介绍他人虚开增值税专用发票或者用于骗取出口退税、抵扣税款的其他发票行为之一:

其一,为他人虚开增值税专用发票或者用于骗取出口退税、抵扣税款的其他发票。

所谓增值税,是指对税法所列举的产品的销售额中新增加的价值部分征收的一个税种。增值税专用发票,是指以产品的增值额为征税对象,并具有直接抵扣税款功能的专门用于增值税的收付款凭证。为他人虚开增值税专用发票,是

---

[1]高铭暄主编:《刑法学》,北京大学出版社,1998年版,第370~375页。

指合法拥有增值税专用发票的单位或个人,明知他人没有货物销售或者没有提供应税劳务,而为其开具增值税专用发票,或者即使有货物销售或者提供了应税劳务,但为其开具内容不实的增值税专用发票的行为。

所谓用于骗取出口退税、抵扣税款的其他发票,是指除增值税专用发票以外的其他发票中,具有同增值税专用发票相同功能,可以用于骗取出口退税、抵扣税款的发票。

其二,为自己虚开增值税专用发票或者用于骗取出口退税、抵扣税款的其他发票。

为自己虚开增值税专用发票具体是指合法拥有增值税专用发票的单位或个人,在本身没有货物销售或者没有提供应税劳务的情况下,为自己开具增值税专用发票,或者虽然有货物销售或提供了应税劳务,但却为自己开具内容不实的增值税专用发票的行为。为自己虚开用于骗取出口退税、抵扣税款的其他发票,则是指合法拥有除增值税专用发票以外的用于出口退税或者抵扣税款的其他发票的单位和个人,开具与真实情况不符(无中生有地虚开或者以少开多)的用于骗取出口退税或抵扣税款的发票的行为。

其三,让他人为自己虚开增值税专用发票或者用于骗取出口退税、抵扣税款的其他发票。

让他人为自己开具增值税专用发票,是指没有货物销售或没有提供应税劳务的单位或个人,要求合法拥有增值税专用发票的单位或个人为其开具虚假的增值税专用发票,或者虽然有货物销售或者提供了应税劳务,但要求他人开具内容不实的增值税专用发票的行为。让他人为自己开具用于骗取出口退税、抵扣税款的其他发票, 则是指让合法拥有除增值税专用发票以外的用于出口退税、抵扣税款的其他发票的单位或个人,开具与真实情况不符(无中生有地虚开或者以少开多)的用于骗取出口退税或抵扣税款的发票的行为。

其四,介绍他人虚开增值税专用发票或者用于骗取出口退税、抵扣税款的其他发票。

指在合法拥有上述发票的单位或个人与要求虚开上述发票的单位或个人之间进行撮合、充当中介的行为。

根据《刑法》第205条的规定,行为人只要实施了上述四种行为之一,无论虚开的发票是增值税专用发票,还是用于骗取出口退税、抵扣税款的其他发票,都可以构成本罪。

第三,本罪的主体是一般主体,自然人和单位都可以成为本罪的主体。

第四,本罪在主观方面必须出自故意,行为人明知虚开增值税专用发票、用于骗取出口退税、抵扣税款的其他发票,会造成国家税款流失,而故意虚开,以达到骗取出口退税款、抵扣税款或者获取其他非法利益的目的。

(3)对犯罪的认定。

第一,正确认定本罪与非罪的界限。根据《刑法》第205条的规定,本罪属于行为犯,行为人只要实施了虚开增值税专用发票或用于骗税的其他发票的行为,就构成犯罪。刑法对这种行为构成犯罪没有设置数额或情节上的定量要求,但这并不意味着凡是虚开增值税专用发票的行为,不论数额大小、情节轻重,一律定罪处罚。该条规定仍然应当受《刑法》第13条"但书"的制约。对于虚开增值税专用发票情节显著轻微、危害不大的行为,不应以犯罪论处。

第二,虚开增值税专用发票、用于骗取出口退税、抵扣税款的其他发票后又骗取出口退税、抵扣税款的处理。根据《刑法》第205条第1款的规定,虚开增值税专用发票、用于骗取出口退税、抵扣税款发票罪的客观要件仅仅是实施了虚开增值税、骗税专用发票的行为,并不要求实施骗取出口退税、抵扣税款的行为。因此,行为人于实施虚开增值税、骗税专用发票后,又利用虚开的发票骗取出口退税或抵扣税款,则显然又分别构成骗取出口退税罪或偷税罪。在这种情况下如何定罪量刑,刑法学界存在不同看法。有的认为这种情况属于一行为同时触犯数法条的法条竞合,应按特别法优于普通法的原则处理;有的认为属于牵连犯,应按牵连犯从一重罪处断的原则处理。笔者同意后一种意见,虚开增值税、骗税专用发票的行为应当视为骗取出口退税、抵扣税款的行为的手段行为,按照牵连犯从一重罪处断的原则,应当以虚开增值税专用发票、用于骗取出口退税、抵扣税款发票罪一罪论处。

(4)对犯罪的处罚。根据《刑法》第205条的规定,对于犯本罪的,根据数额或者情节,分以下档次分别处罚:

第一,基本法定刑为处3年以下有期徒刑或者拘役,并处2万元以上20万元以下罚金。参照最高人民法院1996年10月17日作出的《关于适用〈全国人民代表大会常务委员会关于惩治虚开、伪造和非法出售增值税专用发票犯罪的决定〉的若干问题的解释》,虚开税款数额在1万元以上或者虚开专用发票致使国家税款被骗取5000元以上的,在此档次内处罚。

第二,虚开的数额较大或者有其他严重情节的,处3年以上10年以下有期徒刑,并处5万元以上50万元以下罚金。参照上述司法解释,数额较大,是指虚开税款数额在10万元以上的。其他严重情节,是指因虚开专用发票致使国家税款被骗取5万元以上或者具有其他严重情节。

第三,虚开的税款数额巨大或者有其他特别严重情节的,处10年以上有期徒刑或者无期徒刑,并处5万元以上50万元以下罚金或者没收财产。参照上述司法解释,数额巨大,是指虚开税款数额在50万元以上的。其他特别严重情节,是指：(1)因虚开专用发票致使国家税款被骗取30万元以上；(2)虚开的税款数额接近巨大并具有其他严重情节的；(3)具有其他特别严重情节的。

第四，虚开增值税、骗税专用发票并且骗取国家税款，数额特别巨大、情节特别严重，给国家利益造成特别重大损失的，处无期徒刑或者死刑，并处没收财产。参照上述司法解释，骗取国家税款数额特别巨大，是指利用虚开的专用发票实际抵扣税款或者骗取出口退税100万元以上。给国家利益造成特别重大损失，是指造成国家税款损失50万元以上并且在侦查终结前仍无法追回。

此外，单位犯本罪的，对单位判处罚金，并对其直接负责的主管人员和其他直接责任人员，处3年以下有期徒刑或者拘役；虚开的税款数额较大或者有其他严重情节的，处3年以上10年以下有期徒刑；虚开的税款数额巨大或者有其他特别严重情节的，处10年以上有期徒刑或者无期徒刑。

虚开增值税专用发票的犯罪分子与骗取税款犯罪分子均应当对虚开的税款数额和实际骗取的国家税款数额承担刑事责任。

利用虚开的增值税专用发票抵扣税款或者骗取税款出口退税的，应当承担刑事责任。

2.伪造、出售伪造的增值税专用发票罪

伪造、出售伪造的增值税专用发票罪，是指违反发票管理法规，伪造或者出售伪造的增值税专用发票的行为。根据《刑法》第206条的规定，犯本罪的，处3年以下有期徒刑、拘役或者管制，并处2万元以上20万元以下罚金；数量较大或者有其他严重情节的，处3年以上10年以下有期徒刑，并处5万元以上50万元以下罚金；数量巨大或者有其他特别严重情节的，处10年以上有期徒刑或者无期徒刑，并处5万元以上50万元以下罚金或者没收财产。伪造并出售伪造的增值税专用发票，数量特别巨大，情节特别严重，严重破坏经济秩序的，处无期徒刑或者死刑，并处没收财产。单位犯本罪的，对单位判处罚金，并对其直接负责的主管人员和其他直接责任人员，处3年以下有期徒刑、拘役或者管制；数量较大或者有其他特别严重情节的，处3年以上10年以下有期徒刑；数量巨大或者有其他特别严重情节的，处10年以上有期徒刑或者无期徒刑。根据司法解释，"数量较大"、"数量巨大"、"数量特别巨大"、"其他严重情节"、"其他特别严重情节"和"情节特别严重"，应当按照如下规定理解。

(1)"数量较大"，是指伪造或者出售伪造的增值税专用发票100份以上或者票面额累计50万元以上。"有其他严重情节的"，是指：违法所得数额在1万元以上的；伪造并出售伪造的增值税专用发票60份以上或者票面额累计30万元以上的；造成严重后果或者具有其他严重情节的。

(2)"数量巨大"，是指伪造或者出售伪造的增值税专用发票500份以上或者票面额累计250万元以上。"有其他特别严重情节的",是指:违法所得数额在5万元以上的;伪造并出售伪造的增值税专用发票300份以上或者票面额累计200万元以上的;伪造或者出售伪造的增值税专用发票接近"数量巨大"并有"其他严重情节"的;造成特别严重后果或者具有其他特别严重情节的。

(3)"数量特别巨大",是指伪造或者出售伪造的增值税专用发票1000份以上或者票面额累计1000万元以上的。"情节特别严重",是指:违法所得数额在5万元以上的;因伪造、出售伪造的增值税专用发票罪致使国家税款被骗取100万元以上的;给国家税款造成实际损失50万元以上的;具有其他特别严重情节的。

3.非法出售增值税专用发票罪

非法出售增值税专用发票罪,是指违反国家发票管理法规,非法出售增值税专用发票的行为。非法出售增值税专用发票25份以上或者票面额累计在10万元以上的,应予追究刑事责任。根据《刑法》第207条、第211条的规定,犯本罪的,处3年以下有期徒刑、拘役或者管制,并处2万元以上20万元以下罚金;数量较大的,处3年以上10年以下有期徒刑,并处5万元以上50万元以下罚金;数量巨大的,处10年以上有期徒刑或者无期徒刑,并处5万元以上50万元以下罚金或者没收财产。单位犯本罪的,对单位判处罚金,并对其直接负责的主管人员和其他直接责任人员,依照上述规定处罚。

4.非法购买增值税专用发票、购买伪造的增值税专用发票罪

非法购买增值税专用发票、购买伪造的增值税专用发票罪,是指违反国家发票管理法规,非法购买增值税专用发票或者买伪造的增值税专用发票的行为。非法购买增值税专用发票或者购买伪造的增值税专用发票25份以上或者票面额累计在10万元以上的,应予追究刑事责任。据《刑法》第208条、211条的规定,犯本罪的,处5年以下有期徒刑或者拘役,并处或者单处2万元以上20万元以下罚金。单位犯本罪的,对单位判处罚金,并对其直接负责的主管人员和其他直接责任人员,依照上述规定处罚。如果非法购买增值税专用发票或者购买伪造的增值税专用发票又虚开或者出售的,则分别依照虚开增值税专用发票罪、出售伪造的增值税专用发票罪或者非法出售增值税专用发票罪的规定定罪处罚。

二、关于税务执法人员的法律责任

《发票管理办法》对税务执法人员的违法行为作了原则规定。税务执法人员利用职务之便,故意刁难发票印制、使用发票的单位和个人,或者有违反发票管理法规的行为,要依照有关法规给予行政处分;构成犯罪的,依法追究刑事责任。因此,税务执法人员在日常工作中应严格执法。

第九节　延伸阅读——重大发票犯罪案[1]

2009年,公安部公布了查处的发票犯罪典型案例,这一系列案例说明:税务机关对发票的管理必须加强,对发票行政违法案件必须依法查处;税务机关对发票犯罪案件必须依法移交司法机关依法惩处。通过加大对发票案件的查处力度,逐步减少发票案件的发生。

全国公安机关自2009年初开展打击整治发票犯罪专项行动以来,已查处发票犯罪案件1616起,捣毁制售假发票窝点439个,摧毁职业犯罪团伙325个,缴获发票4030万份,查处利用假发票逃避缴纳税款案件358起,涉案金额高达9.3亿元。

一、上海"3·17"跨省市销售假发票案

3月17日,上海市公安经侦部门在获取有人从广东深圳频繁向上海发送假发票的线索后,组建专案组开展侦查工作,很快查明,以广东饶平人詹某某、林某某、张某某等人为首的4个犯罪团伙,在上海设立8处销售假发票窝点,通过手机和互联网群发信息招徕顾客,并由广东饶平人刘某某为首的犯罪团伙向其提供假发票。5月5日,上海与广东两地公安机关在上海、深圳同时重拳出击,成功破获这一特大跨省市出售非法制造的假发票案,一举打掉了出售假发票犯罪团伙5个,抓获犯罪嫌疑人20名,捣毁售假、囤假窝点9处,查获假发票100多万份。

二、浙江"5·8"特大制售假发票案

3月以来,浙江绍兴、湖州、杭州等地公安机关发现数个以杭州为中心辐射至全省各地并延伸至其他省市的特大制造、贩卖假发票网络。浙江省公安厅将其定为"5·8"专案。5月22日23日零时,浙江省公安机关组织警力同时对杭州、嘉兴、绍兴、金华、衢州及安徽等四省部分地区百余名犯罪嫌疑人统一实施抓捕行动,共抓获犯罪嫌疑人108名,捣毁非法印制发票窝点1个,开票、藏票窝点27个,查获各类假发票105万多份,缴获假印章近千枚以及一大批作案工具,一举摧毁了这一特大制、售假发票犯罪网络。

三、江苏连云港"3·20"特大制售假发票案

3月20日,江苏连云港市公安机关抓获了正在兜售假发票的犯罪嫌疑人王

---

[1]案例来源:中国税务网2009年7月31日刊新华社张景勇文。

某及其上线,并成功缴获涉及江苏、河南、浙江、福建、安徽5个省的35种假发票100多万份。取得初步战果后,"3·20"专案组深挖犯罪线索,扩大战果。截至目前,已经抓获犯罪嫌疑人17名,打掉制售假发票团伙6个,捣毁7处窝点,缴获各类假发票154万多份。

四、江苏扬州郭某某等人非法出售发票案

3月17日,江苏扬州市公安经侦部门发现自2004年以来,犯罪嫌疑人郭某某伙同许某某、张某某等人,通过虚设经营项目和办公地点,先后注册成立了扬州众鑫建筑工程有限公司、扬州中信建筑工程有限公司等5个公司和扬州市维扬区美丽家园建安工程处、异彩装潢工程处等4个工程处,并以上述单位作掩护,在未经营任何业务的情况下,从税务机关领购发票,收取数额不等的开票费用后,通过李某等十多人对外非法出售发票10440多份,开票金额高达4.2亿多元,从中非法牟利180多万元。目前,郭某某等6名主要犯罪嫌疑人已被抓获归案。

五、安徽合肥"4·22"特大制售假发票案

4月22日22时许,安徽省合肥市公安局经开分局在例行检查工作中,执勤民警从某微型面包车内缴获28枚伪刻印章及大批安徽省餐饮、服务、娱乐、货物运输等行业的发票(后经检验均为假发票)。合肥市公安经侦部门立案侦查,在合肥市瑶海区捣毁了制售假印章、假证件犯罪窝点1个,并深挖线索,在河南省公安机关的配合下,一举捣毁了位于河南周口市川汇区某居民房内的一个集生产、仓储、销售为一体的特大非法制售假发票窝点,查获涉及安徽、上海、湖北等14个省市的餐饮、服务、娱乐、货物运输等行业假发票成品、半成品共计345万多份。

六、安徽界首张某等特大制造假发票案

安徽界首市公安经侦部门根据群众反映居民张某、韩某夫妻二人有非法制造、销售发票嫌疑的情况,开展侦查工作,于5月29日在河南公安机关的配合下,成功捣毁位于河南省沈丘县的一印制假发票窝点,现场缴获假发票成品、半成品15万多份,扣缴各类印刷机等8台,印刷模版12块。目前,此案正在进一步审理中。

七、河南濮阳李某某等人特大制造假发票案

6月15日,河南台前县经侦大队根据群众举报,将隐藏于台前县城关镇台前村某居民家的一印刷假发票窝点端掉,正在印制假发票的李某某被当场抓获,同时查获作案工具十多台(个),涉及山西、河北两省的大量饮食业定额发票半成品共计33万多份。犯罪嫌疑人李某某对自己从2008年10月至今印制假发票的

犯罪事实供认不讳。目前案件正在进一步侦查之中。

八、四川成都平某某等人制售假发票案

2月16日,四川成都市公安机关发现一制售假发票犯罪线索,即立案侦查。在确定犯罪团伙基本情况、作案规律等情况后,3月8日,公安民警现场将正在印制假发票的程某某等人抓获,并查获用于印制假发票的作案工具,已印制的成都等地商业销售假发票19.8万多份;3月11日,又将平某某、雷某某同时抓获,当场查获非法印制的石油销售发票、客运发票等40多种假发票共计35.6万多份。

九、四川成都江某某等人出售假发票案

四川成都市公安机关通过对成都市火车北站一带出售假发票重点区域的巡查整治,查清了江某某、蒋某某、张某某3名主要贩卖假发票人员的情况,于5月19日上午在成都市金牛区某公司宿舍内,现场抓获犯罪嫌疑人江某某等3人,查获大量假发票及伪刻印章;21日又捣毁了江某某等人设置在某违章建筑棚屋内的两处藏票窝点。

第十一章 税收管理员程序
法律制度

第一节 税收管理员制度概述

2005年3月11日,国家税务总局公布了《税收管理员制度(试行)》,其目的是为了推进依法治税,加强对税源的科学化、精细化管理;其主要内容是:明确了实行税收管理员制度的原则,税收管理员的工作职责、工作要求以及对税收管理员的监督管理机制。

一、我国税收管理员制度的特征

1.税收管理员的概念

税收管理员,是指基层税务机关及税源管理部门中负责分片、分类管理税源、负有管户责任的工作人员。

2.税收管理员与税收专管员的特征区别

我国已有五十多年的社会主义税收历史,积累了丰富的税收管理经验。1950年1月,当时的政务院颁布了《全国税政实施要则》,全国大部分地区实行税收专管员制度。这一制度的实行,为国民经济的恢复和社会主义建设积累了资金,已得到历史的肯定。今天讲的税收管理员制度,就是在这一基础上发展而来的,但二者又有区别。

(1)在税收专管员时期,我国一直采取"一员进户、各税统管、征管查合一"的征管模式。在这一模式的指导下,全国各地普遍建立了税收专管员制度。税收专管员包揽涉税事宜,一人裁断,权力没有制约,是一种管户的、笼统的、粗放式的、全职能的管理制度。而在税收管理员时期,我国采取"以纳税申报和优化服务为基础,以计算机网络为依托,集中征收,重点稽查,强化管理"的征管模式。在这一模式的指导下,全国各地都取消了税收专管员,普遍建立了"征收、管理、稽查"相互分离的征管格局,把原来税收专管员的权力分解到"征收、管理、稽查"三个系列岗位中去,税收管理员不直接从事税款征收、税务稽查、违章处罚和审批减缓免税、抵扣退税。这是一种"管户与管事"相结合的、现代的、集约式的、专业化的管理制度,有其合理的内核。

(2)在税收专管员时期,由于管理手段落后,需要大量的专管员,且专管员全靠手工操作管理,这种模式只适合纳税人少、税制简单的税收形势。这样必然出现征管效率低、质量差和征税成本高的局面。而在税收管理员时期,信息技术和网络技术被广泛应用于税收工作,税收管理员普遍使用计算机,这既提高了工作效率和征管质量,也降低了征税成本。税收管理员从大量的、重复的人工操作中解脱出来,可以有效地对税源进行精细化管理。

(3)在税收专管员时期,税收专管员是管理者,纳税人是被管理者。征税人就是管理纳税人的,可以不遵守税法。税法是给纳税人制定的,纳税人必须遵守,因此征纳关系不平等,纳税人与税收专管员之间关系较为敏感、紧张,极易出现矛盾。而在税收管理员时期,纳税人和税收管理员二者的行为都要受税收法律和法规的调整,二者在法律面前都是平等的。税收管理员在享有征税权力的同时,也要履行为纳税人服务的义务。纳税人在履行依法纳税义务的同时,也享有税法赋予的知情权、申请领购发票权、延期纳税申报权、延期缴纳税款权、申请减税(免税)权、申请退税权、索取完税凭证(扣押收据或者清单)权、要求保密权、拒绝检查权、陈述申辩权、听证权、举报权、申请行政复议权、提起诉讼权、申请赔偿权等一系列权利。

(4)税收专管员的职责是各税统管,包揽了纳税人一切涉税事宜,征纳双方权利和义务划分不清。而税收管理员的职责是:不直接从事税款征收、税务稽查、违章处罚和审批减缓免税、抵扣退税,只是负责税法宣传、纳税辅导、日常管理、信息采集、纳税评估、税源监控和纳税服务。这样,征纳双方的权利义务十分清楚。

二、我国税收管理员制度存在的问题

1.税收管理员队伍综合素质还有待提高

实施税收管理员制度,对税收管理员素质提出了更高的要求,但目前税收管理员队伍中还存在诸多问题:一是受多年来"管事不管户"模式的影响,许多税收管理员征管业务技能下降,普遍缺乏企业财务核算和现代企业管理方面的知识,不能适应查账、纳税评估等工作需要。二是分税制实施以来,税收政策变动较大,征管体制也历经了数次变革,税源管理的科学化、精细化对基层税收管理人员提出了更高的要求,而有针对性的轮训和培训相对缺乏,与推行税收管理员制度需要的知识水平有相当大的差距。三是在人力资源的配置上呈现出结构不合理、缺少新生力量的状况,致使基层税收管理员的综合素质难以适应现代税收征管业务的需要。四是税收管理员"吃拿卡要"的现象还比较突出,很多纳税人、扣缴义务人对此均有不同程度的反映。

2.实施税收管理员制度的相关程序、技术问题还没有解决

(1)税收管理员的工作程序没有统一的程序规范。之所以这样讲,是因为在税收实践中,税收管理员的工作性质似乎已经成为一种非法律意义的管理活动。

例如,税收管理员在进行诸如税务开业登记调查、发票检查、纳税评估等税收管理活动时,应出示什么样的执法证件,没有明确的规定。税收实践中,税收管理员在进行这些管理活动时,出示的都是税务检查证,这又与税收管理员无税收检查权相矛盾。

例如,税收管理员在进行这些税收管理活动时,是否要事先下达通知书?下达什么样的通知书?采取什么程序?税收实践中,税收管理员在进行这些税收管理活动时,根本不下达通知书,也没什么程序可言,最多提前打电话通知一下。

可以想象,上列这样的税收管理活动所产生的结果和法律效力都是有潜在法律风险的,一旦发生税务行政复议或税务行政诉讼,必将使税务机关陷入被动局面。

(2)税收管理员的工作缺乏相应的技术支持。"科技加管理"是新时期税收征管工作中的一项重要治税思想。但这种先进思想在很多地区的税务机关的税收管理员工作中却没有得到充分体现,相对于征收程序和检查程序,税收管理员的管理程序中的信息化技术程度有待提高。

第一,与税款征收部门比较的差距。税款征收部门受理纳税申报、违章处罚、发票管理、税务登记等事项都可以使用比较完善的软件技术系统,税务稽查工作更是有专门的稽查软件来作技术支撑,但对于税收管理部门,却没有专用的计算机软件程序。目前税收管理员在履行各项管理职责时,除了将新开业户的基础信息和税种核定录入计算机系统以及查询企业的部分涉税信息外,其他的几乎仍然停留在手工阶段,这种局面不仅不利于税收管理员开展工作,也使税收管理工作具有很大的随意性。

第二,纳税评估手段的落后。税收管理员的一项重要职责是纳税评估,但是税收管理员在接到评估指令后,整个的调查、约谈过程直至做出评估结论都是采用手工的方式,无须经过严格的程序,无须将处理的依据、结论等程序要件录入计算机系统,这在无形之中就增加了税收管理员的主观随意性,势必造成税

收管理员滥用自由裁量权。

(3)税收管理员的事务性工作太多,削弱了履行税源管理的职责。税收实践中,造成这一现象的原因主要有三个方面:一是税收管理员人均管户过多,税收管理员精力有限,不可能面面俱到;二是税收管理员受传统的"保姆"式的专管员制度的影响,税务机关内部认为凡是纳税人问及涉税事宜,都让纳税人找税收管理员来处理,这无形之中加大了税收管理员的工作量;三是上级各部门在进行税收统计、分析和预测时,各种数据都需要税收管理员提供,税收管理员往往为了应付这些任务忙得晕头转向。诸如此类工作,使税收管理员几乎没有时间顾及税源管理。

(4)税收管理员考核机制尚不健全。由于税收管理员制度实行时间短,仍处于探索阶段,还没有形成完善的管理体系。主要表现在两个方面:一是奖优罚劣激励机制不健全。由于基层一线税收管理人员偏少,存在"一人多岗"现象,税务机关特别是地方税务机关只是注意对税收管理员定岗定责,却不能让税收管理员以绩取酬。税收管理员承担的执法岗位越多,被责罚的概率就越高,影响了税收管理员的工作积极性,使税收管理员制度难以达到预期目的。二是考核评价制度不健全。当前,税收信息化建设成果尚不能实现对税收执法的完全监控,必须把机器考核和人工考核相结合,才能实现对税收管理员履行职责情况全方位、全过程的考核。而在实际工作中,人工考核主观因素较多,讲究人际关系,操作不规范,特别是在年终评优过程中,更是讲究论资排辈,根本无法保证考核评比结果公开、公平、公正,让那些在实际工作中做出成绩的税收管理员心寒至极。

(5)没有排除法律风险的意识。国家税务总局多次强调要对执法程序进行法律风险大排除,但是绝大部分税务机关对此并不重视,各级税务机关设置的政策法规部门只有一两个人,而且还不是本专业的,例如某省地方税务局的政策法规处有四个人,其中一个是处长,一个是拥有法学博士学位的副处长,就是这位副处长在一次法规培训班上讲课,引用的主要法规却是已经作废的规定,让人哭笑不得;另有两个科员,其中一个是高干子弟,上班是"三天打鱼两天晒网",另一个刚结婚忙于生孩子,这样干活的就只有处长一人了。像这样的政策法规部门何谈管理、何谈防范法律风险的能力。与此相应,税收管理员就更没有法律风险防范意识,仍然以"官老爷"自居,对执法程序潜在的法律风险置若罔闻,动辄对纳税人、扣缴义务人予以漫骂,根本不按法定程序执法。

在中国,公权力运行一直未能摆脱权力者意志的决定性影响,从而使得各种各样的"官本位"思想直接影响到行政权力的行使不顾及法律规范的存在,税务机关在这方面也有不同程度的流弊,税收管理员当然也不例外;加上税收管理员制度试行的时间不长,面临的问题和困难很多,特别是缺乏明确的操作程序规程,税收管理员经常不知道"怎么做",因此,税务机关在完善税收管理的技术硬件的同时,还要强化税收管理员的职责定位意识,加强对税收管理员的管理监督,建立科学的考核评价体系,定期听取税收管理员的汇报,加强对税收管理员的检查指导,并通过各种途径提高税收管理员的业务能力和综合执法素质。

第二节　税收管理员制度的基本内容

税收管理员制度的基本内容主要是针对税收管理员的,因此本章论述的程序制度主要围绕税收管理员在税务执法工作应遵守的程序制度展开。

目前税收管理员制度还缺乏细化的操作规程,税收管理员只能依据《税收管理员制度》(试行)的规定履行法定工作职责。

一、履行法定工作职责

税收管理员的职责是负责政策法规的宣传、涉税工作的调查、税收信息的采集、纳税申报的评估、征纳双方的联络、税收工作的服务,不征收税款、不查处案件、不实施行政处罚。具体内容是:

1.宣传贯彻税收法律、法规和各项税收政策,开展纳税服务,为纳税人提供税法咨询和办税辅导;督促纳税人按照税法规定及时足额申报纳税,建立健全财会制度,加强账簿和凭证的管理。

近年来,为体现产业政策,增加企业和个人"生血造血"功能,增加发展后劲,国家制定了一系列税收优惠政策。但税务部门对政策的宣传不够到位,许多下岗工人、个体私营企业主乃至一些企业不了解税收优惠政策,更谈不上享受优惠政策。因此,纳税人在不同场合通过不同渠道建言,在国家新的税收政策出台之后,税务部门在落实新的税收政策方面,比如税收优惠政策等方面,要加强有针对性的辅导,特别盼望的是对涉及个人税收、企业所得税、消费税等的计算方式等加强辅导。税收管理员在这一系列的过程中应当发挥重要的作用。

2.调查核实分管纳税人税务登记事项的真实性;掌握纳税人合并、分立、破产等信息;了解纳税人外出经营、注销、停业等情况;掌握纳税人户籍变化的其他情况;调查核实纳税人纳税申报(包括减免缓抵退税申请,下同)事项和其他核定、认定事项的真实性;了解掌握纳税人生产经营、财务核算的基本情况。

3.对分管纳税人进行税款催报催缴;掌握纳税人的欠税情况和欠税纳税人的资产处理等情况;对纳税人使用发票的情况进行日常管理和检查,对各类异常发票进行实地核查;督促纳税人按照税务机关的要求安装、使用税控装置。

4.对分管纳税人开展纳税评估,综合运用各类信息资料和评估指标及其预警值查找异常,筛选重点评估分析对象;对纳税人纳税申报的真实性、准确性作出初步判断;根据评估分析发现的问题,与纳税人约谈,进行实地调查;对纳税人违反税收管理规定的行为提出处理建议。

5.按照纳税资料"一户式"存储的管理要求,及时采集纳税人生产经营、财务核算等相关信息,建立所管纳税人档案,对纳税人信息资料及时进行整理、更新和存储,实行信息共享。

6.税收管理员要严格按照所在税务机关规定的管户责任和工作要求开展工作;严格执行各项税收法律法规和政策,履行岗位职责,自觉接受监督。税收管理员要增强为纳税人服务的意识,认真落实各项纳税服务措施,提高服务水平;依法保护纳税人的商业秘密和个人隐私,尊重和保护纳税人的合法权益。

7.税收管理员不直接从事税款征收、税务稽查、审批减免缓抵退税和违章处罚等工作;按照有关规定,在交通不便地区和集贸市场可以由税收管理员直接征收零散税收的,要实行双人上岗制度,并严格执行票款分离制度。税收管理员开展下户调查、宣传送达等各类管理服务工作时,对纳税人进行日常检查和税务约谈时,一般不少于两人;送达税务文书时,要填制《税务文书送达回证》。

二、提出管理建议

税收管理员发现所管纳税人有下列行为,应向所在税源管理部门提出管理建议:(1)增值税一般纳税人情况发生变化,已不具备一般纳税人资格的;(2)未按规定开具、取得、使用、保管发票等违章行为的;(3)未按期申报纳税、申请延期申报和延期缴纳税款或催缴期满仍不缴纳税款的;(4)欠税纳税人处理资产或其法定代表人需要出境的;(5)未按规定凭税务登记证件开立银行账户并向税务机关报告账户资料的;(6)未按规定报送《财务会计制度备案表》和会计核算软件说明书的;(7)未按规定设置账簿、记账凭证及有关资料的;(7)未按规定安装、使用税控器具及申报纳税的;(8)经纳税评估发现申报不实或税收定额不合理的;(9)发现企业改组、改制、破产及跨区经营的;(10)经调查不符合享受税收优惠政策条件的;(11)纳税人有违章行为拒不接受税务机关处理的;(12)发现纳税人与关联企业有不按照独立企业之间业务往来结算价款、费用等行为的;(13)其他税收违章行为。

三、移交涉税违法案件

根据《行政执法机关移送涉嫌犯罪案件的规定》[1],税收管理员发现所管纳

---

[1]2001年7月9日国务院令第310号公布。

税人有下列行为,应提出工作建议并由所在税源管理部门移交税务稽查部门处理:(1)涉嫌偷税、逃避追缴欠税、骗取出口退税、抗税以及其他需要立案查处的税收违法行为的;(2)涉嫌增值税专用发票和其他发票违法犯罪行为的;(3)需要进行全面、系统的税务检查的。

第三节　法律责任

《税收管理员制度(试行)》规定了税收管理员的法律责任,但较为简单,其内容是:税收管理员玩忽职守、徇私舞弊,构成违纪行为的,由税务机关依法给予行政处分;构成犯罪的,要依法追究刑事责任。税收管理员应当依法执法,否则要承担行政责任,如果其行为涉嫌犯罪,还可能承担刑事责任。

第四节　延伸阅读——税收管理员违法案[1]

下面两个案例说明,税务机关加强对税收管理员的监督管理刻不容缓。

案例一:税收管理员利用职务之便贪污税款

2008年3月,甘肃省某县人民法院一审以贪污罪判处被告人刘某某有期徒刑一年并宣告缓刑一年六个月,并处没收被告人刘某某非法所得赃款17000元,上缴国库。2006年6月至2007年8月,被告人刘某某在担任该县地方税务局一分局税收管理员期间,先后以优惠税率为借口,收取税款不开税票给纳税人,将税票一式三联和发票存根联拿回该县地方税务局发票管理所报废,并模仿一分局领导字迹签字作废等手段,共贪污公款17000元。案发前,被告人刘某某主动向该县地方税务局退款17000元并于2007年10月9日到该县人民检察院反贪局自首。某县人民检察院以贪污罪对刘某某提起公诉,某法院审理后认为,被告人刘某某在担任该县地方税务局税收管理员期间,以非法占有为目的,利用职务之便,采取将税票存根联核报作废等手段,侵吞公款17000元,其行为已构成贪污罪。鉴于被告人刘某某能自动投案,并如实供述自己的罪行,属自首,且其在案发前积极退清赃款,确有悔罪表现,故依法对其减轻处罚,判处其有期徒刑二年并宣告缓刑两年六个月。

本案说明:税务机关对税收管理员缺乏有效的监督管理。

作为税收管理员的被告人刘某某,先后采取优惠税率,收取税款不开税票给纳税人,将税票一式三联和发票存根联拿回该县地方税务局发票管理所报

---

[1]案例来源:笔者办理的刑事案卷。

废,并模仿其所在分局领导字迹签同意作废等手段,共贪污税款17000元,期间长达14个月,而在此期间竟然无人察觉,这说明刘某某所在的税务机关对税收专管员的监督管理是不够的。

案例二:税收管理员不依法行政越权执法

石某某系某县地方税务局某税务所税收管理员。自2002年4月与几个公安人员赌博后,染上赌瘾,此后一发不可收,不仅赌光了全部积蓄,还向他人借钱,以满足赌博之需。在无处借钱之时,他把手伸向了税款。2006年12月,正值该省地税系统统一更换新的省地税管理信息系统软件之时,由于新系统软件存在漏洞,石某某趁机从老的地税管理系统中调取有关经营户纳税的信息,擅自下发"定期定额户税款定额通知书",以打"收条"或不开收据等形式直接向个体经营户收取房产税、土地使用税及营业税等税款数万元。2008年9月,纳税人吴某某将石某某举报到某县人民检察院反贪局。某县检察院对石某某一案进行了立案查处,查明:犯罪嫌疑人石某某自2006年12月起至2008年7月期间,以下发"定期定额户税款核定通知书"的形式,向所管个体纳税户收取税款,共计贪污税款70030元,并将该款全部用于赌博和"找小姐"。检察机关在完成相关法定程序后,将石某某贪污案件移送审查起诉。某县人民法院审理本案后以贪污罪判处石某某有期徒刑六年。

本案仍然说明,税务机关对税收管理员缺乏有效的监督管理。依照我国相关法律的规定,税收管理员不能直接从事税收征收等工作,但石某某忽视税法的规定,直接染指税款征收,其行为显然属于越权执法。

根据以上两个案例,我们不难看出目前我国税收管理员工作存在的一些问题,税务机关应当加强对税收管理员的监督管理。

第二部分 税收征收程序法

税收征收程序法包括纳税评估程序制度、纳税申报程序制度、税收核定与纳税调整程序制度、税款征收程序制度、欠税公告程序制度、税款的追征与退还程序制度六个部分。

第十二章 纳税评估程序法律制度

税收管理员的重要工作是加强税源管理、实施纳税评估。税务机关实施普遍纳税评估制度，为日常税务检查和税务稽查提供案源。对于纳税评估，涉及很多法律技巧，现结合《纳税评估管理办法(试行)》的规定进行分析。

第一节 纳税评估制度概述[1]

一、纳税评估的含义

纳税评估，是指税务机关运用数据信息比较分析的方法，对纳税人和扣缴义务人纳税申报情况的真实性和准确性作出定性和定量的分析判断，并在此基础上决定是否采取进一步征管措施的税务管理行为。

二、纳税评估的意义

从纳税评估的概念可以看出，纳税评估是一种事后管理工作，因为纳税人取得应税收入、发生纳税行为在先，履行纳税义务在后，事先很难确定纳税人的应纳税额。同时纳税评估又是在对纳税人的申报、生产经营、财务核算情况及其他信息进行搜集、审核、评析、查证后，搜集检查线索，实施有针对性检查或稽查的必要准备措施，对加强税收征收管理，防止国家税款流失有着非常重要的意义。

1.有利于提高税务机关的税源监控能力

税收征管质量的高低，取决于税务机关对各类税源监控

---

[1]近年来，纳税评估已成为各级税务机关的工作重点之一，在查补偷漏税方面起到了较好的作用。江苏省国家税务局在纳税评估方面取得了较好的经验，他们的主要做法是以"税负分析为中心、以关联交易及产品品种结构分析为基本点、依托评估指标和产品增值空间测算"展开分析评估。

能力的强弱,而税源监控手段是否先进、科学、易行,又直接影响到税收征管的效率。税务机关应当通过对税收源泉的监测和管理,要求纳税人依法办理涉税事项,保障纳税人实际纳税最大限度地接近应纳税额,了解和掌握税源的发展变化趋势。为此,需要强化纳税评估。纳税评估实际上是一项微观税收分析工作,要求税务机关在充分掌握纳税人各种涉税信息的基础上,运用科学的分析方法,对纳税人的申报纳税事项进行全面、客观的评析,并及时发现、纠正和处理纳税人纳税行为中存在的错误和异常问题,由此对纳税申报进行监控,有效地防止虚假纳税申报,加强税源控管,堵塞管理漏洞,增加国家税收收入。

2.有利于税收管理员职能的全面发挥

在基层,设立税收管理员制度,较为有效解决了"疏于管理,淡化责任"的问题。在经济快速发展的今天,各类市场主体迅速增加,单纯依靠日常税务检查和税务稽查手段,很难在较短的时间内掌握全体纳税人的真实纳税情况,事实上也不可能。因此,有必要及时进行纳税评估。通过指标分析、约谈、举证,找准税务管理的主攻方向,让税收管理员从繁杂的事务性管理中摆脱出来,开展管理性检查,剖析有疑点的纳税行为,找出税务管理中的漏洞,提出进一步采取税收管控的措施建议,以利于巩固税务管理基础,堵塞税收流失漏洞。

3.有利于为稽查部门提供有效的案源

一方面,通过纳税评估分析,发现纳税行为疑点,直接为税务稽查部门提供税务稽查案源,不仅可以避免稽查选案环节的随意性和盲目性,而且使税务稽查的实施做到目标明确,重点突出,针对性强。近年来出现的涉税大案、要案基本上都是通过纳税评估发现的,就是这方面的佐证。另一方面,纳税评估有利于税务稽查内部的专业化分工,并对税务稽查实施形成制约,有利于规范税务稽查工作的管理。

4.有利于税务机关搞好内部管理

税务机关的内部管理工作的好坏,往往影响到国家税收的征收,因此,税务机关首先要加强自身的内部管理。实践证明,纳税评估可以促进税务机关的内部管理。其原因是:纳税评估是一项综合性较强的管理工作,对人员素质和管理措施有较高的要求。一方面可以增强税收管理员学习理论知识的自觉性,让税收管理员在了解各环节的业务要求的基础上,随着评估工作的深入逐步增加工作经验,提高自身综合素质;另一方面,通过税务检查或税务稽查评估提供的嫌疑对象,发现涉税违法违规行为的程度和额度,以及出现违法违规行为的环节,进一步分清责任,落实管理制度,避免不依法执法的行为发生。

5.有利于增强为纳税人服务的意识

税务机关不仅是税收行政管理机关,同时也是纳税服务机关,在税收行政管理过程中要依法为纳税人服务。实际上,纳税评估的过程也是一个纳税服务过程。纳税评估通过对分析纳税人提供的信息资料,可以及时发现并纠正纳税申报中的错误与偏差,帮助纳税人学习税法,提高纳税申报质量;纳税评估通过约谈、举证等方式,可以有效地解决纳税人因主观疏忽或对税法理解错误而产生的涉税盲点,将纳税人目前大量存在的非主观性偷逃税款的问题及时解决在萌芽状态,有效地防范征纳双方的税收风险,减少征纳成本,达到强化管理和优化服务的双赢。

三、纳税评估的税法定位

1.对纳税评估的评价

从纳税评估的定义和意义可以看出,纳税评估既是一项税务管理工作,又是进一步为纳税人更好地提供服务的工作。可以肯定的是,开展纳税评估工作是当前强化税源监控管理的重要内容和手段,是进一步加强税收征管基础工作的必然要求。税收实践中的纳税评估所包含的"公平、中性、透明"的现代税收管理理念,将对现有的税收管理理念、管理模式、管理手段和管理方法产生较大的冲击和影响,应当说是对税收管理体制深层次革命性的重大突破。由此可见,纳税评估工作将成为今后我国税收管理工作的重中之重。因此,有必要对纳税评估在实际工作的地位进行准确的定位,以便于处理好与纳税评估密切相关的其他税务管理工作之间的关系。

2.纳税评估与纳税申报审核的关系

首先,纳税评估与纳税申报审核相互区别。纳税申报审核,是指税款征收人员对纳税申报表及各类资料、凭证的审核,重点是解决申报表数据是否正确的问题。而纳税评估则是对纳税人多种涉税信息进行搜集整理,运用综合分析、约谈、举证确认等一系列手段,目的是解决纳税申报是否真实的问题。

其次,纳税评估又与纳税申报审核相互联系。纳税申报审核为纳税评估奠定了数据来源的基础。《纳税评估管理办法》第16条规定,要对纳税人的申报纳税资料进行审核分析。纳税评估亦为纳税申报审核避免走形式提供了强有力的监督和保障。

3.纳税评估与日常税务检查的关系

首先,纳税评估与日常税务检查相互区别。纳税评估是根据纳税人的纳税申报及其他相关信息对其涉税情况的真实性、准确性、合法性进行评价,为采取进一步的征收管理措施提供依据。纳税评估反映出来的纳税人的异常情况,并不当然表明纳税人实际就存在问题,需要通过约谈、举证、质询或实地调查予以进一步核实。纳税评估不是一种税务行政执法行为,只是税务机关内部的一项日常管理工作,是税务机关内部的一种审计行为,对纳税人不产生税收执法行为的约束力。

日常税务检查是《税收征收管理法》赋予税务机关的一项重要权力,要求税务机关通过日常检查,加强对税源的日常监控。

日常税务检查,是指税务机关了解纳税人生产经营和财务状况的日常管理行为,具体而言是清理漏管户、核查发票、催报催缴、评估问询等不涉及立案检查与系统审计的日常管理行为,是征收管理部门的基本工作职能和管理手段之一。检查对象主要是在税务管理活动的某一环节出现问题的纳税人,日常税务检查既具有检查的性质,又具有调查和审查的性质,其目的是为了加强税收征收管理,维护正常的税收征收管理秩序,及时发现和防止重大、特大涉税违法案件的发生。

其次,纳税评估与日常税务检查又相互联系。日常税务检查能为纳税评估全过程提供信息资料,搞好日常税务检查工作,有利于税务机关加强税源管理。反过来,纳税评估又能为日常税务检查提供方向性选择,为日常税务检查的对象、类型及方式提供基础性依据;同时纳税评估结果还可以反映税收征收管理工作中的薄弱环节,促进日常税务检查工作质量和效率的提高。

4.纳税评估与税务稽查的关系

首先,纳税评估与税务稽查相互区别。这种区别表现在:纳税评估与税务稽查实施的主体、侧重点、产生的作用各不相同。

纳税评估实施的主体是基层税务机关的税源管理部门及其税收管理员,当然重点税源和重大事项的纳税评估也可以是上级税务机关。而税务稽查的实施主体是按照国务院规定设立的并向社会公告的税务机构,即省以下税务局的稽查局。

纳税评估是税收管理员在定量和定性资料分析的基础上,对纳税人纳税行为作出初步判断,其侧重点在于:对纳税人履行纳税义务的事前、事中监督,对纳税人一般性违法或非主观故意的错误行为通过纳税人自查后主动补税,一般不作处罚。而税务稽查则是税务稽查部门对纳税人履行义务的事后监督,其侧重点在于:打击偷税行为,维护税法的严肃性,对查出的问题既要求偷漏税的纳税人补税又要对其处以罚款,对情节严重构成犯罪的,符合刑事案件移送标准的,还要移送司法机关处理。

其次,纳税评估与税务稽查又相互联系。纳税评估是税务稽查实施的基础,有助于税务稽查整体效能的发挥。纳税评估经过评估分析,发现疑点,直接为税务稽查提供案源,避免稽查选案环节的人为随意性和盲目性,使稽查工作针对性强,有的放矢。税务稽查则通过其明确的法律地位、严格的执法程序、规范的法律文书及强大的威慑力为纳税评估提供后盾和保障。

第二节　纳税评估程序制度的基本内容[1]

一、主管税务机关应遵守的程序制度

根据《纳税评估管理办法(试行)》第四章、第五章的规定,纳税评估工作按照属地管理原则和税收管理员的管户责任展开,对同一纳税人申报的多个税种的纳税评估要相互结合、通盘进行,避免重复评估。因此,有一套科学的评估方法极为重要。

纳税评估前,税务机关应当对企业、行业资本结构、生产工艺流程、财务核算过程进行全面、深入的了解;对国际国内市场动态有一定程度的掌握;对国家宏观经济发展有全面的认知,因为这是做好纳税评估工作的基础。

开展纳税评估,原则上在纳税申报到期后进行。根据《纳税评估管理办法》(试行)第5条的规定,纳税评估的主要程序是:首先,建立评估体系和评估指标;其次,综合运用各种比较分析方法比选评估对象,然后对比选出的异常情况进行分析,并由此作出定性和定量上的判断;最后,对分析中发现的问题采取税务约谈、实地调查、处理处罚、提出管理建议、移交稽查部门查处等方法予以处理,并在此基础上更新税源管理数据,为税务管理提供基础信息。在综合比较分析中发现的有问题的纳税人,要作为重点评估分析对象加强管理。

1.收集相关数据

在展开纳税评估前,应当收集相关数据。应当收集的数据包括:

(1)税收管理员日常管理中所掌握的纳税人的生产经营情况:生产经营、产销量、工艺流程、成本、费用等与税收相关的数据。

(2)"一户式"存储的纳税人信息:纳税人税务登记的基本情况,纳税人的纳税申报资料,财务会计报表,各项核定、认定、减免缓抵退税情况。

(3)税务机关发布的宏观税收数据、行业税负的监控数据。

(4)本地区的经济指标、产业和行业的指标、其他外部信息。

2.综合运用各种分析方法[2]

---

[1]江苏省国家税务局认为,纳税评估目前主要在单一税种、单一企业中运用,因此建议纳税评估应当逐步向"两税"或者"多税"评估方向转变、由单一企业向整个行业评估方向转变,避免孤立评估的弊端。同时,还应当与税负分析、税源监控、金税工程、调查核查相结合,实行多层次、多侧面有效评估,建立行业评估模型,形成相互支撑、相互促进的有效税收管理手段。

[2]江苏省国家税务局认为,"纳税评估通用分析指标及使用方法和指标的配比分析方法"是做好纳税评估工作的有效手段。其理由是:通过合理的评估指标,结合因素分析、趋势分析、结构比例分析、定性与定量分析等多种手段,使数值分析更细致、严谨,为纳税评估发现疑点、找准问题、核实疑点创造条件。

(1)对纳税人的纳税申报资料进行案头比对,由此确定评估分析的方向和重点。

(2)通过各项指标和相关数据的测算,将测算结果与纳税人的申报数据比对。

(3)将纳税人的纳税申报资料与其财会报表进行比对。

(4)将纳税人的纳税申报资料与其历史申报资料进行比对。

(5)综合分析纳税人的纳税申报资料的异常变化。

(6)将税收管理员日常管理中所掌握的纳税人的生产经营情况与纳税人的纳税申报资料比对,由此确定纳税人的纳税申报是否具有合理性。

3.重点分析涉税资料

(1)纳税人是否依法履行纳税申报手续,在进行纳税申报时报送的各种资料、凭证是否真实、合法、完整。

(2)纳税人的纳税申报的各表种之间法律逻辑关系是否正确,适用的税目、税率以及税额计算是否准确。

(3)纳税人的涉税会计账务调整是否合适。

(4)纳税人的纳税申报数额与此前的纳税申报数额有无较大差异。

4.科学处理评估结果

(1)对评估中发现的诸如计算和填写错误、政策和程序理解偏差等一般性问题,税收管理员可以通过提请纳税人自行改正的,可以不立案处理。如果需要纳税人补正纳税申报和调整账目的,税收管理员要及时督促纳税人落实。

(2)对纳税评估中发现的需要提请纳税人陈述说明和举证的,税收管理员要约谈纳税人。税务约谈应经批准,并事先发出《税务约谈通知书》,提前通知纳税人。税务约谈的对象是纳税人的财会人员。

(3)对评估分析和税务约谈中发现的必须到纳税人生产经营场所了解情况、审核账目的,经批准后,由税收管理员进行实地调查核实。如需要处理、处罚的,要严格按照税法规定的权限和程序执行。

(4)如果发现纳税人有偷逃税等违法嫌疑,税收管理员要按照法定程序移交税务稽查部门处理。

(5)对纳税评估中发现的问题要作出分析报告,进行深度分析,提出进一步加强税收征管工作的建议,并将评估工作内容、过程、证据和结论记入纳税评估工作底稿。

二、纳税人应遵守的程序制度

1.在纳税评估过程中,纳税人应当如实提供相关申报数据和会计报表,如实提供生产经营情况数据,主要产品能耗、物耗等生产经营要素的当期数据、历史平均数据以及其他经济数据。

2.应当接受主管税务机关的税务约谈,如因特殊情况不能按时接受约谈,应向税务机关说明情况,经批准后延期进行。纳税人也可以委托具有执业资格的税务代理人进行约谈。税务代理人代纳税人进行税务约谈的,纳税人应当出具授权委托书。

3.因评估需要,主管税务机关进行实地调查时,纳税人应当予以配合。接到主管税务机关的反馈意见后应当根据不同情况予以整改。

第三节　法律责任

一、关于税务人员的法律责任

从事纳税评估的工作人员,在纳税评估工作中徇私舞弊或者滥用职权,或者为有涉嫌税收违法行为的纳税人通风报信致使其逃避查处的,或者瞒报评估真实结果、应移交案件不移交的,或者致使纳税评估结果失真、给纳税人造成损失的,不构成犯罪的,由税务机关按照有关规定给予行政处分;构成犯罪的,要依法追究刑事责任。

二、关于纳税人的法律责任

纳税人应当配合税务机关的纳税评估工作,如果不配合税务机关的工作,税务机关可以根据情况予以批评;如果发现纳税人有偷税情况,可以在进行处罚时考虑纳税人的主观态度问题,从重处罚。

第四节　延伸阅读——江苏省南京市国家税务局科学评估案[1]

透过往来款项看外资房地产企业亏损的原因。

一、行业基本情况

近年,随着城市化快速推进,江苏省南京市的房地产开发业得到了迅猛发展。在楼市持续繁荣的情况下,一些房地产企业长期亏损,2005年,南京市地税局下辖14家外资房地产企业亏损面达42.85%。

---

[1]案例来源:引自http://www.xici.net/u14901556/d74571965.htm,2009-9-21.

二、评估数据采集与案头分析

评估人员以2005年度汇算清缴为切入点,收集企业申报表及其附表、年度财务会计报表、注册会计师审计报告及企业所得税事项备案等资料。结合日常房地产行业管理信息对上述资料进行准确性、逻辑性分析,重点对往来款项、收入、成本、营业税金及附加项目进行分析,查找造成亏损的原因和评估疑点指标。

评估人员确定了应付款项变动率、销售收入变动率、销售成本变动率、税金及附加变动率等重点评估指标,并发现应付款项变动率是变化最多、最大的指标。评估人员采取的方法是选择几家房产企业进行剖析,相关异常指标列示如下:

(1)F公司疑点。2005年度其他应付款大幅增加,变动率为115.9%。根据日常管理了解的信息,该款项主要是用于筹集主楼的建造成本,并且该公司辅楼与裙楼建造在前,主楼建造在后,两者建在同一个地块上,公共部分成本是否合理分摊是评估的关注点。

(2)Y公司疑点。2005年往来款项大,且长期挂账,其应付款项变动率与销售成本变动率配比差异达14倍;2004—2005年主营业务税金及附加变动率为-70%,与销售收入变动率的44%呈反向波动。同时,会计报表附注披露:Y公司与香港C公司联合开发雁鸣山庄,2005年9月已销售完毕,到2005年底尚未结算,Y公司未就此项目所得申报纳税。

(3)J公司疑点。其他应付款6.2亿元,数额巨大,且2005年较2004年增长幅度达65%,引人关注。财务费用2423万元,与经营收入611万元不配比。J公司无在建项目,对其大额资金往来项目需要进一步评估。

(4)H公司疑点。2005年末应付款项较高,为3435万元,与当年703万元的主营业务收入不配比,且变动率为-66%,应重点关注。

三、评估约谈举证和实地调查

根据案头分析疑点,评估人员对几家房产公司的往来款项异常指标开展约谈和实地核查。发现共性涉税风险点后,在同类企业中进行拓展联评。

通过往来款项异常指标评估,发现几家房地产企业存在四类涉税问题:

(一)F公司——多结转销售成本问题

针对F公司疑点(两期开发,成本有可能未在主楼、副楼、裙楼间合理分摊),评估人员设计了成本计算及记录循环内部控制问卷和纳税事项专题问卷。通过问卷形式,评估人员对其会计制度和税收风险进行了测试与评价。评估人员发现:该公司裙楼(含地下二层)和辅楼已销售完毕,所有开发成本均已结转当期销售成本。开发商起初并无建造主楼的计划,后来由于南京楼市前景看好,董事会决定在裙楼之上、27层的辅楼旁边增建51层的主楼,2005年刚开工,未进入销售期。

评估人员发现企业的增建行为引发了多结转销售成本的税收风险。通过政策辅导,企业财务人员认识到,由于辅楼、裙楼开发销售在前,主楼建造在后,原有开发成本均已计入辅楼和裙楼的销售成本中。但其中的土地出让金、基础设施、公共配套设施等是主楼、辅楼、裙楼三者共有的,应按销售面积以及可售单位工程成本费用,进行合理分摊。

应企业要求,评估人员在实地核查阶段辅导财务人员依法对前后期建造成本的划分和各楼层可售面积进行了核实。核查发现,已结转的销售成本中,应在主楼、辅楼、裙楼地上、裙楼负一层、负二层之间分摊的开发成本合计30996万元,主楼可售面积为68652平方米,按可售面积比例计算分摊后,辅楼和裙楼销售成本应调减7255万元,列入主楼开发成本。企业应调增2005年度应纳税所得额7255万元,自查补缴外资企业所得税2394万元。

(二)Y公司——减收增支问题

针对Y公司异常的应付款项变动率,评估人员经约谈发现:该公司分别于2003年和2004年预提土地增值税1367.83万元,实际缴纳土地增值税297.89万元,应予调增应纳税所得额1069.93万元。"其他应付款"中挂账1391.98万元,是1994—1995年计提需支付给外方的服务费,但未支付,且企业不能提供外方要求支付的相关合理证明,应调增应纳税所得额1391.98万元。

案头分析发现,企业营业税金及附加与主营业务收入不配比,且会计报表附注中记载有雁鸣山庄楼盘,但对该楼盘的纳税状况却未有披露。约谈发现:Y公司与香港C公司1997年联合开发雁鸣山庄,Y公司负责提供土地(215.2亩),香港C公司提供开发资金 (2474.8万元),2005年9月全部销售完毕。约谈中还了解到,一是香港C公司没有房地产开发资质,楼盘销售使用的是Y公司的发票,并由Y公司缴纳营业税,但销售收入属于香港C公司,这正是造成营业税金背离收入大幅波动的原因。二是香港C公司曾支付Y公司109万元用于代缴所得税,但根据Y公司实际能够提供的税票,只有43.6万元。

在实地核查中评估人员发现,香港C公司该项目的账册与凭证资料缺失,评估人员要求该公司委托境内中介机构对其开发项目进行全面审计,做到账表相符、账证相符。在中介审计的基础上,确认该项目的应纳税所得额为605万元。

由于该楼盘应纳税所得额是应作为Y公司所得征税,还是作为香港C公司的所得征税尚有争议,评估人员在请示上级有关部门后,按照实质重于形式的原则,以实际利润归属者香港C公司作为纳税人,认定应缴纳外国企业所得税199.7万元,扣除Y公司已代扣代缴的43.6万元后,企业自查补缴税款156.1万元。

(三)J公司——关联企业融通资金减少利润问题

针对J公司无在建项目而存在巨额往来款项和财务费用的疑点进行约谈。

该公司2005年财务费用2423万元，为同期收入的4倍，是造成企业2005年亏损的主要原因。约谈发现，J公司有9家子公司，为了便于资金控管，由J公司一家负责向银行贷款，再分配给集团内部子公司使用。同时，J公司也是一个内部资金拆借的平台，子公司将富余资金上交J公司，再由J公司在集团内统一调配使用。表现在其他应收款科目—内部应收科目中，2005年借方发生额高达110220万元，贷方发生额高达137678万元，年末贷方余额为27458万元，所有关联企业间融通资金往来均未支付或收取利息。

根据评估初步测算，按照相关政策规定，仅2005年度关联融资就造成企业亏损增加2400万元。但是，由于集团调配资金数额巨大，笔数繁多，多数融资行为无书面协议，取证时间较长，因此，评估人员将该情况移交反避税调查，将作进一步处理。

(四)H公司往来款项异常指标——未付款项长期挂账问题

针对H公司较高应付款项且与当年主营业务收入不配比的疑点，评估人员约谈后发现：1995年起收取的业主住房维修基金仍然挂账102.63万元，一直未予支付，且企业不能提供相应资料，证明需要付款。对此，调增企业应纳税所得额102.63万元，补税33.86万元。

四、评估结果

通过评估，揭示了往来款项对房地产企业税收的影响。往来款项是造成房地产企业亏损的重要原因之一，是利润的调节器、亏损的蓄水池。此次评估共发现5户企业存在涉税问题，共计调增应纳税所得额10732万元，弥补亏损2489万元后，合计补缴外资企业所得税2521万元，代扣代缴外国企业所得税156万元，加收滞纳金19万元；3户长期亏损企业的可弥补亏损额由7089万元下降为4568万元，下降了36%。评估后，外资房地产行业亏损面由评估前的42.85%降低为35.71%。

第十三章　纳税申报程序法律制度

　　纳税申报程序制度的基本要求是：纳税人必须依照法律行政法规的规定或者税务机关依照法律行政法规的规定确定的申报期限、申报内容如实办理纳税申报；扣缴义务人必须依照法律行政法规的规定或者税务机关依照法律行政法规的规定确定的申报期限、申报内容如实报送代扣代缴、代收代缴税款报告表；纳税人、扣缴义务人对纳税申报的真实性、准确性和完整性负责。

第一节　纳税申报程序制度概述

一、纳税申报的概念

　　纳税申报，是指纳税人发生纳税义务和扣缴义务人发生代扣、代收税款义务后，依法报送纳税申报表等税收资料的一项税收制度。

二、纳税申报制度的由来

　　纳税申报是税收征收管理的一项重要制度，我国对此非常重视，因此，在1992年9月4日初次颁布《税收征收管理法》时即确立了纳税人自行申报纳税这一制度。2001年4月28日，又对纳税申报制度的有关规定进行了完善，该《税收征收管理法》第25条规定，纳税人必须依照法律、行政法规或者税务机关依照法律、行政法规的规定确定的申报期限、申报内容如实办理纳税申报，报送纳税申报表、财务会计表以及税务机关根据实际需要要求纳税人报送的其他纳税资料。扣缴义务人必须按照法律、行政法规规定或者税务机关依照法律、行政法规的规定确定的申报期限、申报内容如实报送代扣代缴、代收代缴税款报告表以及税务机关根据实际需要要求扣缴义务人报送的其他有关资料。

三、纳税申报的意义

纳税申报是纳税人必须履行的法定手续,是税务机关办理征税业务的主要根据,是税收管理信息的主要来源,是税务机关依法进行税收征收管理的一个重要环节,是税收管理工作的一项重要制度。实行纳税申报制度有利于加强税务管理,有利于增强纳税人主动申报纳税的守法意识,有利于税务机关及时掌握税源情况,有利于税务机关便捷办理税款征收。

四、纳税申报主体

纳税人是税款的直接缴纳者,是履行纳税义务的法律承担者。依据税法规定,纳税申报的主体有如下几类。

1.已办理税务登记的纳税人

依照税法规定办理了税务登记的纳税人,无论在纳税期内有无应纳税款,在程序上均应履行纳税申报的义务。享有减税、免税待遇的纳税人,在减免税期间也应当按照规定办理纳税申报。

2.扣缴义务人

依照法律、行政法规规定负有代扣代缴、代收代缴税款义务的单位或个人,是扣缴义务人。扣缴义务人,包括代扣代缴义务人和代收代缴义务人。扣缴义务人也是税收法律规定的申报主体。税法设置这一规定,其目的是为了简化手续,对零星分散、不易控制的税源实行源泉控制。扣缴义务人应当依法在申报期限内如实进行纳税申报。

3.临时纳税人

税法规定,取得临时应税收入或者临时发生纳税应税行为的纳税人,虽不需办理税务登记,但在发生纳税义务后,应当向经营地税务机关办理纳税申报并缴纳税款。

4.代征人

税务机关根据有利于税收控管和方便纳税的原则委托代征零星、分散和异地缴纳税收的有关单位,是代征人。代征人也应当如实申报纳税。

5.对个人所得税的纳税人的特殊规定

个人所得税的纳税人一般无须申报纳税,而实行源泉扣缴制度,但是在两处地方获得工资、薪金收入的纳税人、没有被代扣代缴而取得收入的纳税人以及年收入总额在12万元以上的纳税人,必须主动向税务机关申报纳税。

五、纳税申报的内容

根据我国《税收征收管理法》及《税收征收管理法实施细则》的规定,纳税人、扣缴义务人的纳税申报表或者代扣代缴、代收代缴税款报告表的主要内容包括:税种、税目;应纳税项目或应代扣代缴、代收代缴税款项目;计税依据;扣除项目及标准;适用税率或者单位税额;应退税项目及税额;应减免税项目及税额;应纳税额或应代扣代缴、代收代缴税额;税款所属期限、延期缴纳税款、欠税、滞纳金等。这些内容体现在账务资料上,具体包括:财务会计报表及其他说明材料;与纳税有关的合同、协议书及相关凭证;税控装置的电子报税资料;外出经营活动税收管理证明和异地完税凭证;境内或者境外公证机构出具的有关证明文件;税务机关根据实际情况规定应当报送的其他有关证件、资料。

六、纳税申报期限

在税收实践中,申报期限有两种:一种是法律、行政法规明确规定的期限;另一种是主管税务机关根据纳税人生产、经营的实际情况以及其所应缴纳的税种等相关问题依法按自由裁量原则确定的期限。

申报期限是纳税人、扣缴义务人申报纳税或代缴税款的法定期间。所有办理了税务登记的纳税人、扣缴义务人均负有申报义务,在申报期限内,无论有无应税收入、所得、其他应税项目或者代扣代缴、代收代缴税款项目,纳税人、扣缴义务人均应到主管税务机关办理申报事宜。

如果细分,纳税申报期限有两种形式:一种是税法已明确规定纳税申报期限的,包括:(1)按期纳税,即通过纳税义务的发生时间来确定纳税间隔期,实行按日纳税,其时间间隔分为1天、3天、5天、10天、15天和1个月,共六种期限。商品课税中的增值税、消费税的缴纳就采取此种纳税期限申报纳税;(2)按次纳税,即根据纳税行为的发生次数确定纳税期限,例如屠宰税就采取按次纳税的办法;(3)按年计征、分期预缴,即按规定的期限预缴税款,年度结束后汇算清缴,多退少补,例如企业所得税即按这种期限缴纳。另一种是税法没有明确规定纳税申报期限的,这种情况按主管税务机关根据相关法律法规确定的期限办理。

七、延期纳税申报

延期申报,是指纳税人、扣缴义务人基于法定原因,不能在法定或者税务机关依法确定的申报期限内办理纳税申报或者报送税款报告表,经税务机关核准延长一定的期限,在核准延长的期限内办理申报的一项税收管理制度。《税收征收管理法实施细则》第37条规定的延期申报包括如下两种情形。

1.纳税人、扣缴义务人按照规定的期限有特殊原因,办理纳税申报或者报送代扣代缴、代收代缴税款报告表确有困难,需要延期的,应当在规定的期限内向税务机关提出书面延期申请,经税务机关核准,在核准的期限内办理。我国税法还规定,经核准延期办理纳税申报事项的,应当在纳税期内按照上期实际缴纳的税额或者税务机关核定的税额预缴税款, 并在核准的延期内办理税款结算。允许延期申报的期限一般由当地主管税务机关视纳税人和扣缴义务人的困难程度具体确定,但最长不得超过3个月。

2.纳税人、扣缴义务人因不可抗力,不能按期办理纳税申报或者报送代扣代缴、代收代缴税款报告表的,可以延期办理;但是,应当在不可抗力情形消除后立即向税务机关报告。税务机关应当查明事实,予以核准。

由上可见,纳税人、扣缴义务人可以获准延期申报的情况大致有两种:一种是因不可抗力,纳税人、扣缴义务人不能按期办理纳税申报或者报送税款报告表,可以延期申报。但是,应当在不可抗力情形消除后,立即报告税务机关;另一种情况是特殊原因导致纳税人、扣缴义务人的延期申报。所谓的特殊原因,是指有下列情形之一导致的短期资金困难:可供纳税的财产遭遇偷盗、抢劫等意外事故;国家调整经济政策的直接影响;短期贷款拖欠;其他经省级税务机关明文列举的特殊困难。延期纳税是按期纳税原则的例外。在税务机关批准的延期内,对纳税人滞纳税款不加收滞纳金;但超出批准期限仍未纳税的,则属税收违法行为,要加收滞纳金。另外,纳税人财务未处理完毕也属于特殊原因。纳税人、扣缴义务人需要延期办理纳税申报或者报送税款报告表而向税务机关提出书面申请,经税务机关核准的,可以延期办理。无论在哪种情况下发生延期纳税,其最长期限均不得超过3个月。

八、延期申报与延期缴纳税款的区别

延期申报不等于延期缴纳税款,二者是有区别的。为了帮助征税人和纳税人正确办理延期申报与延期缴纳税款,现根据税法的有关规定对延期申报与延期缴纳税款的主要区别进行具体分析。

第一,两者的内涵不同。延期申报是指纳税人、扣缴义务人因法定原因不能按照税法规定的申报期限办理纳税申报或者报送代扣代缴、代收代缴税款报告表时,经税务机关核准延期申报的一项税收管理制度。延期缴纳税款是指纳税人因有特殊困难,不能按期缴纳税款的,按税法规定向税务机关申请延迟缴纳税款的一项税收管理制度。

第二,两者适用的前提条件不同。根据《税收征收管理法》第31条第2款的规定,准予延期申报的法定原因,包括不可抗力或财务处理。所谓不可抗力,是指

不可避免和无法抵御的自然灾害,如风、火、水、地震等。根据《税收征收管理法实施细则》第37条的规定,纳税人、扣缴义务人因不可抗力,不能按期办理纳税申报或者报送代扣代缴、代收代缴税款报告表的,可以延期办理;但是,应当在不可抗力情形消除后立即向税务机关报告。所谓财务处理上的特殊原因,是指纳税人在纳税期限内,由于账务未处理完毕,不能计算应纳税额,办理纳税申报确有困难的情况。延期申报还有一个附加的前提条件,即经核准延期办理纳税申报的,应当在纳税期内按照上期实际缴纳的税款或者税务机关核定的税额预缴税款,并在核准的延期内办理纳税结算。准予延期缴纳税款的前提条件是纳税人因有特殊困难。根据《税收征收管理法实施细则》第41条的规定,特殊困难是指纳税人有下列情形之一的:(1)因不可抗力,导致纳税人发生较大损失,正常生产经营活动受到较大影响的;(2)当期货币资金在扣除应付职工工资、社会保险费后不足以缴纳税款的。根据《国家税务总局关于延期缴纳税款有关问题的通知》(国税函[2004]1406号)的规定,"当期货币资金"是指纳税人申请延期缴纳税款之日的资金金额,其中不含国家法律和行政法规明确规定企业不可动用的资金;"应付职工工资"是指当期计提数。

第三,两者申请的时间、提供的资料、审批的机关及延期期限不同。根据《税收征收管理法实施细则》第37条的规定,纳税人、扣缴义务人按照规定的期限办理纳税申报或者报送代扣代缴、代收代缴税款报告表确有困难,需要延期的,应当在规定的期限内向税务机关提出书面申请,经税务机关核准,在核准的期限内办理。与延期申报相比,延期缴纳税款的审批手续更加严格。根据《税收征收管理法实施细则》第42条的规定,纳税人需要延期缴纳税款的,应当在缴纳税款期限届满前提出申请,并报送下列材料:(1)申请延期缴纳税款报告;(2)当期货币资金余额情况及所有银行存款账户的对账单;(3)资产负债表;(4)应付职工工资和社会保险费等税务机关要求提供的支出预算。延期缴纳税款必须经省、自治区、直辖市、计划单列市国家税务局、地方税务局批准,除此以外,其他任何税务机关无权审批。审批机关自收到申请延期缴纳税款报告之日起20内作出批准或者不予批准的决定。延期缴纳税款的最长期限不得超过3个月。

第四,两者承担的法律责任不同。纳税人、扣缴义务人未及时办理纳税申报,或延期申报申请未经税务机关核准或延期申报虽经核准但未在核准的期限内办理纳税申报的,均应承担一定的法律责任。根据《税收征收管理法》第62条的规定,纳税人未按照规定的期限办理纳税申报或报送纳税资料的,或者扣缴义务人未按照规定的期限向税务机关报送代扣代缴、代收代缴税款报告表和有关资料的,由税务机关责令限期改正,可以处2000元以下的罚款;情节严重的,可以处2000元以上10000万元以下的罚款。纳税人延期缴纳税款的申请不予批准的,从缴纳税款期限届满之日起加收滞纳税款万分之五的滞纳金；延期缴纳税款申请批准后，在批准的延期内缴纳税款的，不加收滞纳金；超过规定时间不缴纳的，主管税务机关除责令限期缴纳税款外，从滞纳税款之日起，按日加收滞纳税款万分之五的滞纳金。

九、申报方式

《税收征收管理法》第26条规定，纳税人、扣缴义务人可以直接到税务机关办理纳税申报或者报送代扣代缴、代收代缴税款报告表，也可以按照规定采取邮寄、数据电文或者其他方式办理前述申报、报送事宜。

1.直接申报

直接申报，是指纳税人、扣缴义务人在规定的申报期限内，直接到主管税务机关报送纳税申报表或者报送代扣代缴、代收代缴税款报告表。

直接申报是一种最常见、最主要的申报方式。

2.邮寄申报

邮寄申报，是指纳税人、扣缴义务人在规定的申报期限内，使用统一的纳税申报专用信封，通过邮政部门向主管税务机关邮寄报送纳税申报表或者代扣代缴、代收代缴税款报告表。

邮寄申报以寄出的邮戳日期为实际申报日期。

3.电子申报

电子申报，是纳税人、扣缴义务人在规定的期限内通过税务机关确定的电话语音、电子数据交换和网络传输等电子申报方式，办理纳税申报或者报送电子申报代扣代缴、代收代缴税款报告表。

纳税人采取电子申报方式办理纳税申报的，应当按照主管税务机关规定的期限和要求保存有关资料，并定期报送主管税务机关。

4.代理申报

代理申报，指纳税人、扣缴义务人可以委托注册税务师或者律师办理纳税申报。

《税收征收管理法实施细则》第30条进一步强调，纳税人、扣缴义务人采取邮寄、数据电文方式办理纳税申报或报送代扣代缴、代收代缴税款报告表，须经税务机关批准；第36条指出，实行定期定额缴纳税款的纳税人，可以实行简易申报、"简并征期"等申报纳税方式。

第二节　纳税申报程序制度的基本内容

一、主管税务机关应遵守的程序制度

《税收征收管理法》要求税务机关应当建立健全纳税人自行申报纳税制度。

1.依法审核纳税人报送的纳税申报资料

纳税人进行纳税申报时,不仅要如实填写纳税申报表,还应根据不同情况报送有关证件、资料:

(1)财务会计报表及其说明材料。

(2)与纳税相关的合同书、协议书及相关凭证。

(3)税控装置的电子报税资料。

(4)《外管证》和异地完税凭证。

(5)境内或者境外公证机构出具的证明文件。

(6)与增值税相关的发票等资料。

(7)主管税务机关根据实际情况要求报送的其他有关证件、资料。

2.依法审核扣缴义务人报送的代缴税款报告资料

税法要求:扣缴义务人办理代扣代缴、代收代缴税款报告时,必须如实填写代扣代缴、代收代缴税款报告表,并报送代扣代缴、代收代缴税款的合法凭证以及主管税务机关规定的其他有关证件、资料。如果扣缴义务人未在规定的期限内报送代扣代缴、代收代缴税款报告表和与此相关的合法凭证、证件、资料,税务机关可以责令限期改正,并可以对其进行行政处罚。

3.正确核准延期申报

税法规定了纳税人、扣缴义务人在规定的申报期限内完成税收申报有困难,或者因不可抗力影响不能完成税收申报,需要延期的,可以延期申报。税务执法人员应当对纳税人、扣缴义务人的延期申报进行审核,只要其理由正当,并有确实、充分证据的,就应依法准许。也就是说,延期申报和报送代缴税款报告,必须经过主管税务机关的核准,但是,延期申报和报送代缴税款报告的,必须在主管税务机关核准的期限内预缴税款,其预缴额为其上期实际缴纳的税额或者由主管税务机关核定预缴数额,否则主管税务机关不予核准延期申报纳税。

要求税务执法人员不仅认真审核纳税人、扣缴义务人报送的纳税申报表、税款报告表,还要认真审核其提供的与此相关的证件、资料,其目的在于:相关证件、凭证、资料是纳税申报表、税款报告表的证据,是纳税申报表、税款报告表记载的将要缴纳或者解缴的税款数额的有力支撑。如果纳税人、扣缴义务人提

供的相关证件、凭证、资料都有问题,其报送的纳税申报表、税款报告表也就不可采信。

4.注意纳税申报与缴纳税款的税法区别

在实践中,很多人认为缴纳了税款就等于办理了纳税申报,其实纳税申报的税法规定与缴纳税款的税法规定是不同的。主要表现在:

第一,两者的税法基础规定不同。纳税人不论当期是否发生纳税义务,除经主管税务机关批准外,均应按规定办理纳税申报或者报送代扣代缴税款报告表。也就是说,纳税申报是缴纳税款的基础,纳税人要缴纳税款必须进行纳税申报,但要注意的是,纳税人进行了纳税申报并不一定要缴纳税款,因为纳税人有可能当期没有发生纳税义务。

第二,两者的处罚依据不同。纳税人不按照规定的期限进行纳税申报的处罚依据是:《税收征收管理法》第25条规定,纳税人必须依照法律、行政法规或者税务机关依照法律、行政法规的规定确定的申报期限、申报内容如实办理纳税申报、报送纳税申报表、财务会计表以及税务机关根据实际需要要求纳税人报送的其他纳税资料。扣缴义务人必须按照法律、行政法规规定或者税务机关依照法律、行政法规的规定确定的申报期限、申报内容如实报送代扣代缴、代收代缴税款报告表以及税务机关根据实际需要要求扣缴义务人报送的其他有关资料。第62条规定,纳税人未按照规定的期限办理纳税申报和报送纳税资料的,或者扣缴义务人未按照规定的期限向税务机关报送代扣代缴、代收代缴税款报告表和有关资料的,由税务机关责令限期改正,可以处2000元以下的罚款;情节严重的,可以处2000元以上10000元以下的罚款。而纳税人在规定的期限不缴纳税款的处罚依据是:《税收征收管理法》第32条规定,纳税人未按照规定期限缴纳税款的,扣缴义务人未按照规定期限解缴税款的,税务机关除责令限期缴纳外,从滞纳税款之日起,按日加收滞纳税款万分之五的滞纳金。第68条规定,纳税人、扣缴义务人在规定期限内不缴或者少缴应纳或者应解缴的税款,经税务机关责令限期缴纳,逾期仍未缴纳的,税务机关除依照《税收征收管理法》第40条的规定采取强制执行措施追缴其不缴或者少缴的税款外,可以处不缴或者少缴的税款50%以上5倍以下的罚款。

由此可见,纳税人进行纳税申报和缴纳税款是《税收征收管理法》对纳税人作出的两项不同的义务性税法规定,两者具有不同的税法内涵。税务执法人员要在日常执法工作中注意引导纳税人予以区分,不能混同。

5.把握“零申报”的税法界限

《税收征收管理法实施细则》第32条规定,纳税人即使当月无税可缴,也要按照税法规定向税务机关申报纳税,这就是税收实践中讲的“零申报”。但是很多纳税人特别是刚从事生产经营的纳税人认为,只有在正常生产经营时,才照章缴纳每月的税款,如果当月没有正常生产经营,便可以不去税务机关申报纳税。纳税人的这种认识是错误的,按照《税收征收管理法实施细则》第32条的规定,即使是享受减税、免税待遇的纳税人,在减税、免税期间也要依照税法的规定办理纳税申报。对于"零申报",税务执法人员必须注意,纳税人或者扣缴义务人,不论当期是否发生纳税义务,除经主管税务机关批准外,均应按规定办理纳税申报或者报送代扣代缴税款报告表。

6.关于延期申报是否加收滞纳金的问题

关于延期申报是否加收滞纳金的问题,国家税务总局在《国家税务总局关于延期申报预缴税款滞纳金问题的批复》中已经给予明确的说明。批复如下:

(1)《税收征收管理法》第27条规定,纳税人不能按期办理纳税申报的,经税务机关核准,可以延期申报,但要在纳税期内按照上期实际缴纳的税额或者税务机关核定的税额预缴税款,并在核准的延期内办理税款结算。预缴税款之后,按照规定期限办理税款结算的,不适用《税收征收管理法》第32条关于纳税人未按期缴纳税款而被加收滞纳金的规定。

(2)经核准预缴税款之后按照规定办理税款结算而补缴税款的各种情形,均不适用加收滞纳金的规定。在办理税款结算之前,预缴的税额可能大于或小于应纳税额。当预缴税额大于应纳税额时,税务机关结算退税但不向纳税人计退利息;当预缴税额小于应纳税额时,税务机关在纳税人结算补税时不加收滞纳金。

(3)当纳税人本期应纳税额远远大于比照上期税额的预缴税款时,延期申报则可能成为纳税人拖延缴纳税款的手段,造成国家税款被占用。为防止此类问题发生,税务机关在审核延期申报时,要结合纳税人本期经营情况来确定预缴税额,对于经营情况变动大的,应合理核定预缴税额,以维护国家税收权益,并保护真正需要延期申报的纳税人的权利。

二、纳税人、扣缴义务人应遵守的程序制度

1.依法办理纳税申报

(1)纳税人必须依照法律、行政法规规定或者主管税务机关依照法律、行政法规的规定确定的申报期限、申报内容如实办理纳税申报,报送纳税申报表、财务会计报表以及主管税务机关根据实际需要要求纳税人报送的其他纳税资料。

(2)纳税人在纳税期内没有应纳税款的,也应当按照规定办理纳税申报。

(3)纳税人享受减税、免税待遇的,在减税、免税期间应当按照规定办理纳税申报。

(4)扣缴义务人必须依照法律、行政法规规定或者主管税务机关依照法律、行政法规的规定确定的申报期限、申报内容如实报送代扣代缴、代收代缴税款报告表以及主管税务机关根据实际需要要求纳税人报送的其他纳税资料。

2.如实报送相关资料

(1)纳税人进行纳税申报时,除了如实填写纳税申报表外,还应根据不同情况报送有关证件、资料,这些证件、资料包括:财务会计报表及其说明材料;与纳税申报相关的合同书、协议书及相关证据;税控装置的电子报税资料;《外管证》和异地完税凭证;境内或者境外公证机构出具的证明文件;与增值税相关的发票等资料;主管税务机关根据实际情况要求报送的其他有关证件、资料。

(2)扣缴义务人办理代扣代缴、代收代缴税款报告时,也必须如实填写代扣代缴、代收代缴税款报告表,并报送代扣代缴、代收代缴税款的合法凭证以及主管税务机关规定的其他有关证件、资料。

3.依法办理延期纳税申报

(1)纳税人、扣缴义务人按照规定的申报期限办理纳税申报或者报送代扣代缴、代收代缴税款报告表确有困难,需要延期的,应当在规定的期限内向主管税务机关提出书面延期申请,经主管税务机关审核批准后,在批准的期限内办理延期纳税申报。

(2)纳税人、扣缴义务人因不可抗力影响,不能按期办理纳税申报或者报送代扣代缴、代收代缴税款报告表的,可以延期办理,但是应当在不可抗力情形消除后立即向主管税务机关报告。

第三节　法律责任

一、关于纳税人、扣缴义务人的法律责任

税法对纳税人、扣缴义务人一般违法行为的处理有如下规定。

1.纳税人未按照规定期限办理申纳税报的责任

纳税人未按照规定期限办理纳税申报和报送纳税资料的,由主管税务机关责令限期改正, 可以处2000元以下的罚款; 情节严重的, 可以处2000元以上10000元以下的罚款。

2.扣缴义务人未按照规定期限报送税款报告表的责任

扣缴义务人未按照规定期限向主管税务机关报送代扣代缴、代收代缴税款报告表和其他有关纳税资料的,由主管税务机关责令限期改正,可以处2000元以下的罚款;情节严重的,可以处2000元以上10000元以下的罚款。

3.虚假纳税申报的法律责任

虚假的纳税申报,是指纳税人、扣缴义务人提供虚假的纳税申报表,财务报表,代扣代缴、代收代缴税款报告表等资料,向主管税务机关办理纳税申报。

虚假的纳税申报是偷税。如果主管税务机关发现纳税人、扣缴义务人办理虚假的纳税申报,要根据税法的相关规定予以处理。根据《税收征收管理法》第64条的规定,纳税人、扣缴义务人编造虚假计税依据的,由税务机关责令限期改正,并处五万元以下的罚款。

二、关于税务人员的法律责任

如果主管税务机关的执法人员没有依照法定程序,将偷税犯罪案件移交公安机关处理,其行为可能涉嫌《刑法》第402条规定的行政执法人员"徇私舞弊不移交刑事案件罪",情节严重的要被追究刑事责任。《刑法》第402条规定的"徇私舞弊不移交刑事案件罪",量刑幅度有两档:三年以下有期徒刑或者拘役;造成严重后果的,处三年以上七年以下有期徒刑。

第四节　　延伸阅读——亏损纳税人应当进行纳税申报案[1]

2008年5月,主管税务机关在进行税务检查时发现,重庆市某区某企业上年度未向税务机关申报企业所得税,当税务执法人员询问原因时,该企业负责人王某说是由于上年度亏损了26万元。主管税务机关决定对该企业处以2000元罚款。该企业负责人王某认为不合理,其理由是企业没有实现利润为什么还要进行纳税申报,并就此委托税务律师代为提出税务行政复议。

本案涉及两个法律问题:第一,亏损企业是否需要进行纳税申报。第二,纳税人没有进行纳税申报,主管税务机关应该如何处罚。根据《税收征收管理法》的规定,作如下法律分析:

1.亏损企业同样需要进行纳税申报

第一,亏损企业作为纳税人,同样负有纳税申报义务。《税收征收管理法》第25条规定,纳税人必须依照法律、行政法规或者税务机关依法确定的申报期限、申报内容如实办理纳税申报。根据《企业所得税法》的相关规定,纳税人应当在月份或者季度终了后15日内向其所在地主管税务机关报送会计报表和预缴所得税申报表;年度终了后45日内,向其所在地主管税务机关报送会计决算报表

---

[1]案例来源:笔者办理的民事案卷。

和所得税申报表。因此,亏损企业作为纳税人,同样负有申报纳税的法定义务。

第二,纳税人计算的应纳税所得额应作税务调整。《企业所得税法》规定,纳税人在计算应纳税所得额时,其财务、会计处理办法同国家有关税收的规定有抵触的,应当依照国家有关税收的规定计算纳税。这表明,企业的应纳税所得额是以税务机关依照税法调整后的利润额为计算依据的。

第三,纳税亏损与纳税盈利都属纳税所得,必须进行纳税申报。《企业所得税法》规定,纳税人发生年度亏损的,可以用下一纳税年度的所得弥补;下一纳税年度的所得不足弥补的,可以逐年延续弥补,但是延续弥补期最长不得超过5年。同样,这里讲的纳税人年度亏损数额并非指纳税人自己核算的结果,是指经过主管税务机关调整后作为以后纳税年度弥补亏损依据的亏损额。纳税人只有申报了纳税亏损才能正确进行纳税申报。

由此可见,纳税人不论是盈利还是亏损,都应当在法律规定的申报期限内到主管税务机关办理纳税申报。

2.纳税人未按照规定期限办理纳税申报,税务机关责令其限期改正,对其处以2000元以下的罚款,适用法律正确

《税收征收管理法》第62条规定,纳税人未按照规定的期限办理纳税申报的,或者扣缴义务人未按照规定的期限向税务机关报送代扣代缴、代收代缴税款报告表的,由税务机关责令限期改正,可以处以2000元以下的罚款;情节严重的,可以处以2000元以上10000元以下的罚款。根据这一规定,本案中主管税务机关除责令该企业限期改正外,还可以对该企业处2000元以下的罚款。

第十四章　税收核定与纳税调整程序法律制度

税收核定是世界通行的做法，我国税务机关也一直采用这种方法，但是，我国税务机关征收税款以查账征收为原则，以核定征收为例外。我国《税收征收管理法》第35条对税收核定作了规定。税收核定，是指主管税务机关依照税法的规定，在不能以纳税人的账簿为基础确定其应纳税额时，由主管税务机关核定纳税人应纳税额的一种征税方法。从理论上讲，税收核定只是一种对纳税申报的补充性措施，牵涉预约定价、推定课税的关系问题。税收核定不是税务机关简单地对纳税人的应纳税额的随意确定，必须要有合理合法的依据。税收核定程序制度要求税务机关对自己核定的税额提供确实、充分的证据。

第一节　税收核定程序制度概述

在税收核定程序制度中，主要涉及税收核定的原则、税收核定的方式、关联企业的税收核定、关联企业的预约定价等税法问题，而最为困难之处在于关联企业的税收核定、关联企业的预约定价，因为很多纳税人的偷税都是通过关联企业进行的。税收核定程序制度可以有效地控制纳税人的偷漏税。

一、税收核定的原则

税务机关对纳税人进行税收核定的原则问题，我国税法作了明确规定，主要表现在以下两个方面。

《税收征收管理法》第35条规定，纳税人有下列情形之一的，税务机关有权核定其应纳税额：(1)依照法律、行政法规的规定可以不设置账簿的；(2)依照法律、行政法规的规定应当设置账簿但未设置的;(3)擅自销毁账簿(擅自销毁账簿,是指没有按照国家财税主管部门规定的保管期限保管账簿)或者拒不提供纳税资料的;(4)虽设置账簿,但账目混乱或者成本资料、收入凭证、费用凭证残缺不全,难以查账的;(5)发生纳税义务,未按照规定的期限办理纳税申报,经税务机关责令限期申报,逾期仍不申报的;(6)纳税人申报的计税依据明显偏低,又无正当理由的。

《税收征收管理法》第37条规定,纳税人有下列情形之一的,税务机关仍有权核定其应纳税额:(1)对未按照税法规定办理税务登记的从事生产、经营的纳税人;(2)临时从事经营的纳税人。

二、税收核定的方式

关于主管税务机关对纳税人进行税收核定的方式,我国《税收征收管理法实施细则》第47条作了如下法律规定:

第一款规定:(1) 参照当地同类行业或者类似行业中经营规模和收入水平相近的纳税人的收入额和利润率核定;(2)按照成本加合理的费用和利润核定;(3)按照耗用的原材料、燃料、动力等推算或者测算核定;(4)按照其他合理的方法核定。

第二款规定,采取上述一种方法不足以正确核定应纳税额时,可以同时采用两种以上的方法核定。

第三款进一步规定,纳税人对税务机关采取前列规定的方法核定的应纳税额有异议的,应当提供证据,经税务机关认定后,调整应纳税额。

三、税务机关的举证责任

主管税务机关负有对已核定纳税人应纳税额的举证责任,即需要证明核定应纳税额的理由、依据和证明核定方法的合理性。纳税人如果有异议,需要举出反证。如果纳税人能够举出反证,并且其举出的反证能够成立,主管税务机关就应当采信,原核定的纳税数额就应当进行调整。

四、关联企业的税收核定与纳税调整

对纳税人关联企业的税收核定问题,税法作出了详细的规定。

1.《税收征收管理法》第36条规定,企业或者外国企业在中国境内设立的从事生产、经营的机构、场所与其关联企业之间的业务往来,应当按照独立企业之间的业务往来收取或者支付价款、费用;不按照独立企业之间的业务往来收取或者支付价款、费用,而减少其应纳税的收入或者所得额的,税务机关有权进行合理调整。

2.《税收征收管理法实施细则》第54条规定,纳税人与其关联企业之间的业务往来有下列情形之一的,税务机关可以调整其应纳税额:(1)购销业务未按照独立企业之间的业务往来作价;(2)融通资金所支付或者收取的利息超过或者低于没有关联关系的企业之间所能同意的数额,或者利率超过或者低于同类业务的正常利率;(3)提供劳务,未按照独立企业之间业务往来收取或者支付劳务费用;(4)转让财产、提供财产使用权等业务往来,未按照独立企业之间业务往来作价或者收取、支付费用;(5)未按照独立企业之间业务往来作价的其他情形。

3.《税收征收管理法实施细则》第55条规定,纳税人有本细则第54条所列情形之一的,税务机关可以按照下列方法调整计税收入额或者所得额:(1)按照独立企业之间进行的相同或者类似业务活动的价格;(2)按照再销售给无关联关系的第三者的价格所应取得的收入和利润水平;(3)按照成本加合理的费用和利润;(4)按照其他合理的方法。对于上述情形,税务机关可以按照下列方法调整计税收入额或者所得额:①按照独立企业之间进行的相同或者类似业务活动的价格;②按照再销售给无关联关系的第三者的价格所应取得的收入和利润水平;③按照成本加合理的费用和利润;④按照其他合理的方法。该《实施细则》第56条还规定,纳税人与其关联企业未按照独立企业之间的业务往来支付价款、费用的,税务机关自该业务往来发生的纳税年度起3年内进行调整;有特殊情况的,可以自该业务往来发生的纳税年度起10年内进行调整。

4.何谓"关联企业"[1],《税收征收管理法实施细则》第51条给出了这样的定义:税收征管法第36条所称关联企业,是指有下列关系之一的公司、企业和其他经济组织:

(1)在资金、经营、购销等方面,存在直接或者间接的拥有或者控制关系;

(2)直接或者间接地同为第三者所拥有或者控制;

(3)在利益上具有相关联的其他关系。

五、关联企业的预约定价

1.预约定价的定义

预约定价协议是OECD组织于20世纪90年代推出的一种新的事前调整方法。原意是指纳税人事先将其和境外关联企业之间内部交易与财产收支往来所涉及的转让定价方法向税务机关申报,经税务机关审定认可后,就企业未来年度的关联交易所涉及的转让价格、利润水平、所得征税等方面的税务处理达成协议,以此

---

[1]各类媒体披露的五粮液集团公司和五粮液股份有限公司之间就存在复杂的关联交易问题,可以说是关联交易的典型例证。

作为计征所得税的会计核算依据,并免除事后税务机关对定价调整的一项制度。

这种方法有利于企业经营决策,以避免税收对经营的干扰;有利于国家财政收入的稳定;有助于税务机关与纳税人之间盘根错节的矛盾的解决,降低征纳双方的涉税成本。

如果纳税人向主管税务机关申报了其与关联企业约定价的方法和标准并获准通过之后,即意味着纳税人与主管税务机关之间已事先达成"其与关联企业预约定价"的协议,因此,纳税人、主管税务机关均要受该协议约束,主管税务机关便不能随意调整纳税人的交易价格。此后,税务机关就要根据"预约定价协议"进行征税,"预约定价协议"即成了税收核定的基础。如果纳税人没有执行其与主管税务机关之间的"预约定价协议",主管税务机关则要依据税收核定的相关税法规定进行税收核定。

2.我国对预约定价的税法处理

我国《税收征收管理法实施细则》借鉴国际上的先进做法,也规定了预约定价这种事前调整的方法。《税收征收管理法实施细则》第53条规定,纳税人可以向主管税务机关提出与其关联企业之间业务往来的定价原则和计算方法,主管税务机关审核、批准后,以与纳税人预先约定的有关定价事项为依据,监督纳税人执行。

同时,对于关联企业的问题,1998年,国家税务总局下发了《关联企业间业务往来税务管理规程》[1],对关联企业的反避税工作进行了法律规制。2004年,国家税务总局公布了《关于修订〈关联企业间业务往来税务管理规程〉的通知》[2],对原规程作了较大修订,完善了对关联企业的反避税规程,明确规定了预约定价,重新规定了转让定价的调整方法,严格规定了税务机关在审计调查企业与关联企业间业务往来时企业必须提供的相关材料,重新界定了对关联企业的认定条件,增加规定关联企业间业务往来的主管税务机关,扩大了原规程的适用范围。

3.实施预约定价措施的法律障碍

对于一些事后调整方法而言,预约定价属于一种事前调整方法,有其自身的优势。但是,预约定价这种方法也有不足之处。

第一,预约定价协议从企业提出申请到资料的搜集、信息的搜寻,到协议的正式签订,由于税务机关的原因,可能需要比较长的时间,这将耗费税务机关及企业一定的财力、精力。

第二,能够准确认定纳税人未来生产经营可能产生影响的重要假设,以及

[1]国家税务总局,国税发[1998]59号。
[2]国家税务总局,国税发[2004]143号。

准确认定能被税务机关和纳税人都能同时接受的转让定价方法、价格或利润调整的区间问题,在实践中并不是一件很容易的事情。协议双方往往从维护各自的利益出发,很难在这一关键问题上看法一致,达成共识。既有可能出现税务机关受财力的制约,或急功近利,导致确认的各种假设、方法有利于企业,协议被企业的要求所左右的状况,也有可能出现税务机关确认的各种假设、方法并不能真实反映独立竞争、公平交易的原则,而招致企业的不满和协议无法顺利签订以及签订以后无法实施的难堪局面。

第二节   税收核定程序制度的基本内容

一、主管税务机关应遵守的程序制度[1]

税收核定的难度在于对关联企业的税收核定与纳税调整。随着经济的发展,追求税后收益最大化已成为关联企业的目标,因此,关联交易对税负有着重要的影响。税收实践中,很多关联企业内部往来业务繁多,关联交易频繁,关联企业内部具有随意调节价格的能力,转让定价势必成为税务机关对关联企业日常征管重点监控和关注的内容,这就要求税务机关必须加深对关联交易的控管力度。

(一)关于税收核定的证据

关于税收核定,我国税法只针对三种主体:《税收征收管理法》第35条规定的纳税人、第37条规定的纳税人,以及第36条规定的关联企业,不针对除此之外的其他纳税人,因此,税务执法人员搜集、分析、判断证据不当,导致税收核定不准确,就可能产生法律风险;税务执法人员进行税收核定的方法不当、理由不充分,也可能产生法律风险。这些法律风险带来的后果是:或者主管税务机关被提起税务行政复议,或者主管税务机关被提起税务行政诉讼。无论是主管税务机关被提起税务行政复议,还是主管税务机关被提起税务行政诉讼,如果已核定的结果被复议机关或者人民法院改变,对当事税务执法人员来讲毕竟不是一件好事情——轻则受到行政处分,重则要被追究刑事责任。

(二)关于关联企业的问题

1.关联企业的税法认定标准

由于我国税法对关联企业的认定采用实际控制标准,因此,税务执法人员只有把握了所谓的"实际控制标准",才能有效地降低法律风险。

---

[1]刘兵著:《税务执法程序的风险控制》,法律出版社,2009年版,第90页。

从当前情况看,关联企业主要有以下几种类型:

(1)一个企业直接控制一个或多个企业。如母公司控制一个或若干个子公司,从而在母公司与子公司之间构成关联企业。

(2)一个企业通过一个或若干个中间企业控制一个或多个企业。例如母公司通过其子公司,间接控制子公司的子公司。从而母公司与子公司的子公司之间形成关联企业。

(3)同受某一企业控制的两个或多个企业。如受同一母公司控制的各个子公司之间构成关联企业。

(4)两个或多个企业直接共同控制某一个企业,在控制方与被控制方企业间形成关联企业。如合营(联营)企业的各投资方的原有企业与合营(联营)形成关联企业。

2.关联企业的确认方法

现代社会化的大生产,一个企业的产、供、销通常要面对许多企业。我们开展反避税,首先要从众多的企业中找出关联企业。根据实践经验,可以从以下几个方面着手。

一是查企业公司章程与经营合同。从投资主体判断关联企业。例如,甲、乙两企业按股投资建立丙企业,那么甲、乙两企业与丙企业形成关联关系,且属于直接关联企业。如果丁企业、戊企业又分别在甲、乙企业中投资,那么丁、戊企业同丙企业也形成关联关系,只不过属于间接关联而已。对于个人投资合伙企业而言,股东个人投资于其他项目的企业,与这个合伙企业也形成关联企业。

二是从工商部门或互联网收集关联企业信息。工商部门掌握了所有企业的详细注册情况。如资金来源、隶属关系、经营范围,能为我们提供有参考价值的资料。另一个就是互联网,现在一些大企业都设立了网站,并在网上介绍自己的组织机构、生产规模、销售情况,能为我们提供一些关联企业的情况。

三是以主要业务经营对象为线索,顺藤摸瓜,核查其是否属于关联企业。

3.依法对关联企业进行调查取证

税务执法人员在对纳税人进行税收核定之前,需要对纳税人进行检查,收集税法规定的与税收核定相关的材料和证据。税收实践中,税务执法人员面临的难点是如何对关联企业调查取证。

首先,确定调查对象,然后对纳税人与其关联企业之间的各类业务往来进行详细的调查、取证。一般来说,税务执法人员可利用现场检查、异地调查的方式取证,主要是:检查关联企业间实施购销业务的转让定价、检查关联企业间的融资业务、检查关联企业间提供的劳务、检查关联企业间的财产转让以及资产使用权的情况、检查关联企业间无形资产的转让、检查关联企业间的费用支付。

通过对关联企业的依法检查,发现问题,固定证据,从而进行税收核定,避免法律风险。

在关联企业的认定问题上,税务执法人员要认真审核纳税人提供的相关资料。这些资料包括:与关联企业业务往来有关的价格、费用的制定标准、计算方法等当期资料;与关联企业业务往来有关的财产及财产权属等的再销售价格或者最终销售价格的当期有关资料;与关联企业业务调查有关的其他企业应当提供的与被调查企业可比的产品价格、定价方式以及利润水平等当期的相关资料。纳税人为了利用关联企业偷税,往往在这些资料里面设置很多陷阱,如果税务执法人员不认真审查,很难发现其中的问题。

4.对关联企业的转让定价进行调整的法律方法

利用转让定价逃税,是纳税人逃避税收的常见方法。税务执法人员要针对关联企业不合理的转让定价依法进行调整,其调整的税法依据是《税收征收管理法》第36条,而调整的具体方法是《税收征收管理法实施细则》第54条、第55条规定的可比非受控价格法、再销售价格法、成本加价法、交易净利润法、利润分割法以及主管税务机关认为合理的其他调整方法。

第一,可比非受控价格法。按照独立企业之间进行相同或雷同业务活动的价格进行调整,即将企业与其关联企业之间的业务往来绩效,与其与非关联企业之间的价格进行分析、比较,从而确定公平成交价格。采用这种方法,必须考虑选用的交易与关联企业之间具有可比性因素,如购销过程的可比性、购销环节的可比性、购销货物的可比性、购销环境的可比性等。

第二,再销售价格法。按再销售给无关联关系的第三者的价格所应取得的收入和利润水平进行调整,即对关联企业的买方将从关联企业的卖方购进的产品再销售给无关联关系的第三者时所取得的销售收入,减去关联企业中买方从非关联企业购进类似商品产品再销售给无关联关系的第三者时所发生的合理费用和按正常利润水平计算的利润后的余额,为关联企业中卖方的销售价格。采用这种方法,应限于再销售者未对商品产品进行实质性增值加工如改变外形、性能、结构、更换商标等,仅是简单加工或单纯的购销业务,并且要合理地选择确定再销售者应取得的利润水平。

第三,成本加成法。按成本加合理费用和利润进行调整,即将关联企业中卖方的商品产品成本加上正常的利润作为公平成交的价格。采用这种方法,应注意成本费用的计算必须符合我国税法的有关规定,并且要合理地选择确定所适用的成本利润率。

第四,其他合理方法。在上述三种调整方法均不能适用时,可采用其他合理的替代方法进行调整,如可比利润法、利润分割法、净利润法等。采用其他合理方法,关键是要注意其合理性及方法的适用条件。

5.关联企业税收筹划中的偷税问题[1]

(1)关联企业的税收筹划思路。在税收实践中,纳税人对关联企业进行税收筹划的主要思路一般是这样的:第一,想方设法缩小关联企业整体的税基;第二,延缓关联企业整体的纳税期限;第三,调整关联企业整体的年度所得;第四,降低关联企业内部的税负;第五,拉平关联企业之间的税负水平。基于这样的思路,纳税人主要采取下列方式方法进行税收筹划:

第一,对关联企业实施税负转移。基本操作方法是:纳税人通过提高产品或者生产要素的价格,将部分税收向前转移给产品或者生产要素的购买者或者最终消费者;或者通过压低产品或者生产要素的购买价,从而将部分税收转移给生产要素的提供者负担。体现在税收上,即纳税人利用关联企业间的不同税率,在关联企业内部进行交易时,采用压低或者抬高产品定价的方式使企业应纳的流转税演变为利润,由此达到避税的目的。

第二,对关联企业进行转移定价。基本操作方法是:纳税人利用关联企业之间的税率差异,或者采取改变零部件、产品的销售价格来影响产品的成本和利润;或者采取在关联企业之间收取偏离正常价格的运费、保险费等价外费用来转移产品的成本和利润;或者采取改变关联企业之间的固定资产购置价格、使用期限来影响产品的成本和利润;或者采取改变关联企业之间的劳务费用支付额度来影响产品的成本和利润;或者采取改变关联企业之间的无形资产的转让价格来影响产品的成本和利润,从而降低税负。

第三,对关联企业进行巧妙的租赁安排。基本操作方法是:当出租企业和承租企业处于同一关联企业利益集团时,纳税人首先利用租赁将相关资产从一个企业转移给另一个企业,然后采取平衡租金的方式来平衡关联企业的利润,由此实现减税目的。

第四,对关联企业进行核心和财务控制。基本操作方法是:首先,纳税人要设立核心控股公司,采用低价并购其他企业的方式并购企业,然后利用财务控制权利解决关联企业内部的资金结构和调整债务比例,从而降低税负。

第五,对关联企业增加负债比例。基本操作方法是:纳税人利用税法支付债务资本的利息可以作为财务费用在税前扣除的规定,调整关联企业的负债额度,由此达到减税的目的。

第六,在关联企业之间进行融资拆借。基本操作方法是:纳税人在关联企业之间贷款,然后通过税前归还利息,降低利润,从而降低纳税人的实际税负。

在税收实践中,纳税人主要采取以上几种税收筹划方式,除此之外,纳税人

---

[1]刘兵著:《税务执法程序的风险控制》,法律出版社,2009年版,第92~93页。

还在关联企业之间利用电子商务的方式来减轻税负。

一般而言,纳税人在上列税收筹划中,根本避免不了税法本身给纳税人设置的法律风险,只要税务执法人员认真审查,就会发现偷税之所在。因为,我国的税收法律、法规本身并不完善,国家必须根据税收实践,需要对税收法律、法规和税收政策经常进行调整,这就要求纳税人必须根据税收法律、法规和税收政策的调整而调整税收筹划方案,但是,纳税人的税收筹划方案不可能做到如此及时,因而,必定留有税法漏洞;另外,纳税人不是税法专家,其本身的税法局限性必定导致其对税收法律、法规和税收政策理解产生偏差,由此纳税人的税收筹划方案也就并非无懈可击,必定留下不少漏洞。税务执法人员一定要注意这些漏洞,从而发现纳税人的偷税行为。

(2)关联企业避税的方式。关联企业必然发生关联交易。关联交易是指关联企业之间发生转移资源或义务的事项,而不论是否收取价款。关联企业恰恰是通过关联交易来达到避税的目的,其中较为突出的方式有两种:

第一,利用关联企业转让定价方式进行避税。以"高进低出"方式进行有形产品购销,即用高于国际市场的价格进口设备、材料,而用低于市场的价格出口产品。这样外企很容易形成账面上的亏损,从而将利润转移到税负低的国家和地区。

无形产品的转移。主要是关联企业之间购买特许权、专利技术等无形资产,并利用此类产品估价困难进行避税。例如,耐克公司在中国市场每年以两位数的速度增长,但是其在中国投资的账面收益却是亏损的。其账面亏损原因就在于关联企业之间存在大量特许权使用费,这方面支出掏空其在华投资企业利润。

贷款业务中的转让定价。通过控制关联企业之间借贷的贷款利率,增加在东道国投资的债务成本,从而降低收益来避税。

租赁业务中的转让定价。关联企业之间以机器设备的租赁为媒介来转移利润进行避税。常用方法如提高租金来压低在东道国的投资收益进行避税,或者利用国家或地区间折旧制度的差别来进行避税。

第二,利用关联企业的内部结算转移利润,从而降低整个关联体系总体税负。例如,A公司是一家外商独资企业,先后在大陆甲、乙、丁设立了分支机构和生产现场。2006年将公司原在乙(适用税率33%)的液体气体(液氮、液氧和液氩)销售业务转移到丁(适用税率24%),专门成立一个销售机构,负责销售甲生产的所有液态气体。在对甲和丁之间的转移价格调查中,甲以明显低于市价的价格销售给丁销售机构,丁销售机构再以很高的利润率销售给客户。显然该公司总分支公司之间的液氩购销业务存在严重的转移利润问题。同样,在液氮、液氧业务往来中也存在转移利润的问题。

二、纳税人应遵守的程序制度

(一)依法管理账簿

纳税人必须依照法律、行政法规的规定设置账簿,不得擅自销毁账簿,要做到账目不混乱或者成本资料、收入凭证、费用凭证齐全,并按规定向主管税务机关提供纳税资料。擅自销毁账簿,是指没有按照国家财税主管部门规定的保管期限保管账簿。

(二)按期办理纳税申报

纳税人发生纳税义务,必须按照规定的期限办理纳税申报,如果按照规定的期限办理纳税申报,经税务机关责令限期申报,逾期仍不申报的,将由主管税务机关进行税收核定。

(三)依法办理税务登记

《税收征收管理法》第37条规定,纳税人如果未按照税法规定办理税务登记即从事生产、经营,税务机关有权核定其应纳税额。因此,从事生产、经营的纳税人在从事生产、经营之前一定要依法办理税务登记。

(四)事先报批预约定价方案

纳税人如果涉及与关联企业的定价问题,应当事先向主管税务机关提出其与关联企业之间业务往来的定价原则和计算方法。主管税务机关审核、批准后,可以与纳税人预先约定有关定价事项,监督纳税人执行。

(五)按照独立企业之间的业务往来支付费用

纳税人与关联企业必须按照独立企业之间的业务往来进行价款、费用的结算,如果纳税人及其关联企业没有按照独立企业之间的业务往来进行价款、费用的结算,主管税务机关可以对其进行税收核定,并有权调整纳税人及其关联企业的应纳税额。

第三节　法律责任

一、关于纳税人的法律责任

纳税人及其关联企业没有按照独立企业之间的业务往来进行价款、费用的结算,主管税务机关可以对其进行税收核定,可以自该业务往来发生的纳税年度起3年内进行调整;有特殊情况的,可以自该业务往来发生的纳税年度起10年内进行调整。根据税法的规定,如果发生纳税调整,纳税人少缴了税款,还应当予以补缴,并由主管税务机关加收滞纳金;同时,主管税务机关还将视具体情况决定是否对纳税人及其关联企业进行处罚。

同样,纳税人依照法律、行政法规的规定应当设置账簿但未设置账簿;或者擅自销毁账簿;或者拒不向主管税务机关提供纳税资料的;或者虽设置账簿,但账目混乱或者成本资料、收入凭证、费用凭证残缺不全,难以供主管税务机关查账的;或者发生纳税义务,未按照规定的期限办理纳税申报,经税务机关责令限期申报,逾期仍不申报的;或者纳税人申报的计税依据明显偏低,又无正当理由的;或者未按照税法规定办理税务登记即从事生产、经营的,主管税务机关均可以对纳税人进行纳税调整,并进行相应的处罚。

二、关于税务人员的法律责任

关于税务人员在税收核定程序的法律责任问题,我国税法没有作出明确的规定,但是从《税收征收管理法》和其他相关行政法规的规定看,可以这样来表述税务人员在税收核定程序中的法律责任:税收核定是税法赋予税务人员的一项法定职责,因此,在出现税收核定的法定情形后,税务人员必须依法对纳税人进行税收核定,进行纳税调整,如果税务人员徇私舞弊或者玩忽职守,不进行税收核定、纳税调整,导致应征的国家税款没有依法征收入库,国家税收遭受重大损失,构成犯罪的,要依法追究刑事责任;尚不构成犯罪的,也要依法给予行政处分。

第四节 延伸阅读——对关联企业转让定价进行调整案[1]

某市某公司于2006年8月设立,属于增值税一般纳税人,主要生产经营中草药保健液系列产品。该公司在外省、市成立了数个分公司。各分公司均为小规模纳税人,有独立的营业执照和税务登记证,实行独立核算。分公司负责在当地销售总公司提供的中草药保健液产品。分公司财务核算办法由总公司制定,分公司年终利润由总公司统一分配。起初,总公司对分公司和其他用户一样,以每盒50元的价格提供保健液,但2008年9月、12月,两次对分公司下调中草药保健液价格,分别为每盒41元、38元,并采取开红字普通发票的方式冲回;而其他客户的购进价仍为每盒50元。主管税务机关发现该总公司上述情况后,认为该总公司的行为属于利用关联企业进行交易,遂要求补缴增值税。该总公司认为其与分公司之间的往来纯属本公司内部之事,且无论对内还是对外销售收入都按照

---

[1]案例来源:笔者办理的民事案卷。

17%的税率计提了增值税销项税额,不存在偷税,因此委托律师申请税务行政复议。

本案中涉及的法律问题是:什么是关联企业? 关联企业通过转让定价减少税额,主管税务机关应该如何处理? 根据《税收征收管理法》,作如下法律分析:

1.关联企业的概念

根据《税收征收管理法》有关规定,关联企业是指下列关系之一的公司、企业、其他经济组织:(1)在资金、经营、购销等方面,存在直接或者间接的拥有或者控制关系;(2)直接或者间接地同为第三者所拥有或者控制;(3)其他利益上具有相关联的关系。该公司对下属分公司资金、经营、购销等方面,存在直接控制关系,属于关联企业。

2.关联企业之间不按照独立企业之间的业务往来收取或支付价款、费用的,税务机关有权进行合理调整

《税收征收管理法》第36条规定,关联企业之间的业务往来,应当按照独立企业之间的业务往来收取或者支付价款、费用。不按照独立企业之间的业务往来收取或者支付价款、费用,而减少其应纳税收入或者所得额的,主管税务机关有权进行合理调整。本案中该总公司以低于其他用户的价格向其分公司提供产品,并且以开具红字普通发票的方式,冲减以前已实现销售收入的行为,已经直接减少了其应当缴纳的增值税和企业所得税。因此,主管税务机关有权对这部分销售额进行合理调整,由此防止国家税款流失。

第十五章　税款征收程序法律制度

　　税款征收的基本要求是:税务机关依照法律、行政法规的规定征收税款,不得违反法律、行政法规的规定开征、停征、多征、少征、提前征收、延缓征收或者摊派税款;除税务机关以及代征人以外,任何单位和个人不得进行税款征收活动;扣缴义务人依照法律、行政法规的规定扣缴税款;纳税人或者扣缴义务人依照法规、行政法规的规定缴纳税款或者解缴税款;减税、免税须经法定程序办理,地方各级人民政府、各级人民政府主管部门、单位和个人违反法律、行政法规的规定,擅自作出的减税、免税决定无效,税务机关不得执行,并应当及时向上级税务机关报告。

第一节　税款征收程序制度概述

　　税款征收程序制度涉及征税主体、纳税主体、征税权、征收方式、欠税管理制度、税款退还制度、税款追征制度。下面作简要介绍。

一、征税主体

　　《税收征收管理法》第5条确立了各级税务机关作为征税主体的法律地位:国家税务总局主管全国税收征管工作,各级国家税务局和地方税务局在各自的征管权限范围内负责税收征管。《税收征收管理法》第29条规定,除税务机关以及经税务机关依照法律、行政法规委托的单位和个人外,任何单位和个人不得进行税款征收活动。由此可见,代表国家行使征税权力的主体只能是各级税务机关。

　　在税收征收法律关系中,征税主体始终处于主导地位。税务机关是专门负责行使征税权的国家机关,是最主要的征税主体。

实际上,只有国家才是真正的征税主体,但是国家是一个法律概念,国家只有通过对税务机关的具体征税活动才能得到税款,因此,国家必须授权给税务机关,税务机关是通过国家授权才成为税法意义上的征税主体的,除此之外,通过国家授权获得行使征税权的机关还有各级财政机关和海关。这三者的权限是:财政部和地方各级财政机关负责契税的征管;海关总署及各级海关负责关税的征管;其他大部分税收均由国家税务总局及各级国家税务机关、地方税务机关负责征管。

二、纳税主体

在我国税法中,纳税主体有如下几种:

1.纳税人

纳税人,是指依照税法规定办理了税务登记,并直接负有纳税义务的单位或个人。《税收征收管理法》第4条规定,法律、行政法规规定负有纳税义务的单位和个人为纳税人。纳税人必须依照法律、行政法规的规定缴纳税款,是税款的直接缴纳者,是履行纳税义务的法律承担者。

2.扣缴义务人

扣缴义务人,是指依照法律、行政法规规定负有代扣代缴、代收代缴税款义务的单位或个人。《税收征收管理法》第4条规定,法律、行政法规规定负有代扣代缴、代收代缴税款义务的单位和个人为扣缴义务人。扣缴义务人包括代扣代缴义务人和代收代缴义务人。扣缴义务人在办理了税款扣缴登记后,也是税收法律规定的申报主体。扣缴义务人必须依照法律、行政法规的规定代扣代缴、代收代缴税款。税法设置这一规定,其目的是为了简化手续,为了对零星分散、不易控制的税源实行源泉控制,以防止国家税收流失。

3.纳税担保人

纳税担保人,是指由税务机关认可的保证纳税人在发生纳税义务后依法按期缴纳税款的单位或者个人。如果纳税人逾期不缴纳税款,税务机关应当责成由纳税担保人负责缴纳税款、滞纳金和罚款。根据我国《担保法》的相关规定,纳税担保人替纳税人缴纳应纳税款、滞纳金和罚款后,纳税担保人可以依法向纳税人追偿。

4.企业合并、分立的纳税主体

为了防止企业利用改制重组规避纳税义务,《税收征收管理法》第48条规定,纳税人有合并、分立情形的,应当向税务机关报告,并依法缴清税款。纳税人合并时未缴清税款的, 应当由合并后的纳税人继续履行未履行的纳税义务;纳税人分立时未缴清税款的，分立后的纳税人对未履行的纳税义务承担连带责任。对于"合并"和"分立"问题，我国《公司法》作出了明确的规定。

三、征税权

征税权，也叫课税权，是指法律赋予税务机关及其他机关开征、停征国家税收以及办理与国家税收有关的职权的总称。征税权是由国家法律赋予的，它是国家公权力的一种，仅次于国家刑法的强制性权力。它具有专属性、法定性、优益性、公示性、不可处分性、不可让渡性等特征。它的内容包括开征权、停征权、减税权、免税权、退税权、追征权、税收核定权、税收检查权、税收强制执行权、税收处罚权。征税权是一个特定的税法范畴，是税收关系在法律上的表现，是税法理论的一个基本概念，也国家税收法律制度的核心制度。

四、征收方式

税款征收方式是指主管税务机关依照税法的规定具体组织应纳税款入库的方法。在税收实务中，我国税款的征收方式有以下几种：

1.查账征收

查账征收，是指纳税人自行计算应纳税额后，在规定期限内依法向主管税务机关申报，并报送有关账册和资料，经主管税务机关审核，填写纳税缴款书后，由纳税人向指定银行缴纳税款的一种征收方式。这种征收方式是我国目前实行的一种主要的税收征收方式，它适用于纳税人会计制度健全，财务核算真实、准确、完整，能够正确计算应纳税额并依法纳税的纳税人。查账征收是我国税款征收的基本方式。

2.查验征收

查验征收，是指主管税务机关对财务会计制度不健全、生产经营不固定的纳税人的生产经营产品和项目进行调查核实后，核定其应纳税额的一种征收方式。这种征收方式包括就地查验征收和设立检查站查验征收，主要适用于城乡集贸市场从事临时经营的纳税人。

3.查定征收

查定征收，是指主管税务机关对纳税人的生产经营情况和课税对象进行调查核实后，核定其应纳税额，填写税收缴款书，由纳税人限期缴入国库的一种征收方式。这种征收方式适用于财务会计制度不健全、账册不完备的小型生产企业或者个体工商户。

4.定期定额征收

定期定额征收，是指主管税务机关根据纳税人的生产经营情况，按期核定应纳税额,分期征收税款的一种征收方式。这种征收方式主要适用于经营范围小、会计账册不健全、难以准确计算真实收入的个体工商户。这是我国目前在个体税收征收管理中广泛采用的税收征收方式。

5.代扣代缴、代收代缴

代扣代缴是指依照税法规定负有代扣代缴义务的单位和个人,从纳税人持有的收入中扣取应纳税款并向税务机关解缴的一种纳税方式。包括:(1)向纳税人支付收入的单位和个人;(2)为纳税人办理汇总存贷业务的单位。代扣代缴的一般有个人所得税、外商投资企业和外国企业所得税、农业特产税。

代收代缴是指依照税法规定负有代收代缴义务的单位和个人,借助经济往来关系向纳税人收取应纳税款并向税务机关解缴的一种纳税方式。这种方式一般是指税收网络覆盖不到或者很难控管的领域,如消费税中的委托加工由受托方代收加工产品的税款。代收代缴的一般有(委托加工)消费税、城建税、资源税。我国在《增值税暂行条例》中,规定了工业企业委托加工产品,一律在委托方提货时由受托方代收代缴税款。

6.委托代征

委托代征,是指受委托的有关单位,依照主管税务机关的委托要求,以委托人(主管税务机关)的名义,向纳税人征收零星税款的税收征收方式。这是一种基于委托合同产生的行政委托代理关系。《税收征收管理法实施细则》第44条对委托代征的问题作了规定:税务机关根据有利于税收控管和方便纳税的原则,可以按照国家有关规定委托有关单位和人员代征零星分散和异地缴纳的税收,并发给委托代征证书。受托单位和人员按照代征证书的要求,以税务机关的名义依法征收税款,纳税人不得拒绝;纳税人拒绝的,受托代征单位和人员应当及时报告税务机关。[1]

7.如何区分代扣代缴、代收代缴和委托征收

在日常税收征收管理工作中,税务人员经常遇到代扣代缴、代收代缴和委托代征三种征管手段的运用,但在实务操作层面,由于部分税务人员对其概念与内涵的界定不甚清晰,造成事实上三种手段的模糊运用或者混用,影响了税收管理质量进一步提高。为此,有必要对三者加以区分。

首先,从上述三者之间的概念分析不难看出,代扣代缴义务人包括:(1)向纳税人支付收入的单位和个人;(2)为纳税人办理汇总存贷业务的单位。代收代缴义务人包括:(1)委托加工单位;(2)生产原油重油的单位。

其次,从法律角度分析,代扣代缴和代收代缴的税收法律关系有一定的区

---

[1]刘兵著:《税务执法程序的风险控制》,法律出版社,2009年版,第97页。

别:代扣代缴义务人直接控制纳税人的收入,可以直接从纳税人的收入中扣除纳税人的应纳税款。代收代缴义务人在与纳税人的经济往来中收取纳税人的应纳税款并代为缴纳。扣缴义务人是一种特殊的纳税主体,处在征税主体与纳税主体之间的中间地位。一方面,代扣、代收税款时,它代表国家行使征税权;另一方面,在税款上缴国库时,又在履行纳税主体的义务。可以说,在一般实务中,这两类义务人都是法定的天然义务人。

最后,而对于委托代征而言,与前两者相比较,有更大的区别。根据《税收征收管理法》第29条、《税收征收管理法实施细则》第44条的规定,委托代征人包括单位和个人,可以委托代征的税收是零散税收和异地税款。同时,委托代征人与代扣代缴义务人、代收代缴义务人作为法定的天然义务人相比,税务机关必须根据委托代征的范围,考察受托单位和人员是否具备受托代征税款的能力、素质等,确定受托代征单位和人员,并与受托单位和人员签订协议书。委托代征是行政法律意义上的行政委托,委托代征当事人双方签订的是行政委托合同,税务机关根据情况的变化,可单方解除行政委托合同,但受托代征方不能单方解除行政委托合同。

五、欠税管理制度

欠税,是指纳税人、扣缴义务人未在规定期限缴纳或者解缴税款的行为,这在《欠税公告办法(试行)》中有规定。欠税时间的计算方法是从规定的纳税期限届满之日的次日起计算至纳税人、扣缴义务人缴纳或者解缴税款之日止。欠税金额的计算方法是按纳税人、扣缴义务人的应缴纳或者应解缴数额与实际缴纳或者解缴数额的差值计算。对欠税税额应征收万分之五的滞纳金。滞纳金带有惩罚性,征收滞纳金的目的在于减少欠税。

六、税款退还制度

税款退还,是指纳税人实际缴纳的税款多于应纳税款,对多缴纳的税款,由主管税务机关退还纳税人。造成多缴纳税款的症结,既有计算上的原因,也有税法立法技术上的原因。不论何种原因,主管税务机关均要根据实际情况退还纳税人多缴纳的税款。设置税款退还制度的目的,是为了保证纳税人不多缴纳不应该缴纳的税款,是为了维护税法的公平性。

七、税款追征制度

税款追征,是指在纳税人、扣缴义务人未缴、少缴税款的情况下,依法对未缴、少缴税款的追缴。实行税款追征制度,有利于保证国家税收不因纳税人或者税务机关的原因导致少缴纳的税款流失。发生税款的追征,原因是多方面的,既有纳税人、扣缴义务人的原因,也有主管税务机关的原因,但无论是哪种原因导致的税款少缴,税务机关都应当依法予以追征。不同原因发生的税款追征,有不同的追征方式。

1.因税务机关的原因造成纳税人、扣缴义务人未缴、少缴税款,主管税务机关可以在3年内追征,但不加收滞纳金。

2.因纳税人、扣缴义务人的原因造成未缴、少缴税款,主管税务机关可以在3年内追征,特殊情况追征期延长至5年,并要追征滞纳金。

3.对偷税、抗税、骗税的,主管税务机关可以无限期追征税款、滞纳金,不受3年或者5年追征期的限制。

第二节 税款征收程序制度的基本内容

一、主管税务机关应遵守的程序制度

(一)税务机关的法定职责

我国税法对税务机关的职责作了如下的规定:

1.税务机关不得违反法律、行政法规的规定开征、停征、多征、少征、延缓或者提前征收税款。

2.税务机关应当将征收的税款、滞纳金、罚款按时足额依照预算级次入库,不得截留、挪用。

3.税务机关应当依照法定程序征税和依法确定税收征收管理的相关事项。

4.税务机关应当对纳税人的经营情况、财务状况保密。

5.税务机关应当依法办理减税、免税等税收优惠,不得因为有税务师事务所代理税款征收,便违法办理减税、免税等税收优惠。

6.税务机关不应当强行要求非扣缴义务人代扣、代收税款。

7.税务机关应当依照法定程序实施税收保全措施。

8.税务执法人员不得滥用职权,故意刁难纳税人、扣缴义务人。如果税务执法人员有这种行为,要给予行政处分;构成犯罪的,要依照《中华人民共和国刑法》关于渎职犯罪的相关规定追究刑事责任。

税务机关享有征税权,这种权力具有仅次于刑法的强制性,不能由税务机关自由放弃或让渡,并且这种权力的行使必须遵守法定程序。也就是说,征税机关在享有征税权的同时,也负有与此相应的法定职责。

(二)税款征收程序的税法要求

1.依法征收税款

税收法定主义原则要求税收法定、税种法定、征税法定,禁止对税法作扩大解释,因此,税务机关不得违法开征、停征、多征、少征税款,提前、延缓征收税款或者摊派税款。

第一个税法层面:《税收征收管理法》第28条规定,税务机关按照法律、行政法规的规定征收税款,不得违反法律、行政法规的规定开征、停征、多征、少征、提前征收、延缓征收或者摊派税款。

第二个税法层面:《税收征收管理法》第83条规定,违反法律、行政法规的规定提前征收、延缓征收或者摊派税款的,由其上级机关或者行政监察机关责令改正,对直接负责的主管人员和其他直接责任人员依法给予行政处分。

第三个税法层面:《税收征收管理法》第84条规定,违反法律、行政法规的规定,擅自作出税收的开征、停征或者减税、免税、退税、补税以及其他同税收法律、行政法规相抵触的决定的,除依照本法规定撤销其擅自作出的决定外,补征应征未征税款,退还不应征收而征收的税款,并由上级机关追究直接负责的主管人员和其他责任人员的行政责任;构成犯罪的,依法追究行政责任。

2.执法程序应当合法

关于执法程序应当合法的问题,《税收征收管理法》作了如下规定:

第一方面,《税收征收管理法》第34条规定,税务机关征收税款时,必须给纳税人开具完税凭证。扣缴义务人代扣、代征税款时,纳税人要求扣缴义务人开具代扣、代收税款凭证的,扣缴义务人应当开具。

第二方面,《税收征收管理法》第37条规定,对未按照规定办理税务登记的从事生产、经营的纳税人以及临时从事生产经营的纳税人,由税务机关核定其应纳税额,责令缴纳;不缴纳的,税务机关可以扣缴其价值相当于应纳税款的商品、货物。扣缴后缴纳应纳税款的,税务机关必须立即解除扣押,并归还所扣押的商品、货物;扣押后仍不缴纳应纳税款的,经县以上税务局(分局)局长批准,依法拍卖或者变卖所得抵缴税款。

程序正确是保证实体处理正确的关键。前面谈到的《税收征收管理法》第37条规定还涉及纳税担保和税收强制的问题,税务执法人员一定要注意该执法程序必须依法进行。

3.税款必须缴入国库

这里讲的税款还应当包括滞纳金以及罚款。

为了避免部分税务执法机关不将滞纳金、罚款按预算级次入库的现象,《税收征收管理法》第53条规定,国家税务局和地方税务局应当按照国家规定的税收征收管理范围和税款入库预算次级,将征收的税款缴入国库。对审计机关、财政机关依法查处的税收违法行为,税务机关应当根据有关机关的决定、意见书,依法将应收的税款、滞纳金按照税款入库预算次级缴入国库,并将结果及时回复有关机关。

现行的《税收征收管理法》,大大强化了税务执法人员的法律责任,这种责任几乎覆盖了所有税务执法人员行使执法权力的后果,并且使这种责任的落实更加具体,但尚存在不完善的地方。目前,《税收征收管理法》的修订工作已经展开,相关征求意见稿也已经向社会发布,从征求意见稿看,对税务人员的责任规定将更加具体、明确。税务执法人员在执法工作中稍有疏忽,就有可能被问责。《税收征收管理法》征求意见稿之所以要采取这样的立法宗旨,是依法治国、依法治税的基本要求,也是现代行政法发展趋势的要求。

4.明确税收征收职权范围

为了避免交叉征税、重复征税,各级税务机关不得擅改征税范围和入库预算级次,否则,直接负责的主管人员和其他直接责任人员要承担降级或者撤职的行政责任。为此,国家税务总局明确了税收征收的职权范围。税收征收的职权范围是这样划分的:

第一,国家税务局系统的征收范围。国家税务局系统主要负责如下现行税种的征收管理:增值税;消费税;进口产品增值税、消费税;对台贸易调节税;铁道、各商业银行总行、保险总公司集中缴纳的营业税、所得税和城市维护建设税;中央企业所得税;地方银行和外资银行及非银行金融企业所得税;车辆购置税;对证券交易征收的印花税;海洋企业所得税、资源税;证券交易税;境内外资企业和外国企业的增值税、消费税和企业所得税;集贸市场和个体户的增值税、消费税;按中央税、中央与地方共享税附征的教育费附加(仅限于铁道、各商业银行总行、保险总公司集中缴纳的部分);出口产品退税的管理;中央税的滞补罚收入。

第二,地方税务局系统的征收范围。地方税务局系统主要负责如下现行税种的征收管理:营业税;个人所得税;土地增值税;城市维护建设税;车船使用税;房产税;屠宰税;资源税;城镇土地使用税;地方企业所得税;印花税;筵席税;地方税的滞补罚收入;地方营业税附征的教育费附加。部分地区的地方税务局还负责社会保险费和其他地方规费的征收。

由于我国自1994年起便实行新税制改革,实行分税制,同时对税务机构也进行改革,省以下税务机构由此分设为国家税局和地方税务局两套税务机构(上海市除外)。

分税制要求采取按税种和收入分开的办法征收地方税和中央税,在税收的成分上明确划定了中央税和地方税的范围。在税收征收管理过程中,属于中央的部分,由国家税务局征收;属于地方的部分,由地方税务局征收。为了保证中央税和地方税及时足额入库,各级国家税务局和地方税务局必须按照税法规定的征收管理范围和税款预算级次分别征收管理,并将征收的税款缴入国库。

尽管国家税务局与地方税务局是两个相对独立的行政执法主体,有着各自的工作职责和征管范围,但均属于政府的重要行政执法部门,共同执行统一的税收法律、法规。为了国家税收工作的稳步发展,各地国家税务局、地方税务局应当不断加强协调配合,整合信息资源,共同致力于征管质量和效率的提高;应当建立信息交换制度,定期交换数据信息,实现信息资源共享;应当加强日常征管工作的协调,通过联合办理税务登记、联合开展个体工商户税额的核定、联合开展纳税信用等级评定、联合组织税法宣传、联合组织纳税咨询辅导、对同一纳税人(扣缴义务人)欠缴税款数额实行联合公告、联合实施税务稽查以及加强税收政策执行的沟通协调,共同做好对纳税人的服务和管理。

5.依法审批纳税人的延期纳税

延期纳税,指的是纳税人因特殊困难不能在法定或者主管税务机关规定的期限内缴纳应纳税款,经批准,可以延期缴纳税款。

延期纳税是税法赋予纳税人的一项权利,税务执法人员不能剥夺。《税收征收管理法》第31条规定,纳税人、扣缴义务人按照法律、行政法规或者税务机关依照法律、行政法规的规定确定的期限,缴纳或者解缴税款。如果纳税人因有特殊困难,不能按期缴纳税款的,经省、自治区、直辖市国家税务局、地方税局批准,可以延期缴纳税款,但是最长期限不得超过3个月。在这一问题上,税务执法人员要把握如下问题:

第一,纳税人延期缴纳税款的法定条件。纳税人延期缴纳税款的法定条件有三个:第一个条件是纳税人确实发生了特殊困难。所谓"特殊困难",指的是因不可抗力导致纳税人发生较大损失,严重影响了纳税人正常的生产、经营活动;或者是纳税人当期存量资金在扣除职工工资、社会福利等费用后,不足以缴纳应纳税款。第二个条件是必须经过省级税务机关的批准。《税收征收管理法》第31条规定,行使延期缴纳税款的批准权限只能是省、自治区、直辖市国家税务局、地方税局,但是《税收征收管理法实施细则》第41条补充规定了计划单列市国家税务局、地方税局也可以行使延期缴纳税款的批准权限。第三个条件是延期缴纳税款的最长期限不得超过3个月。这三个法定条件缺一不可,否则会形成法律风险。

由于税法规定延期缴纳税款的最长期限不得超过3个月,因此税务执法人员必须防止纳税人对同一笔税款进行滚动申请;同时,税务执法人员还应注意纳税人在批准的延期内没有缴纳税款的问题,如果纳税人在批准的延期内没有缴纳税款,税务执法人员一定要书面催促纳税人缴纳税款并加收滞纳金。

第二,纳税人延期缴纳税款的办理程序。在纳税人延期缴纳税款的办理程序中,首先要涉及纳税人的申请期限问题。《税收征收管理法实施细则》第42条规定,纳税人需要延期缴纳税款的,应当在缴纳税款期限届满前提出申请。据此,纳税人延期缴纳税款的申请期限的时间界点只能是在缴纳税款期限届满前。这里涉及的缴纳税款期限包括法律、行政法规规定的缴纳税款期限,也包括由主管税务机关依照法律、行政法规的规定确定的缴纳税款期限。不论是哪一种期限,纳税人都必须满足在"届满前"这一时间界点的税法规定。其次,要涉及纳税人提出延期缴纳税款应当报送的相关材料。纳税人提出延期缴纳税款应当报送的材料包括延期缴纳税款的申请报告、当期资金库存量、当期银行对账单、当期资产负债表、当期应付职工工资等费用的预算方案。最后,要涉及审批时限问题。对于审批时限,《税收征收管理法实施细则》第42条规定,税务机关应当自收到申请延期缴纳税款报告之日起20日内作出批准或者不批准的决定。

6.依法送达税务文书

税务机关向受送达人送达的税务文书包括:税务事项通知书、责令限期改正通知书、税收保全措施决定书、税收强制执行决定书、税务检查通知书、税务处理决定书、税务行政处罚决定书、行政复议决定书。当然,还可能涉及其他税务文书。

税务机关向受送达人送达税务文书的基本要求是:应当按照税收程序法的要求送达受送达人。

二、纳税人、扣缴义务人应遵守的程序制度

1.《税收征收管理法》规定,纳税人、扣缴义务人必须依照法律、行政法规的规定缴纳税款、代扣代缴、代收代缴税款。

2.纳税人必须按照税法以及有关财务、会计制度的相关规定,正确计算当期应纳税金。如果是企业或者是外国企业在中国境内设立的从事生产、经营的机构、场所与其关联企业之间的业务往来,应当按照独立企业之间的业务往来收取或者支付价款、费用。如果纳税人违反了有关关联企业的纳税规定,主管税务机关有权进行税收核定。

3.我国税法对所有税种均规定了纳税的期限,纳税人没有法定的原因不能超过规定的期限纳税。纳税人一旦超过规定的期限纳税,主管税务机关有权依法要求纳税人限期按照规定的应纳税额补缴税款,并要依法加收滞纳金;如果纳税人在限期内仍然没有补缴应纳税款,主管税务机关要依法予以处罚。

4.扣缴义务人应当依照法律、行政法规的规定履行代扣代缴、代收代缴税款的义务;扣缴义务人依法履行代扣、代收税款义务时,纳税人拒绝的,扣缴义务人应当及时报告主管税务机关处理;扣缴义务人代扣、代收税款时,应当依法给纳税人出具完税凭证。

5.欠缴税款的纳税人在出境前,应当依法向主管税务机关结清应纳税款,如果不能及时结清应纳税款,应当向主管税务机关提供有效的纳税担保。如果纳税人既未结清应纳税款,又不提供有效纳税担保的,主管税务机关可以通知出境管理机关阻止该纳税人出境。

第三节　法律责任

一、关于税务人员的法律责任

1.税务人员徇私舞弊或玩忽职守,不征或少征应征税款,致使国家税收遭受重大损失,构成犯罪的,依法追究刑事责任;尚不构成犯罪的,依法给予行政处分。

2.违反法律、行政法规的规定提前征收、延缓征收或者摊派税款的,由其上级机关或者行政监察机关责令改正,对直接负责的主管人员和其他直接人员依法给予行政处分。

3.违反法律、行政法规的规定,擅自作出税收的开征、停征或者减税、免税、退税、补税以及其他同税收法律、行政法规相抵触的决定的,除依法撤销其擅自作出的决定外,补征应征未征税款,退还不应征收而征收的税款,并由上级机关追究直接负责的主管人员和其他直接人员的行政责任;构成犯罪的,依法追究刑事责任。

4.审计机关、财政机关依法进行审计、检查时,对税务机关的税收违法行为作出的决定,税务机关应当执行;发现被审计、检查单位有税收违法的,向被审计、检查单位下达决定、意见书,责成被审计、检查单位向税务机关缴纳应当缴纳的税款、滞纳金。税务机关应当根据有关机关的决定、意见书,依照税收法律、行政法规的规定,将应收的税款、滞纳金按照国家规定的税收征收管理范围和入库级次缴入国库。

税务机关应当自收到审计机关、财政机关的决定、意见书之日起30日内将执行情况书面回复审计机关、财政机关。

有关机关不得将其履行职责过程中发现的税款、滞纳金自行征收入库或者以其他款项的名义自行处理、占压。

如果税务机关违反上列规定,对税务机关的直接负责领导和直接当事人应当给予相应的行政处分。

5.税务人员如果与纳税人、扣缴义务人勾结,唆使或者协助纳税人、扣缴义务人偷税、逃避追缴欠税、骗取出口退税,那么税务人员将构成共同犯罪,成为纳税人扣缴义务人实施的偷税罪、逃避追缴欠税罪、骗取出口退税罪的同案犯,要受到刑事处分。

二、关于纳税人、扣缴义务人的法律责任

(一)偷税的法律责任

1.情节轻微的偷税行为

《税收征收管理法》第63条规定,纳税人伪造、变造、隐匿、擅自销毁账簿、记账凭证,或者在账簿上多列支出或者不列、少列收入,或者经税务机关通知申报而拒不申报或者进行虚假的纳税申报,不缴或者少缴应纳税款的行为,是偷税。

对纳税人偷税的,由主管税务机关追缴其不缴或者少缴的税款、滞纳金,并处不缴或者少缴的税款50%以上5倍以下的罚款。

扣缴义务人采取上列手段,不缴或者少缴已扣、已收税款,也构成偷税,要由主管税务机关追缴其不缴或者少缴的税款、滞纳金,并处不缴或者少缴的税款50%以上5倍以下的罚款。

2.偷税罪

《税收征收管理法》对纳税人、扣缴义务人的情节严重的偷税行为也作了相应规定。这里就涉及纳税人、扣缴义务人不缴、少缴税款行为性质的转化问题。税法规定,对于偷税,构成犯罪的,要依法追究刑事责任。如果纳税人、扣缴义务人不缴、少缴税款的行为已由违反税法的行为转化为犯罪,涉嫌偷税罪,税务机关应依照法定程序,将案件移交公安机关处理。

偷税罪,指的是纳税人伪造、变造、隐匿、擅自销毁账簿、记账凭证,或者在账簿上多列支出或者不列、少列收入,或者经税务机关通知申报而拒不申报或者进行虚假的纳税申报,不缴或者少缴应纳税款,数额较大或者情节严重的行为。税务机关该如何判断纳税人、扣缴义务人不缴、少缴税款的行为已构成偷税罪?税收实践中,可以将《刑法》第201条的规定作为判定偷税罪的标准。纳税人的偷税数额如果占应纳税额10%以上并且偷税数额在1万元以上,或者因偷税被税务机关给予二次行政处罚又偷税的,即构成偷税罪;扣缴义务人不缴或者少缴已扣、已收税款,数额占应缴税额10%以上并且数额在1万元以上的,也构成偷税罪;对于多次犯有偷税行为未经处理的,应当按照累计数额计算。根据《刑法》的这一规定,区分偷税罪与一般偷税行为的关键在于偷税的数额是否达到了法定的标准或者偷税的情节是否达到了法律规定的严重程度。如果纳税人的偷税数额没有同时达到占应纳税额10%以上和偷税数额在1万元以上这两个数额起点,或者不具有因偷税被税务机关给予二次行政处罚又偷税的情节的,或者扣缴义务人不缴或者少缴已扣、已收税款数额没有同时达到占应缴税额10%以上和偷税数额在1万元以上这两个数额起点的,就按一般偷税行为处理。

上列条文中的"经税务机关通知申报"的含义,是指:纳税人、扣缴义务人已经依法办理税务登记或者扣缴税款登记;依法不需要办理税务登记的纳税人,经税务机关依法书面通知其申报而仍未申报;尚未依法办理税务登记或者扣缴税款登记的纳税人、扣缴义务人,经税务机关依法书面通知其申报而仍未申报。

上列条文中的"虚假的纳税申报"的含义,是指:纳税人或者扣缴义务人向税务机关报送虚假的纳税申报表,财务报表,代扣代缴、代收代缴税款报告表或者其他纳税申报资料,如提供虚假申请,编造减税、免税、抵税、先征收后退还税款等虚假资料。

根据《刑法》第201条的规定,犯偷税罪,纳税人的偷税数额如果占应纳税额10%以上不满30%并且偷税数额在1万元以上不满10万元,或者因偷税被税务机关给予二次行政处罚又偷税的,处3年以下有期徒刑或者拘役,并处或者单处欠缴税款1倍以上5倍以下罚金;偷税数额如果占应纳税额30%以上并且偷税数额在10万元以上的,处3年以上7年以下有期徒刑,并处欠缴税款1倍以上5倍以下罚金。

扣缴义务人犯本罪,不缴或者少缴已扣、已收税款,数额占应缴税额的10%以上并且数额在1万元以上的,依照上列规定予以处罚。

如果是法人犯本罪,对单位判处罚金,并对直接负责的主管人员和其他直接责任人员,依照上列规定予以处罚。

(二)逃避追缴欠税的法律责任

1.情节轻微的逃避追缴欠税行为

纳税人欠缴应纳税款,采取转移或者隐匿财产的手段,妨碍税务机关追缴欠缴税款的行为,是逃避追缴欠税。

对纳税人逃避追缴欠税的,由主管税务机关追缴欠缴的税款、滞纳金,并处欠缴税款50%以上5倍以下的罚款。

2.逃避追缴欠税罪

纳税人欠缴应纳税款,采取转移或者隐匿财产的手段,妨碍税务机关追缴欠缴的税款,数额较大的行为,是逃避追缴欠税罪。

根据《刑法》第203条的规定,犯本罪,数额在1万元以上不满10万元的,处3年以下有期徒刑或者拘役,并处或者单处欠缴税款1倍以上5倍以下罚金;数额在10万元以上的,处3年以上7年以下有期徒刑,并处欠缴税款1倍以上5倍以下罚金。

如果是法人犯本罪,对单位判处罚金,并对直接负责的主管人员和其他直接责任人员,依照上列规定予以处罚。

(三)抗税的法律责任

1.情节轻微的抗税行为

纳税人、扣缴义务人以暴力、威胁方法拒不缴纳税款,是抗税。

对于情节轻微,尚未构成犯罪的抗税行为,由主管税务机关追究其拒缴的应纳税款、滞纳金,并处以拒缴应纳税款1倍以上5倍以下的罚款。

2.抗税罪

纳税人、扣缴义务人以暴力、威胁方法拒不缴纳税款,情节严重的行为,是抗税罪。

区分纳税人的抗税行为是否构成犯罪的关键是情节是否严重。如果情节不严重,主管税务机关应以一般抗税行为对待,不依法向有关机关移交。"情节严重"指的是:聚众抗税的首要分子;抗税数额在10万元以上的;多次抗税的;故意伤害致人轻伤的。

根据《刑法》第202条的规定,犯本罪,处3年以下有期徒刑或者拘役,并处拒缴税款1倍以上5倍以下罚金;情节严重的,处3年以上7年以下有期徒刑,并处拒缴税款1倍以上5倍以下罚金。如果纳税人以暴力方法致人重伤或者死亡的,属于想象竞合犯罪,应当从一重罪论处。[1]

(四)骗取出口退税的法律责任

1.情节轻微的骗取出口退税行为

纳税人以假报出口或者其他欺骗手段,骗取国家出口退税款的行为,是骗取出口退税。对于骗取出口退税,由主管税务机关追缴其骗取的退税款,并处骗取税款一倍以上五倍以下的罚款。

纳税人如果骗取国家出口退税款,主管税务机关可以规定一定期间内停止为其办理出口退税。

2.骗取出口退税罪

纳税人以假报出口或者其他欺骗手段,骗取国家出口退税款,数额较大的行为,是骗取出口退税罪。"假报出口",是指以虚构已税货物出口事实为目的,有下列情形之一的:或者伪造或者签订虚假的买卖合同;或者以伪造、变造或者其他非法手段取得出口货物报关单、出口收汇核销单、出口货物专用缴款书等

---

[1]高铭暄主编:《刑法学》,北京大学出版社,1998年版,第368页。

有关出口退税单据、凭证;或者虚开、伪造、非法购买增值税专用发票或者其他可以用于出口退税的发票。"其他欺骗手段",是指骗取出口货物退税资格的;将未纳税或者免税货物作为已税货物;虽有货物出口,但虚构该出口货物的品名、数量、单价等要素,骗取未实际纳税部分出口退税款的。

根据《刑法》第204条的规定,犯本罪,处5年以下有期徒刑或者拘役,并处骗取税款1倍以上5倍以下罚金;数额巨大或其他严重情节的,处5年以上10年以下有期徒刑,并处骗取税款1倍以上5倍以下罚金;数额特别巨大或者有其他特别严重情节的,处10年以上有期徒刑或者无期徒刑,并处骗取税款1倍以上5倍以下罚金或者没收财产。但是在处理本罪时需注意,如果纳税人缴纳税款后,再采取前列手段骗取所缴纳的税款,则不构成本罪,应当按照《刑法》第201条规定的偷税罪处罚。单位犯本罪,对单位判处罚金,并对直接负责的主管人员和其他直接责任人员,依照上列规定予以处罚。

在本罪中,骗取国家出口退税款5万元以上的,是数额较大;骗取国家出口退税款50万元以上的,是数额巨大;骗取国家出口退税款250万元以上的,是数额特别巨大。

在本罪中,"其他严重情节",是指造成国家税款损失30万元以上并且在第一审判决宣告之前无法追回的;或者因骗取国家出口退税行为受过行政处罚,两年内又骗取国家出口退税款数额在30万元以上的。"其他特别严重情节",是指造成国家税款损失150万元以上并且在第一审判决宣告之前无法追回的;或者因骗取国家出口退税行为受过行政处罚,两年内又骗取国家出口退税款数额在150万元以上的。

(五)扣缴义务人不履行法定义务的责任

扣缴义务人应扣未扣、应收而不收税款的,由主管税务机关依法向纳税人追缴,同时依法对扣缴义务人处以应扣未扣、应收未收税款50%以上3倍以下的罚款。

第四节　延伸阅读——2009年国家税务总局公布的重大偷税案[1]

一、"晋鲁"虚开发票偷税案

2005年4月,山西省国税、地税、公安机关联合查处了山西宇进铸造冶炼公司和山西宇晋钢铁公司接受虚开废旧物资销售发票偷逃增值税的涉税违法犯

---

[1]案例来源:引自http://qun.51.com/accerp/topic.php?pid=4678,2009-09-28

罪案件。经查,两企业隶属于河南仁和集团公司。2002年1月—2005年3月,两企业以低价购买当地小铁厂的生铁、铁水等产品,改变原料名称以废旧物资的名义入账,同时取得山东、陕西、河南等7省20户废旧物资回收企业的虚开发票12741份,抵扣进项增值税税额2.25亿元;设置账外账,隐瞒销售收入,少缴增值税2.45亿元;少缴地方各税4701万元。另外,河南省税务机关还查实,河南仁和集团公司的5家关联企业隐瞒销售收入,少缴增值税9208万元,少缴企业所得税927万元,少缴地方各税1332万元。目前,山西、河南税务机关通过对上述企业检查,共查补税款6.31亿元,罚款1.4亿元,加收滞纳金3.82亿元,合计11.53亿元。公安机关已抓获犯罪嫌疑人25人,移送检察机关提起公诉。

二、广东省十八宝医药保健品有限公司偷税案

2004年10月,根据群众举报,广东省国税局立案查处了广东省十八宝医药保健品有限公司虚开农副产品收购发票和偷税案。经查,该公司系中外合资企业(港资),主要生产"生命一号"口服液等产品。2002年1月—2004年10月,该公司为自己虚开农副产品收购发票15279份,申报抵扣增值税进项税额2536.5万元;不按规定开具农副产品收购发票5422份,申报抵扣增值税进项税额746.4万元;以不符合规定的和为自己虚开的农副产品收购发票入账,虚列、多报成本和费用,共计偷外商投资企业和外国企业所得税5135万元。广东省十八宝医药保健品有限公司上述违法行为,共应补税款8417.9万元、滞纳金1715万元,罚款1268万元,合计为1.14亿元。目前,税务机关已将税款、滞纳金、罚款全部追缴入库,并以涉嫌偷税罪移送公安机关。

三、江苏"铁本"专案

2004年4月3日,国务院成立铁本专案组对江苏铁本钢铁有限公司(以下简称铁本公司)及其关联企业常州鹰联钢铁有限公司、常州市三友轧钢厂等3家企业有关违法违规问题进行查处。4月17日,根据国务院的指示和国家税务总局部署,国家税务总局稽查局成立了铁本税收专案组,对铁本公司2001—2003年的纳税情况实施专案检查。现已查明,2001—2003年,铁本公司及其关联企业采取虚造铁本公司废旧物资过磅单、入库单、物资收购公司废旧物资收购过磅单以及虚列废旧物资供货人等手法,让江苏省常州地区7户废旧物资收购企业为自己虚开销售发票抵扣进项税。同时,通过隐瞒销售收入、伪造账簿凭证、多列成本等手段偷税。目前,税务机关已对铁本公司及其关联企业作出追缴税款4.2亿元,其中增值税1.9亿元,企业所得税2.2亿元,其他地方各税1052.36万元,认定偷税2.9亿元,并加收滞纳金5959.76万元的税务处理决定。

四、"黑津冀"系列虚开发票案

2004年7月，国家税务总局稽查局成立了以国家税务总局稽查局领导和黑龙江、天津、河北、内蒙古等有关省(区、市)主管局长为成员的"黑津冀"系列虚开发票案检查工作领导小组，要求涉案的4个省(区、市)分别成立专案组，对涉案企业进行联合检查。

经查，此案是以一批不法分子虚开黑龙江省废旧物资销售发票为源头，天津、河北、内蒙古等地受票企业进而对外虚开增值税专用发票为主线的系列虚开发票案件，共涉及全国28个省(区、市)9000余户企业，涉及税额14.5亿元。目前，税务机关已查补税款、罚款及加收滞纳金17.28亿元，逮捕犯罪嫌疑人72人。

五、"夏都专案"

"夏都专案"是一起犯罪嫌疑人相互勾结、有预谋地实施犯罪的特大虚开和骗税系列案件。该案自2003年12月由青海省国税局发现西宁市三兰制衣有限公司(以下简称三兰公司)涉嫌虚开、骗税开始至2005年1月全面告破，历时1年。其间，各涉案地国税机关和公安机关以三兰公司税案为突破口，根据掌握的线索，深挖细究，不断扩大检查范围和战果，取得了打击虚开增值税专用发票和骗税斗争的决定性胜利。截至2005年1月，"夏都专案"共涉及全国11个省(区、市)的211户企业(205户生产企业，6户外贸出口企业)，涉及增值税专用发票、农副产品收购发票、废旧物资收购发票、废旧物资收购企业开具用于抵扣的普通发票、海关代征增值税专用缴款书41167份，涉案金额28.4亿元，税额4.5亿元。公安机关立案83起，抓获主要涉案犯罪嫌疑人107人。

六、江西南昌市"5·5"案

2003年3月，南昌市地税局稽查局根据市纪委转来的群众举报，与市公安局经侦支队联合检查，一举破获了江西省地税局成立以来案值最大的非法制造、贩卖假发票涉税案件(简称"5·5"案件)。涉案地税、公安双方通力协作，捣毁了在广州制造假发票、在南昌倒卖假发票窝点各一个；抓获犯罪嫌疑人17人，其中7人分别被判处有期徒刑；收缴假发票7239份，发票涉案金额2.6亿元，涉税金额1000余万元。对接受假发票的98个涉案单位，地税部门依法进行了检查，追缴税款总计1600余万元，其中促使涉案纳税人主动向征管部门申报补缴的税款共计550万元。此外，公安部门依法扣缴赃款、赃物价值200余万元。

七、河南省"7·2"虚开发票案

2004年3月,河南省濮阳市国税局根据群众举报和12366举报线索,与公安、检察部门联合成立濮阳市"7·2"专案指挥部,对濮阳市台前县金利纸业有限公司、台前县乡镇企业供销公司和台前县腾达铸造有限公司等31户企业实施检查。经查,涉案31户企业共接受虚开增值税专用发票、废旧物资销售发票和其他发票11055份,抵扣增值税税额4356万元;虚开增值税专用发票10710份,虚开税额1.26亿元。目前,税务机关通过协查和检查,对濮阳市台前县金利纸业有限公司等31户企业查补税款8021万元,罚款2760万元,加收滞纳金406万元,合计1.12亿元。公安机关抓获犯罪嫌疑人28人,检察机关移送起诉16人,法院已判决7人,最高刑期为13年。

八、宁夏回族自治区"12·26"重大虚开增值税专用发票案

2005年11月14日,宁夏回族自治区银川市国税局在核实国家税务总局信息系统海关完税凭证比对结果时发现,银川市正源物资有限公司(以下简称正源公司)所申报抵扣税款的海关完税凭证无相应的海关比对信息,涉嫌使用虚假海关完税凭证抵扣税款,随即移送稽查局协查。在检查中发现正源公司与银川翔远科贸有限公司(以下简称翔远公司)通话频繁,使用的海关完税凭证的数量、金额、时间等因素基本一致,由此判断翔远公司也有使用虚假凭证抵扣税款的重大嫌疑。专案组决定对两公司并案调查。公安机关于2005年12月26日抓获上述两公司的实际经营者蒋金龙,在其住所内又发现了银川程坤商贸有限公司(以下简称程坤公司)和银川华英科贸有限公司(以下简称华英公司)两户增值税一般纳税人的相关资料。经公安机关对蒋金龙审讯,程坤公司、华英公司均是他使用假身份证注册的开票公司,所使用海关完税凭证均为购买的假票,有虚开增值税专用发票的重大嫌疑,遂将这两个公司并案查处。经查,上述4户企业无货虚开增值税专用发票230份,金额2030.19万元,税额345.13万元。共使用虚假海关完税凭证38份,申报抵扣税款合计455.68万元。目前,税务机关已作出对无货虚开增值税专用发票230份不予抵扣,追缴税款345.13万元(其中宁夏本地追缴入库已抵扣税款77.87万元)的处理结果。蒋金龙已被法院判处无期徒刑,并被没收个人全部财产。

九、加拿大海外移民服务中心税案

2004年5月,国家税务总局稽查局、公安部经济犯罪侦查局联合督办,查处了加拿大海外移民服务中心涉税违法犯罪案件。经全国涉案各地税务机关查

证,加拿大海外移民服务中心自1995年以来在国内注册的美致蓝等公司共办理出国人数5000余人,采取不申报或少申报经营收入的手法偷逃税款,向税务机关申报纳税数额占应纳税额不到5.3%。此次检查,各地税务机关查补税款、滞纳金及罚款共计640万元,广东、陕西两地税务机关依法将此案移送司法机关追究刑事责任。经法院审理,依法判处涉案的王屹南、朱桂卿夫妇有期徒刑,并对个人及涉案公司处罚金合计338.5万元。

十、浙江省临海市翔诚饰品有限公司骗税案

2004年12月,浙江省临海市国税局稽查局在案件协查中,发现临海市翔诚饰品有限公司存在虚开发票、骗税较大嫌疑。经查,2001—2004年期间,临海市翔诚饰品有限公司等涉案5户企业取得虚开增值税专用发票408份,采取非法购汇、虚抬出口产品价格等手段,实施骗取出口退税款1208.93万元,其中实际骗取出口退税款801.93万元;采取销售不入账等手段偷逃增值税122.22万元;取得虚开增值税专用发票517份,税额544.44万元,抵扣增值税进项税额528.29万元。目前,税务机关追缴已骗取的出口退税款801.93万元,增值税税款650.51万元,加收滞纳金143.93万元,处以罚款1451.76万元,合计3048.13万元。税务机关拟对涉案企业财产进行拍卖。公安机关已抓获10名犯罪嫌疑人,检察机关已提起公诉;另有2人在逃,公安机关正在追捕中。

上列案例说明,税务机关反偷税的责任重大。各级税务机关应当恪尽职守,加强税收监管,加大对税收违法行为的打击力度。

第十六章　欠税公告程序法律制度

　　欠税公告程序制度是在2001年才在《税收征收管理法》中确立的。欠税公告程序制度的基本要求是：税务机关发布欠税公告应当有纳税人欠税的基本事实，并且要按照法定程序发布，否则要承担侵害他人名誉权的法律责任。

第一节　欠税公告程序制度概述[1]

一、欠税公告程序制度的确立

　　欠税公告，是指税务机关将纳税人欠缴税款的情况予以公示，以达到清缴欠税和加强税收征管目的的行政行为。我国2001年修订的《税收征收管理法》规定，税务机关应当对纳税人欠缴税款的情况定期予以公告，正式确立了我国的欠税公告制度。2002年颁布的《税收征收管理法实施细则》规定，县级以上各级税务机关应当将纳税人的欠税情况，在办税场所或者广播、电视、报纸、期刊、网络等新闻媒体上定期公告，对欠税公告制度作了进一步解释。2004年国家税务总局颁布了《欠税公告办法（试行）》，为我国欠税公告制度提供了可操作的实施办法。事实证明，欠税公告的威慑力巨大。但由于欠税公告制度在我国实施的时间不长，相关的理论研究和实际执行中存在薄弱环节，税收工作者对欠税公告制度的认识比较模糊，只认识到

---

　　[1]《欠税公告办法（试行）》于2005年1月1日开始实施。此后，广东省地方税务局对全省各地走逃失踪户以及其他税务机查无下落的欠税户，按照公告的法定范围进行了欠税公告，取得了良好的社会效应，部分走逃失踪欠税户意识到欠税公告对企业和个人形象负面影响极大，因此主动采取措施清缴欠税。特别值得一提的是，广东省地方税务局追缴欠税绝不含糊，5角钱也不放过。广东省地方税务局表示，诚信纳税是每一个纳税人应尽的义务，只要纳税人不按时缴纳税款，不论数额大小，都将依法进行公告。广东省地方税务局的这种做法值得各地税务机关借鉴。

欠税公告对纳税人的巨大威慑力，没有意识到欠税公告可能会造成的法律后果。故此，有必要全面了解欠税公告程序制度。

二、欠税公告的法律性质分析

学界认为，税务机关的欠税公告行为是一种行政事实行为。其理由是：

欠税公告对纳税人不具有法律拘束力，不能对纳税人在税法上的权利和义务产生影响。因为，我国欠税公告的内容只是涉及公告纳税人名称、身份、地址和欠税情况，并没有其他命令和禁止的事项。税务机关确认纳税人欠税是产生欠税公告行为的前提条件，真正对纳税人权利和义务产生影响的是税务机关确认纳税人的欠税事实。

尽管欠税公告的行为结果并没有法律强制性和约束力，但事实上，纳税人的欠税事实一经税务机关对社会公告，便会对纳税人的声誉造成严重的负面影响，甚至可能会破坏纳税人的社会形象和信用，不利于纳税人从事正常的生产经营活动，以至于丧失许多商业交易机会，纳税人因此声誉遭到破坏的成本可能远大于其所欠缴的税款。

三、欠税公告的形式

《欠税公告办法(试行)》规定欠税公告的形式有如下几种：

1.由县级税务局(分局)在办税服务厅公告

企业、单位纳税人欠缴税款200万元以下(不含200万元)，个体工商户和其他个人欠缴税款10万元以下(不含10万元)的由县级税务局(分局)在办税服务厅公告。

2.由地(市)级税务局(分局)公告

企业、单位纳税人欠缴税款200万元以上(含200万元)，个体工商户欠缴税款10万元以上(含10万元)的，由地(市)级税务局(分局)公告。

3.由各省、自治区、直辖市和计划单列市国家税务局、地方税务局公告

对走逃、失踪的纳税户以及其他经税务机关查无下落的纳税人欠税的，由各省、自治区、直辖市和计划单列市国家税务局、地方税务局公告。

四、欠税公告的其他问题

1.税务机关的欠税公告行为不能被提起税务行政诉讼

《行政诉讼法》规定，行政诉讼的受案范围只限于具体行政行为。司法实践中，税务机关的欠税公告行为也没有成为税务行政诉讼的诉讼标的的案例。因此，税务机关的欠税公告行为不能被提起税务行政诉讼。

如果纳税人认为税务机关的欠税公告行为损害了纳税人的声誉,纳税人可以以税务机关侵害其名誉提起民事诉讼。

2.税务机关的欠税公告行为损害了纳税人的声誉,纳税人不能要求国家赔偿

《国家赔偿法》规定,公民、法人或其他组织请求国家赔偿必须是具体行政行为造成了其人身权或财产权的现实的损害,对于财产权、人身权以外的其他权利以及行政相对人未来利益的损害,国家并不承担赔偿责任。因此,税务机关的欠税公告行为一般情况下仅仅是对纳税人的名誉造成损害,但是这种损害并不在《国家赔偿法》规定的赔偿范围之列,所以说,税务机关的欠税公告行为损害了纳税人的声誉,纳税人要求国家赔偿,国家不承担赔偿责任。

第二节　欠税公告程序制度的基本内容

税务机关及税务人员在发布欠税公告时应遵守如下的程序。

一、欠税公告必须依法发布

1.税务机关在向纳税人说明理由,听取纳税人的陈述和申辩后,仍需要发布欠税公告,应在欠税公告中表明欠税者、欠税额以及所依据的法律规范。

2.对按《欠税公告办法(试行)》规定需要由上级公告机关公告的纳税人欠税信息,下级公告机关应及时上报。具体的时间和要求由省、自治区、直辖市和计划单列市税务局确定。

3.公告机关在欠税公告前,应当深入细致地对纳税人的欠税情况进行确认,重点要就欠税统计清单数据与纳税人分户台账记载数据、账簿记载书面数据与信息系统记录电子数据逐一进行核对,确保公告数据的真实、准确。

4.公告决定应当列为税务征管资料档案,妥善保存。

5.公告机关公告纳税人欠税情况不得超出《欠税公告办法(试行)》规定的范围,并应按照《税收征收管理法》及其实施细则的规定对纳税人的有关情况保密。公告机关不得违背法定程序发布欠税公告,更不得借发布公告侵犯纳税人的合法权益。

二、发布公告后仍应催缴欠税

欠税发生后,除依照《欠税公告办法(试行)》公告外,税务机关还应当依法催缴并严格按日计算加收滞纳金,直至采取税收保全、税收强制执行措施清缴欠税。任何单位和个人不得以欠税公告代替税收保全、税收强制执行等法定措

施的实施,干扰清缴欠税。各级公告机关应指定部门负责欠税公告工作,并明确其他有关职能部门的相关责任,加强欠税管理。

第三节 法律责任

税务机关应当对欠税公告而不公告或者应当上报而不上报,给国家税款造成损失的,上级税务机关除责令改正外,还应按相关规定,对直接责任人员予以处理。

第四节 延伸阅读——税务机关公告欠税应依法进行案[1]

税务机关公告欠税是一项新的税法规制,这项税法规制的实行可以不同程度地遏制纳税人的欠税行为,但是税务机关如何进行欠税公告牵涉税法技巧问题。下面的这个案例,即从税法的角度诠释了公告欠税的税法技巧,其中有值得税务人员借鉴的经验。

2007年9月,某市某房地产开发公司因欠税2.1万元被主管地方税务机关在当地日报上公告后,聘请当地知名律师叶某将主管地方税务机关起诉到当地人民法院。某房地产开发公司的诉讼请求是:要求主管地方税务机关为某房地产开发公司恢复名誉并承担诉讼费用。某房地产开发公司提出这一诉讼请求所依据的事实和理由是:主管地方税务机关的公告因为涉及法定代表人的身份证号码等问题,因而侵害了某房地产开发公司及其法定代表人的声誉,影响很坏,导致部分购房客户要求退房,给某房地产开发公司带来了经济损失。当地人民法院依法受理了本案,并依法向主管地方税务机关送达了应诉通知书。

主管地方税务机关在收到人民法院送达的应诉通知书后,随即聘请笔者担任其诉讼代理人参与本案诉讼。笔者接受主管地方税务机关的委托后,即指派助手前往主管地方税务机关调阅某房地产开发公司欠税的证据、计算欠税的税法依据、计算方法、发布某房地产开发公司欠税的正式文书决定;前往当地日报调阅该报发布某房地产开发公司欠税公告的样稿、报纸;前往某房地产开发公司的营业执照注册机关调阅某房地产开发公司的工商档案资料。笔者依据助手调回的全部资料,依据税法和民法的相关规定对本案进行了全面分析,得出了主管税务机关对某房地产开发公司进行欠税公告并没有违法的结论,写出了书面答

---

[1]案例来源:刘兵著:《税务执法程序的风险控制》,法律出版社,2009年版,第161~163页。

辩状,连同相关证据、法律依据一并及时提交给了审理本案的主审法官,并与主审法官就本案的事实、证据以及法律的适用等问题交换了意见。

人民法院在收到主管地方税务机关委托代理人提交的答辩状、证据之后,依法确定了本案的开庭时间,并如期开庭。在庭审过程中,某房地产开发公司及其委托代理人始终坚持:主管地方税务机关在公告欠税时不能公告法定代表人的身份证等信息,如果在公告欠税时涉及某房地产开发公司法定代表人的身份证等信息,就是侵害了某房地产开发公司的合法利益,因为公告其法定代表人的身份证等信息,透露出该法定代表人年龄太大,引起购房客户担心某房地产开发公司是否能长期经营,并由此退房。主管地方税务机关的法定代表人没有出庭参与诉讼,委托笔者代为参加本案的庭审活动。针对某房地产开发公司及其委托代理人的庭审观点,笔者依据调取的证据,以主管地方税务机关对某房地产开发公司进行欠税公告程序正当、并不违法为中心,分别从某房地产开发公司存在欠税的事实、该欠税事实符合欠税公告的法定情形、作出对某房地产开发公司进行欠税公告决定有税法依据、形成公告决定的正式文书的程序正当、公告内容的范围没有违法无限制扩展、某房地产开发公司客户退房与欠税公告之间没有因果关系等方面发表了详细的代理意见,收到了较好的庭审效果。审理本案的合议庭在听取诉辩双方的意见之后,主持了法庭调解,但某房地产开发公司拒绝法庭调解。之后,人民法院在法定审限内依法判决了本案,人民法院判决:驳回某房地产开发公司的全部诉讼请求。

某房地产开发公司不服一审判决,提出上诉。主管地方税务机关继续委托笔者参与二审。上级人民法院经过开庭审理后,依法判决驳回某房地产开发公司的上诉请求,维持原判。

本案案值、标的很小,但案件在当地影响很大,其折射出的问题令人深思。

那么,本案中,主管地方税务机关的做法究竟有没有违反税法的地方?

第一,要看某房地产开发公司有没有实际欠税。

本案中,根据律师助手调查的证据分析,某房地产开发公司的确欠税2.1万元,这就是主管地方税务机关公告欠税的事实基础。主管地方税务机关对某房地产开发公司欠税的证据还是把握得很扎实的,这一点应予肯定。

第二,要看某房地产开发公司的欠税数额是不是在县级地方税务机关公告的权限范围之内。

根据《欠税公告办法(试行)》的规定,企业、单位欠缴税款在200万元(不含200万元)以下,个体工商户和其他个人欠缴税款10万元(不含10万元)以下的由县级税务局在办税服务厅公告。本案中,某房地产开发公司的确欠税2.1万元,因此,主管地方税务机关有权对某房地产开发公司的欠税事实向社会予以公告。

第三,要看主管地方税务机关在内部是如何审批欠税公告决定的。

本案的证据显示:当税务人员在查实某房地产开发公司的欠税事实后,即形成书面报告向主管局长请示公告事宜,主管局长签字同意,最后形成正式文稿由局长签发了公告决定。从这一行文程序来看,主管地方税务机关作出对外公告某房地产开发公司的欠税事实的决定程序适当。

第四,要看公告的内容是否符合税法规定。

根据《欠税公告办法(试行)》的规定,欠税公告的内容有三个层面:

1.企业、单位欠税的,公告企业或者单位的名称、纳税人识别码、法定代表人或者负责人姓名、居民身份证或者其他有效身份证号码、经营地点、欠税税种、欠税金额和当期新发生的欠税金额。

2.个体工商户欠税的,公告其姓名、居民身份证或者其他有效身份证号码、经营地点、欠税税种、欠税金额和当期新发生的欠税金额。

3.个人(不含个体工商户)欠税的,公告其姓名、居民身份证或者其他有效身份证号码、经营地点、欠税税种、欠税金额和当期新发生的欠税金额。

本案中,尽管主管地方税务机关公告了某房地产开发公司法定代表人的身份证号码,让社会知悉了该公司法定代表人的年龄状况等身份信息,导致部分购房客户要求退房,但是主管地方税务机关的公告内容并没有违反税法的规定,因为该地方税务机关的公告内容完全是根据《欠税公告办法(试行)》的规定发布的。

据上可知,对包括某房地产开发公司在内的纳税人的欠税事实进行公告,是税法赋予各级税务机关的法定权力,也是各级税务机关必须履行的法定义务。本案中,主管地方税务机关在税法规定权限和范围内公告了某房地产开发公司的欠税事实,显然属于合法行为。某房地产开发公司以主管地方税务机关侵害了其公司及其法定代表人的声誉为由起诉主管地方税务机关,要求该税务机关承担民事责任,显然没有事实依据,也没有法律依据,两级人民法院均判决驳回某房地产开发公司的诉讼请求不是没有道理的。

第十七章　税款的追征与退还程序法律制度

　　税款的追征与退还制度,是税收征收制度中的重要制度,其基本目的是为了保证国家税收的足额入库和实现对纳税人的公平。其基本要求是:纳税人只能在法定税负内纳税,不多纳也不少纳;纳税人未缴或者少缴应纳税款,必须补缴或者被追征;纳税人超出应纳税额多缴税款,主管税务机关必须依法退还。

第一节　税款追征程序制度概述

一、税款追征的含义

　　税款追征,是指在纳税人、扣缴义务人未缴或者少缴应纳税款的情况下,依照税法规定对未缴或者少缴应纳税款的征收。

二、发生税款追征的原因

　　发生税款的追征,原因是多方面的,既有纳税人、扣缴义务人的原因,也有主管税务机关的原因。按照税法规定,不同的发生原因,有不同的追征方式。

　　1.因税务机关的原因造成纳税人、扣缴义务人未缴、少缴税款,主管税务机关可以在3年内追征,但不加收滞纳金。

　　2.因纳税人、扣缴义务人的原因造成未缴、少缴税款,主管税务机关可以在3年内追征（特殊情况追征期延长至5年）,并要追征滞纳金。

　　3.对偷税、抗税、骗税的,主管税务机关可以无限期追征税款、滞纳金,不受3年或者5年追征期的限制。关于税款追征的法律依据,《税收征收管理法》第52条作了这样的规定,因税务机关的责任,致使纳税人、扣缴义务人未缴或者少缴税款的,税务机关在3年内可以要求纳税人、扣缴义务人补缴税款,但是不得加收滞纳金。因纳税人、扣缴义务人计算错误等失误,未缴或者少缴税款的,税务机关在3年内可以追征税款、滞纳金;有特殊情况的,追征期可以延长到5年。对偷税、抗税、骗税的,税务机关追征其未缴或者少缴的税款、滞纳金或者所骗取的税款,不受前款规定期限的限制。

三、追征期的起算日期

关于追征期的起算日期,《税收征收管理法》第51条将其规定为"纳税人自结算缴纳税款之日起"。《税收征收管理法实施细则》第83条规定,补缴和追征税款、滞纳金的期限,自纳税人、扣缴义务人应缴未缴或者少缴税款之日起计算。在税收实践中,一般以后者为依据计算补缴和追征税款、滞纳金的期限。

四、税款追征程序制度对税务机关的要求

税收征收的原则是将纳税人的应纳税款及时、足额地缴纳入库,这是对税收征收的时间、数量的限制性要求。所谓"及时",指的是纳税人必须按规定的期限缴纳税款。所谓"足额",指的是主管税务机关必须依法计征、应收尽收,保证应收税款全部入库。当然,在税收实践中,征纳双方难免有这样或那样的疏忽和计算错误等因素造成的纳税人、扣缴义务人未缴、少缴应纳税款,这就要求主管税务机关必须责令纳税人、扣缴义务人补缴税款,必须依法向纳税人、扣缴义务人追缴税款。但是,补缴和追缴税款是有期限的,并非"无限期",否则,不仅不利于社会主义税收关系的稳定,还会给征纳双方带来意想不到的问题和纠纷,甚至引发社会问题。因此,主管税务机关必须依法追征纳税人、扣缴义务人未缴或者少缴的应纳税款。

一般来讲,纳税人未缴或少缴税款的原因不外乎三种:第一种原因是因税务机关的责任,致使纳税人或扣缴义务人未缴或者少缴税款;第二种原因是纳税人、扣缴义务人计算错误未缴或少缴税款;第三种原因是纳税人故意偷税、抗税、骗税。对于上列第一种原因导致的纳税人或扣缴义务人未缴或者少缴税款的,税务机关可以自应纳税款或结算之日起3年内要求纳税人或扣缴义务人补缴税款,但不得加收滞纳金;对于上列第二种原因导致的纳税人或扣缴义务人未缴或者少缴税款的,税务机关可以在3年内依法向纳税人、扣缴义务人追征税款,同时依法追征滞纳金,如果税额在10万元以上,或有欠税行为的,追征期可以延长到5年;对于上列第三种原因,由于是纳税人的主观故意导致的税收违法、犯罪行为,因而,税法规定追征期没有时间限制。税法强调,不论何种原因导

致的纳税人、扣缴义务人未缴或者少缴税款,主管税务机关均有权依法追征,只是追征的期限有所不同而已。主管机关依法追征税款,是国际上的普遍做法。

第二节　税款退还程序制度

一、税款退还的含义

税款退还,是指纳税人实际缴纳的税款多于应纳税款,对多缴纳的税款,由主管税务机关退还纳税人。

二、税款退还的原因

造成多缴纳税款的症结,既有计算上的原因,还有税法技术上的原因。不论何种原因,主管税务机关均要据实退还纳税人多缴纳的税款。

二、税款退还程序制度对税务机关的要求

(一)税款退还的时限要求

《税收征收管理法》第51条规定,纳税人超过应纳税额缴纳的税款,税务机关发现后应当立即退还;纳税人自结算缴纳税款之日起3年内发现的,可以向税务机关要求退还多缴的税款并加算银行同期存款利息,税务机关及时查实后应当立即退还。这里要注意的是,税务机关发现的多缴税款,不受时间限制,都应当立即退还。而纳税人发现的,只有在税款结算之日起3年内可以退还,超过3年的不能退还。

税务机关发现纳税人多缴税款的,应当自发现之日起10日内办理退还手续;纳税人发现多缴税款,要求退还的,税务机关应当自接到纳税人退还申请之日起30日内查实并办理退还手续。

(二)税款退还的具体程序

1.纳税人在规定期限内向主管税务机关领取《退税申请表》一式三份,填写后报主管税务机关。

2.主管税务机关对纳税人的退税申请进行审查核实后,报县级以上税务机关审批。

3.县级税务机关审批后,将《退税申请表》一份退还给纳税人,一份交纳税人主管税务机关作为退税凭证的附件,一份由本局主管科(股)留存。

4.主管税务机关根据上级税务机关审批的《退税申请表》,填开《中华人民共和国税收收入退还书》,由国库审查办理退库。

(三)税款退还应注意的其他问题

1.利息的加算

如前所述,纳税人发现多缴税款的,在3年结算期内可要求退还并加算银行同期存款利息。这是《税收征收管理法》新增加的内容。《国家税务总局关于贯彻实施〈中华人民共和国税收征收管理法〉有关问题的通知》明确,"对纳税人多缴的税款退还时,自2001年5月1日起按照人民银行的同期活期存款的利率计退利息"。即多缴税款发生在2001年5月1日以前,2001年5月1日以后退还的,从2001年5月1日开始加算银行同期活期存款利息;2001年5月1日以后发生的,从结算税款之日起加算银行同期活期存款利息。计息时间到办理退税手续之日为止。

2.多缴税款的退还与日常税收管理中的退税不同

对纳税人超过应纳税额缴纳税款的退还,不包括预缴税款的退还、出口退税和政策性税收优惠的先征后退等情形。

3.对既有应退税款又有欠缴税款的处理

纳税人既有应退税款又有欠缴税款时,税务机关应当将应退税款先抵扣欠缴税款,抵扣后还有应退税款的,可以按抵扣后的余额退还,也可以根据纳税人的要求留抵以后纳税期的税款。

第三节　法律责任

一、关于纳税人、扣缴义务人的法律责任

如果纳税人、扣缴义务人少缴应纳税款,构成偷税的,由主管税务机关追缴其不缴或者少缴的税款。构成犯罪的,依法追究刑事责任。

二、关于税务人员的法律责任

1.关于税款追征的责任

税务人员徇私舞弊或者玩忽职守,少征税款,致使国家税收遭受重大损失,构成犯罪的,依法追究刑事责任;尚不构成犯罪的,依法给予行政处分。

2.关于税款退还的责任

税务人员违反法律、行政法规的规定,擅自征税的,应当退还不应征税而征收的税款,并由上级机关追究直接负责的主管人员和其他直接责任人员的行政责任;构成犯罪的,依法追究刑事责任。

第四节　延伸阅读——税款的追征与退还案

案例一:关于税款退还案[1]

某市某纳税人2008年5月因会计不熟悉业务,多缴增值税、城市维护建设税等合计15万元,主管税务机关当时也没有发现。2009年8月,该纳税人新任财务总监检查财务时才发现这一情况。于是,该纳税人申请主管税务机关退还多缴税款,并向税务机关的上级税务机关申请了税务行政复议。

本案中涉及的法律问题是,原主管税务机关是否可以拒绝该纳税人退还税款的请求。根据《税收征收管理法》,笔者现作如下法律分析:

《税收征收管理法》第51条规定,纳税人超过应纳税额缴纳的税款,主管税务机关发现后应当立即退还;纳税人自结清税款之日起3年内发现的,可以向主管税务机关要求退还多缴的税款并加算银行同期存款利息,主管税务机关及时查实后应当立即退还。据此规定,纳税人自己在结清税款之日起3年内有要求退还多缴税款及其同期银行利息的权利。本案中的纳税人2008年5月多缴税款,2009年8月发现并申请退还多缴的税款,相隔时间一年零三个月,由于申请时间没有超过法律规定时效,不丧失申请多纳税款的请求权。因此,原主管税务机关不得拒绝该纳税人的请求。原主管税务机关拒绝该纳税人的请求没有法律依据。

案例二:关于追缴欠税案[2]

2008年9月,主管税务机关发现某市某私营电器商店业主张某因计算错误,欠缴2007年4月增值税税款3万元。主管税务机关于是催缴两次,张某均置之不理,主管税务机关向其下达了《催缴税款通知书》,限其7天之内补缴,张某仍未缴纳。主管税务机关经税务局长批准,依法对商店实施强制执行措施,查核其开户行账号,但没有发现资金,于是决定查封其商店相应的商品。当主管税务机关税务人员到商店执行时,发现商店店主却是牛某。牛某讲张某前几天将商店转让给了自己。税务人员找到张某,而张某却说已将转让商店的钱用于清偿债务,无力纳税。

本案涉及的法律问题是:第一,对张某的行为应该如何定性;第二,主管税务机关应如何处理该案。

结合税法,笔者作如下法律分析:

---

[1]案例来源:笔者办理的民事案卷。
[2]案例来源:笔者办理的刑事案卷。

第一,张某的行为属于逃避欠税,并因其逃避欠税款数额较大,构成了逃避追缴欠税罪。《刑法》第203条规定,纳税人欠缴税款,采取转移或者隐匿财产的手段,致使税务机关无法追缴的税款,数额在1万元以上不满10万元的,处3年以下有期徒刑或者拘役,并年或者单处欠缴税款1倍以上5倍以下罚金;数额在10万元以上的,处3年以上7年以下有期,并处欠缴税款1倍以上5倍以下罚金。从上述规定中以看出,逃避追缴欠税罪构成要件有三:一是在法律、法规规定的纳税申报期限内未缴或者未缴足税款,即欠税;二是主观上故意采取了转移或者隐匿财产的手段;三是客观上导致税务机关无法追缴欠缴税款。本案中张某首先欠税,其次在主管税务机关责令限期间内不纳税,明显构成逃避追缴欠税行为,并因其所欠税款数额较大,符合逃避追缴欠税罪的构成要件。

第二,税务机关应按如下原则处理。鉴于以上分析,主管税务机关应当继续追缴店主张某所欠缴的税款和滞纳金,并将此案移送司法机关处理。同时由于张某的行为已构成犯罪,故应由主管税务机关移送司法机关依法追究刑事责任。如果张某被人民法院判处罚金的,应当在罚金执行前先行由主管税务机关追缴税款。

第三部分　税收保障程序法

税收保障程序法包括纳税担保程序法律制度、税收保全程序法律制度、税收代位权和撤销权程序法律制度、税收优先权程序法律制度以及税收强制执行程序法律制度。

第十八章　纳税担保程序法律制度

纳税担保程序制度的基本要求是：纳税保证必须依法进行，纳税抵押必须依法进行，纳税质押必须依法进行，否则不能有效成立纳税担保。

第一节　纳税担保程序制度概述

纳税担保制度，在现行《税收征收管理法》中有比较模糊的法律规定，但在《纳税担保试行办法》[1]中则规定得比较详细，主要规定了纳税担保的法律概念、适用纳税担保的法定情形、纳税担保的三种形式、纳税担保的生效要件等。

一、纳税担保的税法内涵

纳税担保，是指在规定的纳税期之前，纳税人有明显转移、隐匿其应纳税商品、货物或应纳税收入时，由税务机关责令并经其同意或确认，纳税人或其他自然人、法人、经济组织以保证、抵押、质押的方式，为纳税人应当缴纳的税款及滞纳金提供担保的行为。纳税担保是税收管理的一项重要制度，是制止纳税人逃避国家税收的重要手段，在税收实践中，各级税务机关经常采用这一手段。

二、纳税担保的税法依据

《税收征收管理法》第38条规定，税务机关有根据认为从事生产、经营的纳税人有逃避纳税义务行为的，可以在规定的纳税期之前，责令纳税人限期缴纳应纳税款；在期限内发现纳

---

[1]2005年5月24日，国家税务总局令第11号公布，自2005年7月1日起施行。

税人有明显的转移、隐匿其应纳税的商品、货物以及其他财产或者应纳税收入的迹象的,税务机关可以责成纳税人提供纳税担保。第88条对纳税担保也作了相应规定。

要注意的是,《税收征收管理法》第38条只规定了纳税人的纳税担保问题,没有规定扣缴义务人的担保问题,也没有规定纳税担保人的担保问题。对扣缴义务人的担保问题和纳税担保人的担保问题是在《税收征收管理法》第88条中规定的。该法条规定,纳税人、扣缴义务人、纳税担保人同税务机关发生纳税争议时,没有结清应纳税款、滞纳金,但需要申请税务行政复议,税务机关可以责令纳税人提供相应的纳税担保。

不过,对纳税担保的规定,在《税收征收管理法》中是与其他事项规定在一起的,没有单独进行法律规制。但是,纳税担保又是税收管理的一项重要制度,是制止纳税人逃避国家税收的有效手段。为此,国家税务总局于2005年5月24日公布了《纳税担保试行办法》,对纳税担保问题进行了详细规定。这一试行办法的出台,增强了税收实践中税务人员对纳税担保的可操作性。[1]

三、纳税担保的形式

在《担保法》中,规定的担保形式有保证、抵押、质押、留置和定金五种形式,而现行《纳税担保试行办法》将纳税担保形式规定为三种形式,这三种形式是纳税保证、纳税抵押和纳税质押。

四、纳税担保范围

纳税担保范围包括税款、滞纳金和实现税款、滞纳金的费用。费用包括抵押、质押登记费用,质押保管费用,以及保管、拍卖、变卖担保财产等相关费用支出。用于纳税担保的财产、权利的价值不得低于应当缴纳或者解缴的税款、滞纳金,并考虑相关的费用。纳税担保的财产价值不足以抵缴税款、滞纳金的,税务机关应当向提供担保的纳税人(扣缴义务人)或纳税担保人继续追缴。

第二节　纳税保证程序制度

一、纳税保证程序制度概述

1.纳税保证的概念

纳税保证,即信用担保,是指纳税保证人向税务机关保证,当纳税人(扣缴

---

[1]刘兵著:《税务执法程序的风险控制》,法律出版社,2009年版,第118页。

义务人)未按税收法律、行政法规规定或者税务机关确定的期限缴清(或者解缴)税款、滞纳金时,由纳税保证人按照约定替代纳税人(扣缴义务人)履行缴纳(或者解缴)税款、滞纳金的一种担保方式。

2.纳税保证的成立

税务机关认可纳税保证的,保证成立;税务机关不认可纳税保证的,保证不成立。纳税保证的成立以签订纳税保证担保书为要件。纳税保证担保书生效的前提是:纳税保证担保书须经纳税人、纳税保证人签字盖章并经税务机关签字盖章同意方为有效。纳税保证担保从税务机关在纳税保证书上签字盖章之日起生效。

3.纳税保证人的范围

纳税保证人的范围包括在中国境内具有纳税担保能力的自然人、法人或者其他经济组织,也就是说,凡是在中国境内具有纳税担保能力的自然人、法人或者其他经济组织,经税务机关认可,均可成为纳税保证人。

4.纳税保证人的条件

作为保证人的起码要求是必须具有纳税担保能力,具体规定是:

第一,法人或其他经济组织,要求其财务报表资产净值超过需要担保的税额及滞纳金2倍以上。

第二,自然人、法人或其他经济组织所拥有或者依法可以处分的未设置担保的财产的价值超过需要担保的税额及滞纳金。

5.《担保法》关于保证责任的规定

在担保法律制度中,保证分为一般保证和连带责任保证。一般保证是指与主债务并无连带关系的保证债务。一般保证具有补充性,当债权人未就主债务人的财产先为执行并且无效果之前,便要求保证人履行保证义务时,保证人有权拒绝,这种权利称为先诉抗辩权。而根据《担保法》第18条的规定,保证人与债务人分别就同一债务对债权人承担全部清偿义务的,为连带责任保证。一般保证与连带保证是有区别的。根据民法的相关理论,首先,一般保证的保证人享有先诉抗辩权,即一般保证的保证人在主合同纠纷未经审判或者仲裁,并就债务人财产依法强制执行仍不能履行债务前,对债权人可以拒绝承担保证责任。连带责任保证的保证人不享有先诉抗辩权,即连带责任保证的债务人在主合同规定的债务履行期届满没有履行债务的,债权人可以要求债务人履行债务,也可以要求保证人在其保证范围内承担保证责任。其次,在一般保证的情况下,债权人应在保证期间内向债务人提起诉讼或者申请仲裁,否则,保证期间一旦经过,保证人的保证责任消灭。注意此处是向债务人提起诉讼或申请仲裁,不是向债务人请求履行债务,也不是向保证人请求承担保证责任。在连带保证的情况下,在保证期间内,债权人应向保证人提出请求,否则,保证期间经过,保证人的保证责任消灭,注意此处是向保证人提出请求,这种请求的方式包括向保证人自主行使权利,向保证人提起诉讼或者申请仲裁,不是向债务人提出请求。为什么在一般保证的情况下是向债务人以诉讼或仲裁的方式主张权利,而在连带保证的情况下是向保证人主张权利,其依据在于先诉抗辩权。还有,在一般保证的情况下,主债务诉讼时效中断,保证债务的诉讼时效不同,但主债务诉讼时效中止,保证债务诉讼时效中止。在连带保证的情况下,主债务诉讼时效的中断和中止,保证债务的诉讼时效中断或中止。在纳税担保法律制度中,纳税保证的性质是连带责任保证,即纳税人或者扣缴义务人和纳税保证人对所担保的税款及滞纳金承担连带责任。当纳税人或者扣缴义务人在税收法律、行政法规或者税务机关确定的期限届满未缴清或者解缴税款、滞纳金的,税务机关即可要求纳税保证人在其保证范围内承担保证责任,缴纳担保的税款、滞纳金。

二、纳税保证程序制度的基本内容

（一）主管税务机关应遵守的程序制度[1]

在审核纳税保证担保时,税务人员要注意在本环节只涉及对"人"即对保证人本身的担保能力进行审核的问题,不涉及对动产或者不动产进行审核,换句话说,税务人员只涉及对充当纳税保证担保的主体是否具有担保资格的审核,主要注意以下几个问题。

1.注意审核纳税保证人的资格

对纳税保证人的资格问题,我国税法有严格的规定,并作出了禁止性规定。

第一,国家机关(但国务院批准的除外)不得作为纳税保证人。

第二,学校、幼儿园、医院等公益事业单位、社会团体也不得作为纳税保证人。

第三,企业法人的职能部门不得为纳税保证人。企业法人的分支机构不得作为纳税保证人,但企业法人的分支机构有法人书面授权的,可以在授权范围内提供纳税担保。

第四,税法规定有下列情形之一的,也不得作为纳税保证人。

(1)有偷税、抗税、骗税、逃避追缴欠税行为被税务机关、司法机关追究过法律责任未满二年的。

(2)因有税收违法行为正在被税务机关立案处理或涉嫌刑事犯罪被司法机关立案侦查的。

(3)纳税信誉等级被评为C级以下的。

---

[1]刘兵著:《税务执法程序的风险控制》,法律出版社,2009年版,第124~125页。

(4)在主管税务机关所在地的市(地、州)没有住所的自然人或税务登记不在本市(地、州)的企业。

(5)无民事行为能力或限制民事行为能力的自然人。

(6)与纳税人存在担保关联关系的。

(7)有欠税行为的。

2.必须严格把握纳税保证期间

在这里有必要对保证期间进行解释,因为只有在真正理解保证期间的基础上,才能谈得上对纳税保证期间的把握。期间是指从某时开始到某时结束的一段时间。保证期间是指保证人承担保证责任的起止时间。

税法规定,保证期间为纳税人应缴纳税款的期限届满之日起60日,即税务机关自纳税人应缴纳税款的期限届满之日起60日内有权要求纳税保证人承担保证责任,缴纳税款、滞纳金。

履行保证责任的期限为15日,即纳税保证人应当自收到税务机关的纳税通知书之日起15日内履行保证责任,缴纳税款及滞纳金。

纳税保证期间,税务机关未通知纳税保证人缴纳税款及滞纳金来承担担保责任的,纳税保证人免除担保责任。这一规定为主管税务机关设置了一个程序性的前置条件,即纳税保证人要承担纳税保证责任的前提,必须要有主管税务机关在纳税保证期间内通知纳税保证人缴纳税款及滞纳金。

3.纳税保证担保书的形式要件必须符合规定

在纳税保证担保合同中,有三方当事人,分别是:被保证人,即纳税人等;保证人,即第三人;主管税务机关。这三方当事人的税法义务是不相同的,被保证人即纳税人等承担缴纳应缴税款的税法义务;保证人即第三人承担在被保证人(纳税人等)到期没有缴纳应缴税款时替被保证人(纳税人等)缴纳税款的税法义务;主管税务机关承担督促被保证人(纳税人)或者保证人到期缴纳应缴税款、滞纳金的税法义务。

纳税保证担保合同书须经纳税人、纳税保证人签字盖章并经税务机关签字盖章同意方为有效。纳税保证担保书必须有三个当事人签字,一个是被保证人即纳税人签字,另一个是保证人签字,还有一个是主管税务机关签字盖章。纳税保证担保从税务机关在纳税保证书签字盖章之日起生效。

如果主管税务机关对纳税保证担保书审查不严,导致纳税保证担保书各方当事人没有履行税法规定的相应签字手续,纳税保证担保书无效。

4.纳税保证担保书的内容应当规范

纳税保证担保书的内容填写不规范,也是引发法律风险的重要原因,税务人员对此要加以重视。纳税保证人同意提供纳税保证担保的,税务人员要及时让保证人填写纳税保证担保书。纳税保证担保书的内容包括:纳税人应缴纳的税款及滞纳金的数额、所属期间、税种、税目;纳税人应当履行缴纳税款及滞纳金的期限;保证担保的范围和担保责任;保证期间及履行保证责任的期限;保证人的存款账号或者开户银行及账号。

5.纳税保证担保书内容变更需经法定程序

如果纳税人与保证人协议变更纳税保证担保书的内容,而没有经过主管税务机关的同意,该变更协议无效,纳税保证人仍应承担纳税保证责任。主管税务机关同意变更前,仍然要对变更事项进行认真审核。

(二)纳税人或者纳税担保人应遵守的程序制度

纳税人、扣缴义务人、纳税担保人同税务机关发生纳税争议时,没有结清应纳税款、滞纳金,但需要申请税务行政复议,税务机关可以责令纳税人提供相应的纳税担保。在提供纳税保证担保时,根据相关法律规定,任何人不得提供虚假担保,也就是说不能在提供纳税保证担保时隐瞒真实的相关信息。

第三节　纳税抵押程序制度

一、纳税抵押程序制度概述

根据《纳税担保试行办法》第14条的规定,纳税抵押,是指纳税人(扣缴义务人)或纳税担保人不转移对抵押财产的占有,将该财产作为税款及滞纳金的担保。纳税人(扣缴义务人)逾期未缴清(解缴)税款及滞纳金的,税务机关有权依法处置该财产以抵缴税款及滞纳金。提交抵押担保的财产必须是纳税人(扣缴义务人)或者纳税担保人所拥有的未设置抵押权的财产。纳税人(扣缴义务人)或者纳税担保人提交担保的财产价值应相当于应纳税款,如其逾期不缴,税务机关可以采取税收保全等措施。

二、纳税抵押程序制度的基本内容

(一)主管税务机关应遵守的程序制度[1]

在审核纳税抵押时,税务人员要注意以下几个问题。

1.严格界定抵押财产的法定范围

抵押财产,是抵押人提供的用于担保纳税目的得以实现的财产。从法律角度看,抵押财产必须是:具有独立交换价值且可流通之物;不可消耗之物;权属

[1]刘兵著:《税务执法程序的风险控制》,法律出版社,2009年版,第125~127页。

明晰且抵押权人有处分权之物;不属法律禁止抵押之物。因此,税法规定了抵押财产的范围,而且抵押财产只能是不动产,但法律规定的车辆、船舶等特殊动产除外。

税法规定可以抵押的财产包括:

(1)抵押人所有的房屋和其他地上定着物。

(2)抵押人所有的机器、交通运输工具和其他财产。

(3)抵押人依法有权处分的国有的房屋和其他地上定着物。

(4)抵押人依法有权处分的国有的机器、交通运输工具和其他财产。

(5)经设区的市、自治州以上税务机关确认的其他可以抵押的合法财产。

另外,税法规定,学校、幼儿园、医院等以公益为目的的事业单位、社会团体,可以其教育设施、医疗卫生设施和其他社会公益设施以外的财产为其应缴纳的税款及滞纳金提供抵押。

这里还要注意用于纳税抵押的抵押物的价格估算问题。关于纳税抵押的抵押物的价格估算问题,税法作了原则性规定:除法律、行政法规另有规定外,由主管税务机关依照税法的相关规定,参照同类商品的市场价、出厂价或者评估价估算。

税法还规定了不得抵押的财产范围:

(1)土地所有权。

(2)土地使用权,但以依法取得的国有土地上的房屋占用范围内和以乡(镇)、村企业的厂房等建筑物占用范围内的土地使用权因该建筑物抵押而同时抵押的除外。

(3)学校、幼儿园、医院等以公益为目的的事业单位、社会团体、民办非企业单位的教育设施、医疗卫生设施和其他社会公益设施。

(4)所有权、使用权不明或者有争议的财产。

(5)依法被查封、扣押、监管的财产。

(6)依法定程序确认为违法、违章的建筑物。

(7)法律、行政法规规定禁止流通的财产或者不可转让的财产。

(8)经设区的市、自治州以上税务机关确认的其他不予抵押的财产。

2.依法办理抵押登记

抵押登记的目的在于公示。纳税抵押财产应当办理抵押登记。纳税抵押自抵押登记之日起生效。未经抵押登记的,不得对抗善意第三人。

纳税人应向税务机关提供由以下部门出具的抵押登记的证明及其复印件(以下简称证明材料):

(1)以城市房地产或乡(镇)、村企业的厂房等建筑物抵押的,提供县级以上地方人民政府法定部门出具的证明材料。

(2)以船舶、车辆抵押的,提供运输工具的登记部门出具的证明材料。

(3)以企业的设备和其他动产抵押的,提供财产所在地的工商行政管理部门出具的证明材料或者纳税人所在地的公证部门出具的证明材料。

至于到哪些部门去办理抵押登记手续,《税收征收管理法》对此没有特别的规定,可以适用《担保法》的相关规定。《担保法》规定,以车辆等交通工具抵押的,抵押登记部门是公安机关车辆管理机构;以建筑物等房地产抵押的,抵押登记部门是县级以上人民政府房地产管理机构;以机器设备等动产抵押的,抵押登记部门是县级以上工商行政管理机关。

《担保法》规定了重复抵押的问题,但税法规定是禁止的,因此,税务机关一定要慎重。如果存在重复抵押,抵押权是按照抵押登记的先后顺序来实现的;顺序相同的,按债权比例清偿实现。

3.区分房屋作为抵押物的抵押原则

以依法取得的国有土地上的房屋抵押的,该房屋占用范围内的国有土地使用权同时抵押。以乡(镇)、村企业的厂房等建筑物抵押的,其占用范围内的土地使用权同时抵押。

对土地使用权的登记问题,《关于土地使用权抵押登记有关问题的通知》第3条中规定,以土地使用权设立抵押权的,抵押人和抵押权人应在抵押合同签订后15日内,持被抵押土地的土地使用权属证书、抵押合同等资料、抵押人和抵押权人的身份证件共同到土地管理部门申请抵押登记。一方到场申请抵押登记的,必须持有对方授权委托文件。

对房地产的登记问题,《城市房地产抵押管理办法》第30条规定,房地产抵押合同自签订之日起30日内,抵押当事人应当到房地产所在地的房地产管理部门办理房地产抵押登记。《税收征收管理法实施细则》第66条也作了类似的规定。

4.签订书面纳税抵押担保合同

纳税抵押担保合同,在税法中一般称为纳税抵押担保书。

由于纳税抵押关系复杂、重要,因此,纳税抵押担保合同应为法定的要式合同。另外,纳税抵押要求进行法定抵押登记,这也要求要有书面的纳税担保书,否则,不易于抵押登记。有书面的纳税担保书,一旦发生争议,有据可查,容易举证,便于分清责任,也便于处理相关责任人。

纳税抵押担保合同书的内容与纳税保证担保书的内容相近似,但是,在纳税抵押担保合同中,当事人只有两方,分别是抵押人即纳税人和抵押权人即主管税务机关,这要与纳税保证担保合同的当事人予以区分。如果纳税人以第三人的财产来进行"抵押",这并不是纳税抵押的性质,其性质改变为第三人以自己的财产替纳税人担保,但是现行税法又没有规定可以由第三人以其财产替纳税人担保,这是税法在设置纳税担保制度的不足之处。

(二)纳税人或者纳税担保人应遵守的程序制度

在需要办理纳税抵押担保时,提供纳税抵押的纳税人或者其他纳税担保人不得提供虚假的抵押物或者有权利瑕疵的抵押物。

第四节　纳税质押程序制度

一、纳税质押程序制度概述

根据《纳税担保试行办法》第25条的规定,纳税质押,是指经税务机关同意,纳税人(扣缴义务人)或纳税保证人将其动产或权利凭证移交税务机关占有,将该动产或权利凭证作为税款及滞纳金的担保。纳税人(扣缴义务人)逾期为未缴清(解缴)税款及滞纳金的,税务机关有权依法处置该动产或权利凭证以抵缴税款及滞纳金。动产质押包括现金以及其他除不动产以外的财产提供的质押。汇票、支票、本票、债券、存款单等权利凭证可以质押。对于实际价值波动很大的动产或权利凭证,经设区的市、自治州以上税务机关确认,税务机关可以不接受其作为纳税质押。

二、纳税质押程序制度的基本内容

(一)主管税务机关应遵守的程序制度[1]

在审核纳税质押时,税务人员要注意以下几个问题。

1.填写纳税质押担保书要规范

在纳税质押担保合同中,也只有两方当事人:质押人即纳税人和主管税务机关。

纳税质押担保合同书的法定内容有:担保的应缴纳的税款及滞纳金的数额、所属期间、税种、税目;纳税人履行缴纳税款及滞纳金的期限;质押担保的范围和担保责任;质押担保期间及履行担保责任的期限;质押担保人的存款账号或者开户银行及账号;质物的名称、数量、质量、价值、状况、移交前所在地、所有权权属或者使用权权属。纳税质押担保书应当附有纳税质押担保财产清单。税务人员要注意,纳税质押担保书和纳税担保财产清单经主管税务机关确认和质

---

[1]刘兵著:《税务执法程序的风险控制》,法律出版社,2009年版,第128页。

押担保人移交质物之日起生效。

2.对质物要进行核押

需要注意的是，税法规定，能依法进行质押的只能是动产或者是票据、证券，并且质押物需要转移给税务机关。还需要注意的是，对于实际价值波动很大的动产或者权利凭证，经设区的市、自治州以上税务机关确认，税务机关可以不接受其作为纳税质押。

以汇票、支票、本票、公司债券出质的，税务机关应当与纳税人背书清单记载"质押"字样，并到证券登记结算机构进行质押登记。以存款单出质的，应到相应的金融机构进行核押。以应收账款质押的，还应到信贷征信机构进行质押登记。没有依法核押，纳税质押目的便有实现不了的可能。

以载明兑现或者提货日期的汇票、支票、本票、债券、存款单出质的，汇票、支票、本票、债券、存款单兑现日期先于纳税义务履行期或者担保期的，税务机关与纳税人约定将兑现的价款用于缴纳或者抵缴所担保的税款及滞纳金。如果没有这一约定，税款及滞纳金就可能实现不了。因税务人员的疏忽造成了这种后果，税务人员是有责任的。

3.对质物要依法妥善保管

主管税务机关负有妥善保管质物的义务。因保管不善致使质物灭失或者毁损，或未经纳税人同意擅自使用、出租、处分质物而给纳税人造成损失的，主管税务机关应当对直接损失承担赔偿责任。之后，负有直接责任的税务人员将被主管税务机关依法追偿。

(二)纳税人或者纳税担保人应遵守的程序制度

在办理纳税质押时，提供纳税质押的纳税人或者其他纳税担保人不得提供虚假的质押物或者有权利瑕疵的质押物。

第五节　纳税担保的税法适用

在税收实践中，并不是所有的情况，税务机关都可以要求纳税人提供纳税担保，只有在纳税人出现了税法规定的情形才适用纳税担保。也就是说，这里涉及一个问题：纳税人的实际情形是否必须要向主管税务机关提供纳税担保，税务机关的税务人员应当进行细致的审核判断，只有在确定纳税人的确出现了税法规定的情形时，才能要求纳税人提供纳税担保。

税法规定可以适用纳税担保的情形有三种：

第一种情形是，税务机关有根据认为从事生产、经营的纳税人有逃避纳税义务的行为，在规定的纳税期之前，经责令该纳税人限期缴纳税款，但该纳税人在该责令缴纳税款的限期内有明显转移、隐匿其应纳税的商品、货物以及其他财产或者应纳税收入迹象的,税务机关责成该纳税人提供纳税担保。

第二种情形是,欠缴税款、滞纳金的纳税人或者其法定代表人需要出境的,应当在出境前结清欠缴的税款、滞纳金。如果纳税人没有结清欠缴的税款、滞纳金,税务机关可以责令纳税人提供相应的纳税担保。

第三种情形是,纳税人、扣缴义务人、纳税担保人同税务机关发生纳税争议时,没有结清应纳税款、滞纳金,但需要申请税务行政复议,税务机关可以责令纳税人提供相应的纳税担保。如果纳税人、扣缴义务人、纳税担保人没有结清或者解缴税款、滞纳金,也没有提供相应的担保,行政复议机关不予受理其行政复议申请。

第六节　法律责任

一、关于纳税人、纳税担保人的法律责任

1.纳税人、纳税担保人采取欺骗、隐瞒等手段提供担保的,由主管税务机关处以1000元以下的罚款;属于经营行为的,处以10000元以下的罚款;非法为纳税人、纳税担保人实施虚假纳税担保提供方便的,由主管税务机关处以1000元以下的罚款。

2.纳税人、纳税担保人采取欺骗、隐瞒等手段提供担保,造成应缴税款流失的,由主管税务机关依法处以未缴、少缴税款50%以上5倍以下的罚款。

二、关于税务人员的法律责任

1.税务机关负有妥善保管质物的义务。因保管不善致使质物灭失或者毁损,或者未经纳税人同意擅自使用、出租、处分质物而给纳税人造成损失的,主管税务机关应当对直接损失承担赔偿责任。

2.纳税义务期限届满或者担保期间,纳税人或者纳税担保人请求税务机关及时行使权利,而税务机关怠于行使权利致使质物价格下跌造成损失的,税务机关应当对直接损失承担赔偿责任。税务人员有过错的,应当承担相应的责任。

3.税务人员有下列情形之一的,根据情节轻重给予行政处分:

(1)对符合担保条件的纳税担保,不予同意或者故意刁难的。

(2)对不符合担保条件的纳税担保,予以批准,致使国家税款以及滞纳金遭受损失的。

(3)私分、挪用、占用、擅自处分担保财物的。

(4)其他违法情形。

第七节　延伸阅读——纳税担保案[1]

2003年10月31日,某市地方税务局稽查局作出《税务处理决定书》,认定张某拖欠税款1031万元,责令张某15日内到该局缴清税款。稽查局向张某送达《税务处理决定书》的同时书面告知张某,如在纳税上有争议,必须先依照本决定缴纳或者解缴税款及滞纳金或者提供相应的担保,然后应当在知道具体行政行为之日起60日内向上一级税务机关申请行政复议。张某欲申请行政复议,2003年11月18日,张某向稽查局提交了纳税担保资料,申请以某网络投资公司的财产对税款提供担保,网络投资公司愿意以自己的财产,为张某提供担保。稽查局经审查及对担保人进行调查后,不同意该担保人的担保资格,因此一直未在纳税担保书中税务机关盖章处盖章认可。

2003年12月21日,张某向市税务局提交《行政复议申请书》,要求对税务处理决定书的合法性进行公开审查,同时提出已提交《税款担保书》。复议申请书后同时附税款担保书复议件5页。市税务局收到复议申请书后,极为重视,为慎重起见,市地税局曾专门就此问题请示国家税务总局,但没有得到明确的处理意见。之后,市地税局要求作为该局常年法律顾问的本律师对该复议案件的审查、审理进行法律分析,提出处理意见。根据律师意见,2003年12月31日市地税局作出《不予受理复议裁定书》,并向张某送达。该裁定书中认定,张某未按照税务机关的纳税决定缴纳税款及滞纳金,又未提供税务机关批准的合法税收担保,不符合行政复议受理条件,根据《中华人民共和国税收征收管理法》第88条的规定,裁决不予受理张某提出的复议申请。张某不服该裁定书,于2004年1月15日以市地税局为被告,向法院提起行政诉讼,要求法院撤销《不予受理复议裁定书》并判令被告重新作出裁定。张某向法院提起行政诉讼后,市地税局委托本律师作为该局的代理人,全权代理案件诉讼。

本案涉及的法律问题是,行政诉讼过程中,作为被告的行政机关,要对被诉的具体行政行为的事实认定、合法性、合理性进行答辩。

案件庭审过程中,双方围绕原告张某是否提供了合法的纳税担保,展开了激烈的辩论,原告方认为:(1)市地税局认定税务机关未批准原告税务担保的说法缺乏事实和法律根据,稽查局对于原告的纳税担保申请不提否定意见,应视为同意。(2)被告认定原告的纳税担保不合法没有法律依据;(3)被告在审查复

---

[1]案例来源:引自http://www.wincon.com.cn/showartile.esp?articleld=1096,2009.12.21.原题为:一起纳税担保引发的诉讼,作者:唐赟。

议申请期间从稽查局调取资料的行为，说明被告不仅审查了原告复议申请资格，而且还审查了原告的担保申请是否合法的问题。

案件结果：本案法院经审理后，认定原告张某提供给被告市地税局的稽查局的纳税担保书中没有稽查局盖章同意担保的意见，说明稽查局并未同意张某的担保申请。根据《税收征管法实施细则》第62条的规定，"担保书须经纳税人、纳税担保人签字盖章并经税务机关同意，方为有效"。因此，原告张某提供的担保书不符合该法规的规定，被告认定原告未提供税务机关批准的合法的税收担保的事实清楚。原告认为稽查局未提反对意见即视为同意的主张没有法律依据。据此，法院判决维持被告市地税局作出的不予受理裁定书。

第十九章　税收保全程序
法律制度

　　税收保全,是税务机关根据税法的规定,为防止纳税人逃避纳税义务,转移、隐匿应税货物、财产和收入,在纳税期届满之前依法采取的行政强制措施,是保证国家税收的必要手段。税收保全在纳税人不提供纳税担保的情况下才适用。纳税人不提供纳税担保是适用税收保全措施的前提条件和基础。
　　本章节介绍的是通常意义上讲的税收保全,不涉及《税收征收管理法》规定的税务检查中的税收保全、税款追征中的税收保全以及对未进行税务登记和临时纳税人采取的特殊措施。

第一节　税收保全程序制度概述

一、税法依据

　　我国《税收征收管理法》第37条规定:"对未按照规定办理税务登记的从事生产、经营的纳税人以及临时从事经营的纳税人,由税务机关核定其应纳税额,责令缴纳;不缴纳的,税务机关可以扣押其价值相当于应纳税款的商品、货物。扣押后缴纳应纳税款的,税务机关必须立即解除扣押,并归还所扣押的商品、货物;扣押后仍不缴纳应纳税款的,经县以上税务局(分局)局长批准,依法拍卖或者变卖所扣押的商品、货物,以拍卖或者变卖得抵缴税款。"第38规定,税务机关有根据认为从事生产、经营的纳税人有逃避纳税义务行为的,可以在规定的纳税期之前,责令纳税人限期缴纳应纳税款;在期限内发现纳税人有明显的转移、隐匿其应纳税的商品、货物以及其他财产或者应纳税收入的迹象的,税务机关可以责成纳税人提供纳税担保。如果纳税人不能提供纳税担保的,经县以上的税务局(分局)局长批准,可以采取下列税收保全措施:(1)书面通知纳税人开户银行或者其他金融机构冻结纳税人金额相当于应纳税款的存款;(2)扣押、查封纳税人的价值相当于应纳税款的商品、货物或者其他财产。这一规定说明,如果纳税人逃避税收,税务机关要对纳税人采取保全措施的前提是纳税人不能提供纳税担保。第55条规定:"税务机关对从事生产、经营的纳税人以前纳税期的纳税情况依法进行税务检查时,发现纳税人有逃避纳税义务行为,并有明显的转移、隐匿其应纳税的商品、货物以及其他财产或者应纳税的收入的迹象的,可以按照本法规定的批准权限采取税收保全措施或者强制执行措施。"

纳税人在规定期限内缴纳税款的,税务机关应当立即解除税收保全措施;限期届满后仍未缴纳税款的,经县以上税务局(分局)局长批准,税务机关可以书面通知纳税人开户银行或其他金融机构从其冻结的存款中扣缴税款,或者依法拍卖或变卖所扣押、查封的商品、货物及其他财产,以拍卖或变卖所得抵缴税款。

《税收征收管理法》第47条规定,税务机关扣押商品、货物或者其他财产时,必须开付收据;查封商品、货物或者其他财产时,必须开付清单。另外,纳税人在期限内已缴纳税款,税务机关未立即解除税收保全措施,使纳税人的合法权益遭受损失的,税务机关应当承担赔偿责任。

二、法定措施

分析《税收征收管理法》,税收保全的法定措施有三种:

第一,《税收征收管理法》第38条规定了其中的两种:冻结存款;查封、扣押商品、货物或者财产。

《税收征收管理法》第38条规定,税务机关有根据认为从事生产、经营的纳税人有逃避纳税义务行为的,可以在规定的纳税期之前,责令限期缴纳应纳税款;在限期内发现纳税人有明显的转移、隐匿其应纳税的商品、货物以及其他财产或者应纳税的收入的迹象时,税务机关可以责成纳税人提供纳税担保。如果纳税人不能提供纳税担保,经县以上税务局(分局)局长批准,税务机关可以采取下列税收保全措施:

(1)书面通知纳税人开户银行或者其他金融机构冻结纳税人相当于应纳税款的存款。

(2)扣押、查封纳税人的价值相关于应纳税款的商品、货物或者其他财产。这里的其他财产,包括纳税人的房地产、现金、有价证券等不动产和动产。

以上税收保全措施仅限于冻结、查封、扣押,与税收强制措施有明显的区别,税务人员不能混淆,否则有法律风险。

第二,《税收征收管理法》第44条规定了其中的一种:阻止纳税人或者纳税人的法定代表人出境。

《税收征收管理法》第44条规定,欠缴税款的纳税人或者他的法定代表人需要出境的,应当在出境前向税务机关结清应纳税款、滞纳金或者提供担保。未结清应纳税款、滞纳金又不提供担保的纳税人或者他的法定代表人要出境的,税务机关可以通知出入境管理机关阻止其出境。税务机关的这一措施,也应当被视为税收保全的法定措施之一。但是要明确,税务机关通知出入境管理机关阻止纳税人或者他的法定代表人出境的基础是:必须满足未结清应纳税款、滞纳金和没有提供担保这两个先决条件,否则不能采取这一措施。

三、强行性规定

税法对税收保全的法定程序作出了严格的规定,税务人员在进行税收保全时,必须按照税法规定的这些程序进行。税法规定的税收保全的法定程序主要有如下内容:

1.税务执行人员符合法定人数

(1)在执行扣押、查封商品、货物或者其他财产时,应当由两名以上税务人员执行,并通知被执行人。

(2)被执行人是自然人的,应当通知被执行人本人或其成年家属到场;被执行人是法人或者其他组织的,应当通知其法定代表人或其主要负责人到场;拒不到场的,不影响执行。

(3)对拒不到场的,税务人员一定要慎重处理,最好有与本案无利害关系的第三人作为证人在场,证人应当在税务人员的执行文书上签字。

2.查封、扣押要留法律凭证

扣押商品、货物或其他财产的,必须开付收据;查封商品、货物或其他财产时,必须开付清单。税务人员在扣押商品、货物或其他财产的,不开付收据;在查封商品、货物或其他财产时,不开付清单,是典型的税收保全程序违法行为。因为税务人员不开付收据、不开付清单扣押商品、货物或其他财产的行为在纳税人眼里无异于"抢劫"。

3.不得超标的查封、扣押

对于扣押、查封财产的价值,税务机关参照同类商品的市场价、出厂价或者评估价估算,同时,税务机关在确定价值时,除了税款外,还应当包括滞纳金和扣押、查封、保管、拍卖、变卖所发生的费用,但是,扣押、查封的财产的价值仅以此全部数额为限,不得超额扣押、查封。

4.查封、扣押应当发出协助执行通知书

(1)在实施扣押、查封时,对有产权证件的特殊动产(车辆、船舶)或者不动产,税务机关可以责令当事人将产权证件交税务机关保管,同时必须向有关机关发出协助执行通知书,有关机关在扣押、查封期间不得再办理该动产或者不动产的过户手续。

(2)如果税务人员不向有关机关发出协助执行通知书,可能导致被扣押、查封的动产或者不动产被纳税人处理掉,从而影响税收保全的有效执行,税务人员也是要承担法律风险的。

5.保全标的物应慎重保管

(1)对查封的商品、货物或者其他财产,税务机关可以指令被执行人负责保管,保管责任由被执行人承担。

(2)继续使用被查封的财产不会减少其价值的,税务机关可以允许被执行人继续使用。

(3)因被执行人保管或者使用的过错造成的损失,由被执行人承担。

6.纳税人维持生计必须的住房和用品不适用保全

(1)为保护纳税人的合法权益,规范税务机关执法行为,纳税人个人及其所扶养家属维持生活必需的住房和用品,不在税收保全措施的范围之内。税务机关、税务人员查封、扣押纳税人个人及其所扶养家属维持生活必需的住房和用品的,责令退还,并依法给予行政处分。

(2)如果因税务人员的错误保全,导致被保全人或者其家属死亡,税务人员可能面临因为渎职或者因为滥用职权而被追究刑事责任的法律风险。

(3)机动车辆、金银饰品、古玩字画、豪华住宅或者一处以上的住房不包括在纳税人个人及其所扶养的家属维持生活必需的住房和用品的范围之内。

(4)税务机关对单价5000元以下的其他生活用品,不采取税收保全措施。

纳税人个人所扶养家属是指与纳税人共同居住生活的配偶、直系亲属以及无生活来源并由纳税人扶养的其他亲属。

第二节　税收保全的相关理论

一、程序理论

(一)一般程序

根据《税收征收管理法》第38条的规定,税务人员应当按照如下的法定程序采取税收保全措施:

1.首先,税务人员要有从事生产、经营的纳税人逃避纳税的线索、证据,并据此认为该纳税人可能逃税,由此责令纳税人在法定期限届满前缴纳税款。这里讲的"线索、证据",是指从事生产、经营的纳税人逃避纳税的事实根据,而不是税务人员的主观推断。

2.在责令从事生产、经营的纳税人在法定期限届满前缴纳税款这段时间,如果发现纳税人有明显的转移、隐匿其应纳税的商品、货物以及其他财产或者应纳税收入的迹象的,税务人员要责令纳税人提供担保,从而保证到时税款的征收。

3.如果纳税人不能提供纳税担保,经县以上税务局长或者分局局长批准,税务人员要对纳税人采取税收保全措施。

4.在实施了税收保全措施后,如果纳税人在规定的期限缴纳了税款,税务人员要立即对纳税人解除税收保全措施,否则,致使纳税人的合法权益遭受损失的,主管税务机关应当承担赔偿责任。这里讲的"立即",是指主管税务机关在收到纳税人的税款或者银行转回的税款后的24小时。

5.如果纳税人在主管税务机关规定的期限内仍未缴纳税款,经县以上税务局局长或者分局局长批准,税务人员要采取扣划、拍卖等税收强制措施。

(二)简易程序

简易程序有两种:一种是《税收征收管理法》第37条规定的程序。在征收管理过程中,对未按照规定办理税务登记的从事生产、经营的纳税人以及临时从事经营的纳税人,由税务机关核定其应纳税额,责令缴纳;不缴纳的,税务机关可以扣押其价值相当于应纳税款的商品、货物。根据这一规定,税务机关发现纳税人存在上述情况的,可当场核定其应纳税额,只需有两名以上依法行使职务的税务人员在场即可;核定后,责令纳税人缴纳,如果不缴纳,就可以扣押其价值相当于应纳税额的商品、货物。这时不必经过县以上税务局(分局)局长批准,目的是保证税款安全。因为此类纳税人往往是"打一枪换一个地方",在税务机关走程序的过程中,他就"溜之大吉"了。

另一种是《税收征收管理法》第55条规定的程序。税务机关对从事生产、经营的纳税人以前纳税期的纳税情况依法进行税务检查时,发现从事生产、经营的纳税人有逃避纳税义务行为,并有明显的转移、隐匿其应纳税的商品、货物以及其他财产或者应纳税的收入的迹象的,可以按照本法规定的批准权限采取税收保全或者强制执行措施。在此情况下,只要经过县以上税务局(分局)局长批准,即可采取保全措施,而不必按照一般程序采取保全措施。

二、税收保全措施和税收担保的税法比较

税收担保,是指税务机关为使纳税人依法履行纳税义务而采取的一种事前防备的控管措施,是纳税人在纳税义务发生之前向税务机关提供履行纳税义务的保证。税收担保虽然是税务机关依照《税收征收管理法》作出的行政行为,但是从理论上讲,这种行政行为的实施衍生出的是一种民事法律关系,即税收担保人和被担保人是一种民事法律关系,其目的是促进和保证税收法律关系中的义务的履行。既然是民事法律关系,那么税务机关及其工作人员就要严格遵守民法中的自愿、平等、有偿的原则,尊重双方当事人,不能采取指定或强制担保的行政手段,否则,税务机关应承担相应的法律责任。税收保全,是指税务机关对可能由于纳税人的行为或客观原因,致使税款不能保证或难以保证征收而采取的限制纳税人处理或转移商品、货物等其他财产的措施。税收保全措施带有强制性,是具体的行政行为。因此,要严格依法实施。同时,税收保全有可能产生相应的行政赔偿的法律关系。所以,《税收征收管理法》第26条还规定,纳税人在前款规定的期限内缴纳税款的,税务机关必须立即解除税收保全措施。采取税收保全措施不当,或者纳税人在限期内已缴纳税款,税务机关未立即解除税收保全措施,使纳税人的合法利益遭受损失的,税务机关应当承担赔偿责任。

第三节　税收保全程序制度的基本内容

一、主管税务机关应遵守的程序制度[1]

(一)法定条件

在税收保全程序中,为避免错误,税务人员必须把握税收保全措施的条件。税收保全措施的条件包括:

1.行为条件——纳税人有逃避纳税义务的行为。如果纳税人没有逃避纳税义务的行为,税务人员就不得采取税收保全措施。

2.时间条件——在规定纳税期届满之前和责令缴纳税款的期限之内。必须是在纳税期限届满之前,并且是在主管税务机关责令缴纳税款的期限之内。如果已过期限,税务人员只能采取税收强制执行措施,而不能采取税收保全措施。

3.担保条件——纳税人不提供担保。纳税人逃避纳税,税务人员可以责令其提供担保。对于纳税人既不缴纳税款,又不提供担保的,当然要采取税收保全措施。

---

[1]刘兵著:《税务执法程序的风险控制》,法律出版社,2009年版,第136~137页。

4.审批条件——县以上税务局(分局)局长批准。在采取税收保全措施前,税务人员必须履行内部的行政审批手续,并且这种审批权只能由县以上税务局(分局)局长一人行使。以上这四个条件,必须同时满足才能采取税收保全措施,缺一不可,而且这四个条件容易与税收强制执行措施的条件相混淆,税务人员要注意区分。

(二)采取保全措施必须依法进行

1.采取税收保全措施前的注意事项

税务人员只能扣押、查封纳税人价值相当于应纳税款的商品、货物或其他财产,而不能变卖或者拍卖。税务人员只能书面通知金融机构冻结纳税人的金额相当于应纳税款的存款,而不能扣划。

个人及其所扶养家属维持生活必需的住房和用品,不在税收保全措施之列。如果税务人员违法保全个人及其所扶养家属维持生活必需的住房和用品的,应及时予以退还,否则,主管部门要对税务人员依法给予行政处分,或者依法追究刑事责任。对单价在5000元以下的生活用品,税务人员不采取税收保全措施。采取税收保全措施的权利,税务人员不得违法让渡给法定的税务机关以外的单位或者个人行使。

2.采取税收保全措施后的注意事项

纳税人在规定或者确定的纳税期限内缴纳税款的,税务机关在收到纳税人的税款或者银行转回的税款后的24小时必须立即解除税收保全措施。对于纳税人在规定限期届满后仍未缴纳税款的,经县以上税务局(分局)局长批准,税务机关可以书面通知纳税人开户银行或其他金融机构从其冻结的存款中扣缴税款,或者依法拍卖或变卖所扣押、查封的商品、货物及其他财产,以拍卖或变卖所得抵缴税款。从这里可以看出,由"立即解除税收保全措施"转化到"采取税收强制措施",只有一个条件,即时间条件——纳税人在规定限期届满后仍未缴纳税款。也就是说,只要已过税款缴纳的期限,纳税人还没有缴纳应纳税款,税务人员就可以采取税收强制执行措施。

3.不得将税收保全措施委托他人行使

由于税收保全措施最能体现税收强制性和税收执法刚性,不慎重行使这种权力,容易损害纳税人的合法权益。为此,新《税收征收管理法》对上述权力的行使作出进一步严格的规定。按照新《税收征收管理法》第29条和第41条的规定,征收税款权力还可以允许税务机关依法委托其他单位和个人行使,但是,行使税收保全措施权力,则不允许税务机关委托其他单位和个人行使,只能由税务机关自己行使。

(三)税收保全措施不得超过法定时限

税法规定,税务机关采取税收保全措施的期限一般不得超过6个月;重大案件需要延长的,应当报国家税务总局批准。

(四)依法送达税收保全措施决定书

税务机关采取税收保全措施前,应当先行向纳税人送达税收保全措施决定书,否则,纳税人有权拒绝税务人员的税收保全措施。税务机关先行向纳税人送达税收保全措施决定书,是采取税收保全措施的前置程序。

三、纳税人、扣缴义务人应遵守的程序制度

纳税人、扣缴义务人面临主管税务机关采取税收保全措施时,不得无故阻碍主管税务机关执行职务,应当依法配合。如果认为主管税务机关采取税收保全措施不当,应当依法通过法律救济程序主张自己的权利。

第四节　法律责任

一、关于税务人员的法律责任

1.税务机关采取税收保全措施不当,或者纳税人在税款缴纳限期内已缴纳税款,税务机关未立即解除税收保全措施的,或税务机关滥用职权违法采取税收保全措施,致使纳税人的合法利益遭受损失的,税务机关应当承担赔偿责任。税法在这里规定了主管税务机关因税收保全措施不当的法律后果,与税务人员直接相关的法律后果是在主管税务机关承担赔偿责任后,税务人员面临的被主管税务机关依法追偿的责任。

2.税务人员私分扣押、查封的商品、货物或者其他财产,情节严重构成犯罪的,依法追究刑事责任;尚不构成犯罪的,依法给予行政处分。

二、关于纳税人、扣缴义务人的法律责任

当税务机关采取税收保全措施时,纳税人、扣缴义务人必须依法配合,否则,如果其行为违法,情节严重的,可能构成妨碍公务罪,要被追究刑事责任。

第五节　延伸阅读——税收保全案[1]

某市某服装公司确定的纳税期限为15天。在此期间,其主管税务机关接到

---

[1]案例来源:笔者办理的民事案卷。

关于该公司有逃避纳税行为的举报信。主管税务机关经核查发现举报属实,便责令该公司在5天内缴纳税款。5天期限已过,该公司非但不纳税,反而将其应纳税收入从原开户银行转入其他银行。鉴于此,主管税务机关责令该公司提供纳税担保,但该公司仍置之不理。主管税务机关税务人员申请税务局局长批准,到该公司的经营场所,扣押、查封了该公司价值相当于应纳税款的服装。

本案中,有两个法律问题:一是税务机关是否有权对该服装公司采取税收保全措施;二是主管税务机关采取的税收保全措施的内容、程序是否合法。

根据《税收征收管理法》的规定,作如下法律分析:

1.税务机关有权对该服装公司采取税收保全措施

《税收征收管理法》第38条规定:"税务机关有根据认为从事生产、经营的纳税人有逃避纳税义务行为的,可以在规定的纳税期之前,责令限期缴纳应纳税款;在限期内发现纳税人有明显的转移、隐匿其应纳税的商品、货物以及其他财产或者应纳税的收入迹象的,税务机关可以责成纳税人提供纳税担保。如果纳税人不能提供纳税担保,经县以上税务局(分局)局长批准,税务机关可以采取下列税收保全措施:(一)书面通知纳税人开户银行或者其他金融机构暂停支付纳税人的金额相当于应纳税款的存款;(二)扣押、查封纳税人的价值相当于应纳税款的商品、货物或者其他财产。"据此规定,本案中该服装公司有逃避税款的行为,主管税务机关有权对其采取税收保全措施。

2.主管税务机关采取税收保全措施的内容、程序合法

本案中,主管税务机关是在责令该服装公司限期缴纳税款和责成其提供担保无效的情况下,并经税务局长批准,才采取扣押、查封该公司相当于所欠税款的服装这一税收保全措施的,符合《税收征收管理法》第38条的规定。因此,主管税务机关采取税收保全措施的内容、程序合法。

第二十章　税收代位权、税收 撤销权程序法律制度

　　税收代位权、税收撤销权是从合同法中发展而来的。将合同法中行之有效的保全制度引进到税收征收管理制度中,通过立法形式赋予税务机关代位权、撤销权,一方面能有效地保障国家的税收收入,另一方面又有助于制止欠缴税款的各种不法行为。

　　税收代位权、税收撤销权的基础法律制度包括税收代位权、撤销权的税法依据,税收代位权的法律特征、税收撤销权的法律特征。本章内容参考了王利明、崔健远两位先生《合同法》[1]关于代位权、撤销权的理论。

第一节　税收代位权、税收撤销权程序 制度概述

一、民事诉讼法中的财产保全制度

　　我国《民事诉讼法》设置了财产保全制度,设置这一制度的目的在于保证人民法院对将来判决发生法律效力后得到实际执行。民事诉讼法中的财产保全制度,是指人民法院在利害关系人起诉前或者当事人起诉后,为保障将来的生效判决能够得到执行或者免遭财产损失,对当事人的财产或者争议的标的物,采取限制当事人处分的强制措施。民事诉讼法中的财产保全制度一般是基于当事人的申请并由当事人提供担保而启动的,分为诉讼中财产保全和诉前财产保全,在知识产权法中还规定了诉前行为保全制度,而税收保全一般是由主管税务机关基于职权采取的,它与民事诉讼法中的财产保全制度相比,在启动原因上存在差别。

---

[1]王利明、崔健远:《合同法》,北京大学出版社,1999年版。

二、合同法中的保全制度

我国在合同法中也设置了保全制度，其目的是为了保护债权人的合同债权。合同保全的基本方法是确认债权人享有代位权或者撤销权，这两种措施都旨在通过防止债务人的财产不当减少，从而保证债权人权利的实现。在理论上，不论债务人是否实施了违约行为，只要债务人有不正当处分其财产的行为，并且该行为有害于债权人的债权时，债权人就可以采取保全措施。但是，合同保全是实体法中的法律制度，它是通过债权人行使代位权或者撤销权而实现的，由此可见，合同法中的保全制度与民事诉讼法中的财产保全制度不同。税法中的税收保全也包含了合同法中的代位权、撤销权。税收保全程序中的代位权、撤销权制度是在合同法中的代位权、撤销权制度的基础上建立起来的，二者有渊源关系。

三、税收代位权、撤销权的税法依据

《税收征收管理法》第49条规定："欠缴税款数额较大的纳税人在处分其不动产或者大额资产之前，应当向税务机关报告。"第50条规定："欠缴税款的纳税人因怠于行使到期债权，或者放弃到期债权，或者无偿转让财产，或者以明显不合理的低价转让财产而受让人知道该情形，对国家税收造成损害的，税务机关可以依照合同法第73条、第74条的规定行使代位权、撤销权。"这就是对税务机关行使代位权、撤销权的税法规定。从这一税法规定中也可以看出税收保全程序中的代位权、撤销权制度与合同法中的代位权、撤销权制度的内在联系。

代位权、撤销权是合同保全制度中的两种手段。《合同法》第73条规定："因债务人怠于行使其到期债权，对债权人造成损害的，债权人可以向人民法院请求以自己的名义代位行使债务人的债权，但该债权专属于债务人自身的除外。代位权的行使范围以债权人的债权为限。债权人行使代位权的必要费用，由债务人负担。"《合同法》第74条规定："因债务人放弃其到期债权或者无偿转让财产，对债权人造成损害的，债权人可以请求人民法院撤销债务人的行为。债务人以明显不合理的低价转让财产，对债权人造成损害，并且受让人知道该情形的，债权人也可以请求人民法院撤销债务人的行为。撤销权的行使范围以债权人的债权为限。债权人行使撤销权的必要费用，由债务人负担。"按照合同法原理，在特殊情况下，合同可以对合同以外的第三人发生法律效力，代位权、撤销权就是促使其发生法律效力的两种有效手段。

四、关于税收代位权的理论问题

1.设立税收代位权的价值和意义

在我国,税收代位权制度的设立可以弥补税务机关行政权力的不足,具有重大的实践意义和理论意义。在实践中,该制度可以有效地防止欠缴税款的纳税人怠于行使其到期债权而对国家税收利益造成损害,有助于保障国家税款及时足额缴纳。在理论上,则具有在立法层面上肯定"税收债务关系"的重大价值。

(1)扩充税务机关行政权力范围。由于税收事业具有极强的社会公益性,因此,为了保证税收工作能够顺利进行,税法赋予税务机关相应的执法权力就成为必要选择。鉴于税收代位权制度的设立,其宗旨在于弥补税务机关行政权力之行使的不足,可以借鉴民事责任制度为行政机关直接向第三人行使权利提供理论根据。设立税收代位权制度的立法意图是扩大税务机关征收税款的手段范围,将税收代位权和税收保全措施、税收强制执行措施整合成一个完善的体系,以保证税收工作的顺利开展。

(2)税收债务关系在立法层面上得到肯定。我国税法学界乃至世界税法学界一直都在对税收法律关系的性质展开争论,而争论的焦点又主要集中在对税收法律关系究竟是"权力关系"还是"债务关系"的争论上。德国行政法学家奥特·麦雅(Mager Otto)是"权力关系说"的代表人物,他认为应把税收法律关系理解为国民对国家课税权的服从关系。德国法学家阿尔巴特·亨塞尔(Albert Hensel)是"债务关系说"的代表人物,"债务关系说"把税收法律关系定性为国家对纳税人请求履行税收债务的关系。

相对而言,国内的学者认为税收代位权制度只能建构在税收债务关系说的基础上,如果以税收权力关系说去解释则会出现自相矛盾的困境。这些学者的理由是:

首先,"权力关系说"认为税务机关的"查定处分"(Veranlagung)行为具有创设税收法律关系的效力。当纳税人满足了税法规定的纳税构成要件时,并不产生纳税义务,而需要通过"查定处分"这一行政行为的行使才能产生纳税义务。该学说的特点是强调税收的强制性与无偿性,强调税务机关的行政权力具有创设征税权力与纳税义务的功效。纳税人之所以要缴纳税款,在于其因税务机关的"查定处分"行为而负有公法上的服从义务。由此,税务机关对国民进行征税是单纯的行政权力的行使,而国民依法进行纳税也只是因为单纯的负有公法上的义务而已,国家和国民之间的税收关系是权力与义务、命令与服从的关系。而在纳税人怠于实现其到期债权危及国家税收利益的场合,纳税人的债务人对税务机关并不负有公法上的义务,税务机关也显然不能对债务人行使"查定处分"

行为而使其承担纳税义务。从"权力关系说"的角度去理解,税务机关对债务人行使代位权显然是要求不负有公法上义务的债务人去承担公法上的义务。

其次,按照"权力关系说"的理论,税务机关和国民之间的税收关系是单纯的不平等权力义务关系。从该理论的思路出发,税务机关指向税款的权力根源于行政权力的行使。为保障国家税收利益和实现税收调整国民分配的功能,税务机关对债务人的债款(即纳税人将要缴纳的税款)显然可以而且必须行使行政权力,从而保证税款能够得到顺利征纳。如此一来,虽然纳税人与其债务人是民法上的平等的债权债务关系,但这种平等的私法上的关系却因税收代位权的行使而演变成为单纯的不平等权力义务关系。债务人原先只是承担私法上的义务,税收代位权的运用却使得债务人要承担纳税人所须承担的公法上的义务,这显然是不合适的。因为每个公民只应以其公民身份承担公法上的义务,绝不能因为与第三人有私法上的法律关系而承担该第三人所负有的公法义务。可见,税收代位权制度与"权力关系说"的理论是不相兼容的。

国内的一些学者认为,税收代位权的设立有助于在具体制度的立法层面进一步厘清"税收权力关系说"与"税收债务关系说"的区别。"权力关系说"与税收代位权制度理论上的不兼容显示出该学说在理论上的缺陷;而"债务关系说"则认为,税收法律关系是公法的债务关系的观点,它能恰当地引用民法上有关代位权制度理论来解释税收代位权。民法学者一般认为,债权人的代位权属于债权的对外效力,是属于债权的特别权利,或者说,是债权的一种法定权能。无论当事人是否约定,债权人都享有它。该权利作为债权人的固有权利,被学者认为属于广义的管理权。参照民法理论,作为税收债务关系债权人的税务机关当然是享有这种"债权人的固有权利"的。需要注意的是,代位权属于债权的对外效力,代位权制度在某种程度上是突破了债的相对性原则的。所以,为了不至于动摇债的相对性原则,立法上和理论上都对代位权行使的范围进行了一定的限制。税收代位权也是如此,为了维护纳税人及其债务人的利益,有必要对税收代位权行使的范围进行限制。而这种限制则可以充分参考民法上已有的立法和理论成果,使税收代位权制度能够建构在平衡国家和纳税人、债务人利益的基础上,这恰恰正是"债务关系说"的优势所在。而新的《税收征收管理法》也遵循了这一思路,该法规定有关税收代位权的制度依照《合同法》中代位权的规定。

国内的学者还认为,可以抽象地认为税务机关与纳税人之间的税收法律关系是平等而不对等的债权债务关系。第一,按照传统民法理论,所谓"债",是指特定当事人之间以请求为特定行为的法律关系。在税收的场合,纳税机关征税行为可以理解为税务机关向纳税人请求给付税款的行为,所以税收法律关系完全符合广义上的"债"的定义。第二,税收法定主义要求税收法律关系"债务化"。

按照税收法定主义,纳税人在符合税法规定的纳税构成要件时就承担纳税义务了,税务机关的行政行为只是将纳税义务的内容明确化,并不具有创设纳税义务的效力。所以,纳税义务是法定义务,税务机关的征税行为只是为了使该法定义务得以实现。税务机关的角色只是纳税人履行纳税义务的结果承受者,而不是纳税义务的发动者。这种情况表明,税务机关的行为主要是请求和接受纳税义务的履行,纳税人的行为主要是履行纳税义务,而这就是税收法律关系"债务化"的体现。所以,我们应该主要以"税收债务关系说"的理论去建构和考察税法理论。税收代位权制度的设立使得"权力关系说"充分地暴露出其理论上的缺陷;从反面的角度看,税收代位权制度的设立具有在立法层面上肯定"税收债务关系说"的意义。

2.税收代为权的构成要件

税收代位权是指欠缴税款的纳税人怠于行使其对第三人享有的权利而对国家税收造成损害时,税务机关可以请求人民法院以自己的名义代位行使纳税人对第三人的债权,从而保证国家税收实现的权利。税务机关代位权的构成要件是:

(1)纳税人须有欠缴国家税款的事实。税务机关与纳税人之间须存在欠缴税款的事实,只有欠缴税款才能行使税收代位权。欠缴税款是指纳税人在税法规定的或税务机关核定的缴纳期限届满后,仍然没有履行纳税义务,即已过纳税期限而存在不缴或欠缴国家税款的事实。

(2)纳税人须享有对第三人的合法债权。纳税人对于第三人的权利,是税收代位权的标的。税收代位权属于涉及第三人之权利的权利,如果纳税人享有的权利与第三人没有关系,则不能成为税收代位权的行使对象。按照《合同法》及其司法解释的规定,债务人对于第三人的权利范围仅限于到期债权,并且限定在非专属于债务人的债权范围内。因此,税收代位权的行使对象也仅限于纳税人对于第三人的合法的到期的非专属于纳税人本身的债权。

(3)纳税人怠于行使其到期债权。首先,要求纳税人和其债务人之间存在着合法的债权,这是税务机关行使代位权的标的。

(4)纳税人怠于行使债权的行为已经对国家税收造成了损害。这一问题的核心在于判断对国家税收是否造成损害。在法国民法上,对债权造成损害以债务人陷于无资力为标准。在日本民法上,则不以债务人陷于无资力为标准。有学者认为,在不特定的金钱债权中,应以债权人是否陷于无资力为标准;而在特定债权及其他与债务人资力无关的债务中,则以有必要保全债权为条件。税收债权系金钱债权,应以陷于无资力为标准。《合同法》的司法解释第13条将损害规定为:债务人怠于行使其到期债权,对债权人造成损害的,是指债务人不履行其对债权人的到期债权,又不以诉讼方式或者仲裁的方式向其债务人主张其享有的具有金钱给付内容的到期债权,致使债权人的到期债权未能实现。

3.税收代位权的法律特征[1]

税收代位权有如下法律特征:

(1)税收代位权是主管税务机关代替纳税人向纳税人的债务人主张权利,因此,纳税人的债权对第三人产生了约束力。这种权力利是由税法规定的,不需要主管税务机关与纳税人之间的约定,主管税务机关本身享有这种权利。税收代位权也将随着纳税人债权的变化而变化。

(2)税收代位权要求主管税务机关以自己的名义行使纳税人的权利,因此,主管税务机关并不是纳税人的代理人,税收代位权也不同于诉讼代理权。主管税务机关代替纳税人行使权利,虽可以增加纳税人的财产,但主管税务机关行使该权利旨在保护国家税收,而不是单纯为了纳税人的利益。

(3)税收代位权是主管税务机关请求第三人向纳税人履行债务,而不是请求第三人向自己履行债务。通过第三人向纳税人履行债务,从而实现国家税收债权。

(4)税收代位权的行使必须通过向人民法院提起诉讼,请求人民法院允许主管税务机关行使税收代位权。不过,由于税收代位权是为了保全纳税人的应纳税款而代替纳税人行使权利,并不是扣押纳税人的财产或就收取债务人的财产而优先受偿,因此它不是诉讼上的权利,而是一种实体上的权利。

4.税收代位权与税收强制执行的税法比较

《税收征收管理法》规定,在纳税人未按照规定的期限缴纳税款,经税务机关责令限期缴纳仍未缴纳的,税务机关可以对欠缴税款的纳税人采取强制执行措施,即书面通知纳税人的开户银行或者其他金融机构从其存款中扣划税款;或扣押、查封、依法拍卖或者变卖其相当于应纳税款的商品、货物或者其他财产。可见,实施税收强制执行和行使税收代位权的前提是相同的,即纳税人存在欠缴税款的行为。但是,行使税收代位权还要求纳税人"怠于行使到期债权,并对债权人造成损害"。如果纳税人欠缴税款,有可供税务机关强制执行的财产,那么,税收机关通过强制执行措施就可以保证税款的征收入库,使国家的税收利益免遭损害。这时,纳税人是否存在到期债权,是否怠于行使到期债权,并不影响国家税收。由此可见,税务机关行使税收代位权是最后的法律救济措施,只有在其他的法律救济措施包括税收强制执行无法实施的情况下,才可行使税收代位权。

---

[1]王利民、崔健远著:《合同法》,北京大学出版社,1999年版,第161页。

5.税务机关获得税收债权清偿的途径

目前关于债权人获得税收债权清偿的途径,通说认为,依据传统民法理论,代位权行使的目的是为了实现债务人怠于行使的债权。在行使代位权的过程中,债权人代替债务人行使权利所获得的一切利益均应归属于债务人,债权人不得请求次债务人直接向自己履行义务。行使代位权的后果归属债务人,如果存在多个债权人,不管是否行使代位权,都应该依据债权平等的原则,有权就债务人的财产平等受偿。在多个债权人中,行使代位权的债权人均不能优先受偿。这种规则所遵循的思路也是为了最大限度地维持债的相对性和债权平等原则。债的相对性和债权平等原则的内涵要求:主张由债务人接受其债权的效果,以维持债的相对性原则;主张行使代位权的债权人与其他债权人一样平等享有代位债权的担保,以维持债权平等原则。

但是,伴随着现代民法理念从追求形式公平向追求实质公平的转化,上述理论在实践中遭到了越来越多的质疑。首先,该理论致使其他债权人有不劳而获、"搭便车"的可能,行使代位权的债权人最终有可能无法实现其债权,甚至其他债权人有可能先于其实现债权。这样的结果必将导致债权人懒于行使代位权,使得代位权制度设立的初衷落空。其次,基于我国经济发展中的三角债和连环债问题突出,而适用上述理论无法解决这一具有重要实践意义的问题,理论界出现了对该理论进行修正的呼声,应当赋予行使代位权的债权人更多的权利和使其因行使代位权而获更多的利益。

基于上述问题,立法界用司法解释对《合同法》第73条进行了明确。最高人民法院《关于适用〈中华人民共和国合同法〉若干问题的解释(一)》第20条规定:"债权人向次债务人提起的代位权诉讼经人民法院审理后认定代位权成立的,由次债务人向债权人履行清偿义务,债权人与债务人、债务人与次债务人之间相应的债权债务关系即予消灭。"该司法解释实质上赋予行使代位权有优先受偿的效果。

在税法实践中,解决这一难题的途径有两个,一个是税收优先权制度;另一个是《税收征收管理法》第50条的规定:欠缴税款的纳税人因怠于行使到期债权,或者放弃到期债权,或者无偿转让财产,或者以明显不合理的低价转让财产而受让人知道该情形,对国家税收造成损害的,税务机关可以依照《合同法》第73条、第74条的规定行使代位权、撤销权。从以上规定可以看出,如果税务机关行使代位权,则要适用我国《合同法》第74条的规定:"因债务人怠于行使其到期债权,对债权人造成损害的,债权人可以向人民法院请求以自己的名义代位行使债务人的债权,但该债权专属于债务人自身的除外。"但是仅仅依据我国《合同法》第73条的规定无法解决债权人行使代位权所获利益可否直接归属于债权人的问题。根据最高人民法院《关于适用〈中华人民共和国合同法〉若干问题的解释(一)》第20条的规定,表明债权人行使代位权所获利益可直接归属于债权人而非债务人。《税收征收管理法》并没有明确税收代位权的法律效果,仅仅规定"依照《合同法》第73条的规定",没有明确表明是否适用上述司法解释的规定。在司法实践中,税收代位权的法律效果应该依照上述司法解释的规定。可见,在税务机关通过行使税务代位权获得利益时,税务机关可以直接受偿,即由次债务人直接向税务机关支付。

五、税收撤销权的理论问题

1.税收撤销权的构成要件

税收撤销权,指的是纳税人作出无偿处分财产或者以明显低价处分财产给第三人而有害国家税收的行为时,主管税务机关请求人民法院予以撤销的一种手段。

税收撤销权的构成要件是:

(1)税务机关与纳税人之间存在合法有效的税收债权。只有合法有效的权利才能得到法律保护,税务机关对纳税人享有合法有效的税收债权是税务机关行使税收撤销权的前提和基础。而且,该税收债权必须是纳税人在为放弃债权或者转让财产行为之前发生的债权。需要注意的是,纳税人在纳税期内有放弃债权等有害于税收债权的行为时,税务机关应根据《税收征收管理法》第38条的规定,责令其限期缴纳应纳税款;在限期内纳税人仍为放弃债权等有害于税收债权的行为,税务机关应责成纳税人提供纳税担保;纳税人不能提供纳税担保,税务机关应采取税收保全措施。如果纳税人确无任何财产可供税收保全,这时税务机关才可以行使税收撤销权,以保障国家税款不至于流失。

税收实践中的问题是:当纳税人对税款提出异议,申请行政复议、提起行政诉讼,在行政复议、行政诉讼过程中,税务机关能否行使税收撤销权?有学者认为,在异议解决期间并不影响税务机关撤销权的行使,这是由税收债权具有优先性的特点决定的,同时也被我国的《行政诉讼法》和《行政复议法》所确定。但是根据《税收征收管理法》的规定,纳税人同税务机关在纳税上发生争议时,必须先依照税务机关的纳税决定缴纳税款及滞纳金或者提供相应的担保,然后可以依法申请行政复议;对行政复议决定不服的,可以依法向人民法院起诉。也就是说,在履行对税款复议、诉讼程序之前,纳税人要么已经缴纳税款,要么对税款提供了担保,一句话,税款的实现已经有了保障,不行使税收优先权并不会对国家税收造成损害,税务机关再行使税收撤销权显然没有必要。因此,如果纳税人对税款提出异议,在行政复议、行政诉讼过程中,税务机关不能行使税收撤销权。

(2)纳税人实施了处分其财产的行为。纳税人实施了处分其财产的行为是税收撤销权的客体,也是撤销权的客观要件。第一,纳税人实施的处分行为必须是法律行为。纳税人实施的行为是事实行为,比如故意或者过失毁弃财产,因与第三人无关,税务机关不能对此提起撤销权诉讼;纳税人实施的行为是无效民事行为时,任何人都有权主张无效,而不仅限于税务机关;纳税人实施的行为是可撤销的民事行为时,该行为的当事人有权提起撤销,税务机关不是该行为的当事人,无权提起撤销。第二,纳税人的处分必须以财产为标的。债务人的行为,非以财产为标的都不得予以撤销,因为非以财产为标的的行为与责任财产无关。债务人的身份行为、财产利益的拒绝行为及第三人承担债务的拒绝行为均不得作为撤销权的标的。基于此,纳税人放弃遗赠或继承有害于税收债权的行为,税务机关不得予以撤销。

(3)处分财产的行为已经对国家税收造成损害。所谓对国家税收造成损害,是指因纳税人的行为,使其陷于无力缴税的状况,使国家税收无法及时、足额入库。如果纳税人财力雄厚,处分财产后仍可清偿全部税收债权,税务机关就不能行使税收撤销权。撤销权制度显然属于对债的相对性的突破,其效力涉及债务之外的第三人,是对债务人与第三人之间法律关系的破坏,构成了对交易安全的威胁,也构成了对债务人活动自由和私法自治精神的威胁,所以,法律必须在强化债权人利益保护和债务人自治以及交易安全二者之间达成一个平衡,此平衡点即为债务人之行为是否有害于税收债权,以此为界限划分债务人的自由活动空间与债权人对债务人行为干涉的范围。在此界限之内,债务人可自由处分其财产,而债权人不得妄加干涉,一旦超出此界限,债权人之撤销权便自动产生了。

(4)在以明显不合理的低价转让财产而受让人知道该情形时,纳税人和受让人主观上都必须是恶意。所谓纳税人主观上的"恶意",指纳税人明知其处分财产的行为将导致其无足够的资产清偿税款,从而有害于税收债权,而仍然实施该行为。所谓受让人"恶意",是指受让人知道或应当知道其与纳税人实施的低价买卖行为有害于税收债权,而仍然实施该行为。在纳税人放弃到期债权,或者无偿转让财产时,则无需考虑其主观上是否有恶意,税务机关均得行使撤销权。因为无偿行为的撤销,仅使第三人失去无偿所得的利益,并未损害其固有利益,法律应首先保护受到危害的国家利益。

《税收征收管理法》明文规定税务机关可以对欠税的纳税人行使撤销权,扣缴义务人在满足上述要件后,税务机关能否对其行使撤销权,应当区分不同情况而决定。如果扣缴义务人不履行代扣代缴、代收代缴义务时,应适用《税收征收管理法》第69条规定,扣缴义务人应扣未扣、应收而不收税款的,由税务机关向纳税人追缴税款,对扣缴义务人处应扣未扣、应收未收税款50%以上3倍以下的罚款。在这种情况下,税务机关应依法对扣缴义务人实施行政处罚,不能行使税收撤销权;如果扣缴义务人已经对纳税人履行了代扣代收义务,但在规定期限内不缴或者少缴应解缴的税款的,有学者认为,若符合税收撤销权的其他要件,可以对其行使税收撤销权。

2.税收撤销权的法律特征

在税收撤销权中,税务人员要把握税收撤销权的主客观两个法律要件。

(1)客观要件。所谓"客观要件",是指纳税人实施了有害于国家税收的行为,才能使主管税务机关行使税收撤销权。或者说,纳税人实施了一定的处分财产的行为。这里讲的"处分",是指法律上的处分。具体包括:第一,放弃到期债权。也就是说,债权到期后纳税人明确表示免除债务人的债务。第二,无偿转让财产,如将财产赠与他人。第三,以明显不合理的低价转让财产。需要指出的是,纳税人的处分行为必须已经成立或已经生效,其财产将要或已经发生转移,主管税务机关才能行使撤销权。同时,纳税人处分财产的行为将明显有害于国家税收,主管税务机关才能行使撤销权。所谓"明显有害",是指纳税人实施处分财产的行为后,已不具有满足纳税人应纳税额的足够资产。如果纳税人仍然有一定的资产缴纳税款,就不能认定纳税人的行为有害于国家税收。

(2)主观要件。所谓"主观要件",是指纳税人与第三人具有恶意。一方面,纳税人须具有恶意。这里讲的"恶意",是指纳税人知道或应当知道其处分财产的行为必将导致其无力缴纳应缴税款,而仍然实施该行为。一般来说,认定纳税人的恶意应以其实施的具体行为为标准;另一方面,第三人与纳税人实施一定的行为时具有恶意。这就是说,纳税人以明显的不合理的低价转让财产,对国家税收造成损害,第三人已经知道该行为对国家税收具有危害。至于第三人是否具有故意损害国家税收的意图,或是否曾与纳税人恶意串通,在确定第三人的恶意时则不必考虑。

税收撤销权中的主客观法律要件,是主管税务机关行使该权利的基础。

税务人员需要注意的是,无论是税务机关的撤销权,还是税务机关的代位权,都必须通过人民法院行使。非经人民法院的法定程序,税务机关不能行使税收撤销权和税收代位权。

第二节　税收代位权、税收撤销权程序制度的基本内容

一、税务机关行使税收代位权应遵守的程序制度

主管税务机关行使税收代位权应当注意以下问题。

（一）行使税收代位权的法定要件

1.纳税人与债务人之间必须有合法的债权债务的存在，即纳税人享有对第三人的债权

如果纳税人对债务人不享有合法的债权，主管税务机关当然不享有税收代位权，主管税务机关不顾此前提行使税收代位权，将会承担法律后果。

2.纳税人对第三人享有到期的债权

税收代位权行使的基础是纳税人怠于行使其到期的债权，因此要求纳税人必须对第三人享有这种权利。另外，根据《合同法》第73条的规定，主管税务机关可以代位行使的债权必须是专属于纳税人的可供执行的债的权利，不能相反。例如人格权、抚养请求权等，就不能由主管税务机关代位行使。

3.须纳税人怠于行使其债权

这里讲的"怠于行使"，是指纳税人应当而且能够行使到期债权却不行使；这里讲的"应当"，是指纳税人如不及时行使债权，债权就有可能消灭或减少其财产价值；这里讲的"能够行使"，是指纳税人不存在任何行使债权的障碍，纳税人完全有能力由自己或通过其代理人行使债权。如果纳税人已经向其债务人提出了请求，或者已经向人民法院提起了诉讼，主管税务机关则不能认为纳税人怠于行使权利。

4.须纳税人怠于行使债权的行为有害于国家税收，即纳税人迟延纳税

纳税人怠于行使债权的行为，必须影响到国家税收，否则，主管税务机关不能行使税收代位权。由于到了纳税申报期限，主管税务机关才能确定纳税人的行为是否有害于其应纳税款，因此，主管税务机关必须在已确定纳税人的应纳税额并且是在纳税期限届满之后才能行使税收代位权。

5.主管税务机关代位行使债权的范围应以保全国家税收的必要为标准并且有保全税收债权的必要

这就是说，如果纳税人的财产足以缴纳其应纳税款，那么，主管税务机关只需申请人民法院强制执行纳税人的财产即可以实现国家税收，而没有必要行使税收代位权。如果税务人员超出纳税人的应纳税款范围行使税收代位权，造成纳税人的损失，要承担赔偿责任。

（二）行使税收代位权的效力

1.行使税收代位权的税法主体

税收代位权的行使主体是主管税务机关。纳税人因税法的强行性规定，负有依法纳税的义务，因此，主管税务机关只有在符合税法规定的条件下才可以行使税收代位权，它不同于合同法中代位权的行使。在合同法中，一个债务人可能有多个债权人，只要是债权人，满足法定要件均可以行使代位权。而在税收代

位权中,只有主管税务机关才能行使税收代位权。在行使税收代位权的过程中,税务机关要以自己的名义而不是以纳税人的名义行使税收代位权。

2.主管税务机关的合理义务

主管税务机关行使税收代位权必须尽到善良管理人的合理的注意义务,如果未尽到合理的注意义务而给纳税人造成损失,主管税务机关要承担损害赔偿责任。

3.行使税收代位权应受到限制

在税收代位权诉讼中,税务机关作为原告代纳税人向第三人主张权利。基于这一特征,税务机关在行使权利时,不能损害纳税人和第三人的合法权益。主管税务机关行使代位权,只能代纳税人行使债权,而不能处分纳税人的债权。行使权利与处分债权是两个不同的法律概念。行使权利是权利内容得到实现的手段,而处分权利则是指对权利的转让、放弃,它将导致权利消灭。如果允许主管税务机关随意处分纳税人的债权,不仅将极大地损害纳税人的合法权益,而且会破坏正当的社会交易秩序。税务人员要切忌在行使税收代位权时违法处分纳税人的债权。

由于主管税务机关只是代替纳税人行使债权,税务机关的税收代位权行使范围受到限制,税务机关的诉讼请求额不应超过纳税人所负担的应纳税额,同时也不应超出纳税人对第三人所享有的债权数额,因此,主管税务机关代替纳税人行使债权所获得的一切利益在扣除纳税人的应纳税款之后均归属于纳税人。在行使税收代位权的过程中,主管税务机关也不得请求纳税人的债务人直接向自己履行义务,而只能通过人民法院请求纳税人的债务人向主管税务机关履行债务。在税收代位权诉讼中,对税务机关的行政权力应予限制。在税收代位权诉讼中,税务机关的法律地位发生了变化,税务机关从行政执法机关转变为诉讼中的原告,与纳税人的债务人(被告)处于平等的诉讼地位,享有原告的诉讼权利。税务机关的行政权力在诉讼中不得行使,被告更不是税务机关的执法对象。税务机关在税收代位权诉讼中,发现被告有转移、隐匿、出卖或者毁损财产等损害国家税款实现的行为,应当依照《民事诉讼法》第92条、第93条的规定,向人民法院申请诉讼保全,税务机关无权直接对第三人的财产采取税收保全措施;在税收代位权胜诉后,第三人不履行生效判决确定的义务,税务机关不得采取税收强制执行措施,应当依据《民事诉讼法》第216条的规定向人民法院申请执行。税务机关在行使税收代位权诉讼中的处分权要受到限制,其和解权、请求调解权应被完全禁止,也就是说,在代位权诉讼中,税务机关作为原告没有调解的权利,当然欠缴税款的纳税人即税收债务人授权税务机关享有调解的权利除外。

对于人民法院作出税收代位权成立的判决之后,税务机关也不能抛弃、免除或让与被代位行使的债权,否则既危害了国家税收,又对纳税人和纳税人的其他债权人造成了损害。

4.主管税务机关行使税收代位权产生的必要费用由纳税人承担

《合同法》第73条第2款规定:"债权人行使代位权的必要费用,由债务人承担。"对"必要费用"的范围,应当理解为债权人为代位诉讼而多支出的费用,包括行使代位权的必要开销如律师费用、交通费、住宿费、通讯费等。诉讼费是实现代位权的必要费用。《合同法》规定,诉讼费应由纳税人承担,但《合同法解释》第19条有"在代位权诉讼中,债权人胜诉的,诉讼费由次债务人负担,从实现的债权中优先支付"的特别规定。依照特别法优于普通法的法律适用原则,在税收代位权诉讼中,原告税务机关胜诉的,诉讼费由被告次债务人负担;除诉讼费外的必要费用,则由纳税人承担。而在税务机关败诉时,由于其提起诉讼无正当根据,因此支出的费用应由自己承担,不应转嫁到纳税人的头上。诉讼费需要从实现的债权中支付。根据《合同法解释》第21条规定:"在代位权诉讼中,债权人代位权的请求数额超过债务人所负债务额或者超过次债务人对债务人所负债务额的,对超出部分,人民法院不予支持。"对于纳税人欠缴税款已超过或加上必要费用后超过到期债权的,超过部分应该转而向纳税人提出。

5.行使税收代位权对纳税人的限制

主管税务机关通过人民法院裁定允许其行使税收代位权,则纳税人便不能就其被主管税务机关代位行使的债权作出处分,也不得妨碍主管税务机关行使代位权,如果允许纳税人在税务机关行使代位权后抛弃、免除或让与相关利,税收代位权的目的将会落空。税收代位权根本得不到实现,国家税收更得不到保障。因此,税务机关提起代位权诉讼后,要合法通知纳税人,纳税人不得实施妨碍税务机关行使代位权的处分行为,即不得实施抛弃、免除、让与或其他足以使税收代位权行使失去效力的行为。

税收代位权行使后,不管其实体的结果如何,都应该由纳税人承担。我国现行司法实践赋予代位权人直接受偿权,如果纳税人的债务人已经向税务机关依据自己的债务而相应给付,这种给付即具有债务清偿的效力。在给付的范围内,纳税人与第三人之间相应的债权债务关系消灭,纳税人不能再向第三人请求履行债务。应注意的是,税务机关依照法律规定行使代位权,不免除欠缴税款的纳税人尚未履行的纳税义务和应承担的法律责任。如果税务机关行使代位权所取得的利益不足以完全实现纳税人的纳税义务时,纳税人对尚未实现的纳税义务仍要依法履行。同时,对欠缴税款的纳税人依《税收征收管理法》应承担的法律责任并不因税务机关行使税收代位权而免除,即税务机关在行使代位权后,对纳税人应当加收滞纳金的,应当加收;对纳税人应当处以罚款的,必须处以罚款。当然,滞纳金、罚款仍然可以从代位权的清偿余额中得到执行。如果纳税人的行为构成犯罪的,税务机关必须将其依法移送给司法机关追究刑事责任。

6.谨慎对待纳税人的债务人(第三人)的抗辩

主管税务机关代纳税人行使债权,一般不影响纳税人的债务人的合法权益。因为主管税务机关不行使税收代位权,纳税人的债务人也要履行其应尽的义务。在主管税务机关行使税收代位权以后,第三人对纳税人所享有的一切抗辩权,如同时履行抗辩权、后履行抗辩权、不安抗辩权、时效方面的抗辩权等,均可以用来对抗主管税务机关。税务人员一定要研究第三人的抗辩理由,依法予以否定,否则,第三人的抗辩理由一旦成立,税收代位权便不能实现。

在主管税务机关行使税收代位权的情况下,纳税人的债务人不能以主管税务机关与其没有合同关系不存在合同相对权为由拒绝履行自己的义务,而必须根据人民法院的裁定及时履行相关债务。否则,第三人即构成对主管税务机关行使税收代位权的妨碍。如果第三人有这样的行为,税务人员一定要及时提请办案法官依法处理。

当第三人依法院判决直接向税务机关清偿后,在清偿的范围内,第三人与纳税人之间的债权债务关系即予消灭,第三人不需再向纳税人为相应的给付。如果税务机关请求的数额低于纳税人对第三人的债权,判决执行后,次债务人对纳税人的债务并非全部消灭,纳税人仍然可以就剩余部分向第三人请求偿还。

如果第三人对纳税人的债务不可分,税务机关必然就其整体行使税收求偿权。纳税人的债权实现后,除了直接清偿税收之外还有剩余,这部分剩余归属于纳税人,第三人应当直接向纳税人为给付。

(三)不得混淆税收代位权诉讼的管辖法院

关于代位权诉讼的管辖问题,司法解释作出了明确的规定,即"债权人依照《合同法》第73条的规定提起代位权诉讼的,由被告住所地人民法院管辖"。这里的关键问题在于如何正确理解这一管辖条款。该条款规定的是一种特殊地域管辖。理由如下:(1)代位权诉讼与其他类型的诉讼的最大区别就在于诉讼的代位性,为便于双方当事人诉权的行使和法院对代位权诉讼的审理与裁判,就有必要将代位权诉讼的管辖规定为特殊地域管辖;(2)如果将该项管辖规定理解为一般地域管辖,那么对于很多代位权诉讼而言,就需要根据债务人与其债务人之间争议的实体法律关系的性质来确定管辖,这样就会使代位权诉讼之管辖问题复杂化,不利于债权人之代位权的行使。而将这一规定理解为特殊地域管辖,不仅便利于债权人和债务人的债务人进行诉讼,而且操作性较强,并可以有效地减少管辖争议以提高诉讼效率。(3)这一规定虽然与《民事诉讼法》第22条关于一般地域管辖的规定相同,但应当注意的是,前者是针对特殊类型的民事案件而言的,而后者是针对一般的民事案件而言的。因此,虽然在表述上相同,即都规定"由被告住所地人民法院管辖",但应当认为,前者是与后者并不相同的一种特殊地域管辖。在税收代位权诉讼中,被告是纳税人的债务人,依照法律的规定,应由纳税人的债务人的住所地的人民法院管辖。《民事诉讼法》第25条规定了合同双方当事人有权在合同中以书面的形式协议选择被告住所地、合同履行地、合同签订地、原告住所地、标的物所在地的人民法院管辖。实践中也会出现税收债务人与其债务人之间在书面合同中约定了被告住所地以外的法院管辖而与这一规定发生冲突。根据民事诉讼管辖理论,在发生管辖权冲突而确定具体案件的管辖时,按照特殊地域管辖优先于一般地域管辖的原则进行确定。由于代位权诉讼适用的是特殊地域管辖,因此,应由纳税人的债务人住所地的人民法院管辖。

代位权是债权的法定权能,是法律赋予债权人的权利,是源自法律的直接规定,并非源自当事人之间的约定。代位权当事人不能通过约定的方式排斥其适用,其行使当然不受债务人和其债务人之间约定的约束。因此,税务机关应依据《合同法》第73条及其司法解释的规定,以向人民法院提起诉讼的方式行使代位权而不能以包括仲裁在内的其他方式行使。另外,在税收代位权诉讼中,这一管辖原则,即"由被告住所地人民法院管辖"有修正的必要。基于原告即税务机关与纳税人的债务人的住所地并不一定在同一个地方,从行政效率的角度出发,让税务机关到其所地以外行使税收代位权是不现实的。为此,法律不妨规定税收代位权由税务机关所在地的人民法院管辖,这样将有利于诉讼的顺利进行。

《合同法》第128条规定,当事人可以依据仲裁协议申请仲裁。税收债务人与其债务人之间是否也可以订立仲裁协议或仲裁条款去选择仲裁?作者认为不可以。

(四)明确税收代位权诉讼中的当事人

在税收代位权诉讼中,税务机关代位行使纳税人的债权,处于主动地位,是诉讼开始的提起者,故在诉讼中作为原告无疑。而且当税务机关就某一权利行使代位权后,其他民事债权人以及其他税务机关就不得重复行使。也就是说,税收代位权诉讼的原告恒定为税务机关。纳税人的债务人是税务机关行使代位权的直接指向,在诉讼中处于被动地位,其作为案件的被告也没有问题。关键问题是纳税人是否应作为诉讼当事人参加诉讼以及在诉讼中的地位。根据《合同法》的司法解释的规定,债权人以次债务人为被告向人民法院提起代位权诉讼,未将债务人列为第三人的,人民法院可以追加债务人为第三人。这一规定表明,在代位权诉讼中,债务人的诉讼地位是第三人。这种第三人没有独立于原告和被告的请求权,只能加入原告或被告一方参加诉讼,在民事诉讼理论上被称为无独立请求权的第三人。《民事诉讼法》第56条规定,无独立请求权的第三人是对当事人双方的诉讼标的虽然没有独立的请求权,但是案件的处理结果同他有法律上的利害关系,可以申请参加诉讼或者由人民法院通知他参加诉讼的人。就税收代位权诉讼而言,税务机关向次债务人主张的是纳税人的权利,因而不管税务机关胜诉还是次债务人胜诉,该判决结果都与纳税人有着法律上的利害关系。但纳税人并不符合有独立请求权的第三人之构成要件,因为代位权是法律赋予税务机关的一项权利,只要符合构成要件的规定,代位权诉讼就有正当的法律依据,纳税人对该诉讼标的不可能存在独立的请求权。所以,纳税人在税收代位权诉讼中只能是无独立请求权的第三人。但是从理论上说,无独立请求权的第三人的缺位不会影响代位权诉讼的进程,对诉讼的结果也毫无影响。不过,纳税人作为无独立请求权的第三人参加诉讼,有助于确认代位权的有无和纳税人与其债务人之间的法律关系,有利于诉讼的顺利进行。因此,在税收代位权诉讼中,当税务机关未将纳税人列为第三人时,人民法院可以追加纳税人为第三人。

(五)承担税收代位权诉讼中的举证责任

根据我国《民事诉讼法》第64条的规定,民事诉讼遵循"谁主张,谁举证"的原则,税收代位权诉讼也应遵循这一原则,举证责任主要由税务机关承担。

1.税务机关的举证责任

在税收代位诉讼中,税务机关应当证明以下事实:(1)纳税人的义务已经发生并且逾期清偿;这一点税务机关比较容易证明。对于直接欠税,税务机关依照纳税人的纳税申报或税务机关核定确定的纳税数额和税法规定或税务机关核定的纳税期限即可确定。但对于衍生欠税,税务机关则要根据税务处理决定书和该文书中确定的纳税期限才能确定。(2)纳税人拥有到期债权。这一点税务机关举证比较困难,现实中税务机关无法掌握纳税人的财产状况,并且难于知道纳税人哪些债权到期哪些债权未到期,因此还需建立可行的制度以保障代位权制度。(3)纳税人怠于行使到期债权。对于这点,实践中应允许税务机关采用推定的方式举证。只要税务机关能够证明纳税人与其债务人之间的债务已到期,纳税人的债务人未向纳税人履行债务,且纳税人未向其债务人以诉讼或仲裁的方式主张权利,即可视为纳税人怠于行使债权。(4)纳税人怠于行使其到期债权致使国家税收遭受损害。税务机关要证明纳税人陷于无资力缴纳税款,还需证明纳税人怠于行使其到期债权与其无力清缴欠税之间有因果关系。

依据《合同法》司法解释的规定,"在代位权诉讼中,次债务人对债务人的抗辩,可以向债权人主张",纳税人的债务人作为诉讼的被告,可以以其对纳税人的抗辩事由对抗税务机关,并就抗辩事由负完全的举证责任。例如,证明对纳税人的债务不存在;或虽然存在,但未到期。除此之外,还可以证明纳税人并没有怠于行使债权,而是积极主张权利,只是由于客观原因而未能实现债权;或者纳税人未能行使债权是由于客观的困难,等等。而税收机关在应诉前应针对这些抗辩事由应收集反驳证据资料,做到有备无患。

2.纳税人的举证责任

纳税人作为无独立请求权的第三人也可提出抗辩。纳税人需要举证的抗辩事由大概包括:(1)纳税人不负有纳税义务。(2)纳税义务未到履行期。(3)纳税人的债权不存在,或虽存在但并未到期。(4)纳税已通过诉讼或仲裁的方式积极主张债权。(5)纳税人已经积极行使了自己的债权却因客观的原因未能实现债权。(6)纳税人无力缴纳税款与其未行使债权无关。(7)该债权专属于纳税人自身。

二、税务机关行使税收撤销权应遵守的程序制度[1]

由于税收撤销权的行使必须以纳税人有不当处分财产的行为为前提,因此,主管税务机关在行使税收撤销权时,要注意以下问题:

(一)行使税收撤销权的对象范围以纳税人的应纳税款、滞纳金、罚款为限

根据《合同法》第74条,撤销权的行使范围以债权人的债权为限。由此推知,税收撤销权行使的效力并不是及于纳税人处分行为涉及的全部财产,而应仅限于纳税人的应纳税款、滞纳金、罚款以及实现税收撤销权的费用的范围。对纳税人不当处分财产的行为超出其应纳税款、滞纳金、罚款以及主管税务机关实现税收撤销权的费用的部分,税收撤销权对其没有法律约束力。如果税务人员把握不准,导致纳税人的合法权益遭到损失,主管税务机关要依法赔偿。

(二)正确界定税收撤销权诉讼中的被告主体资格

由于税收撤销权必须通过主管税务机关向人民法院起诉来实现,因此,税收撤销权之诉中的被告主体资格的确定极为重要。一般来讲,如果纳税人实施的是单方行为,则应以纳税人为被告;如果纳税人与第三人共同实施无偿转让财产或低价转让财产的行为,则应以纳税人和第三人为共同被告。如果税务人员对税收撤销权之诉中的被告主体资格确定错误,人民法院会依法裁定驳回税收撤销权之诉。

(三)税收撤销权必须在一定的期限内行使

撤销权属于事后的否定权。为了稳定交易秩序,保障交易安全,无论是当事人之间的撤销权,还是当事人之外的第三人的撤销权,都应该有一定的期限限制。即便的确存在可撤销的事由,如果权利人不及时行使权利,超过一定的期限

---

[1]王利民、崔健远著:《合同法》,北京大学出版社,1999年版,第163页~165页。

后,其权利也会自然消灭。根据《合同法》75条的规定,"撤销权自债权人知道或者应当知道撤销事由之日起1年内行使。自债务人的行为发生之日起5年内没有行使撤销权的,该撤销权消灭"。《税收征管法》虽然没有直接准用该条文,但考虑到其属于撤销权制度不可分割的组成部分,因此对税收撤销权也应当适用。合同法的这一规定,包括两种期限:一种是诉讼时效,即1年的规定。根据民事诉讼法的原理,该诉讼时效可以适用中止、中断、延长的法律规定;另一种是除斥期间,即5年的规定。同样,根据民事诉讼法的原理,该除斥期间不能适用中止、中断、延长的法律规定。诉讼时效与除斥期间是两个不同的法律概念,不能混同,要注意区别。因此,对于税收撤销权,税务人员必须注意它的诉讼时效,否则会失去诉权。失去诉权,即意味着纳税人欠缴的应纳税款、滞纳金、罚款不能通过采用税收撤销权的税收保全方式来缴付入库。

(四)注意税收撤销权的溯及力

根据合同法原理,主管税务机关行使税收撤销权的法律效力依人民法院判决的既判力而产生,并对主管税务机关、纳税人、相对人或受益人有效。纳税人的不当处分财产的行为一经人民法院撤销,即从纳税人的行为发生之日失去效力。因此,基于主管税务机关的起诉而发生的人民法院的依法撤销可以发生溯及既往的法律效果。据此,税务人员要注意以下几点:

1.注意对纳税人的效力

纳税人的不当处分财产的行为一经人民法院依法撤销,则该行为自始无效。如果纳税人不当处分财产的行为被依法撤销,那么纳税人已与第三人达成的尚未交付财产的买卖协议自始无效;纳税人已经向第三人交付了财产,则应由第三人返还财产;纳税人免除第三人债务的行为,则被视为没有免除;纳税人承担第三人债务的行为,则被视为没有承担;纳税人为第三人设定担保的行为,则被视为没有设定;纳税人让与第三人财产的行为,则被视为没有让与。

2.注意对第三人的效力

在纳税人不当处分财产的行为被人民法院裁定依法撤销以后,如果财产已经为第三人占有或受益的,则第三人应向主管税务机关返还该财产和受益,如果原物不能返还,则应折价赔偿。对于如何折价的问题,税务人员不能以第三人占有或者受益时向纳税人支付的对价为标准,应委托相关机构评估作价,以示公正。否则,如果折价过高,要影响国家税收;如果折价过低,又要影响第三人的利益。

第三节　法律责任

一、税务人员的法律责任

欠缴税款的纳税人因怠于行使到期债权,或者放弃到期债权,或者无偿转让财产,或者以明显不合理的低价转让财产而受让人知道该情形,对国家税收造成损害的,税务机关可以依照《合同法》第73条、第74条的规定行使代位权、撤销权。如果税务机关没有依法行使税收代位权、撤销权,造成国家税款流失,税务人员要承担行政责任;情节严重,构成犯罪的,应当承担刑事责任。

二、纳税人的法律责任

如果纳税人欠缴税款数额较大,在处分不动产或者大额资产之前,没有向税务机关报告;或者怠于行使到期债权;或者放弃到期债权;或者无偿转让财产;或者以明显不合理的低价转让财产而受让人知道该情形,对国家税收造成损害的,纳税人即涉嫌偷税,情节较轻的,将被处以罚款;情节严重,构成犯罪的,将被依法追究刑事责任。

第四节　延伸阅读——税收撤销权案[1]

某县居民刘某于2006年自己出资在县城建造一座二层沿街楼,经营轮胎销售业务。刘某依法办理了个体工商户营业执照和税务登记等手续。由于没有建立账簿,无法进行规范的会计核算,主管税务机关对其实行定期定额的税收管理办法,每月核定税款900元,刘某一直按期到主管税务机关申报纳税。2007年2月,刘某把门店交由自己的弟弟打理。刘某的弟弟接手后,一直没有到税务机关申报纳税。主管税务机关多次派人找到刘某催缴,刘某以种种借口拖延。

截至12月份,共计欠缴8000元税款。2008年1月,刘某将自己的轮胎销售门店无偿转让给其弟弟经营。税务机关得知消息后,找到刘某让其缴清8000元欠税,刘某以自己身患重病不能经营,并且已经将轮胎销售门店无偿转让给自己的弟弟为由,拒绝缴纳欠税。税务机关催缴无果后,将刘某起诉到当地人民法院,请求人民法院撤销刘某的转让行为。

人民法院经过审理后,依法作出判决:支持税务机关的诉讼请求,撤销刘某

---

[1]案例来源:笔者办理的民事案卷。

无偿转让轮胎销售门店的行为。

本案中，双方争论的焦点在于，刘某在欠缴税款时情况下能不能无偿转让其拥有的轮胎销售门店，以及税务机关应如何正确执法，保护国家利益不受侵害。

税务机关征收管理的权力来源于税收法律、行政法规和规章。《税收征管法》第50条规定："欠缴税款的纳税人因怠于行使到期债权，或者放弃到期债权，或者无偿转让财产，或者以明显不合理的低价转让财产而受让人知道该情形，对国家税收造成损害的，税务机关可以依照合同法第73条、第74条的规定行使代位权、撤销权。"《合同法》第74条规定："因债务人放弃到期债权或者无偿转让财产，对债权人造成损害的，债权人可以请求人民法院撤销债务人的行为。撤销权的行使范围以债权人的债权为限。债权人行使撤销权的必要费用，由债务人负担。"可以看出，法律将税款视为纳税人对国家的一种债务，当欠缴税款的纳税人无偿转让财产，对国家税收造成损害的，税务机关作为债权人理所应当行使权利，保护国家的利益不受损害。

欠缴税款的纳税人无偿转让财产的前提是，必须先缴清欠缴的税款。如果没有缴清欠税，税务机关就可以根据上述法律的规定行使撤销权。

税务机关行使撤销权，需要注意以下几点：

1.无偿转让的行为已经成立，且实际造成损害国家税收的后果。欠缴税款的纳税人已经发生了无偿转让财产的行为，并且这种行为是发生在欠缴税款之后，行为的后果是直接减少了债务人的财产，从而造成税务机关追缴税款受到阻碍。

2.税务机关行使撤销权须向人民法院提出请求，由人民法院进行一系列的相关活动。这个权利的行使必须经过人民法院判决予以支持才能成立，申请人民法院撤销的也只能以纳税人欠缴税款的数额为限，而不能是纳税人转让的全部财产，超过欠缴税款部分的转让行为仍然有效。撤销权应该在税务机关知道或者应当知道撤销事由之日起1年内行使，自债务人损害行为发生之日起5年内未行使的，撤销权消灭。

3.税务机关行使撤销权，并不免除欠缴税款的纳税人尚未履行的纳税义务和应承担的法律责任。

综上所述，人民法院撤销刘某无偿转让轮胎销售门店是有法律依据的，刘某还应该承担诉讼费用，并依法缴清欠缴的税款。

第二十一章　税收优先权程序法律制度

国家税收与普通债权并存时，国家税收必须居于有效地位，这就是《税收征收管理法》在2001年修订时设置税收优先权制度的目的。

第一节　税收优先权程序制度概述

税收优先权，是指当纳税人未缴纳税款的情形与其他债权并存时，税务机关就纳税人的全部财产优先于其他债权依法征税。为确保国家税收的及时足额征收，当国家税收债权与普通债权并存时，必须使税收债权居于优先地位。我国在2001年修订《税收征收管理法》时，吸收世界上许多国家和地区的经验，规定了税收优先权制度。税收优先权制度对保护税收债权有重要意义。

一、税收优先权的税法规定

《税收征收管理法》第45条规定："税务机关征收税款，税收优先于无担保债权，法律另有规定的除外；纳税人欠缴的税款发生在纳税人以其财产设定抵押、质押或者纳税人的财产被留置之前，税收应当先于抵押权、质权、留置权执行。纳税人欠缴税款，同时又被行政机关决定处以罚款、没收违法所得的，税收优先于罚款、没收违法所得。税务机关应当对纳税人欠缴税款的情况定期予以公告。"2005年9月12日，国家税务总局在给最高人民法院《关于人民法院强制执行被执行人财产有关税收问题的复函》[1]中也强调了税收优先权。

上列法条涉及的"纳税人欠缴的税款"的含义，根据国家

---

[1]国税函[2005]869号。

税务总局《关于贯彻〈中华人民共和国税收征收管理法〉及其实施细则若干问题的通知》[1]第7条规定,是指纳税人发生纳税义务,但未按照法律、行政法规规定的期限或者未按照税务机关依照法律、行政法规的规定确定的期限向税务机关申报缴纳的税款或者少缴的税款。纳税人应缴纳税款的期限届满之次日即是纳税人欠缴税款的发生时间。

在这里还需要说明的是,税收优先权的范围包括滞纳金。根据国家税务总局《关于税收优先权包括滞纳金问题的批复》,税款滞纳金与罚款两者在征收和缴纳时顺序不同。税款滞纳金在征缴应纳税款时视同税款管理,与应纳税款一同缴纳。《税收征收管理法》关于"税收强制执行"、"出境清税"、"税款追征"、"税务行政复议前置条件"等相关法条都明确规定了滞纳金随应纳税款同时缴纳。

二、税收优先权的特征

在我国,税收优先权是在2001年4月28日,第九届全国人民代表大会常务委员第21次会议修订《税收征收管理法》时,才作出了明确的法律规定,此前是没有规定的。

我国《税收征收管理法》第45条将税收优先权规定为以下四种情况:

1.税收优先于无担保债权

税收优先于无担保债权,是指"税务机关征收税款,税收优先于无担保债权,法律另有规定的除外"。这里讲的"法律另有规定",主要是指《破产法》和《保险法》中的相关规定。《破产法》和《保险法》规定"企业或保险公司破产时,企业或保险公司欠职工或被保险人的工资、劳动保险费、人寿保险金等优先于税收受偿",除此之外没有与税收优先权相冲突的法律、法规规定。

2.税收优先于发生在后的担保债权

税收优先于发生在后的担保债权,是指"纳税人欠缴的税款发生在纳税人以其财产设定抵押、质押或者纳税人的财产被留置之前的,税收应当先于抵押权、质权、留置权执行"。设置这种规定的目的在于防止纳税人通过事后设立物的担保方式逃避国家税收。"税收优先于发生在后的担保债权"的税法规定,对于现实经济生活中的不法企业可能通过设定担保的方式逃避税务机关的税收保全措施和税收强制执行措施,保障国家税收收入,确保税务机关依法履行征税职能将起到一定的规范作用。

3.税收优先于行政罚款和没收违法所得

税收优先于行政罚款和没收违法所得,是指"纳税人欠缴税款,同时又被行

---

[1]国家税务总局国税发[2003]47号,2003年4月23日公布。

政机关决定处以罚款、没收违法所得的,税收优先于罚款、没收违法所得"。税收是纳税人对国家应尽的法定义务,而行政罚款和没收违法所得只是行政执法主体在纳税人出现与税收无关的其他行政违法行为时所进行的行政处罚,鉴于此,税收应当优先。这里讲的"行政执法主体",显然是税务机关以外的其他行政执法机关,如果这些行政执法主体在纳税人出现税收以外的违法行为时,对其进行的行政处罚就必须让位于税收债权。

三、保障一般债权人的利益条款

《税收征收管理法》第45条要求"税务机关应对纳税人欠缴税款的情况定期予以公告",以防止一般债权人不知情而蒙受损失。这一规定实际上是为了保障善意第三人的债权而设置的。保障善意第三人的合法权益是民事法律制度的重要理论。《税收征收管理法》设置保障善意第三人的债权的税法规定,表明其立法技术有了提高。

《税收征收管理法》第46条要求"纳税人有欠税情形而以其财产设定抵押、质押的,应当向抵押权人、质权人说明其欠税情况,抵押权人、质权人可以请求税务机关提供有关的欠税情况"。

原来我国税法中并没有规定税收优先权制度,随着我国经济的快速发展,税收与其他债权的矛盾越来越多,纳税人通过各种手段逃税的现象十分突出,《税收征收管理法》在2001年修订时才加进了税收优先权的规定。由于税收优先权制度适用的时间不长,因此,在税收实践中,税务人员违法行使税收优先权、违法发布欠税公告、在行使优先权的时候侵犯第三人的合法权益的现象时有发生,致使合法权益遭到侵害的纳税人等当事人抱怨连天。

四、现行法律规定存在的问题

税收实践中,有税务机关反映:关于税收优先权的法律规定有互相矛盾的地方,在适用税收优先权时面临法律上的困惑。主要表现是:

1.法律规定本身存在冲突,造成适用上的困难

第一,根据《破产法》第28条的规定,担保物权在破产清偿中可以行使别除权,其效力自然、绝对高于税收债权。但是,《税收征收管理法》第45条第1款在肯定税收优先于无担保债权的同时,又以形成和设定时间的早晚作为界定税收债权和担保物权优先效力的标准,把税收优先权有条件地置于担保物权之上。第二,《破产法》第37条和《民事诉讼法》第204条规定的破产清算制度却把税收优先权置于破产费用、职工工资和社会保险费用之后,普通债权之前。第三,国务院《关于在若干城市试行国有企业兼并破产和职工再就业有关问题的补充通

知》中把职工工资置于担保物权之上,又形成了"职工工资—担保物权—清算费用—税收债权——般债权"的破产清偿顺序。由此一来,我国现行法律关于企业破产和清算中税收优先权与担保物权的清偿位序问题的三种规定之间不统一,明显存在法律适用冲突,造成实践中法律适用上的混乱和无所适从。

2.税收优先权的产生时间缺乏科学界定

我国《税收征收管理法》第45条规定,税收优先于担保物权是以税款的发生时间为界定标准的。在确定税款与担保债权之间的清偿顺序时,税款发生时间的界定非常重要。对于税款发生时间,最直接的理解就是纳税义务发生时间,但现行税法中,除增值税、营业税、消费税等少数税种在有关单行法规或条例中规定了纳税义务发生时间以外,许多税种都只是规定了纳税申报和缴纳的期限,如企业所得税、房产税、土地使用税、车船使用税等。在税收实践中,即使法律规定了纳税义务发生时间的税种,也规定有申报和缴纳期限,超过法定期限不缴或少缴的税款,税务机关才认定为欠税或偷税,税务机关与纳税人之间的债权债务关系才成立。另外,不难看到,税法的这一规定对担保物权的权利人是极不公平的。对于流转税而言,由于纳税人的经营活动持续不断地进行,每天都可能发生纳税义务,而当界定质权、抵押权的设定时间是否先于纳税义务发生时间时,就必须将纳税人所欠税款分解到每一笔交易,这样做又是很麻烦的事,显然缺乏可操作性。

3.欠税公告与利害关系人查询纳税人欠税情况的制度不完善

《税收征收管理法》第45条明确规定,"税务机关应当对纳税人欠缴税款的情况定期予以公告",第46条规定:"纳税人有欠税情形而以其财产设定抵押、质押的,应当向抵押权人、质押权人说明其欠税情况。抵押权人、质押权人可以请求税务机关提供有关欠税的情况。"但由于税法没有具体规定程序上的操作流程,也缺乏相应法律责任的规定,而且现实中多个税务机关对同一纳税人不同的纳税义务享有管辖权,这些就使得利害关系人想查询纳税人的欠税情况时,却不知道向哪一个税务机关查询,对税务机关不履行公告义务也没有办法追究相关的责任。税收实践中,利害关系人要查询纳税人的欠税情况几乎成为不可能,就连律师也不能依法查询。因此,从某种意义上讲,税收优先权为税收债权提供了类似担保的保护。由于税收优先权缺乏公示性,因此,税务机关行使税收优先权可能会威胁交易安全,损害担保物权权利人的利益,甚至威胁到担保物权制度本身的价值和公信力。

第二节　税收优先权程序制度的基本内容

一、主管税务机关应遵守的程序制度

税务人员在行使税收优先权时,首先要考虑纳税人欠缴的税款是否具备税收优先权的税法构成特征,如果不具备税收优先权的税法构成特征,就不能行使税收优先权;其次要考虑行使税收优先权的法定程序是什么,如何按照法定程序行使税收优先权;然后要考虑在行使税收优先权时是否会涉及第三人的合法利益,如果涉及第三人的合法利益,应该如何避免对第三人的合法利益的损害。同时,税务人员还要考虑在行使税收优先权之前有没有向社会公告纳税人的欠税情况;如果已经公告或者将要公告,那么有没有侵犯或者可能侵犯纳税人的合法权益,也就是说,发布欠税公告必须按照法定程序进行。

（一）欠税的法定情形

所谓"欠税",是指纳税人发生纳税义务,但超过法律、行政法规规定的期限或者超过税务机关依照法律、行政法规的规定确定的期限没有向税务机关申报缴纳的税款或者少缴的税款。欠缴税款的具体法定情形有如下几种:

1.虽然纳税人、扣缴义务人已办理纳税申报,但没有在税款缴纳期限缴纳的税款或者解缴的税款。

2.虽然纳税人已获准延期缴纳税款,但延期缴纳税款的期限届满,纳税人仍然没有缴纳的税款。

3.主管税务机关经过税务检查,责令纳税人、扣缴义务人限期补缴税款或者解缴税款,但纳税人、扣缴义务人在限期内没有补缴或者解缴的税款。

4.主管税务机关依照税法对纳税人核定了应当缴纳的税款,但纳税人没有在法律、行政法规规定的或者主管税务机关根据法律、行政法规的规定确定的税款缴纳期限内缴纳的税款。

5.纳税人、扣缴义务人的其他没有在法律、行政法规规定的或者主管税务机关根据法律、行政法规的规定确定的税款缴纳期限内缴纳的税款。

主管税务机关对税法规定的各种上列欠缴税款必须及时核实,纳税人、扣缴义务人的欠税事实及欠税税额一经确定,主管税务机关就应当以正式文书的形式签发欠税公告,及时向社会公告。

不过,税务人员要注意,并不是对所有欠税的纳税人的欠税一律要进行公告。税法规定,对纳税人发生的以下情形的欠税可以不对外公告。

1.纳税人已经法定程序破产清算,并已依法向工商行政管理机关办理了注销登记,仍然欠缴的税款。

2.纳税人已被有关行政机关责令撤销、关闭,在法定清算后被依法注销或者吊销经营资格,仍然欠缴的税款。

3.纳税人已经连续停止经营一年以上,仍然欠缴的税款。

4.纳税人已经失踪两年以上,仍然欠缴的税款。

(二)税收优先权的税法界定

首先,分析有无担保债权,辨别清楚担保债权和非担保债权。如果纳税人相对于其他债权人的债务没有设定担保,税款征收享有优权。

其次,如果债权时有担保债权,则要界定纳税人欠税和担保债权发生的时间。如果担保债权发生在纳税人欠税之后,税款征收应优先于担保债权。

最后,如果,纳税人欠缴税款,同时又被行政机关决定处以罚款、没收违法所得的,主管税务机关应就纳税人欠缴税款等问题函告行政执法机关,强调税收优先于罚款、没收违法所得。

税务人员把握了以上几点,一般情况下,在税收优先权程序中并无大的法律风险之忧。

(三)公告欠税应依法进行

对于欠税公告的税法问题,在税收征收程序的风险控制章节已作了介绍,为了有效控制发布欠税公告的风险,有必要再次强调:我国《税收征管法》规定"税务机关应当对纳税人欠缴税款的情况定期予以公告",明确了欠税公告制度,并允许抵押权人、质权人向税务机关请求提供有关债务人的欠税情况。税务人员必须按照法定程序发布欠税公告,并且发布欠税公告不得侵犯纳税人的合法权益。

二、纳税人应遵守的程序制度

纳税人有欠税情形而以其财产设定抵押、质押的,应当向抵押权人、质权人说明其欠税情况,抵押权人、质权人可以请求税务机关提供有关的欠税情况。

第三节　法律责任

一、关于税务人员的法律责任

如果税务人员没有按照《税收征收管理法》的规定对纳税人的欠税情况予以公告,导致国家税款流失,应当承担行政责任;情节严重的,应当受到刑事处罚。

如果税务人员没有依法及时行使税收优先权,导致国家税款流失,应当承担行政责任;情节严重的,应当受到刑事处罚。

二、关于纳税人的法律责任

税法规定,纳税人有欠税情形而以其财产设定抵押、质押的,应当向抵押权人、质权人说明其欠税情况,抵押权人、质权人可以请求税务机关提供有关的欠税情况。如果纳税人违反了这一规定,造成国家税款流失,应当补缴税款,并依法缴纳滞纳金和罚款;构成偷税罪的,应当被追究刑事责任。

第四节　延伸阅读——税收优先权案[1]

某市甲服装公司2008年9月同乙服装加工厂签订合同,约定由甲公司提供布匹一批,按照甲公司规定样式,在当年11月1日之前由乙加工厂加工服装一批,合同约定甲公司应当支付乙加工厂加工费30万元。乙加工厂按期交货后,却迟迟未能收到加工款,经过调查发现,甲公司资不抵债,行将破产。在追索自己的合法债权时,乙加工厂又得知甲由于存在历年欠税,所有财产已经被税务机关行使税收优先权冻结并将抵缴欠税,自己的债权将无法追回。

本案的法律问题是:包括本案中的乙加工厂在内的企业的债权面对国家的税款,是否毫无办法?关于税收优先权,税法有哪些规定?

我国《税收征收管理法》明确规定:税务机关征收税款,税收优先于无担保债权,法律另有规定的除外;纳税人欠缴的税款发生在纳税人以其财产设定抵押、质押或者纳税人的财产被留置之前的,税收应当先于抵押权、质权、留置权执行。纳税人欠缴税款,同时又被行政机关决定处以罚款、没收违法所得的,税收优先于罚款、没收违法所得。

根据税法规定,税收优先权的行使分为三种情形:

1.相对于无担保债权,除法律另有规定外,税收优先。需要特别提醒的是,即使企业的无担保债权时间发生在先,如果企业存在欠税,仍然是首先保证税款。这里"法律另有规定"指的是一些特殊债权,如在破产程序中,职工的工资属于债权,考虑到职工生活保障,职工的工资可以优先于国家的税收而受到清偿。

2.相对于担保债权,以发生时间为依据,纳税人欠缴的税款发生在纳税人以其财产设定抵押、质押或者纳税人的财产被留置之前的,税收应当先于抵押权、质权、留置权执行,反之不适用优先权原则。担保债权和税收相比,谁发生时间

---

[1]案例来源:笔者办理的民事案卷。

在先，谁享有优先权。时间在先应当是债权确定之日和欠税发生之日的比较。"欠税之日"指的是纳税人按照法律、法规和税务机关依法确定的纳税期限届满的次日。如纳税人按规定应当在2006年12月10日之前缴税，那么欠税发生之日就是12月11日。

　　3.相对于罚款、没收违法所得，可直接适用税收优先权。纳税人未履行纳税义务，同时又被行政机关处以罚款、没收违法所得的，税款优先执行。

　　上述税收优先权的规定，可以确保国家税款的安全，同时也要求企业在处理生产经营过程中的债权债务关系时，不但要考虑到对方企业的一般信用，同时也应当对对方企业欠税的情况有充分的了解，否则，债权很可能无法得到保障。此外，企业应尽可能地利用抵押、质押、留置等权利来保障自己的债权。为了使企业有更多渠道了解其他纳税人的欠税情况，《税收征收管理法》又规定，税务机关应当对纳税人欠缴税款的情况定期予以公告。同时，《税收征收管理法》也规定，纳税人有欠税情形而以其财产设定抵押、质押的，应当向抵押权人、质权人说明其欠税情况。抵押权人、质权人可以请求税务机关提供有关的欠税情况。这就从信息公开角度对债权人提供了有效的保障。

第二十二章   税收强制执行程序法律制度

税务机关对逃避纳税的当事人采取税收强制执行措施是保证国家税收的必要手段，但是因为税务机关在采取税收强制执行措施时直接关系到当事人的切身利益，税法在规定税务机关的税收强制执行措施的权利的同时，对税务机关采取税收强制措施也规定了严格的法定条件和法定程序，要求税务机关必须依照税法规定的权限和程序去采取税收强制执行措施，并且在采取税收强制执行措施时不得危及当事人必须的生活水平，更不得损害当事人及当事人以外的第三人的合法权益。税法为税务机关设定了极为严格的税收强制执行措施的限定条件。

第一节   税收强制执行程序制度概述

税收强制执行法律制度大部分是程序性的税法规定。在《税收征收管理法》中，税收强制执行的税法规定与税收保全的税法规定在一起。为了论述的方便，现在把它单列成一章论述。

这里讲的税收强制执行制度与对税务行政处罚决定书的执行制度不相同，前者执行的依据是纳税人、扣缴义务人未按照规定的期限缴纳或者解缴税款，纳税担保人未按照规定的期限缴纳所担保的税款，税收强制执行的执行主体只有税务机关；但是税务行政处罚决定书的执行依据是税务行政处罚决定书，并且执行主体除了税务机关、复议机关以外，还包括人民法院。

一、税收强制执行措施的概念和特征

(一)税收强制执行措施的概念

税收强制执行措施,是指法律规定的税收强制执行主体对被执行人采取的各种方式和方法的总称。税收强制执行属于行政执行的一种,它不同于人民法院的民事执行。民事执行,也称民事强制执行,是指人民法院依债权人的申请,依据执行根据,运用国家强制力,强制债务人履行义务,以实现债权人的民事权利的活动。而税收强制执行是在纳税人、扣缴义务人或者纳税担保人不缴纳税款的情况下才采取的强制措施。

(二)税收强制执行措施的特征

税收强制执行措施具有以下特征:

1.法定性

税收强制执行措施只能是法律明确规定的,税收强制执行主体不能采取法律规定以外的措施。税收强制执行措施直接影响到纳税人、扣缴义务人和纳税担保人的合法权益,这种影响是通过税收强制执行措施体现出来的,因此,税收强制执行措施必须由法律作出明确的规定,以防止税收强制执行主体侵害有关当事人的合法权益。

2.财产性

《税收征收管理法》规定的税收强制执行措施的标的仅为存款、商品、货物或者其他财产。我国的税收强制执行措施不能涉及对纳税人、扣缴义务人或者纳税担保人的人身的强制,体现了税收债权理论,有利于对纳税人、扣缴义务人和纳税担保人人身权的保护。

税收实践中,有部分税务机关不清楚税收强制执行的标的是什么。比如有的税务机关在采取税收强制执行措施时,直接通过公安局将餐馆的老板强制带到税务机关,或者直接将餐馆的桌椅拉走。税务机关这样的做法显然是错误的。因为《税收征收管理法》明确规定,税收强制执行措施的对象仅为存款、商品、货物或者其他财产,不能涉及纳税人,或者其他当事人的人身,也不能涉及纳税人用于生产或者生活所必需的财产。

3.直接性

世界上有很多国家的税收强制执行措施包括间接强制执行(如执行罚)和直接强制执行(如拍卖被执行人的财产)两种,我国没有间接税收强制执行措施,只有直接税收强制执行措施。

4.只能由税务机关执行

税收强制执行只能由税务机关执行,除此之外的其他任何机关均不能采取税收强制执行措施。

5.执行的根据是未缴纳税款

纳税人、扣缴义务人未按照规定的期限缴纳或者解缴税款,纳税担保人未按照规定的期限缴纳所担保的税款,经税务机关责令缴纳仍未缴纳的,经税务机关的负责人批准,税务机关可以采取强制执行措施。

6.税收强制执行是国家使用公权力的强制执行

税收强制执行的具体表现是税务机关代表国家运用法律授予的执行权强制剥夺未依法缴纳税款的纳税人或者未依法解缴税款的扣缴义务人,或者未依法缴纳所担保税款的纳税担保人的财产权利,这是税务机关运用公权力对抗税收违法行为的典型体现。

二、税收强制执行的税法依据

《税收征收管理法》第40条规定,"从事生产、经营的纳税人、扣缴义务人未按照规定的期限缴纳或者解缴税款,纳税担保人未按照规定的期限缴纳所担保的税款,由税务机关发出限期缴纳税款通知书,责令缴纳或者解缴税款的最长期限不得超过15日。逾期仍未缴纳的,经县以上税务局(分局)局长批准,税务机关可以采取下列强制执行措施:(1)书面通知其开户银行或者其他金融机构从其存款中扣缴税款;(2)扣押、查封、依法拍卖或者变卖其价值相当于应纳税款的商品、货物或者其他财产,以拍卖或者变卖所得抵缴税款。税务机关采取强制执行措施时,对未缴纳的滞纳金同时强制执行。"《税收征收管理法实施细则》第65条规定,"对价值超过应纳税额且不可分割的商品、货物或者其他财产,税务机关在纳税人、扣缴义务人或者纳税担保人无其他可供强制执行的财产的情况下,可以整体扣押、查封、拍卖,以拍卖所得抵缴税款、滞纳金、罚款以及扣押、查封、保管、拍卖费用"。这就是税收强制执行的税法依据。

三、税收强制执行的主体

税收强制执行的执行主体,是指依照税收程序法规范,享有税收程序法权利和承担义务,并能引起税收强制执行程序发生、变更或者终结的税务机关或者纳税人、扣缴义务人、纳税担保人。

税收强制执行活动是在税务机关和纳税人、扣缴义务人、纳税担保人等当事人的参与下进行的,税务机关和纳税人、扣缴义务人、纳税担保人是执行主体。

《税收征收管理法》第40条规定,从事生产、经营的纳税人、扣缴义务人未按照规定的期限缴纳或者解缴税款,纳税担保人未按照规定的期限缴纳所担保的税款,由税务机关发出限期缴纳税款通知书,责令缴纳或者解缴税款的最长期限不得超过15日。逾期仍未缴纳的,经县以上税务局(分局)局长批准,税务机关可以采取强制执行措施。由此可见,只有税务机关才能对纳税人、扣缴义务人、纳税担保人采取税收强制执行措施,因此,税收强制执行的主体是主管税务机关和纳税人、扣缴义务人、纳税担保人。税收强制执行主体是复合主体。

主管税务机关依法授权或者依法委托的其他组织是不是税收强制执行主体?笔者认为不是。因为《税收征收管理法》对强制执行的权利并没有赋予主管税务机关依法授权或者依法委托的其他组织,比如,履行代扣代缴、代收代缴义务的扣缴义务人,尽管依法享有代扣代缴、代收代缴的权利义务,但是它没有税收强制执行权,因为税收法律并没有规定扣缴义务人享有税收强制执行的权力。

四、税收强制执行的原则

税收强制执行的原则,是指对税务机关和纳税人等当事人在整个税收强制执行过程中起指导作用的行为准则。主要包括以下几项:

1.税收强制执行当事人不平等的原则

执行当事人不平等原则,是指在税收强制执行程序中的执行人即税务机关与被执行人即纳税人、扣缴义务人、纳税担保人的地位不平等,双方的权利义务有差别。

2.税收强制执行合法的原则

执行合法原则,是指税收强制执行活动必须有法律依据,并且要依照法定程序和方式进行。执行合法原则要求:税收强制执行必须是在纳税人、扣缴义务人没有缴纳应当缴纳的税款或者没有解缴应当解缴的税款,纳税担保人没有缴纳所担保的税款,经税务机关责令仍然没有缴纳或者解缴时,由税务机关的负责人批准的情况下才能采取税收强制措施;税收强制执行必须依照法定程序进行;税收强制执行工作要采取法定方式进行。

3.保护纳税人等当事人合法权益的原则

保护纳税人等当事人合法权益的原则,是指在保证国家税收的前提下,要照顾和保护纳税人、扣缴义务人、纳税担保人的合法权益。具体要求是:不得超标的执行;要保留纳税人、扣缴义务人、纳税担保人及其所扶养家属的生活必须费用和生活必需品;在采取查封、扣押等强制措施时,应当通知纳税人、扣缴义务人、纳税担保人到场;拍卖、变卖纳税人、扣缴义务人、纳税担保人被扣押、查封的财产时,应当依法进行,不得贱价处理。

4.税收强制执行及时的原则

税收强制执行及时的原则,是指税收强制执行应当尽量缩短执行时间,减少不必要的时间浪费,以免造成国家税款不必要的流失。具体要求是:对需要进行强制执行的事项应当及时审查,在审查的基础之上制定具体的执行措施和方案;执行的各个环节应当在法定的时限内完成,并且执行行为应当连续和不间断。

5.税收强制执行措施穷尽的原则

税收强制执行措施穷尽的原则要求:税务人员根据执行需要,确保国家税收,穷尽各种执行方法、措施和途径,对被执行人的财产、货物、存款进行必要的调查和了解,采取查封、扣押、冻结、拍卖、变卖以及税收优先权、税收撤销权、税收代位权等执行行为之后,仍然不能满足强制执行的需要时,才可以终结执行行为。执行措施穷尽原则可以有效防止纳税人、扣缴义务人、纳税担保人的税收违法行为,有利于税收执法资源的合理运用,避免国家税收的流失,减轻税务机关面临的社会舆论压力,督促税务执法人员尽职尽责地进行执法活动。

五、税收强制执行的措施

税收强制执行的法定措施有:

1.扣划存款

如果从事生产、经营的纳税人、扣缴义务人未按照规定的期限缴纳或者解缴税款,纳税担保人未按照规定的期限缴纳所担保的税款,由税务机关发出限期缴纳税款通知书,责令缴纳或者解缴税款的最长期限不得超过15日。逾期仍未缴纳的,经县以上税务局(分局)局长批准,税务机关可以书面通知其开户银行或者其他金融机构从纳税人存款中扣划存款,充缴税款。

2.拍卖或者变卖商品、货物或者其他财产

如果从事生产、经营的纳税人、扣缴义务人未按照规定的期限缴纳或者解缴税款,纳税担保人未按照规定的期限缴纳所担保的税款,由税务机关发出限期缴纳税款通知书,责令缴纳或者解缴税款的最长期限不得超过15日。逾期仍未缴纳的,经县以上税务局(分局)局长批准,主管税务机关可以依法拍卖或者变卖纳税人价值相当于应纳税款的商品、货物或者其他财产,以拍卖或者变卖所得抵缴税款、滞纳金。

3.欠缴税款公告制度

《税收征收管理法实施细则》第76条规定,税务机关应当对纳税人欠缴税款的情况定期予以公布。县级以上各级税务机关应当将纳税人的欠税情况,在办税场所或者广播、电视、报纸、期刊、网络等新闻媒体上定期公告。

4.阻止出境

《税收征收管理法》第44条规定,欠缴税款的纳税人或者他的法定代表人需要出境的,应当在出境前向税务机关结清应纳税款、滞纳金或者提供担保。未结清应纳税款、滞纳金又不提供担保的纳税人或者他的法定代表人要出境的,税务机关可以通知出入境管理机关阻止其出境。

六、税收强制执行的执行标的

税收强制执行标的,是指税务机关强制执行行为所指向的对象。税收强制执行标的具有非抗辩性,也就是说,只要税务机关采取税收强制执行措施,被执行人即纳税人、扣缴义务人、纳税担保人在执行过程中不得对税务机关的执行行为或者执行措施进行抗辩,只有根据税法的规定进行行政复议。税收强制执行标的还具有法定性。在税收强制执行过程中,税务机关执行的目的是实现国家税款的及时足额入库,国家税款是法定的,不得随意改变,也就是说,税务机关执行只能围绕国家税款这一目的进行,不能脱离这一目标。因此,在税收强制执行过程中,执行行为只能执行纳税人、扣缴义务人、纳税担保人的财产、货物或者银行存款,而不能对纳税人、扣缴义务人、纳税担保人的人身执行。

1.可以作为执行标的之财产

第一,有体物。被执行人的财物,应当是其享有所有权或者有权处分的物。对物的执行通常指有金钱价值的一切物与权利,一般分为有体物与无体物。有体物依其可否移动又可以分为动产和不动产。

根据民法,作为执行标的之不动产包括:(1)土地使用权(《土地管理法》第4条);(2)房屋(《城市房地产管理法》第2条),包括地上建筑物、构筑物、地下室、仓库、停车场、桥梁、水坝、水塔、烟囱等。(3)林木(《担保法》第34条、《森林法》第3条)。

作为执行标的之动产包括:(1)船舶和航空器(《海商法》第9条、《民用航空法》第11条);(2)机动车辆;(3)有价证券,如股票(最高人民法院《关于执行问题的若干规定》第52条)、存单(最高人民法院《关于执行问题的若干规定》第35条)、凭证式国库券等;(4)其他动产。

第二,无形财产权。无形财产权是指被执行人所享有的包括存款、债权、工资收入、用益物权、知识产权、股权及其他权利在内的财产权。作为执行标的的无形财产权,必须是债务人独立的财产权利、具有财产价值和可转让性。被执行人对第三人的到期债权和债务人非法处分的财产,也可以成为执行标的。具体而言,成为执行标的的无形财产权包括:(1)存款(《民事诉讼法》第221条);(2)农村土地承包经营权(《民法通则》第80条、第81条,《农村土地承包法》第3条、第16条);(3)建设用地使用权;(4)宅基地使用权;(5)其他自然资源使用权,如矿业权、海域使用权(《海域使用法》第25条)、森林或者林木采伐权、取水权、渔业权(渔业养殖权和渔业捕捞权);(6)专利权;(7)注册商标专用权(《商标法》

第3条);(8)著作权(《著作权法》第10条);(9)股权,如有限责任公司股权或者投资权益、独资企业投资权益(最高人民法院《关于执行问题的若干规定》第54条)、中外合资中外合作企业股权或者投资权益(最高人民法院《关于执行问题的若干规定》第55条);(10)公路运营权(《公路法》第59条);(11)电话电传租用权;(12)出租车运营权。

2.不得作为执行标的之财产

被执行人的财产,原则上均可以强制执行。但税收实体法和税收程序法应当基于保障社会安全或者债务人的生存、维护社会公益或者第三人利益、促进社会文化发展等考虑,对于被执行人的特定财产,执行机关不得采取执行措施。

首先,下列财产不得成为执行标的:第一,维护被执行人的生存而不得执行的财产。《税收征收管理法》第79条规定,查封、扣押、冻结、拍卖被执行人的财产时,应当保留被执行人及其扶养家属的生活必需品,所以生活必需品不得作为执行标的。此处的生活必需品主要包括:必需的衣服、寝具、餐具等;在一定期间内所需的食物、燃料等必需品;被执行人职业上必需的器具及物品;教育上所需的物品。第二,禁止流通物。主要包括:矿藏、水流等国家专有物;虽非专有但禁止转让的物;武器、弹药、毒品、淫秽书画等。第三,基于社会公益而不得强制执行的财产。如学校的教育设施、医院的医疗设施等。第四,维护公序良俗而不得执行的财产。有的财产虽为被执行人所有,但属感情慰藉或者传统风俗、信仰的物品,若对之强制执行,则有悖公序良俗,对此类财产,执行法院也不得强制执行。如遗像、牌位、墓碑及其他祭祀、礼拜所用之物等。第五,基于财产性质不得强制执行或者限制强制执行的财产。如果被执行人是人民银行及其分支机构,那么禁止对人民银行及其分支机构的办公楼、运钞车及营业场所等财产采取查封等执行措施。对金融机构的营业场所,不得进行查封。第六,外交豁免及领事豁免执行的财产。主要包括使馆馆舍财产及外交代表财产两类。

其次,下列无形财产权不得成为执行标的。法律或者司法解释规定对某些财产权利不得执行或者只有具备一定条件才能执行的情形主要有:(1)信用证开证保证金;(2)证券经营机构清算账户资金;(3)证券、期货交易保证金;(4)银行承兑汇票保证金;(5)旅行社质量保证金;(6)粮棉油收购专项资金;(7)商业银行根据国家政策向特定企业发放的具有特定用途的贷款;(8)社会保险基金和社会基本保障资金;(9)国防科研试制费;(10)金融机构存款准备金;(11)军费(但军队工厂、农场、马场、军人服务部、省军区以上单位实现企业经营的招待所和企业的上级财务主管部门等单位开设的军队"特种企业存款"除外);(12)征用土地补偿费、安置补偿费(《土地管理法》第47条、《土地管理法实施条例》第26条);(13)单位和职工缴纳的住房公积金(《住房公积金管理条例》第2条、第3

条);(14)由地方财政部门管理、主要用于社会公益的各项附加收入,即财政预算外资金。(15)民法通则规定的专属于债务人所有的权利,如健康权、姓名权、肖像权、名誉权,以及宪法中规定的退休金等都不得成为执行标的。[1]

七、税收强制执行措施的适用原则

在执行被执行人的财产时,税务机关应该依照下列原则适用具体的税收强制执行措施:

第一,优先扣划银行存款原则。国家税收债权是一种金钱债权,并且在实施税收强制执行措施时已经到期,也就是说,被执行人的银行存款里包括应支付给国家的税款。另外,强制扣划被执行人的银行存款比起其他税收强制执行措施能更快实现国家税收债权,为被执行人节省执行费用。从行政法的比例原则出发,执行机关应优先适用强制扣划的措施。

第二,优先执行流通物的原则。在采取税收强制执行措施时,税务机关应优先适用于流通物,易于变现的标的物。设立税收强制执行措施的目的是实现国家税收债权,从行政效率的原则出发,应优先执行流通物和易于变现的物,以尽快实现国家税收债权。税收强制执行措施只是实现国家税收债权的手段,通过实施强制执行措施让国家税款及时足额入库才是最终目的。

第三,不首先执行超标的物的原则。一般情况下,税务机关应执行价值相当于应纳税额的商品、货物或者其他财产,不能首先执行超标的的商品、货物或者其他财产,只有在纳税人、扣缴义务人或者纳税担保人无其他可供强制执行的财产的情况下,才可整体扣押、查封、拍卖和变卖价值超过应纳税额且不可分割的商品、货物或者其他财产。

第四,拍卖优先于变卖原则。税务机关将扣押、查封的商品、货物或者其他财产变价抵缴税款时,应当首先依法进行评估,然后交由依法成立的拍卖机构拍卖;无法委托拍卖或者不适于拍卖的,可以交由当地商业企业代为销售,也可以责令纳税人限期处理;无法委托商业企业销售,纳税人也无法处理的,可以由税务机关变价处理,国家禁止自由买卖的商品,应当交由有关单位按照国家规定的价格收购。

八、税收保全制度与强制执行制度的区别

税收保全制度与强制执行制度是税务机关享有的两项准司法权力,在税收实践中,容易对这两项制度的认识产生混淆,影响税收执法的严肃性。因此,有

---

[1]谭兵主编:《民事诉讼法学》,法律出版社,2004年版,第493~494页。

必要对这两项制度加以理论上的区别。

1.实施的时间不同。税收保全制度是在法律规定的纳税期限之前实施,而强制执行制度只能在责令纳税人、扣缴义务人及纳税担保人限期缴纳和法律规定的纳税期限届满后才能实施。

2.适用的对象不同。税收保全制度适用的对象较少,仅适用于纳税人,而强制执行制度适用对象较多,不仅有纳税人,而且也有扣缴义务人,还有纳税担保人。

3.适用范围不同。税收保全制度针对的是纳税人有逃避纳税义务的行为,其适用范围仅包括应纳税款,而强制执行制度是纳税人逾期未履行纳税义务,其适用范围不仅包括应纳税款,还包括违反税法规定的罚金以及滞纳金。

4.采取的措施不同。首先,在银行协助方面,税收保全制度采取的是书面通知金融机构冻结被保全人的存款,而强制执行制度则是书面通知金融机构从被执行人存款中扣划应纳税款。其次,在财产方面,税收保全制度只是查封、扣押被保全人的商品、货物和其他财产,而强制执行制度除了查封、扣押被执行人的商品、货物和其他财产外,还包括依法拍卖或者变卖被执行人被查封、扣押的商品、货物和其他财产,并将所得抵缴税款。简言之,税收保全措施只能是"冻结、查封、扣押",而税收强制执行措施只能是"扣划、拍卖、变卖"。

5.对所有权的影响程度不同。税收保全制度只是税务机关对纳税人、扣缴义务人或者纳税担保人财产所有权中的使用权和处分权依法暂时予以限制,对占有权、收益权等其他两项权益则没有限制或者影响,并未剥夺纳税人、扣缴义务人或者纳税担保人的财产所有权,而强制执行制度是税务机关对纳税人、扣缴义务人或者纳税担保人财产所有权所采取的在保全措施的基础上进一步实施的,可以导致纳税人、扣缴义务人或者纳税担保人的财产所有权发生变更,使其财产所有权依法转为国家所有的一种强制手段。税收保全措施不影响纳税人、扣缴义务人或者纳税担保人财产所有权的变更,而税收强制执行措施必然影响纳税人、扣缴义务人或者纳税担保人财产所有权的变更。

6.入库方式不同。税收保全制度最终达到的目的是限定纳税人、扣缴义务人限期入库应纳税款,而强制执行制度可以是将纳税人、扣缴义务人应纳税款、罚金、滞纳金直接入库。

7.在特定的条件下,税收保全制度可以转化为强制执行制度,但是税收强制执行制度不能转化为税收保全制度。在依法采取税收保全制度后,纳税人、扣缴义务人没有按照税务机关责令的期限缴纳税款的,经县以上税务局分局局长批准,税务机关可以书面通知纳税人、扣缴义务人的开户银行或者金融机构从其冻结的存款中扣缴应纳税款,或者依法拍卖或者变卖被查封、扣押商品、货物和其他财产,以拍卖或者变卖所得抵缴税款。这时税务机关扣划纳税人、扣缴义务人的存款,或者依法拍卖或者变卖所查封、扣押商品、货物和其他财产,就从税收保全制度转化为强制执行制度。税收保全制度在特定的条件下可以转化为强制执行制度,但是税收强制执行制度无论在何种条件下都不会转化为税收保全制度。

第二节　税收强制执行程序制度的基本内容

一、税务机关应遵守的程序制度

(一)法定条件

税收强制执行的法定条件有:首先,必须超过纳税期限。也就是说,纳税人或者扣缴义务人没有按照规定的期限缴纳应纳税款或者解缴税款。其次,必须告诫在先。也就是说,税务人员必须依法责令纳税人或者扣缴义务人限期缴纳税款。再次,必须超过告诫期。也就是说,经税务人员依法责令纳税人或者扣缴义务人限期缴纳税款或者解缴税款,但纳税人或者扣缴义务人逾期仍未缴纳税款或者解缴税款。最后,必须经过批准。也就是说,税务人员在采取税收强制执行措施之前,必须报经县以上税务局局长或者县以上税务分局局长批准。这四个法定条件必须同时满足,方可采取税收强制执行措施。

(二)禁止性规定

1.税法规定,个人及其所扶养家属维持生活必需的住房和用品,不在税收强制措施之列。

2.税务人员对单价在5000元以下的其他生活用品,不采取税收强制执行措施。

3.税务人员采取税收强制执行措施的权力,不得违法由法定税务机关以外的其他单位和个人行使。

4.税务人员采取税收强制执行措施必须依照法定权限和法定程序执行。

5.税务人员滥用职权,违法采取税收强制执行措施,或者采取税收强制执行措施不当,致使纳税人、扣缴义务人或者纳税担保人的合法权益遭受损失的,要承担依法赔偿责任。

6.当税务人员面临纳税人、扣缴义务人或者纳税担保人没有其他可供执行的财产的情况下,必须执行价值超过应纳税额并且不可分割的商品、货物或者其他财产时, 可以对该不可分割的商品、货物或者其他财产进行整体拍卖、变卖,以拍卖、变卖所得款项抵缴税款、滞纳金、罚款以及执行费用,但是,对抵缴税款、滞纳金、罚款以及执行费用之余的费用必须交给纳税人、扣缴义务人或者纳税担保人,不得留存,更不得挪作他用。

7.强制执行应以欠缴的税款、滞纳金、罚款以及其他实际执行费用为限,不得超标的执行。

(三)拍卖、变卖抵税财物应依法进行

税收强制执行必然涉及对抵税财物的拍卖或者变卖,这就要求税务人员了解对抵税财物进行拍卖、变卖的税法规程。

1.法定情形

税务机关拍卖或者变卖抵税财物,必须满足法律规定的情形,这些情形包括:采取税收保全措施后,限期届满,纳税人、扣缴义务人或者纳税担保人仍未缴纳或者解缴税款的;设置纳税担保后,限期届满,纳税人、扣缴义务人或者纳税担保人仍未缴纳或者解缴所担保的税款的;纳税人、扣缴义务人或者纳税担保人逾期不履行税务处理决定的;纳税人、扣缴义务人或者纳税担保人逾期不履行税务行政复议决定的;纳税人、扣缴义务人或者纳税担保人逾期不履行税务行政处罚决定的;其他经责令限期缴纳,纳税人、扣缴义务人或者纳税担保人逾期仍未缴纳或者解缴税款的。只有在出现这些法定情形后,税务机关才能依法对抵税财物进行拍卖或者变卖。

2.法定顺序

税务机关必须按照拍卖优先的原则确定抵税财物拍卖、变卖的顺序。首先,税务机关应当委托依法成立的拍卖机构拍卖抵税财物。其次,对无法委托拍卖或者不适于拍卖的,税务机关可以委托当地商业企业代为销售,或者责令被执行人限期处理。最后,对无法委托商业企业销售,被执行人也无法处理的,可以由税务机关变价处理。这说明,对抵税财物的处理,必须先经由拍卖程序,只有在拍卖未果时才能采取变价处理,并且只有在拍卖、变卖程序完结之后,才能由税务机关变价处理。如果没有经由拍卖、变卖程序,就直接由税务机关处理,是违反法定程序的,纳税人、扣缴义务人或者纳税担保人可以依法要求税务机关承担相应的责任,税务人员也要受到行政处分。国家禁止自由买卖的商品、货物、其他财产,应当交由有关单位按照国家规定的价格收购。

3.法定程序

(1)拍卖抵税财物。

第一,要依法履行审批手续。税务人员要制作拍卖(变卖)抵税财物决定书,经县以上税务局(分局)局长批准后,向被执行人送达。同时,依照法律、行政法规规定,对需要经过相关部门审批才能转让的物品或财产权利,在拍卖、变卖前,税务机关要依法办理审批手续。

第二,要依法查实被拍卖或者变卖的抵税财物。税务机关要查实需要拍卖或者变卖的商品、货物或者其他财产。在拍卖或者变卖前,应当审查所扣押商品、货物、财产专用收据和所查封商品、货物、财产清单,查实被执行人与抵税财物的权利关系,核对盘点需要拍卖或者变卖的商品、货物或者其他财产是否与收据或清单一致。

第三,要依法委托处理抵税财物的中介机构。税务机关要按照《抵税财物拍卖、变卖试行办法》[1]规定的顺序和程序,委托拍卖、变卖,填写拍卖(变卖)财产清单,与拍卖机构签订委托拍卖合同,与受委托的商业销售企业签订委托变卖合同,对被执行人下达税务事项通知书,并按规定结算价款。

第四,处理抵税财物的费用应以实际发生的费用为限。税务机关应以拍卖、变卖所得支付应由被执行人依法承担的扣押、查封、保管以及拍卖、变卖过程中的全部费用,但这些费用只能是实际发生的直接费用。

第五,处理抵税财物所得不得挪作他用。税务机关必须用拍卖、变卖所得扣除拍卖、变卖产生的有关费用后抵缴未缴的税款、滞纳金,并按规定抵缴罚款。

税务机关用拍卖、变卖所得支付扣押、查封、保管、拍卖、变卖等费用并抵缴税款、滞纳金后,剩余部分应当在3个工作日内退还被执行人。

第六,处理抵税财物所得要依法纳税。税务机关应当通知被执行人将拍卖、变卖全部收入计入当期销售收入额,并在当期申报缴纳各种应纳税款。如果拍卖、变卖所得不足抵缴税款、滞纳金的,税务机关应当继续追缴,直至缴清所欠税款、滞纳金止。

第七,谨慎处理鲜活、易腐烂变质或者易失效的商品、货物。税务机关拍卖、变卖抵税财物,由县以上税务局(分局)组织进行。变卖鲜活、易腐烂变质或者易失效的商品、货物时,经县以上税务局(分局)局长批准,可由县以下税务机关进行。

第八,必须通知被执行人到场。税务机关拍卖、变卖抵税财物时,应当通知被执行人到场;被执行人收到通知仍未到场的,不影响执行。

第九,拍卖采取地域管辖的原则。由财产所在地的省、自治区、直辖市的人民政府和设区的市的人民政府指定的拍卖机构进行拍卖。实践中,对拍卖机构的选定,应当在人民政府指定的拍卖机构名录中随机选定。

第十,依法估算、确定抵税财物的拍卖价格。抵税财物除有市场价或其价格依照通常方法可以确定的外,应当委托依法设立并具有相应资质的评估鉴定机构进行质量鉴定和价格评估,并将鉴定、评估结果通知被执行人。被执行人可以对评估价格提出异议,但异议能否成立应由评估机构决定。实践中,一般以第三

---

[1]2005年5月24日国家税务总局令第12号公布,2005年7月1日起施行。

方即具有评估资质的评估机构作出的评估价来确定拍卖财物的具体价格。拍卖抵税财物应当确定保留价即起拍价,由税务机关与被执行人协商确定,协商不成的,由税务机关参照市场价、出厂价或者评估价确定。在拍卖过程中涉及三个价格,即评估价、拍卖底价和拍卖成交价。这三个价格有不同的法律内涵,税务人员要注意区别。

第十一,依法取得拍卖文物的政府许可。委托拍卖的文物,在拍卖前,税务机关应当委托文物行政管理部门依法鉴定,并获得许可。

(2)变卖抵税财物。对于鲜活、易腐烂变质或者易失效的商品、货物,或者经拍卖程序一次或二次流拍的抵税财物,或者拍卖机构不接受拍卖的抵税财物,税务机关可以委托当地商业企业代为销售或责令被执行人限期处理,进行变卖。

税务机关委托变卖抵税财物的价格,应当参照同类商品的市场价、出厂价,遵循公平、合理、合法的原则确定。税务机关应当与被执行人协商是否需要请评估机构进行价格评估,被执行人认为需要的,税务机关应当委托评估机构评估,按照评估价确定变卖价格。

对有政府定价的商品、货物或者其他财产,由政府价格主管部门,按照定价权限和范围确定价格。对实行政府指导价的商品、货物或者其他财产,按照定价权限和范围规定的基准价及其浮动幅度确定。

经拍卖流拍的抵税财物,其变卖价格不得低于最后一次拍卖起拍价的2/3。

二、纳税人、扣缴义务人、纳税担保人应遵守的程序制度

纳税人、扣缴义务人、纳税担保人面临税务机关采取强制执行措施时,应当予以配合。

第三节　法律责任

一、关于税务人员的法律责任

税务机关采取税收强制执行措施,必须依照法定权限和法定程序进行,不得查封、扣押纳税人个人及其所扶养家属维持生活必需的住房和用品。

税务机关滥用职权,违法采取强制执行措施,或者采取强制执行措施不当,使纳税人、扣缴义务人或者纳税担保人的合法权益遭受损失的,应当依法承担赔偿责任。

税务机关及其工作人员不得参与被拍卖或者变卖商品、货物或者其他财产

的竞买或收购,也不得委托他人为其竞买或收购,从中牟利。如果税务人员违反此规定,要受到行政处分。

在拍卖、变卖抵税财物过程中,税务人员不依法委托进行拍卖或者变卖,或者在委托进行的拍卖、变卖活动中,因税务人员的违法行为给被执行人造成损失的,税务人员要被追偿损失。

二、关于纳税人、扣缴义务人、纳税担保人的法律责任

纳税人、扣缴义务人、纳税担保人面临税务机关采取强制执行措施时,应当予以配合,即使税务机关的强制执行措施违法,也应依法通过救济渠道捍卫自己的权利,否则承担妨碍税务机关执行公务的法律责任。

第四节　延伸阅读——强制执行措施不当案[1]

2007年7月,某市某区(地级)地方税务局稽查局在对本市一所律师事务所代扣代缴个人所得税的情况进行检查时,发现该律师事务所年上半年共计少代扣代缴个人所得税35万元。于是,某区地方税务局稽查局依据《中华人民共和国税收征收管理法》第68条的规定,分别于2007年7月19日和7月21日向该律师事务所下达了《税务处理决定书》和《税务行政处罚决定书》,要求该律师事务所在接到通知后的15日内补缴35万元的个人所得税和少缴税款一倍的罚款。至2007年8月6日,该律师事务所既未缴纳税款,也未缴纳罚款。于是某区地方税务局稽查局经局长批准,2007年8月5日从该律师事务所银行账户中强行扣划了35万元的税款和35万元的罚款。2007年8月8日,该律师事务所在依法提供纳税担保并经税务机关机关认可的情况下,向某区地方税务局提出税务行政复议申请,要求撤销某区地方税务局稽查局的处理决定和处罚决定,并退还强制执行的税款和罚款。2007年8月28日,某区地方税务局依法作出复议决定,撤销稽查局的处理决定和处罚决定,退还强制执行的税款和罚款。

本案中,某区地方税务局的税务行政复议决定是否正确?答案是肯定的。

根据《中华人民共和国个人所得税法》第1条、第2条第1项、第6条第1项和第8条的规定,个人取得的工资、薪金收入应依法缴纳的个人所得税,以所得人为纳税义务人,以支付所得的单位或者个人为扣缴义务人。因此,律师事务所作为支付律师工资的单位,是法定的扣缴义务人,必须依法代扣代缴个人所得税。依据《税收征收管理法》第69条的规定,扣缴义务人应扣未扣、应收而不收税款的,

---

[1]案例来源:笔者办理的民事案卷。

由税务机关向纳税人追缴税款,对扣缴义务人处应扣未扣、应收未收税款50%以上3倍以下的罚款。因此,某区地方税务局稽查局要该律师事务所补缴应扣未扣的税款是不正确的。此外,某区地方税务局稽查局依据《税收征收管理法》第68条的规定,要求该律师事务所补税、处以罚款并采取税收强制执行措施是完全错误的。《税收征收管理法》第68条规定,"纳税人、扣缴义务人在规定期限内不缴或者少缴应纳或者应解缴的税款,经税务机关责令限期缴纳,逾期仍未缴纳的,税务机关除依照本法第40条的规定采取强制执行措施强迫其缴纳不缴或者少缴的税款外,可以处不缴或者少缴的税款50%以上5倍以下的罚款。"

第一,"扣缴义务人在规定期限内不缴或者少缴应解缴的税款",是指扣缴义务人已经代扣代缴了的税款没有按规定的期限进行解缴,并不是指应扣未扣的税款。

第二,"税务机关可以依照本法第40条的规定对扣缴义务人采取强制执行措施追缴其不缴或者少缴的税款",这里所说的扣缴义务人应当是从事生产经营的扣缴义务人,因为依照《税收征收管理法》第40条的规定,税务机关只能对从事生产经营的纳税人、扣缴义务人采取税收强制执行措施,而不能对非从事生产经营的纳税人、扣缴义务人采取税收强制执行措施。因此,某区地方税务局稽查局对一个非从事生产经营的扣缴义务人应扣未扣的税款采取税收强制执行措施是违法的。

第三,就某区地方税务局稽查局对该律师事务所采取的税收强制执行措施是由稽查局局长批准的问题来说,稽查局局长属于越权审批,属违法采取的税收强制执行措施。根据《税收征收管理法》第40条的规定,税收强制执行措施应当由县以上税务局分局局长批准,这里所说的税务局分局局长并没有包括稽查局的局长。国家税务总局《关于稽查局有关执法权限的批复》(国税函【2003】561号)明确规定:"《中华人民共和国税收征收管理法》及其实施细则中规定应当经县以上税务局分局局长批准后实施的各项权力,各级税务局所属的稽查局局长无权批准。"

第四,根据《税收征收管理法》第88条第3款的规定,当事人对税务机关的处罚决定逾期不申请行政复议也不向人民法院起诉又不履行的,作出处罚决定的税务机关可以采取本法第40条规定的强制执行措施,或者申请人民法院强制执行。而某区地方税务局稽查局在扣缴义务人的法定复议期和诉讼期内就对其罚款,采取强制执行措施,显然也是违法的。

根据以上分析,某区地方税务局稽查局在该案件的处理过程中,无论是适用法律方面,还是运用法律的程序方面,均有多处错误或违法现象,所以,某区地方税务局要撤销其处理决定和处罚决定,并退还强制执行的税款和罚款。

第四部分　税务稽查程序法

税务稽查程序法包括税务检查程序法律制度和税务稽查程序法律制度。

第二十三章 税务检查程序
法律制度

　　税务检查是指税务机关依照国家税收法规,对纳税人、扣缴义务人履行纳税义务和代扣代缴税款的监督管理活动。税务检查的任务在于收集信息, 以确定纳税人或扣缴义务人是否遵守税法,并依法查处税收违法行为,从而保障国家税收。税务检查是一项政策性、专业性较强的税务管理工作。为正确执行税收法律,加强税收管理,保障国家税收,保护纳税人的合法权益,税务检查必须按照法定程序进行。

第一节 税务检查程序制度概述

　　长期以来,我国税收都处于税率较高、执法弹性较大的难堪局面。正因此,纳税人偷漏国家税收时有发生,由此引发税收检查。但是在税收实践中,当国家财政收入大幅增长时,这种税收大检查现象不明显,当国家财政收入滞后时,这种税收大检查现象即刻凸现,掀起"查税风波"。"查税风波"令纳税人十分疑惑:为什么经济环境好时,没有"查税风波",反之则加大查税力度,由此导致纳税人利润降低。

　　税务检查是税务机关在纳税人、扣缴义务人履行纳税义务后,依法对其履行纳税义务是否合法的一项检查监督行为,这种行为是一项行政行为, 因此要求税务执法主体必须按照行政执法的法定规程进行执法活动。

一、税务检查的权限和范围

　　我国《税收征收管理法》第54条规定,税务机关进行税务检查的范围包括:检查纳税人的账簿、记账凭证、报表和有关资料,检查扣缴义务人代扣代缴、代收代缴税款账簿、记账凭证和有关资料;到纳税人的生产、经营场所和货物存放地检查纳税人应纳税的商品、货物或者其他财产,检查扣缴义务人与代扣代缴、代收代缴税款有关的经营情况;责成纳税人、扣缴义务人提供与纳税或者代扣代缴、代收代缴税款有关的文件证明材料和有关资料;询问纳税人、扣缴义务人与纳税或者代扣代缴、代收代缴税款有关的问题和情况;到车站、码头、机场、邮政企业及其分支机构检查纳税人托运、邮寄应纳税商品、货物或者其他财产的有关单据、凭证和有关资料;经县以上税务局(分局)局长批准,凭全国统一格式的检查存款账户许可证明,查询从事生产、经营的纳税人、扣缴义务人在银行或者其他金融机构的存款账户。税务机关在调查税收违法案件时,经设区的市、自治州以上税务局(分局)局长批准,可以查询案件涉嫌人员的储蓄存款。税务机关查询所获得的资料,不得用于税收以外的用途。税务检查的主体是税务机关;税务检查的客体是纳税人和扣缴义务人履行纳税义务和扣缴义务情况;税务检查的依据是国家有关税收法律和财务会计制度;税务检查的任务是依法查处税收违法行为,保障国家的税收收入。

《税收征收管理法》第56条规定,税务机关依法进行税务检查时,纳税人、扣缴义务人必须予以配合,如实反映情况,提供有关资料,不得拒绝、隐瞒。

《税收征收管理法》的这两个规定赋予税务机关依法调查取证的权利,包括纳税人、扣缴义务人在内的相关单位和个人有依法提供证据的义务。

二、税务检查的税法内涵

税务检查是税务执法活动中的日常检查。日常税务检查属于事前、事中的检查,是税务机关根据税法的规定,在纳税评估的基础上,通过分析纳税人、扣缴义务人生产经营情况、财务数据、申报情况、税负情况等,发现涉税问题并查找原因,及时予以解决,它与税务稽查相区别。根据《税务稽查工作规程》的规定,税务稽查是税务检查的一种,是税务机关的专门稽查机构依法对涉嫌违反税法的纳税人、扣缴义务人进行的专项税务检查和处理的一项行政执法活动。在税收实践中,经常将税务检查和税务稽查统称为税务稽查。

第二节　税务检查程序制度的基本内容

一、税务机关应遵守的程序制度

(一)检查纪律

依据我国《税收征收管理法实施细则》的规定,税务机关在税务检查方面应

当遵守的检查纪律包括:

1.《税收征收管理法实施细则》第86条规定,税务机关把纳税人、扣缴义务人以前会计年度的账簿、记账凭证、报表和其他有关资料调回税务机关检查的,税务机关必须向纳税人、扣缴义务人开付清单,并在3个月内完整退还。

2.《税收征收管理法实施细则》第87条规定,税务机关派出的人员在进行税务检查时,有义务为被检查人保守秘密。特别是税务机关应当指定专人行使存款查核权,凭全国统一格式的检查存款账户许可证明查询纳税人、扣缴义务人的账户,并应为被检查人保守秘密。

3.《税收征收管理法实施细则》第89条规定,税务人员进行税务检查时,必须出示税务检查证和税务检查通知书;无税务检查证的和税务检查通知书,纳税人、扣缴义务人及其他当事人有权拒绝检查。

(二)工作内容

税务检查的法定工作内容主要包括:清理漏征漏管户、清理注销户、核查发票、评估问询、了解纳税人的生产经营和财务状况以及对申报征收管理的日常检查和专项检查等工作。日常检查采取的手段是催报催缴、补正申报、补缴税款、调整账目、责令限期改正、加收滞纳金等;涉及处罚的,按照有关规定进行处罚。涉嫌"偷税、逃税、骗税、抗税"等税收违法行为需要立案的,要及时移交税务稽查部门查处。

(三)法定程序

税务机关和税务人员应当依照《税收征收管理法》及《税收征收管理法实施细则》的规定行使税务检查职权。

税务机关应当建立科学的检查制度,统筹安排检查工作,严格控制对纳税人、扣缴义务人的检查次数。

税务人员进行税务检查时,应当出示税务检查证和税务检查通知书;无税务检查证和税务检查通知书的,纳税人、扣缴义务人及其他当事人有权拒绝检查。税务机关对集贸市场及集中营业户进行检查时,可以使用统一的税务检查通知书。

在实施税务检查前,应向被检查对象告知其依法享有的权利和应履行的义务等相关事项,以便保护纳税人合法权益和监督稽查人员的执法行为。在实施检查前,应下达《税务检查通知书》和《税务专项检查通知书》;但有以下情况之一者,可不事前通知被检查对象,由稽查人员随时检查:(1)经举报的税收违法行为;(2)稽查机关有根据认为纳税人有税收违法行为的;(3)预先通知有碍检查的。

实施税务检查应当有两人以上,在实施税务检查时下达《税务检查通知书》;在实施税收专项检查时下达《税收专项检查通知书》;对金融、军工、部队、尖端科学等保密单位和跨管辖行政区域纳税人的税务检查使用《税务检查专用证明》,同时还应向被检查对象出示《税务检查证》。

　　未经批准,税务稽查人员不得实施税务检查和调查。税务检查的内容和范围,必须是在法律、法规以及在组织批准和规定的范围内,按照法律、法规规定的职权和程序进行,不得越权或滥用职权实施检查。税务检查人员应当遵守办案纪律,坚持原则、秉公办案,对所查问题不得隐瞒不报、擅自解决、徇私舞弊。

　　税务检查必须坚持实事求是、客观公正、注重证据,坚持有法必依、执法必严、违法必究的原则。税务检查工作要做到事实清楚、证据确凿,符合法律、法规和工作程序。

　　(四)检查职权

　　税务机关进行税务检查时享有税务检查的权利、税收保全的权利、税收强制执行的权利、调取相关证据的权利、录音录像照相的权利。这些权利是税法赋予税务机关的法定权利,也是税法赋予税务机关的法定职责。关于税务检查的权利问题,在本书有关章节已作介绍,现在只针对重点问题再作强调。

　　1.检查权利

　　税务检查权包括:(1)账簿、记账凭证检查权。根据检查需要,税务人员可以依法检查纳税人的账簿、记账凭证、报表和有关资料,检查扣缴义务人代扣代缴、代收代缴税款账簿、记账凭证和有关资料。(2)商品、货物检查权。根据检查需要,税务人员可以依法到纳税人的生产、经营场所和货物存放地检查纳税人应纳税的商品、货物或者其他财产,检查扣缴义务人与代扣代缴、代收代缴税款有关的经营情况。(3)调取资料权。根据检查需要,税务人员可以依法责成纳税人、扣缴义务人提供与纳税或者代扣代缴、代收代缴税款有关的文件证明材料和有关资料。(4)询问权。根据检查需要,税务人员可以依法询问纳税人、扣缴义务人与纳税或者代扣代缴、代收代缴税款有关的问题和情况。(5)实地调查权。根据检查需要,税务人员可以依法到车站、码头、机场、邮政企业及其分支机构检查纳税人托运、邮寄应纳税商品、货物或者其他财产的有关单据、凭证和有关资料。(6)查询存款权。根据调查违法案件的需要,税务人员可以依法经县以上税务局(分局)局长批准,凭全国统一格式的检查存款账户许可证明,查询从事生产、经营的纳税人、扣缴义务人在银行或者其他金融机构的存款账户。但是,这一职权的行使应当有专人负责,并且必须保守当事人的秘密。

　　2.采取强制措施的权利

　　(1)保全措施。税务机关在对纳税人以前的纳税期的纳税情况进行税务检查时,发现从事生产、经营的纳税人有逃避纳税义务,并有明显转移、隐匿其应纳税的商品、货物或者其他财产以及应纳税收入的迹象的,税务机关可以责成纳税人提供纳税担保。如果纳税人不能提供纳税担保,税务机关可以依法对该纳税人采取税收保全措施。但是在采取税收保全措施前,要注意如下事项:

第一,税收保全措施的批准权限仅限于县以上税务局或者分局局长。

第二,采取税收保全措施的方式仅限于对当事人存款的冻结;或者是对当事人价值相当于应纳税款的商品、货物或者其他财产的查封、扣押。个人及其所扶养家属维持生活必需的住房和用品,不在税收保全措施的范围之内。因此,在采取税收保全措施时,税务人员要尽力避免损害纳税人或者其他人的合法权益,主要避免措施不当、涉及纳税人及其家属的生计必需的住房和用品的措施。

第三,采取税收保全措施的期限一般不得超过6个月,如需延长,税务人员应按法定程序审批。如果税务人员没有办理延长手续,6个月期限到后,该保全措施自动失效。

第四,纳税人在限期内缴纳税款的,税务人员应及时按照法定程序解除对纳税人的税收保全措施。

第五,对纳税人采取税收保全措施时,税务人员应持法律文书,并由两名以上税务人员执行。

(2)强制执行措施。税务机关在对纳税人以前的纳税期的纳税情况进行税务检查时,发现从事生产、经营的纳税人有逃避纳税义务,并有明显转移、隐匿其应纳税的商品、货物或者其他财产以及应纳税收入的迹象的,可以依法对该纳税人采取税收保全措施,并在达到法定条件时,依照税法规定对纳税人采取税收强制执行措施,但是在采取税收强制执行措施前,还要注意如下事项:

第一, 税收强制执行措施的批准权限与税收保全措施的批准权限相同,也仅限于县以上税务局或者分局局长。

第二,采取税收强制执行的方式,可以在税收保全措施的方式的基础上前进一步,可以对当事人银行存款予以扣划,可以对当事人价值相当于应纳税款的商品、货物或者其他财产变卖、拍卖,可以对纳税人的欠税情况进行公告;可以阻止纳税人或者其法定代表人出境。

第三,在采取税收强制执行措施时,税务人员要尽力避免损害纳税人或者其他人的合法权益。主要避免措施不当、强制执行纳税人及其家属的生计必需的住房和用品、超标的强制执行。

第四,如果强制执行措施不当或者滥用强制执行措施,致使当事人或其他人的合法权益受到损害,税务人员要承担相应的赔偿责任。

3.取证权利

税务人员在进行税务检查时,根据需要可以向纳税人、扣缴义务人或者其他相关人员调取检查所需的必要证据,相关人员不得拒绝。根据需要,税务人员还可以对有关情况进行录音、录像、照相,有关人员也不得阻挡。但是,不论是税务人员向纳税人、扣缴义务人或者其他相关人员调取检查所需的必要证据,还是对有关情况进行录音、录像、照相,都必须依照法定程序进行,并不得损害相关人员的合法权益。

二、纳税人、扣缴义务人应遵守的程序制度

《税收征收管理法》第57条规定,税务机关向有关单位和个人调查纳税人、扣缴义务人和其他当事人与纳税或者代扣代缴税款有关的情况时,有关单位和个人也有义务向税务机关如实提供有关资料及证明。

第三节 法律责任

一、税务人员的法律责任

如果税收检查措施不当或者滥用税收检查措施,致使当事人或其他人的合法权益受到损害,税务人员要承担相应的赔偿责任。

二、纳税人、扣缴义务人的法律责任

税务机关向有关单位和个人调查纳税人、扣缴义务人和其他当事人与纳税或者代扣代缴税款有关的情况时,纳税人、扣缴义务人有义务向税务机关如实提供有关资料及证明。如果拒不提供相应的资料和证明,被税务机关查出偷漏税款的,应当追究相应的法律责任。对拒不提供资料和证明的行为,可以作为处罚的情节予以考虑。

第四节 延伸阅读——税务检查案[1]

2008年6月5日,某市国家税务局稽查局接群众举报称,该市某有限公司(下称该公司)采取收取现金不开发票的手段大肆偷逃国家税款。同年6月15日,稽查局经过分析研究后认为该举报线索有一定的可查价值,于是向稽查局一科下达了《稽查任务通知书》。稽查人员3人迅速来到该公司,找到该公司法定代表人刘某说明来意,向该公司送达了《税务稽查通知书》,调取了该公司2008年1月至

---

[1]案例来源:笔者办理的民事案卷。

5月期间的账簿、凭证及有关纳税资料,税务人员向该公司财务部开具了收据。经过账内检查、账外调查,查实该公司偷税105000元,占其应纳税额的6%,经过审理之后,向该公司下达了《税务处理决定书》和《税务行政处理决定书》,追缴该公司所偷税款105000元,并加收滞纳金,并处罚款。

　　本案例隐含的法律问题是:某市国家税务局稽查局是否存在执法错误? 如果存在税务执法错误,那么这些执法错误是什么?

　　本案例中的税务机关存在两个方面的执法错误。一是税务执法人员在对某有限公司实施调账检查时,执法程序违反了《税收征收管理法实施细则》第86条的规定,调回该公司的当年账簿、凭证及有关纳税资料,没有履行相应的审批手续,即没有经过设区的市以上税务局局长批准;二是税务执法人员在作出税务行政处罚决定之前没有根据《行政处罚法》的规定,履行处罚事项告知义务。

第二十四章 税务稽查程序法律制度

税务稽查的主体必须是税务机关下设的依法享有税务稽查权的税务稽查机构。税务稽查包括日常稽查、专项稽查、专案稽查三个方面。税务稽查必须依照法定程序进行。

第一节 税务稽查程序制度概述

一、税务稽查的概念

税务稽查是个历史范畴,是税收管理的重要手段,因而税务稽查与税收相伴而生,其产生、存在和发展的基础是国家的产生和社会经济的发展状况。随着社会经济的发展,税收在整个国民经济中的地位越来越重要, 对税收管理工作的要求也不断提高, 税务稽查则成为税收职能作用得以充分实现的一种手段,必然随着税收的发展而不断发展和完善。

税务稽查是税务机关发现纳税人、扣缴义务人税收违法行为的重要手段,也是维护税收秩序、打击偷税等税收犯罪的重要手段。由于税务稽查与纳税人、扣缴义务人的合法权益密切相关,因此,由于某些方面的原因,经常会有部分税务执法人员实施一些不当的或者违法的稽查行为,给纳税人、扣缴义务人造成损失,致使纳税人、扣缴义务人对主管税务机关相当不满,税务执法人员由此面临不必要的法律风险。为了防范纳税人、扣缴义务人的合法权益不受侵害,《税收征收管理法》以及《税务稽查工作规程》对税务稽查规定了严格的稽查权限和稽查程序,税务执法人员应当熟悉其中的相关规定。

税务稽查,指的是税务机关依法对纳税人、扣缴义务人履行纳税义务的情况进行检查监督的一项管理活动, 包括日常稽查、专项稽查、专案稽查三个方面。无论是日常稽查、专项稽查,还是专案稽查,都必须由税务稽查机构进行。

二、税务稽查的特征

1.税务稽查主体的特定性

税务稽查的主体必须是税务机关下设的依法享有税务稽查权的税务稽查机构。各级稽查机构是行使税务稽查权的职能部门,它代表国家行使政治权力和监督检查纳税人依法纳税。在我国,行政执法主体是指能以自己的名义实施国家行政执法权,并对其行为效果承担责任的组织。目前,我国县(区)以上各级税务机关内设立的税务稽查局、税务稽查分局具备执法主体资格,独立行使税务执法权。能以自己的名义对外行文,能以自己的名义作出税务处理决定、参加税务行政复议活动、实施管理等,享有准独立的法律人格。

随着征管改革的逐步深化,税务稽查机构的设置已经形成了一定格局,其特点如下:(1)统一性与灵活性相结合。目前我国税务稽查机构已经形成了自上而下、有序的管理格局,统一号令、统一行动,基本实现了高效严密的稽查整体工作体系。在保证集中统一的原则下,各地因地制宜地设立了具体稽查机构,如在县税务局,在设立税务稽查分局的同时,可以下设若干税务稽查所,税务稽查所行政上归县税务局领导,业务上由县税务局稽查局指导,比如深圳市结合本地情况和征管改革的整体要求,在本市内分别设置若干独立的征收管理分局和稽查局,分别负责征收管理工作和稽查工作。(2)专业化。无论是外设的税务稽查机构,还是内设的税务稽查机构,都按税务稽查工作流程分工,稽查选案、稽查实施、稽查审理、处理决定、执行等工作分别由不同的部门完成,这种专业化分工,是稽查机构内部的专业化分工,也可以是税务稽查机构间的分工。

2.税务稽查对象的确定性

税务稽查对象必须是负有纳税义务、扣缴税款义务以及税法规定的其他义务的单位和个人,也就是说,税务稽查对象是特定的。纳税义务是指纳税人因税法的规定而产生的向国家缴纳税款的义务。纳税义务是法定义务,其内容不能由税务机关擅自或与私人协议加以变更。扣缴税款义务又包括代收代缴和代扣代缴,代收代缴是指根据法定义务借助经济往来关系向纳税人收取应纳税款并代为缴纳的行为。代扣代缴是指根据法定义务从特有纳税人收入中扣除其应纳税款并代为缴纳的行为。《税收征收管理法》规定,扣缴义务人必须依照法律、行政法规的规定代收代缴、代扣代缴税款。任何单位和个人不依法履行纳税义务、扣缴义务均属于税收违法行为,依据有关规定要接受处罚,触犯刑法的,要移送司法机关处理。税务稽查作为税收管理的重要手段,其职责就是维护税法,加大对各种税收违法行为的打击力度,优化税收环境。

3.税务稽查依据的法定性

税务稽查必须依照法律规定权限和法定程序实施。我国《税收征收管理法》对税务机关实施税务稽查的权限和法定程序作了明确规定,同时也对行使稽查职权作了限制。在实施税务稽查过程中,按法定程序执行不超越法定权限,是保证税务稽查合法、有效的重要前提。税务稽查依据的法定性,不仅包括税务稽查执法必须以法律为依据,还包括判断纳税人是否有税收违法行为,应受何种处罚,必须依据现行法律、法规、规章和其他规范性文件,保证税务处理决定的合法性、公正性和有效性。

三、税务稽查的性质

税务稽查与税务检查不同。税务稽查属于事后检查,是由税务机关设立的专业稽查部门依法对纳税人、扣缴义务人履行纳税义务、扣缴税款义务及其他义务情况进行的检查以及根据检查的结果所进行的税法处理,其目的和作用是依据税法的规定查处偷税、逃税、骗税行为,打击税收违法犯罪活动,保证国家税收及时足额入库。

四、税务稽查的范围

根据《税务稽查工作规程》第13条的规定,税务稽查的范围包括:如果发现税务稽查对象偷税、逃避追缴欠税、骗取出口退税、抗税,以及为纳税人、扣缴义务人非法提供银行账号、发票、证明或者其他方便,导致税收流失;或虽未具有上述条件,但查补税额在5000元至20000元以上;或私自印制、伪造、倒卖、非法代开、虚开发票,非法携带、邮寄、运输或者存放空白发票,伪造、私自制作发票监制章、发票防伪专用品,均应立案查处。

五、税务稽查的主体

《税收征收管理法》第14条规定:"本法所称税务机关是指各级税务局、税务分局、税务所和按照国家国务院规定设立的并向社会公告的税务机构。"《税收征收管理法实施细则》第9条第1款规定:"税收征管法第14条所称按照国务院规定设立的并向社会公告的税务机构,是指省以下税务局的稽查局。稽查局专司偷税、逃避追缴欠税、骗税、抗税案件的查处。"由此可见,税务稽查局(不含税务稽查分局)虽然仍旧归属于税务机关,但可以以自己的名义独立对外进行税务稽查,不过不能作为独立的税务行政诉讼主体参加税务行政诉讼,换言之,税务稽查局不能成为税务行政诉讼的被告。

五、税务稽查局的法律地位

税务稽查局能独立查处案件,是否就表明税务稽查局是独立的行政执法主体? 不是。

因为调查和处理税收违法行为是税务稽查局的重要职能,但是这一职能只有在所在税务局的统一领导下才能充分发挥,因为税务稽查与税收征收和管理等税务局的其他职能是不可分割的。离开税务局的统一领导,稽查局的工作将难以进行。因此,稽查局不是独立的执法主体,如果认为税务稽查局是独立的执法主体,显然不利于实现税务稽查局的职能。根据《税收征收管理法》第11条的规定,税务稽查机构实际上是与税务局的征收、管理和行政复议等机构并列分设的一个税务局内部的一个部门,由此形成了一个税务机关内部相互制约的监督机制。如果税务稽查局独立为执法主体,就与《税收征收管理法》的这一规定相矛盾,税务稽查局的这一监督作用也就不能实现。

第二节　税务稽查程序制度的基本内容

一、主管税务机关应遵守的程序制度

(一)案件管辖范围

1.各地国家税务局、地方税务局分别负责所管辖税收范围的稽查。在税务稽查工作中,发现有属于对方管辖范围问题的,应当及时通报对方查处。双方在同一税收问题的认定上有不同意见时, 先按照负责此项税收的税务机关的意见执行,然后报负责此项税收的上级税务机关裁定,以上级税务机关的裁定意见为准。

2.税务案件的查处,原则上应当由被查对象所在地的税务机关负责;发票案件由案发地税务机关负责;税法另有规定的,按税法规定执行。

3.在国税、地税各自系统内,查处的税务案件,如果涉及两个或者两个以上税务机关管辖的,由最先查处的税务机关负责;管辖权发生争议的,有关税务机关应当本着有利于查处的原则协商确定查处权; 协商不能取得一致意见的,由共同的上一级税务机关协调处理或者指定管辖。

4.对于下列案件,可由上级税务机关查处或统一组织力量查处:(1)重大偷税、逃避追缴欠税、骗取出口退税、避税、抗税案件;(2)重大伪造、倒卖、非法代开、虚开发票案件以及其他重大税收违法案件;(3)群众举报确需由上级派人查处的案件;(4)涉及被查对象为主管税务机关有关人员的案件;(5)上级税务机

关认为需要由自己查处的案件;(6)下级税务机关认为有必要请求上级税务机关查处的案件。

(二)程序性规定

税务稽查的一般程序包括:确定稽查对象、实施税务检查、审理并得出稽查结论。

1.确定稽查对象

《税务稽查工作规程》第9条规定,税务稽查对象一般应当通过以下方法产生:

(1)采用计算机选案分析系统进行筛选。

(2)根据稽查计划按征管户数的一定比例筛选或随机抽样选择。

(3)根据公民举报、有关部门转办、上级交办、情报交换的资料确定。

2.实施税务检查

在实施税务检查的过程中,税务执法人员要注意如下几点:

(1)依法予以回避。如果稽查人员与被稽查对象有下列关系之一的,稽查人员应当自行回避;如果稽查人员没有自行回避,被稽查对象有权申请他们回避。

稽查人员应当依法回避的情形有如下几方面:

稽查人员与被查当事人有近亲属关系的;

稽查人员与被查对象有利害关系的;

稽查人员与被查对象有其他关系可能影响公正执法的。

被稽查对象申请回避的,稽查人员是否回避,由本级税务机关的局长决定。

(2)不忘事前通知。"不忘事前通知",应当被看成是税务机关的税务执法人员在实施税务稽查时应尽的合理义务,对此,《税收征收管理法》第59条作了原则性规定。但《税务稽查工作规程》第18条作了详细规定,这一规定要求,税务机关实施稽查前应当向纳税人发出书面稽查通知,告知其稽查时间、需要准备的资料、情况等,但是在有公民举报有实施违法行为、稽查机关有根据认为纳税人有税收违法行为、预先通知有碍稽查等情况时不必事先通知。

(3)及时进行合法性的执法身份提示。《税务稽查工作规程》要求,税务执法人员进行税务检查时,税务检查应当由两个人以上进行,且仍然必须出示税务检查证和税务检查通知书。无税务检查证和税务检查通知书的,纳税人、扣缴义务人及其他当事人有权拒绝检查。根据《税务稽查工作规程》的规定,如果税务机关事前已经发出通知,检查时可以不再出示通知书。

(4)正确使用稽查手段。税务机关实施税务检查时,可以采取询问、调取账簿资料和实地稽查等手段进行。

询问当事人应当有专人记录,并告知当事人不如实提供情况应当承担法律责任。《询问笔录》应当交当事人核对。当事人没有阅读能力的,应当向当事人宣读,核对无误后,由当事人签章或者押印。当事人拒绝的,应当注明;修改过的笔录,应当由当事人在改动处签章或者押印。

调取账簿及有关资料应当填写《调取账簿资料通知书》和《调取账簿资料清单》,并在三个月内退还。

需要跨管辖区域稽查的,可以采取函查和异地调查方式进行。无论是函查还是异地调查,对方税务机关均应予协助。

(5)严格遵循取证规则。税务稽查中,需要证人作证的,税务执法人员应当事先了解证人与当事人的关系。证人的证言材料应当由证人用钢笔或毛笔书写,并有本人的签章或押印;证人没有书写能力请人代写的,由代写人向本人宣读并由本人及代写人共同签章或者押印;更改证言的,应当注明更改原因,但不退还原件。收集证言时,可以笔录、录音、录像。

调查取证时,税务执法人员需要索取与案件有关的资料原件的,可以用统一的换票证换取原件。不能取得原件,可以照相、影印和复印。

取证过程中,税务执法人员不得对当事人和证人引供、诱供和逼供。要认真鉴别证据,防止伪证和假证,必要时对关键证据可进行专门技术鉴定。任何人不得涂改或者毁弃证明原件、询问笔录及以其他证据。

另外,《税收征收管理法》第58条规定:"税务机关调查税务违法案件时,对与案件有关的情况和资料,可以记录、录音、录像、照相和复制。"

3.审理并得出稽查结论

由于税务稽查案件影响大,牵扯面广,需要有较强的专业知识的税务执法人员去处理,因此《税务稽查工作规程》作了如下规定。

(1)审理由专人负责。税务稽查审理工作应由专门人员负责,为保证案件审理质量,还可组织有关税务执法人员会审。

(2)依法审理稽查报告。审理人员应当认真审阅稽查人员提供的《税务稽查报告》以及所有与案件有关的其他资料,并对如下内容进行确认:①违法事实是否清楚、证据是否确凿、数据是否准确、资料是否齐全;②适用税收法律、法规、规章是否得当;③是否符合法定程序;④拟定的处理意见是否得当。

(3)及时要求补证。税务执法人员在案件审理中发现事实不清、证据不足或者手续不全等情况,应当通知稽查人员予以增补。

(4)慎重处理大案、要案。对于大案、要案或者疑难税务案件,如果税务执法人员定案有困难,应当报经上级税务机关审理后定案。

(5)依法报批。案件审理结束时,审理人员应当提出综合性审理意见,制作《审理报告》和《税务处理决定书》,履行报批手续,交由有关人员执行。对构成犯罪应当移送司法机关的,制作《税务违法案件移送书》,经局长批准后移送司法机关处理,如果不移送,情节严重的,可能承担刑事责任。

(6)控制审理时限。审理人员接到稽查人员提交的《税务稽查报告》,应当在10日内审理完毕,不得拖延,否则会导致国家税收流失,形成法律风险。

二、纳税人、扣缴义务人应遵守的程序制度

纳税人、扣缴义务人必须接受税务机关依法进行的税务稽查,如实反映情况,提供有关资料,不得拒绝、隐瞒。

第三节 法律责任

一、关于税务人员的法律责任

税务人员进行税务稽查时应当依法进行,应当为纳税人、扣缴义务人保守秘密,并且稽查中获得的资料,不得用于税收稽查业务以外的用途。如因税务人员的不当行为,造成纳税人扣缴义务人的合法权益受到损害,应当予以赔偿,并由税务机关给予责任人行政处分。

二、关于纳税人、扣缴义务人的法律责任

1.纳税人、扣缴义务人逃避、拒绝或者以其他方式阻挠税务机关稽查的,由税务机关责令改正,可以处以1万元以下的罚款;情节严重的,处以1万元以上5万元以下的罚款。

2.纳税人、扣缴义务人拒绝或者阻止税务机关记录、录音、录像、照相和复制与案件有关的情况和资料的,由税务机关责令改正,可以处以1万元以下的罚款;情节严重的,处以1万元以上5万元以下的罚款。

3.纳税人、扣缴义务人提供虚假资料,不如实反映情况,或者拒绝提供有关资料的,由税务机关责令改正,可以处以1万元以下的罚款;情节严重的,处以1万元以上5万元以下的罚款。

4.纳税人、扣缴义务人转移、隐匿、销毁有关资料的,由税务机关责令改正,可以处以1万元以下的罚款;情节严重的,处以1万元以上5万元以下的罚款。

第四节　延伸阅读——税务稽查案[1]

　　某市二建集团某建筑公司以前是二建集团的第五分公司。二建集团为了规避法律逃避债务,将第五分公司改制为法人企业,更名为二建集团某建筑公司。某建筑公司具有一般纳税人资格。改制后的前三年,某建筑公司每年缴纳地方税收均在50万元以上,但在第四年也就是2007年,某建筑公司全年缴纳的地方税收只有5万元,引起某市主管地方税务局的注意,并指派稽查局对某建筑公司进行稽查。

　　稽查局对某建筑公司进行稽查后,发现该公司未将挂靠的工程承包项目部缴纳的管理费收入370万元列为应税收入,遂认定某建筑公司的行为构成偷税,并向某建筑公司依法发出了《追缴税款通知书》,但是,某建筑公司没有在《追缴税款通知书》规定的限期内履行税款缴纳义务。鉴于此,某市地方税务局决定对建某建筑公司采取强制执行措施,遂前往某建筑公司的开户银行扣划了该公司的银行存款。某建筑公司不服某市地方税务局的强制执行措施,向某市地方税务局的上级税务机关申请了行政复议。笔者作为某市地方税务局的委托代理人参与了本案的行政复议活动。上级税务机关依法审理本案后维持了某市地方税务局的决定。

　　在这个案例中,某市地方税务局对某建筑公司采取税收强制措施是符合税法规定的。其理由是:

　　1.某建筑公司未将挂靠的工程承包项目部缴纳的管理费收入370万元列为应税收入,是偷税行为,相对于某市地方税务局而言,有采取税收强制措施的事实基础。

　　2.某市地方税务局对某建筑公司依法送达了《追缴税款通知书》,依法履行了通知的前置程序义务。

　　3.某建筑公司未在《追缴税款通知书》规定的限期内缴纳税款,鉴于此,某市地方税务局对某建筑公司采取税收强制措施,符合税法规定的时间条件。

[1]刘兵著:《税务执法程序的风险控制》,法律出版社,2009年版,第175页。

第五部分　税务争议处理程序法

税务行政处罚程序中的听证程序、税务行政复议程序、税务行政诉讼程序以及税务赔偿程序,构成了纳税人、扣缴义务人或者纳税担保人等相关当事人的税务争议及权利救济程序制度。

第二十五章　税务行政处罚程序法律制度

税务行政处罚是税务机关行使税务行政执法权的典型体现。但是，长期以来税务行政处罚并未引起税务机关的足够重视。1992年我国颁布了《税收征收管理法》，强调了税务行政处罚的问题。1996年我国颁布了《行政处罚法》，税务行政处罚才受到税务机关重视。为了配合《行政处罚法》的实施以及便于税务机关操作税务行政处罚，国家税务总局出台了相关的试行办法，这对于规范税务行政处罚有重要作用。

第一节　行政处罚的相关法律制度

行政处罚，是指行政机关或者其他行政主体以法律设定的行政处罚权和程序，对违反行政法规的相对方给予行政制裁的具体行政行为。

一、行政处罚的基本原则

1.行政处罚法定原则

处罚法定原则，是指行政机关实施行政处罚，必须坚持以法律为准绳，严格遵守法定程序。这一原则要求，一切行政处罚必须由法律预先设定。我国《行政处罚法》第3条规定："公民、法人或者其他组织违反行政管理秩序的行为，应当给予行政处罚的，依照本法由法律、法规或者规章规定，并由行政机关依照本法规定的程序实施。没有法定依据或者不遵守法定程序的，行政处罚无效。"在《行政处罚法》颁行前，由于对行政处罚的一些基本原则没有统一的法律规定，行政执法实践中存在一些问题，主要表现是处罚的随意性，特别是一些地方和部门随意罚款或一事数罚、几个部门罚款等，人民群众意见很

大。《行政处罚法》出台后,首先确立了处罚法定原则,要求行政处罚在实体和程序上都必须合法。它包含三层意思:

(1)处罚主体法定。实施处罚的法定主体是具有行政处罚权的行政机关及其依法授权或委托的组织。不是所有的行政机关都有行政处罚权。哪些行政机关拥有行政处罚权,拥有多大范围内的行政处罚权,要由法律、法规规定。同时,法定主体都必须在法律规定的职权范围内行使处罚权,只能对自己主管业务范围内的违反行政管理秩序的行为给予行政处罚,不得超越职权和滥用权力。

(2)处罚依据法定。法无明文规定不得进行处罚。公民、法人或者其他组织的行为,只有依法明文规定应予行政处罚的,才受处罚。没有法律、法规、规章为依据而作出的行政处罚无效。实践中常常会存在这样一些问题,有的行为已经"违法",对社会有一定的危害性,但由于目前我国法律又没有作出相应的规定,行政执法面又相当宽泛,对这些行为要处罚又缺乏法律依据,不处罚群众又会有意见,一旦实施处罚,被处罚人提起行政诉讼时,人民法院也只能判决行政机关败诉。当然也不可否认,由于一些行政执法人员素质不高,法制观念淡薄,在没有合法依据的情况下就处罚当事人,或者委托不符合法定条件的组织、个人行使处罚权也是或多或少存在的,对此应依法追究行政机关及其行政执法人员的法律责任。

(3)程序要合法。主要是指行政机关作出行政处罚决定,必须严格按照《行政处罚法》规定的程序进行。这是保证行政机关正确实施行政处罚的重要问题。我国《行政诉讼法》将是否遵循法定程序作为审查具体行政行为是否合法的标准之一,所以法定程序的重要性日益为社会所认同。有关行政处罚的程序,《行政处罚法》作了规定。在行政处罚的决定程序方面,对违法事实确凿并有法定依据、处罚较轻的行为,规定了当场处罚的简易程序。对其他违法行为,规定了调查、取证后再作决定的一般程序。一般程序规定了在给予"责令停产停业、吊销营业执照、较大数额罚款"等行政处罚之前的听证程序,并实行调查办案与主持听证的职能分离的制度。在行政处罚执行程序方面,规定了罚款决定与收缴分离制度。同时,规定了一事不再罚原则,即对当事人的同一违法行为,不得给予两次以上罚款的行政处罚。这些规定可以加强制约和监督,有利于提高行政处罚的质量,也有利于克服和防止腐败现象。

2.处罚公开、公正原则

所谓公正,是指行政机关实施行政处罚必须以事实为根据,罚当其责。《行政处罚法》规定,设定和实施行政处罚必须以事实为依据,与违法行为的事实、性质、情节以及社会危害程度相当。公正原则应当包括以下两个方面的内容:一是必须有违法事实。当事人有违法事实是实施行政处罚的前提条件。如果当事人没有违法事实或其行为不违法,行政机关就不能给予行政处罚。给予行政处罚,行政机关还必须调查取证,首先查明当事人违法的事实,坚持以事实为根据。二是罚责基本相当。行政机关作出行政处罚决定前,要认真分析违法的事实、性质、情节轻重、对社会的危害大小、本人的认错态度等因素。对当事人给予什么处罚,要按照有关法律、法规和规章规定的处罚幅度具体确定,做到处罚与责任基本相当,避免畸轻畸重。为确保公正,我国《行政处罚法》专列条款,确立了行政处罚监督制度。因此,行政机关给予行政处罚,既要防止有违法行为而不处罚,又要防止滥用处罚权。

所谓公开,是指设定和实施行政处罚应公之于众。我国《行政处罚法》规定,对违法行为给予行政处罚的规定必须公布。公开原则有两层含义:一是有关行政处罚的规定要公布,使公众事先知道以便遵行。行政法律、法规和规章只有广泛宣传,众人皆知,才能得到很好的贯彻落实。否则,人们不知道该做什么、不该做什么、违反了该受什么处罚,就会无所适从。凡是要求公民遵守的,都必须事先公布。为此,《行政处罚法》特别强调,未经公布的法律规定,不得作为行政处罚的依据。二是对当事人依法给予什么处罚要公布。行政机关依法进行管理,对违法当事人给予什么行政处罚,行政处罚的事实、理由和依据是什么要公开,重大的行政处罚要由行政机关负责人集体作出决定依法举行听证会的,除法律有特别规定外,应当公开举行。要对群众公开,对社会公开,允许群众旁听,允许记者采访报道,这样便于人民群众进行监督,也有利于广大公民受到教育。

3.处罚与教育相结合原则

罚教结合原则,即处罚与教育相结合的原则,是指行政机关实施行政处罚应坚持处罚与教育并举,达到纠正违法的目的。行政处罚的目的,重在纠正违法行为,教育公民、法人或者其他组织自觉遵守法律。行政处罚要求既要惩治已经发生的违法行为,又要戒免没有发生的违法行为。这种惩戒要靠宣传教育,使社会公众认识到行政处罚是维护包括他们在内的人民的整体利益、长远利益的手段,认识到违法行为的危害,从而培养自觉守法的意识。因此,实施行政处罚必须坚持罚教结合原则。首先,要把"教育"贯穿于行政处罚的全过程。对违反行政法律、法规、规章的当事人给予处罚不是目的,只是一种手段。无论采取何种行政处罚,都要体现教育为本的精神。处罚本身就是一种特殊的教育,是通过处罚来达到教育的目的。给予行政处罚时,要坚持摆事实,讲道理,以理服人,切不可一罚了之而忽视对违法者的教育。要把处罚的过程当做对违法当事人进行法制教育的过程,使其知法守法,自觉维护社会公共秩序。其次,"教育"必须以"处罚"为后盾。教育不是万能的,更不能代替处罚。有些违法行为,只有给予一定的处罚才能达到制止、预防违法的目的。在贯彻这一原则的过程中,处罚与教育是相辅相成、缺一不可的,必须做到二者的有机结合。

4.保证相对人权益原则

保证相对人权益原则是指行政机关实施行政处罚应依法保障行政相对人的正当权利。法律规定了行政相对人享有的权利,主要包括陈述权和申辩权(要求听证权)、申请行政复议权和提起行政诉讼权、要求行政赔偿权三大类。

关于陈述权和申辩权,这是公民、法人或者其他组织在受到行政处罚时所普遍享有的权利。行政机关在作出行政处罚决定之前,应当告知当事人作出行政处罚决定的事实、理由及依据,并告知当事人依法享有的权利。当事人进行陈述和申辩,行政机关必须认真听取。对当事人提出的事实、理由和证据,行政机关应当进行复核,当事人提出的事实、理由或者证据成立的,行政机关应当采纳。行政机关在作出责令停产停业、吊销许可证或者执照、较大数额罚款等行政处罚决定之前,应当告知当事人享有要求听证权。当事人要求听证的,行政机关应当依法组织听证。行政机关及其执法人员不按上述规定组织听证,行政处罚决定不能成立。

关于申请行政复议权和提起行政诉讼权。公民、法人或者其他组织对行政处罚不服时,在法定期限内可以分别情况行使这两项救济权利。复议前置的案件必须先经行政复议,只有不服行政复议裁决的,才能到人民法院起诉。不要求复议前置的案件,当事人可以申请行政复议,也可以直接向人民法院起诉。在行政处罚中,无论是适用简易程序作出的当场处罚决定,还是适用一般程序作出的非当场处罚决定,当事人不服的,均可依法申请行政复议或者提起行政诉讼。行政机关应当在行政处罚决定书中载明不服行政处罚决定,申请行政复议或者提起行政诉讼的途径和期限,超过法定期限不申请行政复议和不提起行政诉讼的,视为放弃权利。

关于要求行政赔偿权。公民、法人或者其他组织因行政机关违法实施行政处罚而受到损害的,有依法提出赔偿要求的权利。行政机关因使用或者损毁扣押的财物、违法实行检查措施或执行措施、违法作出处理决定等行为,给公民人身或财产造成损害、给法人或其他组织造成损失的,应当依法予以行政处分,情节严重构成犯罪的,依法追究刑事责任。

5.一事不再罚(款)原则

"一事不再罚"是行政法学界对行政处罚适用原则的概括性表述。我国《行政处罚法》第24条将其具体内涵表述为"对违法当事人的同一违法行为,不得给予两次以上行政罚款的行政处罚"。"一事不再罚"这一原则的规定主要是为了防止处罚机关滥用行政执法职权对相对人同一违法行为以同一事实理由处以几次行政处罚,以获得不当利益,同时也是为了保障处于被管理地位的相对人

法定的合法权益不受违法的行政侵犯。"一事不再罚"原则在实践中存在不少困惑,具体表现如下:

(1)行政处罚法对"一事不再罚"处罚主体的表述欠缺确定性。例如,有的规章、法规规定对某一违法行为,可以由几个机关去处理,但却不允许相对人对处罚的主体进行选择。因此,由于追求部门利益、权责划分不清、机关间协调不尽充分等原因,在事实上产生了"一事被多个行政机关罚"的现象。这无疑是不符合行政统一性的价值目标的。

(2)行政处罚法的"一事不再罚"原则对适用法规时的冲突没有提供合适的解决机制。随着行政法制的发展与法律法规对社会关系调整、保障的日益细化,一个违反行政管理法规的行为可能会导致侵犯了不同社会利益客体的后果,这时就可能会出现保护不同利益客体的特别法都对该行为竞相适用,而同时产生几个不同的法律责任、法律后果的现象。此时,如果对相对人依据不同的法律法规作出几个不同的处罚决定,就明显违反"一个行为,不得两次以上处罚"的原则。而如果只作出一项处罚决定,往往会面临一般法与一般法之间、特别法与特别法之间难以决定选择适用的局面。这种情况给行政主体的处罚管理提出了行政执法实践上的难题。

二、行政处罚的适用

行政处罚适用的条件:一是必须已经实施了违法行为,且该违法行为违反了行政法规范[1];二是行政相对人具有责任能力[2];三是行政相对人的行为依法应当受到处罚;四是违法行为未超过追究时效。这四个条件缺一不可,否则就不能适用行政处罚。

三、行政处罚的时效

根据《行政处罚法》第29条的规定,行政处罚的追究时效为2年,在违法行为发生后2年内未被行政机关发现的,不再给予行政处罚;法律另有规定的除外。比如《税收征收管理法》52条第2款规定,违反税收法律、行政法规应当给予行政处罚的行为,在5年内未被发现的,不再给予行政处罚。这里讲的5年的时效,主要针对税款追征规定的。

四、行政处罚听证程序

根据《行政处罚法》第五章的规定,行政处罚的程序包括:简易程序、一般程

---

[1]参见《行政处罚法》第3条、第30条的规定。
[2]参见《行政处罚法》第25条的规定。

序和听证程序。

本书只涉及听证程序。

1.听证程序的含义

听证制度作为行政程序法的核心制度，是20世纪社会民主化进程的产物。听证的涵义是"听取对方意见"，尤其在作出不利于相对人的决定之前，应当听取对方意见，给其陈述和申辩的机会。

根据《行政处罚法》第42条的规定，听证程序，是指行政机关为了查清行政违法事实，公正合理地实施行政处罚，在作出责令停产停业、吊销许可证和执照、较大数额的罚款等行政处罚决定之前，应当告知被处罚当事人有要求听证的权利，根据被处罚当事人的申请，通过公开举行由各方利害关系人参加的听证会，广泛听取意见的方式与步骤的一项综合行政执法制度。

2.听证程序的特征

听证程序的特征包括：听证由行政机关主持，有关利害关系人参加；听证要公开进行；听证程序只适用于行政处罚领域的特定案件；启动听证程序一般以当事人申请为前提。

3.听证程序的内容

听证程序包括以下内容：申请人提出书面听证申请；行政机关发出决定进行听证的书面通知；听证会依法举行；告知申请人听证结果。

五、行政处罚执行程序

1.处罚机关与收缴罚款机构相分离

从以往的情况看，由于过去始终采取"收罚合一"的做法，除法律规定的当场处罚外，绝大多数行政执法机关为图方便，都采取了一手处罚、一手收钱的做法。这样做虽然给行政执法机关带来了方便，但由此也产生许多问题：部分执法人员借工作之机，将收缴上来的罚款揣入自己腰包，本部门又不能及时发现，既使国家财政减少了收入，又助长了贪污腐败之风。一些部门以罚代管的现象时有发生。由于罚款与收缴没有分开，一些执法部门在纠正违法问题时，不是本着"重教育、轻处罚"的原则，而是用罚款来代替处罚，以罚代管。另外一些行政执法机关不依法行政，不按照法定程序施行政处罚，行政处罚机关直接收缴罚款，不依法向处罚当事人出具有效法律手续，开具财政正式罚没票据，导致执法程序严重违法等，执法行为随意性非常大，违法行政现象经常发生。实行"罚缴分离"将从一定程度上规范各级行政执法机关的执法、处罚行为，减少和避免行政复议和行政诉讼案件。基于此，我国《行政处罚法》第46条明确规定，行政处罚执行程序要求作出罚款决定的行政机关应当与收缴罚款的机构分立，并且严格实行"收支两条线"制度。另外,为了加强对罚款收缴活动的监督,保证罚款及时上缴国库,我国还颁布了《罚款决定与罚款收缴分离实施办法》,从1998年1月1日起实行。该项办法从制度上进一步规范了行政处罚行为,对减少挤占挪用、"坐收坐支"罚款,加强行政机关的廉政建设具有十分重要意义。

2.行政处罚的强制执行

当事人如果逾期不履行行政处罚决定的,行政机关可以申请人民法院强制执行。

3.行政执法机关移送涉嫌犯罪案件

行政机关为谋取本单位私利,对应当移交司法机关追究刑事责任的不移交,以行政处罚代替刑罚,构成犯罪的,要追究刑事责任。

第二节　税务行政处罚程序制度的基本内容

一、税务行政处罚的概念

税务行政处罚,指的是主管税务机关对纳税主体违反税收征收管理法规,但尚未构成犯罪的违法行为依法实施的税务行政制裁活动。税务行政处罚的目的是惩罚纳税人、扣缴义务人、纳税担保人的税收违法行为。税收违法行为是我国税法所禁止的,一旦纳税人、扣缴义务人、纳税担保人的涉税行为违法,主管税务机关就必须依法予以纠正和处理,税务行政处罚就是税务机关纠正和处理涉税违法行为的强有力的手段之一。

二、税务行政处罚的特点

1.实施税务行政处罚的主体是具有税收管理职权的税务机关。行政处罚的这一主体特点使其能区别于刑事制裁和民事制裁。刑事制裁和民事制裁的实施主体是司法机关。税务行政处罚的主体特点还表明实施税务行政处罚的机关只能是税务机关,而不是其他行政机关。

2.税务行政处罚的对象是违反税收法律规范的纳税人、扣缴义务人、纳税担保人。税务行政处罚的对象范围只能是纳税人、扣缴义务人、纳税担保人。税务行政处罚的原因是纳税人、扣缴义务人、纳税担保人的行为违反了税收法律规范。

3.税务行政处罚的性质是行政制裁。税务行政处罚在处罚方式上与税收管理活动密切相关,在程度上轻于刑事制裁,它属于行政制裁的范畴。

三、税务行政处罚的法律依据

税收行政处罚的法律依据来自三个层面。

第一个层面:《行政处罚法》的相关规定。

我国《行政处罚法》第1条规定,为了规范行政处罚的设定和实施,保障和监督行政机关有效实施行政管理,维护公共利益和社会秩序,保护公民、法人或者其他组织的合法权益,根据宪法,制定本法。第2条规定,行政处罚的设定和实施,适用本法。第3条规定,公民、法人或者其他组织违反行政管理秩序的行为,应当给予行政处罚的,依照本法由法律、法规或者规章规定,并由行政机关依照本法规定的程序实施。

第二个层面:《税收征收管理法》的相关规定。

《税收征收管理法》第60条规定,纳税人未按照规定使用税务登记证件,或者转借、涂改、损毁、买卖、伪造税务登记证件的,处2000元以上10000元以下的罚款;情节严重的,处10000元以上50000元以下的罚款。

第三个层面:《税务行政处罚听证程序实施办法(试行)》的相关规定。

《税务行政处罚听证程序实施办法(试行)》第1条规定,为了规范税务行政处罚听证程序的实施,保护公民、法人和其他组织的合法权益,根据《中华人民共和国行政处罚法》,制定本实施办法。

四、税务行政处罚的实施主体

实施税务行政处罚的主体是县级以上国家税务局、地方税务局。除法律特别授权外,各级税务机关的内设派出机构不具备税务行政处罚的行政主体资格,不能以自己的名义实施税务行政处罚,但是根据《税收征收管理法》第74条规定,罚款额在2000元以下的可由税务所进行。

在税收实践中,税务稽查局、税务所可以做出税务行政处罚决定,也可以在税务系统内部成为税务行政复议的一方主体即税务行政复议被申请人,比如,某地级市地方税务局稽查局针对某房地产公司的偷税作出了罚款的税务行政处罚决定,某房地产公司不服该处罚决定,可以针对某市地方税务局稽查局的税务行政处罚决定向某市地方税务局申请税务行政复议,这在我国的税法实践中是允许的。但是,如果某房地产公司对将来的税务行政复议结果不服,能不能仍然以税务稽查局为被提起税务行政诉讼?税务稽查局能不能成为这个税务行政诉讼的被告?对这一问题,笔者的回答是不能,因为某市地方税务局稽查局不是一个独立意义的行政执法主体,因此就不能单独作为一个主体称为税务行政诉讼的被告。关于这一问题,将在《税务行政税收程序制度》章节详细论述。

五、税务行政处罚的种类

税务行政处罚主要包括罚款、没收违法所得、停止办理出口退税和吊销税务行政许可证件。

六、税务行政处罚的主体和处罚的行为对象

1.税务行政处罚的主体

税务行政处罚的主体只能是有权实施行政处罚权的税务机关,不能是其他行政机关。

2.税务行政处罚的行为对象

税务行政处罚的行为对象是纳税人、扣缴义务人、纳税担保人的税收违法行为。

纳税人的税收违法行为可分为纳税人违反税收管理的违法行为、直接妨害税款征收的违法行为、妨害发票管理的违法行为三类。详见本章第三节"法律责任"。

七、税务行政处罚的管辖和适用

(一)税务行政处罚的管辖

税务行政处罚的管辖,是指税务机关之间对税收违法案件实施行政处罚的权限分工。税务行政处罚的管辖包括职能管辖、地域管辖、级别管辖和指定管辖。

1.职能管辖。职能管辖是由依法管理不同事项的税务机关依据各自的法定职权在实施税务行政处罚上所作的分工。例如,国家税务局系统和地方税务局系统就各自在自己的职能范围内实施税务行政处罚权,二者不能交叉,也不能超越职权范围。

2.地域管辖。地域管辖是根据税务机关管理的地域范围来划分其实施税务行政处罚的分工。税务行政处罚的地域管辖以纳税人、扣缴义务人、纳税担保人的涉税违法行为发生地位标准来确定。对于涉税违法案件,由违法行为发生地的税务机关实施行政处罚。也就是说,涉税行为发生在何地,就由当地具有行政处罚权的税务机关管辖。

3.级别管辖。级别管辖是根据税务机关的行政级别确定其管辖范围。它要解决的是上下级税务机关之间实施税务行政处罚的权限问题。也就是说,级别管辖主要解决不同级别的税务机关分别管辖哪些税收违法行为。《行政处罚法》规定,县级以上地方人民政府具有行政处罚权的行政机关才能实施行政处罚,这

就明确了行政处分管辖在级别上只能是具有行政处罚权的县级以上地方人民政府及其职能部门。但同时,《行政处罚法》又规定,法律另有规定的除外。税务行政处罚的级别管辖除了遵循《行政处罚法》外,还应当遵循《税收征收管理法》。《税收征收管理法》规定,具有税务行政处罚权的税务机关包括各级税务局、税务分局、税务所以及稽查局,但是它们有不同的处罚权限。比如,税务所的处罚权限就比较小。

4.指定管辖。指定管辖是指上级税务机关以决定的方式指定下一级税务机关对某一税务行政处罚行使管辖权。指定管辖发生的原因是:在通常情况下,由于有两个以上的税务机关对行政处罚管辖发生争议,或者由于特殊情况致使税务机关无法行使管辖权,在这种情况下才由上级税务机关指定由哪一个税务机关行使管辖权。比照《行政处罚法》的规定,对税务行政处罚管辖权发生争议,应当报请它们的共同上一级税务机关指定管辖。

(二)税务行政处罚的适用

税务行政处罚的适用,是指税务机关对应受处罚的对象具体运用行政处罚法规范,实施行政处罚的活动。税务行政处罚的适用过程,实际上就是对行政处罚的法律原则、方法、程序等加以具体运用的过程。税务行政处罚的适用有严格的前提条件,包括:

1.对象有违反税收法律规范的行为。这里讲的对象,在税收实践中就是纳税人、扣缴义务人和纳税担保人。纳税人、扣缴义务人和纳税担保人有违反行为存在,是税务行政处罚适用的实质性前提条件。如果没有纳税人、扣缴义务人和纳税担保人没有违法行为存在,就谈不上实施税务行政处罚的问题。违法行为的存在,是指违法行为已经付诸实施,并且客观存在;违法行为属于违反税收行政法规范的行为;违法行为应当是违反禁止性和义务性税收法律规范的行为。税务机关要确认纳税人、扣缴义务人和纳税担保人有违法行为的存在,必须要有相应的证据,否则就不能进行税务行政处罚。比如,纳税人有偷税嫌疑,那么税务机关就必须找到纳税人偷税的偷税证据去证实纳税人的偷税事实客观存在。如果税务机关没有找到纳税人偷税的证据,即使纳税人偷税的嫌疑再大,税务机关也不能对其实施税务行政处罚。

2.对象的违法行为依法应当受到处罚。纳税人、扣缴义务人、纳税担保人有违法行为,但是有些违法行为并不一定要受到行政处罚,比如,纳税人或者扣缴义务人没有将税务登记证件按照规定悬挂在经营场所的行为,就不会受到税务机关的行政处罚。纳税人、扣缴义务人、纳税担保人有违法行为存在,但有些行为不会受到行政处罚的原因是:有些违法行为还没有达到受处罚的程度,或者法律法规规定有些行为违法但不予处罚。因此,只有纳税人、扣缴义务人、纳税担保人的税收违法行为依法应受处罚时,才能适用税务行政处罚。

3.对象是达到责任年龄、具备责任能力的公民、法人和其他组织。纳税人、扣缴义务人或者纳税担保人可能是自然人、法人或者其他组织形式。如果纳税人是自然人的情况,税务机关要进行行政处罚情况比较复杂。《行政处罚法》要求,如果是自然人,要对其进行行政处罚,必须要该自然人达到责任年龄、具备责任能力,否则不能对其实施行政处罚。比如,某自然人只有13岁,没有办理税务登记,在闹市区摆小摊卖油条,税务所工作人员向其收税,该自然人拒绝缴纳,在这种情况下,税务所就不能对该自然人进行处罚,因为该自然人还没有满14周岁,根据《行政处罚法》的规定,该自然人未满14周岁,没有达到责任年龄,依据《行政处罚法》的规定,不具备责任年龄的公民不受行政处罚;再比如,该自然人已经19岁,仍然在该闹市区摆小摊卖油条,但他是精神病人,如果他拒绝纳税,税务机关也不能对其进行税务行政处罚,因为他不具备责任能力。纳税人如果是法人或者是其他组织,必须是依法登记合法存在的,如果是依法登记合法存在的,就具备责任能力,可以对其进行行政处罚。在税法实践中,纳税担保人出现不具备责任年龄和责任能力的基本没有;扣缴义务人一般是法人或者其他组织,是自然人的也基本没有。因此,税务行政处罚的对象必须是达到责任年龄、具备责任能力的纳税人、扣缴义务人、纳税担保人。

4.没有超过追究时效。追究时效,是指对违法行为予以追究的有效期限。如果超过这个期限,就不再实施行政处罚。《行政处罚法》规定,违法行为在2年内未被发现的,不再给予行政处罚。对2年的计算方法是:从违法行为发生之日起计算2年时效;如果违法行为有连续或者继续状态,从违法行为终了之日起计算2年时效。这里要注意的是,"2年时效"是指违法行为在2年内未被发现而被追究的时效,如果纳税人、扣缴义务人、纳税担保人的违法行为在2年内已经被发现,但找不到违法的纳税人、扣缴义务人、纳税担保人,那么在这种情况下,对违法的纳税人、扣缴义务人、纳税担保人的追究时效应当是多少?笔者认为不应当是2年,但具体应当是多少,税法没有规定。目前,我国《刑事诉讼法》规定了对未被发现的犯罪行为要追究刑事责任的最长期限是20年,超过20年的期限追究刑事责任必须经过最高人民检察院的批准。那么,将来的税收程序法是不是可以借鉴这一制度,有待立法者考虑。

《税收征收管理法》对行政处罚的时效有专门的规定,税务机关在对违法的纳税人、扣缴义务人、纳税担保人进行税务行政处罚时应当遵循《税收征收管理法》关于处罚时效的规定。《税收征收管理法》第86条规定,违反税收法律、行政法规应当给予行政处罚的行为,在5年内未被发现的,不再给予行政处罚。因此,税务行政处罚的时效是5年。《税收征收管理法》之所以规定了5年较长的行政处罚时效,是为了保证国家税收。

八、税务行政处罚的程序

税务行政处罚的程序,是指税务机关实施税务行政处罚的步骤和方式。税务行政处罚程序属于行政处罚程序的一种。税务行政处罚程序包括简易处罚程序、普通处罚程序、听证程序和执行程序。

(一)简易程序

简易程序是当场实施处罚的一种程序。

1.实施简易程序的条件是:违法事实清楚;有法定的处罚依据。在处罚程度上只能对自然人纳税人处以50元以下的罚款,对法人或者其他组织纳税人只能处以1000元以下的罚款。

2.执法程序是:税务执法人员向纳税人等当事人出示执法身份证件;填写预定格式、编有号码的税务行政处罚决定书;税务行政处罚决定书当场交付给纳税人等当事人;税务执法人员将税务行政处罚报税务机关备案;告知纳税人等当事人的权利救济方式。

(二)普通程序

普通程序是我国税法案件实施行政处罚的基本程序。这种程序手续严格、完备,在税务行政处罚中广泛适用。

1.立案。立案是指税务机关将应当实施税务行政处罚的案件进行登记并确定为应依法予以调查处理的活动。具体程序是:填写《立案登记表》;报请负责人审判;指派承办人员负责案件的调查处理。

2.调查取证。调查取证是案件的承办人对案件事实的调查核实、搜集证据的过程。具体程序是:税务执法人员不得少于2人,并出示执法证件;全面客观公正集证据;搜集证据不得违反法定程序;妥善保存证据。

3.审查调查结果。具体程序是:在调查的基础上,承办案件的税务执法人员要正确适用法律分析证据、分析案情;提出事实结论和处理意见;报请负责人审判。对重大复杂的案件要提出意见报请上级税务机关。

4.制作税务行政处罚决定书。对于应当给予税务行政处罚的,应当制作税务行政处罚决定书。具体程序是:拟出初稿;报负责人审批签发;打印税务行政处罚决定书并加盖印章。

5.税务行政处罚决定书的送达。税务行政处罚决定书制作后,必须依法向当事人送达,否则不发生法律效力。具体程序是:税务行政处罚决定书制作后,应当对当事人宣告并当场交付给当事人;如果当事人不在场的,应当在7日内依照《民事诉讼法》的规定向当事人送达。关于送达的方式在其他章节已有介绍。

(三)税务行政处罚听证程序

税务行政处罚听证程序,指的是税务机关作出有关税务行政处罚决定之前,听取被处罚当事人的陈述、申辩意见以及对准备处罚案件的相关证据组织质证的程序。随着依法治税、依法行政的深入,税务行政处罚听证将成为一种经常的活动形式。通过听证,从而保障控辩双方充分陈述事实,发表意见,并就各自出示的证据的合法性、真实性进行辩论,从而保护公民、法人和其他组织的合法权益。这样,有利于行政处罚的合法、公正、恰当,还会大量减少税务行政复议和税务行政诉讼案件的发生。因而我们在理论上要有明晰的认识,实务上要有熟练的技巧。这对税务机关和纳税人来说都是一门必修课程。

1.税务行政处罚听证程序的适用范围

税务机关对公民作出2000元以上(含本数)罚款或者对法人或者其他组织作出10000元以上(含本数)罚款的行政处罚之前应当向当事人送达《税务行政处罚事项告知书》,告知当事人已经查明的违法事实、证据、行政处罚的法律依据和准备给予的行政处罚,并告知有要求举行听证的权利。因此,税务行政处罚听证程序适用范围一般限于上述较大数额的罚款案件,其他如没收违法所得、停止办理出口退税等不适用听证程序。此外,根据《行政许可法》和《行政处罚法》有关规定,当事人对税务机关作出的吊销税务行政许可证件的行为不服,在被告知听证权之日起3日内也有权提出听证要求。逾期不提出的,视为放弃听证权利。[1]

2.听证程序的组织进行

(1)审查听证申请。根据《税务行政处罚听证程序实施办法(试行)》规定,税务机关应当依法审查当事人的听证申请。对申请人不是本案当事人或者当事人的代理人的、未在法定期限内提出听证申请的以及不符合税务行政处罚听证范围的,税务机关应当不予决定组织听证,并通知申请人。

(2)决定举行听证。当事人要求听证符合条件的,税务机关应当在收到当事人听证要求后15日内举行听证,并在举行听证的7日前将《税务行政处罚听证通知书》送达当事人,通知当事人举行听证的时间、地点、听证主持人的姓名及其他有关事项。

对应当进行听证的案件,税务机关不组织听证,行政处罚决定不能成立,当事人放弃听证权利或者被正当取消听证权利的除外。

当事人或者当事人的代理人应当按照税务机关的通知参加听证,无正当理

---

[1]分别参见《税收征收管理法》第60条、61条、63条、65条、66条、67条、70条、71条;《税收征收管理法实施细则》第90条、第91条、第95条;《中华人民共和国刑法》第201条、第202条、第203条、第204条;最高人民法院司法解释法释(2002)第30号、第33号。

由不参加的,视为放弃听证权利。

(3)组织听证。听证开始时,听证主持人应当首先声明并出示税务机关负责人授权主持听证的决定,然后查明当事人或者当事人的代理人、本案调查人员、证人及其他有关人员是否到场,宣布案由;宣布听证会的组成人员名单;告知当事人有关的权利义务。

记录员宣读听证会纪律。

听证过程中,由本案调查人员就当事人的违法行为予以指控,并出示事实证据材料,提出行政处罚建议。当事人或者当事人的代理人可以就所指控的事实及相应问题进行申辩和质证。

听证主持人可以对本案所涉及的事实进行询问,保障控辩双方充分陈述事实,发表意见,并就各自出示的证据的合法性、真实性进行辩论。辩论先由本案调查人员发言,再由当事人或者当事人的代理人答辩,然后双方相互辩论。

辩论终结,听证主持人可以再就本案的事实、证据及有关问题向当事人或者当事人的代理人、本案调查人员征求意见。当事人或者当事人的代理人有最后陈述的权利。

3.听证程序终止

当事人或者当事人的代理人应当按照税务机关的通知参加听证,无正当理由不参加的,视为放弃听证权利。听证程序依法终止。

听证主持人在听证过程中认为证据有疑问,可能影响税务行政处罚的准确公正的,可以宣布中止听证,由本案调查人员对证据进行调查核实后再进行听证。

当事人或者当事人的代理人可以申请对有关证据进行重新核实,或者提出延期听证,是否准许,由听证主持人或者税务机关作出决定。

听证过程中,当事人或者代理人放弃申辩和质证权利,声明退出听证会,或者不经听证主持人许可擅自退出听证会的,听证主持人可以宣布听证终止。

听证过程中,当事人或者当事人的代理人、本案调查人员、证人及其他人员违反听证秩序,听证主持人应当警告制止;对不听制止的,可以责令其退出会场。

举行税务行政处罚听证必须注重程序。在执法实践中,程序法与实体法同等重要。在实际执法过程中,有许多税务行政处罚案件被人民法院判决无效,并非行政执法机关适应法律有误,而是常常因为违反执法程序,从而导致整个执法行为无效。法律和法规所规定的程序必须引起高度重视。只有这样,才不会因程序违法导致执法行为无效。

举行税务行政处罚听证时控辩双方要注重举证。以事实为根据,以法律为准绳,是我国一条重要的司法准则,它同时也是听证及行政处罚的执法准则。因此,在听证过程中,调查人和当事人都有必要进行充分举证,把事实讲清楚,把证据列举穷尽,把意见谈明白。在听证会上,控辩双方的法律地位是平等的。在调查人那里,切忌高人一等。

举行税务听证时控辩双方要善于直接引用对方证据,要有控辩技巧。在听证现场,双方当事人只会出示对自己有利的证据,不会出示对对方有利的证据。但在实际听证中,常常会出现自己的证据为对方所用的结果。

举行税务处罚听证时,主持人应当依法行使职权。《税务行政处罚听证程序实施办法(试行)》中规定,"听证主持人应当依法行使职权,不受任何组织和个人的干涉"。这一规定和我国人民法院独立审判精神相一致,我国的三大诉讼法明确规定,审判机关独立行使审判权,不受任何组织和个人的干涉。税务行政处罚听证的主持人依法独立行使职权,可以最大限度地保持听证的公正。

听证时应处理好法律适用间的优先问题。一个案件的适用法律往往不止一部,还有行政法规、各级政府及其职能部门的文件,在听证会有时会形成法律、法规、文件之间互相矛盾的现象。怎样处理这类问题,司法部门一般采取法律优先方式处理,也就是法律优先于法规,法规又优先于政府及其职能部门的一般性文件。而在行政法规中,应当处理好它们之间的冲突。

(四)秩序程序

执行程序,是指税务机关对受处罚人执行已经发生法律效力的税务行政处罚决定书的程序性活动。对于已经发生法律效力的税务行政处罚决定书纳税人等当事人在法定或者规定的期限内应当主动履行。

在税务行政处罚活动当中,运用最多的是罚款处罚。对于罚款的执行采取的办法是处罚机关与收缴罚款机关分离。也就是说,作出罚款决定的税务机关及其税务执法人员不能当场收缴罚款,当事人应当在收到的《税务行政处罚决定书》指定的期限内到指定的机构缴纳罚款。当场收缴罚款的例外情况是:依法给予20元以下罚款的;不当场收缴事后难以执行的;在边远、水上、交通不便地区,当事人向指定机构缴纳罚款确有困难的,经当事人自己提出,可以当场收缴罚款,但必须出具正式的罚款收据。

如果当事人没有正当理由逾期不履行税务行政处罚决定书的,税务机关可以自己执行。税务机关自己执行时,可以加收每日罚款数额3%的罚款;可以依法将已经查封、扣押的财物拍卖或者变卖,以拍卖或者变卖款项折抵罚款;税务机关也可以申请人民法院强制执行。

第三节　法律责任

一、纳税人、扣缴义务人的法律责任

(一)违反税收管理的法律责任

违反税收管理的违法行为有:(1)违反税务登记的行为;(2)违反账簿管理的行为;(3)违反财务处理规定的行为;(4)违反税控装置管理的行为;(5)违反税款扣缴的行为;(6)阻挠税务检查的违法行为;(7)阻挠取证的违法行为。

对税收管理违法行为的处罚依据包括如下几点:

1.《税收征收管理法》第60条规定,纳税人有以下违法行为的,由税务机关责令限期改正,可以处2000元以下的罚款;情节严重的,处2000元以上10000元以下的罚款:未按照规定的期限申报办理税务登记、变更或者注销登记的;未按照规定设置、保管账簿或者记账凭证和有关资料的;未按照规定将财务、会计制度或者财务、会计处理办法和会计核算软件报送税务机关备查的;未按照规定将其全部银行账号向税务机关报告的;未按照规定安装、使用税控装置,或者损毁或者擅自改动税控装置的。

2.《税收征收管理法实施细则》第90条规定,纳税人未按照规定办理税务登记证件验证或者换证手续的,由税务机关责令限期改正,可以处2000元以下的罚款;情节严重的,处2000元以上10000元以下的罚款。

3.《税收征收管理法》第61条规定,扣缴义务人未按照规定设置、保管代扣代缴、代收代缴税款账簿或者保管代扣代缴、代收代缴税款记账凭证及有关资料的,由税务机关责令限期改正,可以处2000元以下的罚款;情节严重的,处2000元以上5000元以下的罚款。

4.《税收征收管理法实施细则》第91条规定,纳税人非法印制、转借、倒卖、变造或者伪造完税凭证的,由税务机关责令改正,处2000元以上10000元以下的罚款;情节严重的,处10000元以上50000元以下的罚款;构成犯罪的,依法追究刑事责任。

5.《税收征收管理法》第70条规定,纳税人、扣缴义务人逃避、拒绝或者以其他方式阻挠税务机关检查的,由税务机关责令改正,可以处10000元以下的罚款;情节严重的,处10000元以上50000元以下的罚款。纳税人、扣缴义务人有下列情形之一的,同样依照该规定处罚:(1)提供虚假资料,不如实反映情况,或者拒绝提供有关资料的;(2)拒绝或者阻挠税务机关记录、录音、录像、照相和复制与案件有关的情况和资料的;(3)在检查期间,纳税人、扣缴义务人转移、隐匿、销毁有关资料的;(4)有不依法接受税务检查的其他情形的。

6.《税收征收管理法实施细则》第95条规定,税务机关依照税收征管法第54条第(五)项的规定,到车站、码头、机场、邮政企业及其分支机构检查纳税人有关情况的有关单位拒绝的,由税务机关责令改正,可以处10000元以下的罚款;情节严重的,处10000元以上50000元以上的罚款。

(二)直接妨害税款征收的法律责任

直接妨害税款征收的违法行为是我国税法严厉禁止的,如果行为构成犯罪,还是刑法打击的重点。

1.偷税[1]

偷税,指的是纳税人伪造、变造、隐匿、擅自销毁账簿、记账凭证,或者在账簿上多列支出或者不列、少列收入,或者经纳税机关通知申报而拒不申报或者进行虚假的纳税申报,不缴或者少缴应纳税款的行为。

偷税的责任主体是特殊主体、复合主体,有两类,一类是纳税人,另一类是扣缴义务人,除了纳税人、扣缴义务人之外,其他人员不能成为偷税的责任主体。

对纳税人偷税,由税务机关追缴其不缴或者少缴的税款、滞纳金,并处不缴或者少缴的税款50%以上5倍以下的罚款;构成犯罪的,依法追究刑事责任。

对于扣缴义务人采取偷税手段不缴或者少缴已扣、已收税款、由税务机关追缴其不缴或者少缴的税款、滞纳金,并处不缴或者少缴的税款50%以上5倍以下的罚款;构成犯罪的,依法追究刑事责任。

2.逃避追缴欠税[2]

逃避追缴欠税,指的是纳税人、扣缴义务人已经欠缴应纳税款,但采取转移或者隐匿财产的手段,妨害税务机关追缴欠缴税款的行为。

逃避追缴欠税的责任主体是复合主体、特殊主体,包括纳税人和扣缴义务人。

对于逃避追缴欠税的纳税人,由税务机关追缴欠缴的税款、滞纳金,并处欠缴税款50%以上5倍以下的罚款;构成犯罪的,依法追究刑事责任。

3.骗税[3]

骗税,指纳税人以假报出口或者欺骗手段,骗取国家出口退税款的行为。

骗税的责任主体是特殊主体、单一主体,只有纳税人即骗取国家出口退税款的纳税人才能成为骗税的自然主体。

[1]参见《税收征收管理法》第63条、《刑法》第201条、最高人民法院司法解释法释(2002)33号。
[2]参见《税收征收管理法》第65条、《刑法》第203条。
[3]参见《税收征收管理法》第66条的规定、《刑法》第204条、最高人民法院司法解释法释(2002)30号。

以假报出口或者其他欺骗手段,骗取国家出口退税款的,由税务机关追缴其骗取的退税款,并处骗取税款1倍以上5倍以下的罚款;构成犯罪的,依法追究刑事责任。对骗取国家出口退税额款的,税务机关可以在规定期间内停止为其办理出口退税。

4.抗税[1]

抗税,指的是纳税人以暴力、威胁方法拒不缴纳税款的税收违法行为。

对于抗税,除由税务机关追缴其拒缴的税款、滞纳金外还要依法追究刑事责任。情节轻微,未构成犯罪的,由税务机关追缴其拒缴的税款、滞纳金,并处虚缴税款1倍以上5倍以下的罚款。

抗税的责任主体是特殊主体、复合主体,不仅包括纳税人,还包括扣缴义务人。根据《刑法》的规定,抗税行为的主体必须是欠缴税款的纳税人、扣缴义务人个人,除此之外的其他人对税务执法人员实施暴力、威胁行为不是抗税行为,而应当以妨害公务行为论处。

(三)违反发票管理规定的法律责任

《税收征收管理法》第71条规定,非法印制发票的,由税务机关销毁非法印制的发票,没收违法所得和作案工具,并处10000元以上50000元以下的罚款;构成犯罪的,依法追究刑事责任。

违反发票管理规定的责任主体是一般主体,除了纳税人、扣缴义务人之外,其他人员也可以成为违反发票管理规定的责任主体。

二、税务人员的法律责任

税务行政处罚是一项非常严格的执法活动,实施税务行政处罚的税务机关及其税务执法人员必须严格、依法、公正的税收行政处罚,如果违法实施税务行政处罚,要被依法追究法律责任。在税收实践中,违法处罚的表现形式主要有:违法决定和实施税务行政处罚;违法使用有关处罚单据;违法收缴罚款或者收受当事人财物;处罚过程中违法实施税收强制措施造成当事人损害的;徇私舞弊以行政处罚代替刑事处罚;不履行法定职责纠正、制止违法处罚,造成了一定后果。

(一)上级行政机关的监督

税务行政机关实施行政处罚,有下列情形之一的,由上级税务行政机关或者有关部门责令改正,可以对直接负责的主管人员和其他直接责任人员依法给予行政处分:

---

[1]参见《税收征收管理法》第67条、《刑法》第202条、最高人民法院司法解释法释(2002)33号。

1.没有法定的行政处罚依据的。

2.擅自改变行政处罚种类、幅度的。

3.违反法定的行政处罚程序的。

(二)当事人的拒绝处罚权及检举权

税务行政机关对当事人进行处罚不使用罚款、没收财务单据或者使用非法定部门制发的罚款、没收财务单据的,当事人有权拒绝处罚,并有权予以检举。上级税务行政机关或者有关部门对使用的非法单据予以收缴销毁,对直接负责的主管人员和其他直接责任人员依法给予行政处分。

(三)自行收缴罚款的处理

税务行政机关违反规定自行收缴罚款的,由上级税务行政机关或者有关部门责令改正,对直接负责的主管人员和其他直接责任人员依法给予行政处分。

(四)私分罚没财物的处理

税务行政机关将罚款、没收的违法所得或者财物截留、私分或者变相私分的,由财政部门或者有关部门予以追缴,对直接负责的主管人员和其他直接责任人员依法给予行政处分;情节严重构成犯罪的,依法追究刑事责任。

税务执法人员利用职务上的便利,索取或者收受他人财物、收缴罚款据为己有,构成犯罪的,依法追究刑事责任;情节轻微不构成犯罪的,依法给予行政处分。

(五)税务行政机关的赔偿责任及对有关人员的处理

税务行政机关使用或者毁损扣押的财物,对当事人造成损失的,应当依法予以赔偿,对直接负责的主管人员和其他直接责任人员依法给予行政处分。

(六)违法实行检查或执行措施的赔偿责任

税务行政机关违法实行检查措施或者执行措施,给公民人身或者财产造成损害、给法人或者其他组织造成损失的,应当依法予以赔偿,对直接负责的主管人员和其他直接责任人员依法给予行政处分;情节严重构成犯罪的,依法追究刑事责任。

(七)对拒不移交罪犯的有关人员的处理

税务行政机关为牟取本单位私利,对应当依法移交司法机关追究刑事责任的不移交,以行政处罚代替刑罚,由上级税务行政机关或者有关部门责令纠正;拒不纠正的,对直接负责的主管人员给予行政处分;徇私舞弊、包庇纵容违法行为的,比照《刑法》第188条的规定追究刑事责任。

(八)税务执法人员失职承担的责任

税务执法人员玩忽职守,对应当予以制止的处罚的违法行为不予制止、处罚,致使公民、法人或者其他组织的合法权益、公共利益和社会秩序遭受损害的,对直接负责的主管人员和其他直接责任人员依法给予行政处分;情节严重构成犯罪的,依法追究刑事责任。

第四节　延伸阅读——税收行政处罚案

某省某县针织内衣有限公司(下称该公司),是一家有限责任性质的从事腈纶内衣裤生产加工的针织企业,雇有工人120人,注册资金58万元,账务健全,专用发票由丁某负责保管、开具及购买。法定代表人朱某,于1993年10月到某省某县办公司,并任法定代表人。该公司于1994年4月取得一般纳税人资格,同年6月1日开始领购增值税专用发票,到1995年10月20日止,共领购专用发票8本200份,其中有百万元版专用发票1本。

1995年12月12日,某县国家税务局稽查分局接到群众的举报信举报该公司使用发票行为违法,经初查,已查证该公司在使用增值税专用发票上确有违法行为。根据初查结果,某县国家税务局决定对该公司立案查处。

从1995年12月18日开始,某县国家税务局税务人员先后到浙江省等地进行了调查,调查回来后,又对该公司法定代表人朱某进行了询问,并到某省甲县、乙县调查核实了该公司开具的增值税专用发票。根据查证的材料证实,该公司违反了《中华人民共和国发票管理办法》以及《中华人民共和国税收征收管理法》,违法情况如下:

1.未按规定开具发票。采用单联填开,大头小尾的方式偷逃税款。仅从查实的4份专用发票比较,存根联价税合计金额6551.49元,抵扣联价税合计金额70961.20元,价税合计金额相差64409.71元,其中税额相差9329.61元。

2.未按规定开具专用发票,将存根联、发票联、抵扣联分别填开。因撕下来的空白发票是加盖的红色条型章,不久又改为加盖蓝色条型章,撕下来的发票用不出去,发票保管人丁某就把这些发票(撕)毁,这类(撕)毁的发票有6份。

3.非法向他人提供专用发票。一是1994年1月,员工刘某离开该公司时,朱某为应付刘某的欠款,让刘某于1995年8月到公司拿了3万多元的货抵账。刘某提出要2份增值税发票,丁某就撕了2份增值税发票给刘某;二是王某在该厂买了3万多元的货,除按实开了一份3万多元的发票外,另外又撕出2份空白发票给王某。

该公司的上述行为,违反了《中华人民共和国发票管理办法》第36条以及《中华人民共和国发票管理办法实施细则》第47条、第48条、第55条,同时也违反了《中华人民共和国税收征收管理法》第40条,构成偷税。根据《中华人民共和国发票管理办法》第36条和《中华人民共和国税收征收管理法》第40条之规定,处理如下：

(1)未按规定开具发票,处以3000.00元的罚款；

(2)未按规定保管发票,处以3000.00元的罚款；

(3)未按规定领购发票,向他人提供发票,处以5000.00元的罚款；

(4)对违反发票管理法规造成的偷税9329.671元,除追缴所偷税款外,处以2倍的罚款18659.22元。

上述税款和罚款已全部入库。

本案启示:税务机关必须采取措施加强对增值税一般纳税人的监管,强化发票管理,实行以票管税,在严格发票"领用存缴销"制度的同时,加强对纳税人申报税款和征前审核的管理,强化税收稽核,加大对发票违法行为的查处,避免利用发票偷税的行为发生,保障国家税款的及时足额入库。

第二十六章 税务行政复议程序法律制度

为了防止和纠正税务机关违法或者不当的具体行政行为,保护纳税人及其他当事人的合法权益,保障和监督税务机关依法行使职权,有必要设立税务行政复议制度。税务行政复议,指的是纳税人、扣缴义务人或者纳税担保人不服税务机关的具体税务行政行为,依法向税务机关的上一级机关提出申请,要求税务机关的上一级机关重新处理案件的税法制度。税务机关的上一级机关审理案件后,将根据不同情况,可以作出维持、变更或者撤销原裁决的决定。

第一节 行政复议的法律制度

一、行政复议的概念

行政复议,是指公民、法人或其他组织认为行政机关的具体行政行为侵害其合法权益,依法向行政机关的上一级机关提出复查该具体行政行为的申请,行政机关的上一级机关依照法定程序对被申请的具体行政行为的合法性和适当性进行审查并作出行政复议决定的活动。受理行政复议申请的机关称为行政复议机关。行政复议的目的是为了上级行政机关履行层级监督职责,纠正行政机关已经作出的违法或者不当的具体行政行为,从另一个法律层面保护行政相对人的合法权益。目前,我国的行政复议活动主要由《行政复议法》调整。

我国的行政复议制度开始于20世纪50年代初期。1979年以后,我国出台了大量的法律、法规,规定了行政复议的相关制度。1990年12月,国务院制定颁布了《行政复议条例》,该条例于1991年1月1日起施行,标志着我国完整的行政复议制度开始建立。1999年4月29日,第九届全国人大常委会制定通过了《中华人民共和国行政复议法》,并于同年10月1日起施行。《行政复议法》以法律的形式确立了行政复议制度,强化了该法在保护公民、法人和其他组织的合法权益,保障和监督行政机关依法行使职权方面的地位和作用,我国的行政复议制度由此得到了进一步的发展和完善。

二、行政复议的特征

1.行政复议基于公民等一方行政相对人的申请启动。公民等一方行政相对人申请的理由只限于行政机关的具体行政行为侵犯了公民等一方行政相对人的合法权益。如果没有现在相对人的申请,就不能启动行政复议。

2.行政复议只能由具有行政复议职责的行政机关受理。受理行政复议申请,并按法定程序进行复议的机关都是行政机关。因此,行政复议实际上是由行政机关运用法律法规来解决行政争议,并对下级行政机关是否依法行政实施监督的一种法律制度。

3.行政复议的目的是对引起争议的具体行政行为的合法性和适当性进行审查,并依法作出相应的复议决定,由此解决行政争议。

4.行政复议具有监督行政机关依法行政和保护行政相对人合法权益的双重性特征。行政复议审查的是行政机关作出的具体行政行为的合法性和适当性,如果发现行政机关作出的具体行政行为有违法情形或者不当情形,复议机关应予撤销或者变更,由此纠正行政机关的违法或者不当的行政行为,达到监督行政机关依法行政的目的。由于通过行政复议可以使违法或者不当的行政行为得以纠正,使违法或者不当的行政行为不发生法律效力,从而保护了行政相对人的合法权益。

5.行政复议具有准司法性。行政复议与其他司法活动一样,遵循“不告不理”的原则,没有行政相对人的申请,就没有行政复议的启动。行政复议通过审查活动,最终以裁决的形式来解决争议。行政复议的这些特性与司法行为的功能是一致的。

三、行政复议的原则

《行政复议法》要求行政复议机关进行行政复议时,必须按照以下原则进行行政复议。

1.行政复议必须合法的原则

行政复议必须合法的主要内容包括:第一,履行行政复议职责的主体及其职权必须合法。行政复议机关必须是依法成立并具有行政复议职权的行政机关,其复议活动必须严格遵循法定的费用权限,不能超越职权。第二,审理复议案件的依据必须合法。行政复议机关应当以现行的法律规范为复议案件的依据,并在现行法律规范的范围内进行复议活动。第三,审理行政案件的程序必须合法。行政复议机关进行行政复议活动应当遵循现行法律规范,按照现行法律规范的程序要求进行复议活动。如果行政复议存在上述任何一种不合法的情形,就很难谈得上保护行政相对人的合法权益。

2.行政复议必须公正的原则

行政复议机关应当基于公正立场,从合法性和合理性两方面去审查行政机关作出的具体行政行为,对行政机关作出的不合法的具体行政行为应当予以撤销;对明显不公正的具体行政行为应当依法予以变更,必要时还可以责令行政机关重新作出具体行政行为。行政复议机关不得因为存在法律以外的因素,就对案件作出不公正的处理。总体上讲,行政复议机关在程序上应当平等的对待各方当事人,不得有任何偏袒。

3.行政复议必须公开的原则

行政复议机关进行行政复议的过程必须公开,包括:复议机关的取证渠道、方法公开,复议申请人有权查阅与复议有关的案卷,社会公众有权了解行政复议的过程和结果,行政复议的决定应当向当事人送达。行政复议的依据也必须公开。行政复议活动必须以公开的法律、法规为依据,不得以内部文件作为复议的依据。

4.行政复议必须及时的原则

行政复议机关受理复议申请必须及时、作出行政复议决定必须及时、对行政机关不履行复议决定的处理必须及时。行政复议机关必须在法定的期限内处理行政复议案件,不得无故延长期限。这是提高行政效率的需要。

5.行政复议必须便民的原则

行政复议必须便民,要求行政复议机关尽可能地为申请人提供便利条件,方便申请人的行政复议活动,避免当事人耗费不必要的时间、费用和精力。

6.对具体行政行为的合法性和适当性进行审查的原则

在进行行政复议时,复议机关不仅要审查具体行政行为在权限、依据、内容、程序方面是否符合法律规定,还要审查行政机关运用自由裁量权是否客观、适当。行政复议的这一原则与行政诉讼中的合法性审查原则不同。在行政诉讼中,人民法院只是负责审查行政机关具体行政行为的合法性,而不审查行政机关具体行政行为的适当性。行政复议审查行政机关具体行政行为的适当性是我国行政复议制度的优势,它的有效运用可以在更深层次上对行政机关的行政活动实施法律监督。

四、行政复议与行政诉讼的关系

(一)行政复议与行政诉讼的联系

行政复议与行政诉讼都以行政争议为处理对象,都是国家为行政相对人提供的法定救济手段,二者有密切的联系。

1.法律、法规规定必须先向行政复议机关申请行政复议,只有对行政复议决定不服的才能向人民法院提起行政诉讼,这就是复议前置。行政相对人只有依法先申请行政复议之后,才能起诉,否则人民法院不会受理案件。

2.除复议前置的案件之外,其他属于人民法院受理的行政案件,行政相对人享有救济渠道的选择权,即行政相对人既可以申请行政复议,对行政复议决定不服再向人民法院起诉,也可以直接向人民法院起诉。

3.法律规定复议终局的,不得再提起行政诉讼。

(二)行政复议与行政诉讼的区别

尽管行政复议与行政诉讼都是行政相对人的权利救济渠道,但二者又有区别。

1.二者的性质不同。行政复议属于行政活动,进行行政复议适用的是行政程序;行政诉讼属于司法活动,适用司法程序。

2.二者的审理机关不同。行政复议的审理机关是作出具体行政行为的行政机关的上级机关或者法律法规规定的其他行政机关,也就是说,审理行政复议的审理机关必须是行政机关;行政诉讼案件的审理机关则是各级人民法院。

3.二者的审理方式不同。行政复议实行书面复议制度;行政诉讼一审必须实行开庭方式审理案件。

4.二者的审级不同。行政复议实行一级复议制度;行政诉讼则实行两审终审制。

5.对具体行政行为审查的范围不同。行政复议对行政机关作出的具体行政行为进行合法性和适当性审查;行政诉讼只是审查行政机关作出的具体行政行为的合法性。

6.二者的法律效力不同。行政复议决定一般不具有最终的法律效力,行政相对人对行政复议决定不服的,可以向人民法院起诉;人民法院的行政判决经过终审后具有法律效力。

第二节　税务行政复议程序制度概述

一、税务行政复议的税法依据

我国税务行政复议的税法依据有两个层面。

第一个层面是《行政复议法》作出的规定,主要包括:我国《行政复议法》第1条规定:"为了防止和纠正违法的或者不当的具体行政行为,保护公民、法人和其他组织的合法权益,保障和监督行政机关依法行使职权,根据宪法,制定本法。"第2条规定:"公民、法人或者其他组织认为具体行政行为侵犯其合法权益,向行政机关提出行政复议申请,行政机关受理行政复议申请、作出行政复议决定,适用本法。"

第二个层面是《税收征收管理法》作出的规定,主要包括:《税收征收管理法》第88条第1款规定,纳税人、扣缴义务人或者纳税担保人同税务机关在纳税上发生争议时,必须先依照税务机关的纳税决定缴纳或者解缴税款以及滞纳金或者提供相应的担保,然后才可以依法申请行政复议;对行政复议决定不服的,才可以依法向人民法院起诉。纳税人、扣缴义务人或者纳税担保人对税务机关的处罚决定、强制执行措施或者税收保全措施不服的,可以依法申请行政复议,也可以依法向人民法院起诉。

《税收征收管理法》的上列规定说明,税务争议可以分两类,但要注意这两类税务争议的区别。

第一类是纳税人、扣缴义务人或者纳税担保人对税务机关的征税决定不服而引起的争议。对于这一类税务争议要求先申请税务行政复议(并且在申请税务行政复议之前要求缴清应纳税款、滞纳金或者提供相应的纳税担保),即纳税人、扣缴义务人或者纳税担保人对税务机关的征税决定不服,发生争议时,必须先申请税务行政复议,在税务行政复议决定作出后,如果对该税务行政复议决定不服,再提起税务行政诉讼。这里要求:纳税人、扣缴义务人或者纳税担保人对税务机关的征税决定不服而引起争议,需要提起税务行政诉讼,必须以先申请税务行政复议为前置必经程序,否则不能提起税务行政诉讼。

第二类是纳税人、扣缴义务人或者纳税担保人对税务机关的处罚决定和强制执行措施、税收保全措施不服而引起的争议。对于这一类税务争议,则可以自由选择救济渠道,即纳税人、扣缴义务人或者纳税担保人对主管税务机关的处罚决定和强制执行措施、税收保全措施不服的,既可以选择税务行政复议,也可以选择税务行政诉讼。选择了行政复议的,如果对复议决定不服,还可以向法院提起税务行政诉讼。

二、税务行政复议的受案范围

税务行政复议的受案范围,是指税收法律、行政法规确定的税务机关受理税务行政复议案件的范围。根据《税务行政复议规规则(暂行)》第8条的规定,我国现行税务行政复议的受案范围包括:

1.纳税人、扣缴义务人认为税务机关作出的不当征税行为有:不当确认纳税主体、征税对象、征税范围、减税免税及退税、适用税率、计算依据、纳税环节、纳税期限、纳税地点以及税款征收方式等具体行政行为和不当征收税款、加收滞纳金以及扣缴义务人、受税务机关委托征收的单位作出的不当代扣代缴、代收代缴行为。

2.纳税人、扣缴义务人或者纳税担保人认为税务机关作出的不当税收保全措施有:不当书面通知银行或者其他金融机构冻结存款;不当扣押、查封商品、货物或者其他财产。

3.纳税人、扣缴义务人或者纳税担保人认为税务机关未及时解除保全措施,使纳税人以及其他当事人的合法权益遭受损失的行为。

4.纳税人、扣缴义务人或者纳税担保人认为税务机关作出的不当强制执行措施有:不当书面通知银行或者其他金融机构从其存款中扣缴税款;不当变卖、拍卖扣押、查封的商品、货物或者其他财。

5.纳税人、扣缴义务人或者纳税担保人认为税务机关作出的不当行政处罚行为有:(1)不当罚款;(2)不当没收财物和违法所得;(3)不当停止出口退税权。

6.纳税人、扣缴义务人或者纳税担保人认为税务机关不予依法办理或者答复的行为有:(1)不予审批减免税或者出口退税;(2)不予抵扣税款;(3)不予退还税款;(4)不予颁发税务登记证、发售发票;(5)不予开具完税凭证和出具票据;(6)不予认定为增值税一般纳税人;(7)不予核准延期申报、批准延期缴纳税款。

7.纳税人认为税务机关不当取消增值税一般纳税人资格的行为。

8.纳税人认为税务机关不当收缴发票、停止发售发票的行为。

9.税务机关不当责令纳税人提供纳税担保或者不依法确认纳税担保有效的行为。

10.税务机关不依法给予举报奖励的行为。

11.税务机关作出的不当通知出境管理机关阻止纳税人、扣缴义务人或者纳税担保人出境行为。

12.税务机关作出的其他不当的具体行政行为。

三、税务行政复议的管辖

根据《税务行政复议规则(暂行)》规定,税务行政复议的管辖权应当根据下列原则确定:

1.对各级税务机关作出的具体行政行为不服的,向其上一级税务机关申请行政复议。

对省、自治区、直辖市地方税务局作出的具体行政行为不服的,申请税务行政复议时,享有选择管辖权,即可以向国家税务总局申请税务行政复议,也可以向省、自治区、直辖市人民政府申请行政复议。

2.对国家税务总局作出的具体行政行为不服的,向国家税务总局申请行政复议。

对国家税务总局作出的行政复议决定不服的,申请人可以向人民法院提起行政诉讼,也可以向国务院申请另行裁决,国务院的裁决为终局裁决。

3.对其他税务机关、组织等作出的具体行政行为不服的,按照下列规定申请行政复议。

(1)对计划单列市税务机关作出的具体行政行为不服的,向省级税务机关申请行政复议;

(2)对税务所、各级税务机关的稽查局作出的具体行政行为不服的,向其主管税务机关申请行政复议。

税务所是税务机关的派出机构。依照《行政复议法》的规定,对以自己名义作出的税务具体行政行为不服的,向设立该派出机构的税务机关申请行政复议。

(3)对扣缴义务人作出的扣缴税款行为不服的,向主管该扣缴义务人的税务机关的上一级税务机关申请行政复议。

对受税务机关委托的单位作出的代征税款行为不服的,向委托税务机关的上一级税务机关申请行政复议。

(4)税务机关与其他行政机关联合调查的涉税案件,应当根据各自的法定职权,经协商分别作出具体行政行为,不得共同作出具体行政行为。

对国家税务局与地方税务局共同作出的具体行政行为不服的,向国家税务总局申请行政复议。

对税务机关与其他行政机关共同作出的具体行政行为不服的,向其共同上一级行政机关申请行政复议。

(5)对被撤销的税务机关在撤销前所作出的具体行政行为不服的,向继续行使其职权的税务机关的上一级税务机关申请行政复议。

四、税务行政复议机关的职责

税务行政复议机关是税务机关负责税收法制工作的机构,在税收实践中称为政策法规部门。税务行政复议机关具体办理税务行政复议,其工作职责较为全面,归纳起来有如下几个方面:

1.依法受理税务行政复议申请。

2.在复议过程中,依法向有关组织和人员调查取证,查阅文件和相关资料。

3.依法审查申请税务行政复议的具体行政行为是否合法与适当,拟订税务行政复议决定。

4.处理或者转达纳税人及其他当事人认为税务机关的具体行政行为所依据的相关规定不合法,应当由复议机关一并审查的申请要求。

5.对被申请人违反《行政复议法》和《税务行政复议规则》规定的行为,依照法定的权限和程序提出处理建议。

6.办理因不服税务行政复议决定提起税务行政诉讼的应诉事项。

7.对下级税务机关的行政复议工作进行检查和监督。

8.办理税务行政复议案件的赔偿事项。

9.办理行政复议、诉讼、赔偿等案件的统计、报告和归档工作。

各级税务机关应当建立健全法制工作机构,配备专职税务行政复议、应诉工作人员,保证税务行政复议、应诉工作的顺利进行。目前,我国各级税务机关设置的法制工作机构分别是:国家税务总局设置政策法规司,各省、市、自治区国家税务局、地方税务局分别设置政策法规处,其他行政区域的国家税务局、地方税务局分别设置政策法规处或者政策法规科。从目前的情况看,部分税务机关的政策法规机构还存在人员专业素质不高、人员编制不够、办案经费不足、领导不够重视的问题,这不利于税务机关政策法规机制的运行,也不利于税务工作法律风险的防范和排除。

五、税务行政复议文书格式

税务行政复议机关办理税务行政复议应当适用规定的文书格式,这些规定的文书格式包括:口头申请行政复议登记表、不予受理决定书、受理复议通知书、行政复议告知书、责令受理通知书、责令履行通知书、提出答复通知书、停止执行通知书、行政复议中止通知书、行政复议终止通知书、决定延期通知书、税务行政复议决定书、规范性文件转送函等。

第三节 主管税务机关应遵守的程序制度

一、申请程序的注意事项

1.关于申请人的规定

税务行政复议申请人的范围包括依法提起行政复议的纳税人及其他当事人,具体讲包括纳税义务人、扣缴义务人或者纳税担保人。

有权申请税务行政复议的公民死亡的,其近亲属可以申请行政复议。

有权申请税务行政复议的公民为无行为能力人或者限制行为能力人,其法定代理人可以代理申请行政复议。

有权申请税务行政复议的法人或者其他组织发生合并、分立或中止的,承受其权利义务的法人或者其他组织可以申请行政复议。

2.关于第三人的规定

与申请税务行政复议的具体行政行为有利害关系的其他公民、法人或者其他组织,可以作为第三人参加税务行政复议。

虽非具体税务行政行为的相对人,但其权利直接被该具体税务行政行为所剥夺、限制或者被赋予义务的第三人,在税务行政管理相对人没有申请税务行政复议时,可以单独申请税务行政复议。

3.关于被申请人的规定

纳税人及其他当事人对主管税务机关的具体行政行为不符申请行政复议的,作出具体行政行为的税务机关是被申请人。

4.关于委托诉讼代理人的规定

申请人、第三人可以委托代理人代为参加税务行政复议。

被申请人不得委托代理人单独参加税务行政复议。这一规定的具体内涵是,作为被申请人的税务机关参加税务行政复议时,必须由该税务机关的负责人参加。

5.关于申请时效的规定

纳税人、扣缴义务人或者纳税担保人应当在知道税务机关作出具体行政行为之日起60日内提出行政复议申请。因不可抗力或者被申请人设置障碍等其他正当理由耽误法定申请期限的,适用时效中断的法律规定,申请期限自障碍消除之日起继续计算。

6.关于申请的具体情形

关于申请的具体情形,《税务行政复议规则(暂行)》规定了两种情形:

第一种,以申请税务行政复议作为提起税务行政诉讼的前提。

纳税人、扣缴义务人或者纳税担保人对《税务行政复议规则(暂行)》第8条规定第(一)项和第六项前三项[1]行为不服的,应当先向复议机关申请行政复议,对行政复议决定不服的,可以再向人民法院提起行政诉讼。这一规定说明,申请行政复议是向人民法院提起行政诉讼的前置必经程序。

纳税人、扣缴义务人或者纳税担保人按照上列规定申请行政复议的,必须先行缴纳应当缴纳的税款或者解缴税款以及滞纳金或者提供其他相应的纳税担保,方可在以此为时间界点的60日内提出税务行政复议申请。

纳税人、扣缴义务人或者纳税担保人提供担保的方式包括纳税保证、纳税抵押和纳税质押。主管税务机关应当对保证人的资格进行审查,对不具备法定资格,或者没有能力承担保证责任的,有权拒绝。同时,主管税务机关还应当对纳税抵押人、纳税出质人提供的纳税抵押、纳税质押进行审查,对不符合税法法定的纳税抵押、纳税质押,应当依法不予确认。

第二种,是否申请税务行政复议,并不是提起税务行政诉讼的前提。纳税人、扣缴义务人或者纳税担保人对《税务行政复议规则(暂行)》第8条第(一)项和第(六)项[2]前三项以外的其他具体行政行为不服,可以申请行政复议,也可以直接向人民法院提起行政诉讼。这一规定说明,纳税人、扣缴义务人及纳税担保人对主管税务机关的具体行政行为不服的,可以选择不同的救济渠道来救济自己的合法权益。至于选择何种权利来维护自己的合法权益,纳税人、扣缴义务人及纳税担保人可以根据自己的实际情况决定。

7.关于申请的方式

纳税人、扣缴义务人或者纳税担保人申请税务行政复议,可以书面申请,也可以口头申请。口头申请的,税务行政复议机关应当当场记录纳税人、扣缴义务人或者纳税担保人的基本情况、行政复议的具体请求事项、申请税务行政复议的主要事实、理由。

8.申请复议的限制性规定

纳税人、扣缴义务人或者纳税担保人向复议机关申请税务行政复议,税务行政复议机关已经受理的,在法定行政复议期限内申请人不得再向人民法院提

---

[1]《税务行政复议规则(暂行)》第8条规定第(一)项规定,税务机关作出的征税行为,包括确认纳税主体、征税对象、征税范围、减税、免税及退税、适用税率、计税依据、纳税环节、纳税期限、纳税地点以及税款征收方式等具体行政行为和征收税款、加收滞纳金及扣缴义务人、受税务机关委托征收的单位作出的代扣代缴、代收代缴行为。第(六)项规定,税务机关不予依法办理或者答复的行为:1.不予审批减免或者出口退税;2.不予抵扣税款;3.不予退还税款。

[2]《税务行政复议规则(暂行)》第8条第(二)项规定了税务机关作出的税收保全措施、未及时解除保全措施、作出的强制执行措施、作出的行政处罚行为等,行政相对人可以申请税务行政复议。

起税务行政诉讼;申请人向人民法院提起税务行政诉讼,人民法院已经依法受理的,不得申请税务行政复议。

二、依法受理税务行政复议

1.关于不予受理税务行政复议的规定

税务行政复议机关收到纳税人、扣缴义务人或者纳税担保人的税务行政复议申请后,应当在5日内进行审查,决定是否受理。对不符合规定的税务行政复议申请,决定不予受理,并书面告知申请人。

税务行政复议机关对有下列情形之一的税务行政复议申请,决定不予受理:

(1)不属于税务行政复议的受案范围。

(2)超过法定的申请期限。

(3)没有确定的被申请人和行政复议对象。

(4)已向法定复议机关申请行政复议,且被受理。

(5)已向人民法院提起行政诉讼,人民法院已经受理。

(6)申请人就纳税发生争议,没有按规定缴清税款、滞纳金,并且没有提供担保或者担保无效。

(7)申请人不具备申请资格。

2.关于对受理税务行政复议申请的处理

对不属于本机关受理的税务行政复议申请,税务行政复议机关应当告知申请人向有权受理的复议机关提出申请。

税务行政复议机关收到税务行政复议申请后未在法定期限审查并作出不予受理决定的,视为受理。

对符合规定的税务行政复议申请,自税务行政复议机关法制工作机构收到之日起即为受理,受理税务行政复议申请,应当书面告知申请人。

对应当先向税务行政复议机关申请行政复议,对税务行政复议决定不服再向人民法院提起行政诉讼的具体行政行为,税务行政复议机关决定不予受理或者受理后超过复议期限不作答复的,纳税人、扣缴义务人或者纳税担保人可以自收到不予受理决定书之日起或者行政复议期满之日起15日内依法向人民法院提起税务行政诉讼。

纳税人、扣缴义务人或者纳税担保人依法提出税务行政复议申请,税务行政复议机关无正当理由而不予受理且申请人没有向人民法院提起税务政诉讼的,上级税务机关应当责令其受理,必要时,上级税务机关也可以直接受理。

复议机关受理税务行政复议申请,不得向申请人收取任何费用。

3.关于税务行政复议期间的执行问题

税务行政复议期间具体行政行为不停止执行,但有法定情形之一的,可以停止执行。这些法定情形包括:

(1)被申请人(税务机关)认为需要停止执行的。

(2)复议机关认为需要停止执行的。

(3)申请人申请停止执行,复议机关认为其要求合理,决定停止执行的。

(4)法律规定停止执行的。

4.关于税务行政复议中止的问题

税务行政复议期间,有下列情形之一的,税务行政复议中止:

(1)申请人死亡,须等待其继承人表明是否参加行政复议的。

(2)申请人丧失行为能力,尚未确定法定代理人的。

(3)作为一方当事人的行政机关、法人或者其他组织终止,尚未确定其权利义务承受人的。

(4)因不可抗力原因,致使复议机关暂时无法调查了解情况的。

(5)依照《税务行政复议规则(暂行)》第39条、第40条[1]的规定,依法对具体行政行为的依据进行处理的。

(6)案件的结果须以另一案件的申请结果为依据,而另一案件尚未审结的。

(7)申请人请求被申请人履行法定职责,被申请人正在履行的。

(8)其他应当中止行政复议的情形。

行政复议中止应当书面告知当事人。中止行政复议的情形消除后,应当立即恢复行政复议。

另外,国家税务总局还规定在刑事案件审理期间,不应中止行政复议[2]。如遇刑事案件,税务机关应加强与司法机关的工作联系与协调,以便处理好税务行政复议案件。

5.关于税务行政复议终止的问题

税务行政复议期间,有下列情形之一的,税务行政复议终止:

(1)依照《税务行政复议规则(暂行)》第38条[3]规定撤回行政复议申请的。

(2)行政复议申请受理后,发现其他复议机关或者人民法院已经先于本机关受理的。

(3)申请人死亡,没有继承人或者继承人放弃行政复议权利的。

---

[1]《税务行政复议规则(暂行)》第39条、第40条分别规定了复议机关处理税务行政复议的具体时限,如果不能在规定的时限处理税务行政复议,应当中止对具体行政行为的审查。

[2]参见国家税务总局《关于涉税案件在刑事审判期间是否应当中止税务行政复议问题的批复》,国税函(2002)130号,2002年2月1日国家税务总局公布。

[3]《税务行政复议规则(暂行)》第38条规定申请人可以在税务行政复议决定之前撤回复议申请。

(4)作为申请人的法人或者其他组织终止后,其权利义务的承受人放弃行政复议权利的;因前条第(一)、(二)项原因中止行政复议满60日仍无人继续复议的,行政复议终止,但有正当理由的除外。

(5)行政复议申请受理后,发现不符合受理条件的。

税务行政复议终止应当书面告知当事人。

三、依法审理税务行政复议

1.关于税务行政复议证据

税务行政复议证据包括以下几类:

(1)书证。

(2)物证。

(3)视听资料。

(4)证人证言。

(5)当事人的陈述。

(6)鉴定结论。

(7)勘验笔录、现场笔录。

2.关于税务行政复议举证责任的分配问题

在税务行政复议中,被申请人对其作出的具体行政行为负有举证责任。

3.关于税务行政复议证据的审查问题

税务行政复议机关审查复议案件,应当以证据证明的案件事实为依据。

首先,关于证据的合法性审查问题。

税务行政复议机关应当根据案件的具体情况,从以下方面审查证据的合法性:

(1)证据是否符合法定形式。

(2)证据的取得是否符合相关法律、行政法规的要求。

(3)是否有影响证据效力的其他违法情形。

其次,关于证据的真实性审查问题。

复议机关应当根据案件的具体情况,从以下方面审查证据的真实性:

(1)证据形成的原因。

(2)发现证据的客观环境。

(3)证据是否为原件、原物,复制件、复制品与原件、原物是否相符。

(4)证据的提供人或者证人与当事人是否有利害关系。

(5)影响证据真实性的其他因素。

然后,关于不得作为定案依据的证据材料问题。

下面这些材料不得作为定案依据：

(1)违反法定程序收集的证据材料。

(2)以偷拍、偷录、窃听等手段获取侵害他人合法权益的证据材料。

(3)以利诱、欺诈、胁迫、暴力等手段获取的证据材料。

(4)当事人无正当事由超出举证期限提供的证据材料。

(5)当事人无正当理由拒不提供原件、原物，又无其他证据印证，且对方当事人不予认可的证据复印件或者复制品。

(6)无法辨明真伪的证据材料。

(7)不能正确表达意志的证人提供的证言。

(8)不具备合法性和真实性的其他证据材料。

法制工作机构依据职责所取得的有关材料，不得作为支持被申请人具体行政行为的证据。

最后，关于本申请人搜集证据的禁止性规定。

在税务行政复议过程中，被申请人不得自行向申请人和其他有关组织或者个人搜集证据。如果被申请人自行向申请人和其他有关组织或者个人收集了相应证据，这些证据也不得作为支持其作出具体行政行为正确的依据。

4.关于税务行政复议证据的查阅问题

申请人和第三人可以查阅被申请人提出的书面答复、作出具体行政行为的依据、依据和其他有关材料，除涉及国家机密、商业机密或者个人隐私，税务行政复议机关不得拒绝。

四、依法作出税务行政复议决定

(一)税务行政复议决定的形式

税务行政复议机关负责对被申请人作出的具体行政行为进行合法性与适当性审查，提出意见，经税务行政复议机关负责人同意，按照下列规定作出税务行政复议决定：

1.具体行政行为认定事实清楚，证据确凿、充分，适用依据正确，程序合法，内容适当的，决定维持。

2.被申请人不履行法定职责的，决定其在一定期限内履行。

3.具体行政行为有下列情形之一的，决定撤销、变更或者确认该具体行政为违法；决定撤销或者确认该具体行政行为违法的，可以责令被申请人在一定期限内重新作出具体行政行为：(1)主要事实不清、证据不足的；(2)适用依据错误的；(3)违反法定程序的；(4)超越或者滥用职权的；(5)具体行政行为明显不当的。

　　税务行政复议机关责令被申请人重新作出具体行政行为的,被申请人不得以同一事实和理由作出与原具体行政行为相同或者基本相同的具体行政行为,但税务行政复议机关以原具体行政行为违反法定程序而决定撤销的,被申请人重新作出具体行政行为的,不受这一规定限制。

　　申请人在申请行政复议时可以一并提出行政赔偿请求税务行政复议机关对符合国家赔偿法的有关规定应当给予赔偿的,在决定撤销、变更具体行政行为或者确认具体行政行为违法时,应当同时决定被申请人依法给予赔偿。

　　申请人在申请税务行政复议时没有提出税务行政赔偿请求的,税务行政复议机关在依法决定撤销或者变更原具体行政行为确定的税款、滞纳金、罚款以及对财产的扣押、查封等强制措施时,应当同时责令被申请人退还税款、滞纳金和罚款,解除对财产的扣押、查封等强制措施或者赔偿相应的价款。

　　税务行政复议机关应当自受理申请之日起60日内作出行政复议决定。情况复杂,不能在规定期限内作出行政复议决定的,经税务行政复议机关负责人批准,可以适当延长,并告知申请人和被申请人,但延长期限最多不超过30日。

　　税务行政复议决定应当以书面的形式作出。根据《行政复议法》的规定,复议机关作出复议决定,应当制作复议决定书,并加盖印章。

　　(二)税务行政复议决定的执行

　　税务行政复议决定书一经送达,即发生法律效力。但是除法律规定为终局的复议决定外,申请人对行政复议决定不服的,可以在接到行政复议决定书之日起15日内,或者法律、法规规定的其他期限内向人民法院提起行政诉讼。

　　税务行政复议当事人应当依法履行发生法律效力的复议决定。对税务行政复议决定的履行分两种情况:

　　第一,作为被申请人的税务机关应当履行行政复议决定。作为被申请人的税务机关不履行或者无正当理由拖延履行行政复议决定的,复议机关或者有关上级行政机关应当责令其限期履行。

　　第二,作为行政复议申请人的纳税人等当事人逾期不起诉又不履行税务行政复议决定的或者不履行最终裁决的税务行政复议决定的,按照下列规定分别处理:

　　(1)维持具体行政行为的行政复议决定,由作出具体行政行为的税务行政机关依法强制执行或者申请人民法院强制执行;

　　(2)变更具体行政行为的行政复议决定,由税务行政复议机关依法强制执行或者申请人民法院强制执行。

五、关于规范性文件的审查问题

根据《税务行政复议规则》的规定,税务行政复议的受案范围应该说包括纳税人及其他当事人认为税务机关的具体行政行为所依据的下列规定不合法,在对具体行政行为申请行政复议时,也可以一并向税务行政复议机关提出对该规定的审查申请:(1)国家税务总局和国务院其他部门的规定;(2)其他各级税务机关的规定;(3)地方各级人民政府的规定;(4)地方人民政府工作部门的规定。这实际上是行政复议中对规范性文件的审查制度。对规范性文件的审查,在司法实践中有这样的做法:

1.纳税人等当事人对税务机关作出的具体行政行为申请行政复议时,如果一并就税务机关作出的具体行政行为依据的规范性文件提出审查申请,税务行政复议机关对该文件有权处理的,应当在30内依职权作出处理,包括撤销、废止或者修改该规范性文件等;如果对该文件无权处理的,则应当在7日内按法定程序转送有权处理的行政机关依法处理,有权处理的行政机关应当在60日内作出有关处理。

2.行政复议机关在进行行政复议时主动发现具体行政行为的依据不合法,税务行政复议机关有权处理的,应当在30日内依法作出处理,无权处理的则应当在7日内依法定程序转送有权的行政机关依法处理。

3.在对规范性文件进行处理期间,税务行政复议机关应当中止对具体行政行为的复议审查。

税务行政复议是一项严肃的监督税务机关的法律活动,复议机关及其工作人员在复议活动中如有徇私舞弊、对申请人打击报复、失职渎职等违法行为的,应当依照《行政复议法》或者其他有关法律的规定追究其法律责任。

在司法实践中,税务机关系统进行税务行政复议存在"走过场"的现象,对下级税务行政机关作出的具体行政行为哪怕是错误的也偏袒,不予以纠正,致使作为申请人的纳税人等当事人非常不满。税务行政复议机关的这种做法应当摒弃。现在,国家税务总局一直在强调税务执法过程中的法律风险"大排除",其目的就是要求各级税务机关在税务执法过程中严格依法执法,不偏不倚,平等对待各方纳税人,以及在救济程序中要平等对待各方当事人。救济程序包括听证程序、税务行政复议程序和税务行政诉讼程序。在救济程序中,纳税人、扣缴义务人、纳税担保人与税务机关一样都是当事人,在税收程序法律面前享有平等的地位。在税务行政复议程序中,税务行政复议机关应当平等地对待作出具体行政行为的税务机关和纳税人、扣缴义务人、纳税担保人。不要无故剥夺纳税人、扣缴义务人、纳税担保人在税务行政复议程序中的各项程序性权利;不要故意偏袒作出具体行政行为的税务机关。作为担任税务行政复议职能的政策法规部门在税务机关内部时刻都在与税收法律打交道,对税收程序性法律法规比其他部门更熟悉,更应该自觉地在法律法规的范围内平等地维护纳税人、扣缴义务人、纳税担保人和作出具体行政行为的税务机关的合法权益。

第四节　我国税务行政复议制度本身存在的问题

一、垂直管辖的管理机制的弊端

在税务行政复议中,我国实行垂直管辖的管理机制,即对税务机关具体行政行为不服申请的行政复议,由上一级税务机关管辖。这种管理制度一方面有利于克服地方保护主义,能够解决行政复议对专业性和技术性要求较高的问题,另一方面却存在难以避免的缺陷,即这种管理机制存在天生的不公正因素。因为许多基层税务行政复议案件中的具体行政行为在作出之前,已向上级税务机关事先请示过,是按上级税务机关意志作出的具体行政行为,如果行政相对人对税务机关作出的具体行政行为不服,申请税务行政复议,其复议结果是可想而知的。2009年10月,在西部某省某市地方税务局出现的一个案件可以说明这一管理制度的不合理性。该地方税务局稽查局在日常税务检查中怀疑某制造公司可能有偷税嫌疑,于是加大了检查力度,初步得出该公司偷税40余万元的结论,并将得出的结论向稽查局和税务局的负责人汇报,这些负责人均指示要对该公司进行严厉的行政处罚。稽查局的工作人员得到领导的指示后随即制作出相关的税务处理决定书,马上向该公司送达,并要求该公司补缴税款和滞纳金,但是该公司拒不缴纳税款及滞纳金。该公司在咨询律师后,决定提供担保并申请税务行政复议。但是某市地方税务局就是不予受理,并口头告知该公司"某市稽查局的做法是正确的,没有必要申请税务行政复议"。此时,税务行政复议的"层次监督"功能根本不能实现。"垂直管辖"实际上是税务机关部门利益左右的结果。这就是我国目前税务行政复议案件少、监督功能不强的重要原因之一。

司法因为公正而产生权威,而权威的表现是对司法活动结果的信服。没有独立的法制机构来对法律争议进行裁决,其得到的结果是难于令人信服的,其产生的权威性也将受到挑战。当前,纳税人、扣缴义务人、纳税担保人之所以对税务行政复议制度不满意,对复议结果不信服,很大程度上就在于作出税务行政复议决定的机构不独立。根据我国《税务行政复议规则(暂行)》的规定,承担税务行政复议具体工作的机构是税务机关内部设置的法制工作机构,即政策法规部门,这一部门对税务行政复议结果仅仅具有建议权和法律文书草拟权,并没有最终决定权,而且政策法规部门在草拟法律文书时也很容易与原税务机关单方面接触并且要向复议机关的负责人汇报,如此一来,税务行政复议结果就很难保证公正,因此裁决的结果就有"老子给儿子"当裁判的嫌疑,税务行政复议结果不免成为掺杂税务机关负责人个人意志的产物,这样的税务行政复议结果,其信服力就大大降低了。没有信服力的税务行政复议结果,就不能给纳税人、扣缴义务人、纳税担保人满意的权利救济结果,那么通过税务行政复议这种正当的法律途径来解决争议就会越来越少,其他非规范性的解决争议的办法也就随之出现。

二、关于税务所、稽查局作出的具体行政行为的复议问题

《税务行政复议规则》第12条第1款第(二)项规定,对税务所、各级税务局的稽查局作出的具体行政行为不服的,向其主管税务局申请行政复议。这表明,税务所、稽查局可以以自己的名义作出具体的行政处罚决定。如果纳税人、扣缴义务人、纳税担保人不服税务所、稽查局以其名义作出具体的行政处罚决定,那么只能向该税务所、稽查局的所属税务机关申请税务行政复议。这一规定在法律层面是有弊端的,在司法实践中也有执行的困惑。如前面讲到的案例,某制造公司为什么向某市地方税务局申请税务行政复议不被受理,其原因就在于:稽查局是其直属机构,并且其负责人已有指示要"严厉"处罚该制造公司。《税务行政复议规则》的这一规定,显然不能保证对税务所、稽查局作出的具体行政行为申请行政复议能得到公正客观的复议结果,因此这一规定失去其应有的存在价值。

三、关于税务所、稽查局在行政诉讼中能否成为被告的问题

与上列规定相关的困惑是,税务所、稽查局作出的具体行政行为经过行政复议环节,税务行政复议申请人对税务行政复议决定不服,要提起税务行政诉讼,应当以谁为被告?是以税务所、稽查局为被告,还是以税务所、稽查局所属的税务机关为被告?《税收征收管理法》第14条规定,税务机关是指各级税务局、税务分局、税务所和按照国务院规定设立的并向社会公告的税务机构。各级税务局所属的稽查局是向社会公告的税务机构。根据这一规定,税务所、稽查局具有行政执法主体的资格,可以对外承担相应的法律责任,可以成为税务行政诉讼的被告,但是在税务行政诉讼中不能以作出具体行政行为的税务所、稽查局为被告,只能以其所属的税务局为被告。行政诉讼法制度之所以这样要求,是因为税务所、稽查局没有自己独立的行政运行机制、没有自己独立的经费、没有自己独立的人员编制,不是严格行政法意义上的行政主体。因此,税法的这一规定与行政诉讼法的规定是有冲突的,由此看出,税法的这一规定是不严谨的。

第五节　国外税务行政复议制度的启示

一、美国的税务上诉制度

"穷尽行政救济"原则是美国税务行政复议制度的灵魂。美国的税务行政复议机关是上诉部,隶属于美国财政部立法局首席咨询部,是一个完全独立于国内收入局的行政机构。美国税务行政复议制度的设计必须遵循美国行政法"穷尽行政救济"的原则。美国税务行政复议制度以其程序的简捷、高效和公正,毫无偏私的结构设计吸引了大量的涉税纠纷在行政机关内部先行解决。纳税人如果不愿意寻求行政救济手段,还可以不缴税直接诉诸税务法院。

二、日本的税收不服申诉制度

依据日本《国税通则法》、《关税法》以及《地税法》,对不服申诉(类似于我国行政复议)原则上采取不服申诉前置主义(即原则上在提起行政诉讼之前必须经过行政不服申诉),审查请求的审理由国税不服审判所负责。也就是说,日本纳税人对税收不服进行的申诉可分为两个阶段:向原税务处分厅提出的异议申诉;向国税不服审判所所长提出的审查请求。申诉人不服国税审判所的裁决,或者未在法定期限得到裁决,可向法院提起诉讼。国税不服审判所是一个专司税收裁决的单独组织,隶属于国税厅。日本的税收不服申诉制度设计的特点是:税收不服申诉制度不是作为监督的制度,明确其为作为权利保护制度的地位,并且税收不服申诉的审查由独立于税务行政机关的机关进行。

三、韩国的行政审判委员会审查制度

吸收相当数量的民间人士担任行政审判委员会委员审查税务行政复议是韩国税务行政复议制度的特征。韩国1984年《行政审判法》规定,在每个复议机关内均设置行政审判委员会,由它具体承担行政复议的职能。该行政审判委员会具有较高的独立性,并且还吸收了相当数量的民间人士担任委员,同时,复议机关必须按照行政审判委员会的审查结论作出复议裁决。韩国法律还规定了行政审判委员会的准司法审理程序,以更好地保障复议当事人的程序性权利。

以上三国在税务行政复议上有许多相同之处:一是税务行政复议机关独立于税务行政机关;二是税务行政复议诉讼色彩浓厚,程序规定完备,保证了复议的公正;三是税务行政复议以税务诉讼为后盾。

第六节　法律责任

一、复议机关不依法履行复议职责的处罚

税务行政复议机关应当强化责任意识和服务意识,树立依法行政观念,认真履行税务行政复议职责,忠于法律,确保法律正确实施,坚持有错必纠。税务行政复议机关的复议活动应当在合法、公正、公开、及时和便民的总体原则下进行。

税务行政复议机关违反规定,无正当理由不予受理依法提出的税务行政复议申请或者不按照规定转送税务行政复议申请的,或者在法定期限内不作出税务行政复议决定的,对直接负责的主管人员和其他直接责任人员依法给予警告、记过、记大过的行政处分;经责令受理仍不受理或者不按照规定转送行政复议申请,造成严重后果的,依法给予降级、撤职、开除的行政处分。

二、复议机关的渎职处罚

税务行政复议机关工作人员行政复议活动中,徇私舞弊或者有其他渎职、失职行为的,依法给予降级、撤职、开除的行政处分;情节严重的,依法给予降级、撤职、开除的行政处分;构成犯罪的,依法追究刑事责任。

三、被申请人不提交答复、资料和阻碍他人复议申请的处罚

作为被申请人的税务机关违规定,不提出书面答复或者不提交作出具体行政行为的证据、依据和其他有关资料,或者阻挠、变相阻挠公民、法人或者其他组织依法申请行政复议的,对直接负责的主管人员和其他直接责任人员依法给予警告、记过、记大过的行政处分;进行报复陷害的,依法给予降级、撤职、开除的行政处分;构成犯罪的,依法追究刑事责任。

四、被申请人不履行、迟延履行复议决定的处罚

作为被申请人的税务机关不履行或者无正当理由拖延履行行政复议决定的,对直接负责的主管人员和其他直接责任人员依法给予警告、记过、记大过的行政处分;经责令履行仍拒不履行的,依法给予降级、撤职、开除的行政处分。

第七节　延伸阅读——税务行政复议案[1]

纳税人王某自1998年春节起从事个体餐饮业,一直未申请领取营业执照和税务登记证件。2004年4月5日,主管税务机关某县地方税务局某征收分局征收根据《税收征收管理法》第35条的规定,在没有任何原始凭证的情况下,对王某所经营的餐馆进行税款核定,核定了应税额,并计算出应缴纳的营业税及附加,并于5月14日下达了10天内限期缴纳税款通知书,王某未在限期内缴纳税款。7月18日,主管税务机关某县地方税务局某征收分局根据《税收征收管理法》第68条的规定,并依据该法第74条赋予税务部门有处以罚款2000元以下的权力,对王某下达了处罚决定,罚款1500元,并加收滞纳金,但王某拒绝签收,也没有现场证人在送达回证上签名。7月28日,王某逾期仍未缴纳上述税款和罚款,主管税务机关某县地方税务局某征收分局申请人民法院强制执行。2004年8月1日在王某缴纳4000元现金后,税务人员人员开具工商税收完税证,将该4000元全部按营业税入库,但是税票上既无计税依据,又无税率,也未在备注栏说明相关事项。2004年8月10日,王某不服主管税务机关某县地方税务局某征收分局作出的征税和处罚决定,以主管税务机关核定征收有误以及超额征收为由向该县地方税务局申请行政复议,要求变更营业税税款数额的核定,退回对申请人多征的营业税税款和滞纳金。

本案涉及的法律问题有:主管税务机关作出征税和罚款1500元的行政处罚行为存在哪些不当? 复议机关可以作出哪些裁决?

第一,根据《税收征收管理法》的规定分析,本案中,主管税务机关作出征税和罚款1500元的行政处罚行为明显不当。

(1)核定征税主要事实不清,证据不足。《税收征收管理法》第35条规定,税务机关有权对账目不健全或依法可以不建账、依法应建账而未建账的单位和个人采取以下任何一种核定方式核定其应纳税额:参照当地同类行业或者类似行业中经营规模和收入水平相似的纳税人的收入额和利润核定;按照成本加合理的费用和利润核定;按照耗用的原材料、燃料、动力等推算或者核定;按照其他合理的方法核定。本案中的主管税务机关核定了王某的营业收入,但没有记载和证明核定的依据即原始凭证。因此,主管税务机关并没有采取以上的任何一种合法方式核定清楚王某的应纳税额,也没有搜集到王某漏税的原始证据,因此,主管税务机关核定征税依据不足。

---

[1]案例来源:笔者办理的行政案卷。

(2)执法程序不合法。税法要求,税务执法文书的送达需税务当事人签收,当事人是公民的,应由本人直接签收;如果受送达人不在,必须由与其同住的成年家属签收。受送达人拒绝签收的,送达人在文书送达回证上记明拒收的理由、日期及见证人签名,将文书留在受送达人处视为送达。主管税务机关下达的《限期缴款通知书》和《行政处罚决定书》都被当事人拒绝签收,但没有书面证明当事人是否被告知送达内容,从法律上讲是无效送达。所以,主管税务机关作出的征税行为和处罚行为都是无效的。

(3)票据开具不规范。王某在人民法院强制执行后,缴纳4000元,但主管税务机关却将罚款和税款混为一谈,全部按营业税解缴入库,且工商税收完税证上既无计税依据,也无税率。这种不规范的开票行为,直接导致王某将2004年8月1日缴纳的4000元视为征税行为而申请税务行政复议,并成为较有力的证据。工商税收完税证的开具要求是一税一票,并要详细载明计税依据、税率、税目等,罚款要使用罚款专用收据,要作为罚没收入解缴国库。因此,主管税务机关票据开具不规范。

(4)超越执法权限。根据《税收征收管理法》第40条的规定,税收强制执行措施要经县以上税务局(分局)局长批准,税务机关才可采取强制执行措施。本案中主管税务机关某县地方税务局某征收分局采取强制执行措施,未经局长批准,超越了执法权限。

(5)主管税务机关某县地方税务局某征收分局是否能够以独立的主体申请人民法院强制执行,也是本案中的一个法律问题。

第二,复议机关应作出如下裁决。

复议机关如果受理此案,应当对案情作细致、全面、公正的调查,在确认主管税务机关某县地方税务局某征收分局的处罚行为存在前述明显不当之后,作出以下裁决:撤销对王某的处罚决定;责令主管税务机关某县地方税务局某征收分局重新作出对王某的具体行政处罚行为。

第二十七章　税务行政诉讼程序法律制度

　　税务行政诉讼程序制度是为保障纳税人、扣缴义务人和其他税收当事人设立的税收救济程序制度,但是众所周知,我国没有专门的法律来规定税务行政诉讼程序。司法实践中,税务行政诉讼适用《行政诉讼法》的相关法律规定以及最高人民法院的相关司法解释。

第一节　税务行政诉讼程序制度概述

一、税务行政诉讼的概念

　　税务行政诉讼是指纳税人认为税务机关及其工作人员实施的税务具体行政行为违法或者不当,侵犯了其合法权益,依法向人民法院提起行政诉讼, 由人民法院对税务具体行政行为的合法性和适当性进行审理并作出裁判的司法活动。税务行政诉讼是专门处理、解决税务争议的活动;税务行政诉讼是在人民法院的主持之下进行的、解决税务争议的司法活动;税务行政诉讼是纳税人等当事人认为税务机关的具体税收行政行为侵犯其合法权益而引起的。税务行政诉讼的目的是保证人民法院正确、及时审理税务行政案件,保护税务行政相对人(纳税人、扣缴义务人以及其他当事人)的合法权益,维护和监督税务机关依法行使税收行政职权。我国的税务行政诉讼是随着《行政诉讼法》和《税收征收管理法》的颁布实施建立和发展起来的,并且税务行政诉讼以《行政诉讼法》作为主要法律根据。

二、税务行政诉讼的特点

1.税务行政诉讼直接由承受税务机关具体行政行为的纳税人等当事人提起,是解决一定范围内的税务争议的活动

在税务行政诉讼中,起诉人即原告只能是纳税人、扣缴义务人、纳税担保人等当事人,税务机关没有起诉权,不能作为作为税务行政诉讼原告提起诉讼,发动税务行政诉讼。

税务争议时税务机关在行使税收管理职权的过程中与作为相对方的纳税人等当事人发生的权利义务纠纷。税务行政诉讼就是专门为解决税务争议而设置的诉讼制度。但是,税务行政诉讼解决的税务争议只限于一定的范围。《税收征收管理法》第88条规定,纳税人、扣缴义务人、纳税担保人同税务机关在纳税上发生争议时,必须依照税务机关的纳税决定缴纳税款或者解缴税款及滞纳金或者提供相应的担保,然后可以申请行政复议;对行政复议不服的,可以依法向人民法院起诉。当事人对税务机关的处罚决定、强制执行措施或者税收保全措施不服的,可以申请行政复议,也可以依法向人民法院起诉。这就表明我国税务行政诉讼解决税务争议的范围只限于纳税争议和不服税务机关的处罚决定、强制执行措施或者税收保全措施而产生的争议。

2.征税行为引起争议引发的税务行政诉讼,以复议为前置程序

《税收征收管理法》第88条规定,纳税人、扣缴义务人、纳税担保人对税务机关的征税行为不服,必须先经过税务行政复议程序,对税务复议决定仍不服的,才可提起诉讼。但是,对征税行为之外的其他税务纠纷,也可不经税务行政复议程序,可以直接向人民法院提起税务行政诉讼。

3.税务行政诉讼的核心是审查税务机关作出的具体行政行为是否合法

这里包含两层意思: 一是人民法院只对税务机关作出的具体行政行为进行审理,抽象行政行为不在受理范围之内;二是人民法院只就税务机关作出的具体行政行为是否合法进行审查,该具体行政行为否适当,一般由税务行政复议机关在审查税务行政复议时处理。税务行政诉讼之所以审查税务机关作出的具体行政行为是否合法,是因为行政诉讼制度的根本作用在于督促税务行政机关必须依法行政。在整个税务行政诉讼活动中,都要围绕审查税务机关作出的具体行政行为是否合法这一中心展开。

4.在税务行政诉讼活动中,由被告即税务机关承担举证责任

由被告即税务机关承担举证责任的诉讼原则,叫做举证责任倒置。设置这一举证原则的目的是,税务机关在取证方面具有比原告更纳税人等当事人更为优越、便利的条件。

5.实行合议、回避、公开审理、两审终审为特征的审判工作制度

税务行政诉讼案件由人民法院组成合议庭公开审理,与案件有某种利害关系或其他关系的审判人员应当回避,不得参加审判活动,案件经过第一审、第二审两级人民法院的审理判决,即终结诉讼。

6.税务行政诉讼中的原告、被告具有恒定性

税务行政诉讼是纳税人等当事人认为税务机关的具体税收行政行为违法并侵犯了自己的合法权益而提起的,旨在通过税务行政诉讼,即由人民法院审查税务机关的税收行政行为是否合法并作出相应的裁判,以保护自己的合法权益。为此,税务行政诉讼中能够成为享有诉权的原告的税收程序法律关系主体,只能是作为税务机关相对方的纳税人、扣缴义务人以及纳税担保人,作出具体税收行政行为的税务机关没有起诉权,更没有反诉权,只能作为被告应诉。原告和被告的这种主体身份是恒定不变的。原告和被告这种在税务行政诉讼主体地位上的特点是行政诉讼中的特点,它与民事诉讼、刑事诉讼不同。

三、税务行政诉讼的税法依据

《税收征收管理法》第88条规定,纳税人、扣缴义务人或者纳税担保人同税务机关在纳税上发生争议时,必须先依照税务机关的纳税决定缴纳税款或者解缴税款及滞纳金或者提供相应的担保,然后可以依法申请税务行政复议;对税务行政复议不服的,可以依法向人民法院起诉。这就是税务行政诉讼的税法依据。这里讲的起诉,即提起税务行政诉讼。税务行政诉讼是我国行政诉讼的一种,因此,关于税务行政诉讼的程序应依照《行政诉讼法》以及相关的司法解释规定的程序进行。

四、税务行政诉讼的受案范围

税务行政诉讼的受案范围是指人民法院受理税务行政案件、裁判税务行政争议的范围,即法律法规规定由法院审判一定范围内税务行政案件的权限。税务行政诉讼的受案范围也称人民法院的主管范围,要解决的是人民法院依法受理哪些税务行政案件,或者说,纳税人、扣缴义务人、纳税担保人依法对哪些税务行政争议可以向人民法院提起诉讼。税务行政诉讼作为行政诉讼制度的组成部分,其受案范围应遵循《行政诉讼法》的规定。在税收范畴,人民法院受理税务行政诉讼的受案范围可以概括为下列具体行政行为:

1.税务机关作出的征税行为

税务机关作出的征税行为主要包括确认纳税主体、征税对象、征税范围、减税、免税及退税、适用税率、计税依据、纳税环节、纳税期限、纳税地点以及税款

征收方式等具体行政行为和征收税款、加收滞纳金及扣缴义务人、受税务机关委托征收的单位作出的代扣代缴、代收代缴行为。税务机关作出的征税行为,如果纳税人、扣缴义务人认为违法或者不当,即可以依法提起税务行政诉讼。

2.税务机关作出的税收保全措施

税务机关作出的税收保全措施包括书面通知银行或者其他金融机构冻结纳税人、扣缴义务人或者纳税担保人的存款;扣押、查封纳税人、扣缴义务人或者纳税担保人的商品、货物或者其他财产;责令纳税人、扣缴义务人提供纳税担保。税务机关采取的税收保全措施必须合法、适当,否则,纳税人、扣缴义务人等当事人可以依法提起税务行政诉讼。

3.税务机关未及时解除保全措施,使纳税人及其他当事人的合法权益遭受损失的行为

税法规定,纳税人在税务机关采取税收保全措施后,按照税务机关规定的期限缴纳税款的,税务机关应当自收到税款或者银行转回的完税凭证之日起1日内解除税收保全。如果税务机关没有在法定的期限内解除保全措施,造成纳税人及其他当事人损失,纳税人及其他当事人可以依法提起税务行政诉讼。

4.税务机关作出的强制执行措施

税务机关作出的强制执行措施有书面通知银行或者其他金融机构从纳税人、扣缴义务人或者纳税担保人的存款中扣缴税款;拍卖、变卖纳税人、扣缴义务人或者纳税担保人被扣押、查封的商品、货物或者其他财产。如果纳税人、扣缴义务人或者纳税担保人认为税务机关的税务机关作出的强制执行措施不当,可以依法提起税务行政诉讼。

5.税务机关作出的行政处罚行为

税务机关作出的行政处罚行为包括:罚款;没收财物和违法所得;停止出口退税权。税务机关作出的这些行政处罚行为不能得到处罚相对人的认可,相对人可以依法提起税务行政诉讼。

6.税务机关不予依法办理或者答复的行为

税务机关不予依法办理或者答复的行为包括:不予审批减免税或者出口退税;不予抵扣税款;不予退还税款;不予颁发税务登记证、发售发票;不予开具完税凭证和出具票据;不予认定为增值税一般纳税人;不予核准延期申报、批准延期缴纳税款。纳税人认为税务机关不予依法办理或者答复的行为与税法相背,可以依法提起税务行政诉讼。

7.税务机关作出的取消增值税一般纳税人资格的行为

8.收缴发票、停止发售发票的行为

9.税务机关责令纳税人提供纳税担保或者不依法确认纳税担保有效的行

为

10.税务机关不依法给予举报奖励的行为

11.税务机关作出的通知出境管理机关阻止当事人出境的行为

12.税务机关作出的其他具体行政行为

要特别注意的是,纳税人、扣缴义务人、纳税担保人同税务机关在纳税上发生争议时,必须先依法申请税务行政复议,对税务行政复议决定不服的,才可以依法向人民法院税务行政诉讼。

另外,对税务行政复议机关不予受理行政复议的决定和税务行政复议决定不服的,纳税人、扣缴义务人或者纳税担保人也可以提起税务行政诉讼。

依法确定税务行政案件的管辖范围,有利于明确人民法院对税务机关的税收行政行为实施司法审查的权限范围。税务行政诉讼是人民法院监督、审查税务机关税收行政管理活动的法律制度,受案范围决定着人民法院对于哪些税收行政活动具有监督、审查的权限;有利于保护纳税人、扣缴义务人、纳税担保人的合法权益,因为受案范围决定着纳税人、扣缴义务人、纳税担保人的合法权益能够受到司法救济的范围以及他们诉权的范围。

第二节　税务行政诉讼的管辖问题

一、税务行政诉讼管辖的概念

税务行政诉讼管辖是指上下级人民法院之间和同级人民法院之间受理第一审税务行政案件的分工和权限。换言之,它所解决的是纳税人、扣缴义务人、纳税担保人认为属于人民法院受案范围的税务机关的具体行政行为侵犯了自己的合法权益时,向哪一级哪一个法院起诉的问题。或者说,税务行政诉讼管辖是人民法院内部之间受理第一审税务行政诉讼案件的权限分工,即不同地域、不同级别以及统一级别人民法院受理税务行政诉讼案件的权限分工。税务行政诉讼管辖分为级别管辖、地域管辖和指定管辖三类,其中级别管辖和地域管辖是由法律明确规定的,又称为"法定管辖"。级别管辖解决不同审级人民法院之间管辖权的划分,解决的是"纵"的关系;地域管辖解决税务行政案件由哪个地区的人民法院受理的问题,解决的是"横"的关系。指定管辖是指在特殊情况下,人民法院在税务行政案件管辖范围"不清"或者"不愿意"受理的情况下,以移送或者上级人民法院指定等行为确定的管辖,主要包括指定管辖、管辖权转移和移送管辖等三种。跟其他管辖制度一样,税务行政诉讼的管辖制度同样也适用行政诉讼管辖的相关规定。

税务行政诉讼的管辖与税务行政诉讼的受案范围不同。受案范围解决的是人民法院对哪些税务行政诉讼案件有审判权,即人民法院对哪些事务行政诉讼案件可以受理,以及纳税人、扣缴义务人、纳税担保人对哪些税务行政诉讼案件可以向人民法院提起诉讼;税务行政诉讼管辖是解决人民法院内部之间对某个税务行政诉讼案件究竟由哪个人民法院行使审判权,即某个税务行政诉讼案件由哪个人民法院受理并审批以及纳税人、扣缴义务人、纳税担保人就某个税务行政诉讼案件向哪个人民法院提起诉讼的问题。

二、税务行政诉讼管辖的确定原则

任何法律制度的设计都有相应的根据或者原则,我国税务行政诉讼管辖的确定遵循以下几个原则:(1)便于纳税人、扣缴义务人或者纳税担保人等当事人进行诉讼的原则。(2)便于人民法院行使审判权和判决的顺利执行的原则。(3)便于人民法院公正审理税务行政案件的原则。(4)原则性和灵活性相结合的原则。

三、税务行政诉讼的级别管辖

级别管辖是指上下级人民法院管辖第一审税务行政诉讼案件的分工和权限。我国人民法院的设置分为普通人民法院和专门人民法院,专门人民法院不受理税务行政诉讼案件。普通人民法院分为四级,即基层人民法院、中级人民法院、高级人民法院和最高人民法院。各级人民法院均设有行政审判庭审理行政诉讼案件。《行政诉讼法》第13条至16条对级别管辖作出了具体规定,明确了各级人民法院管辖的第一审税务行政案件。

1.税务行政诉讼级别管辖的一般规定

根据我国《行政诉讼法》的规定,基层人民法院管辖第一审税务行政案件。中级人民法院管辖下列第一审税务行政案件:(1)海关处理的税务案件。(2)对国家税务总局或者省、自治区、直辖市人民政府所作的税务行政复议决定不服提起诉讼的税务行政案件。(3)本辖区内重大、复杂的税务行政诉讼案件。高级人民法院管辖本辖区内重大、复杂的第一审税务行政诉讼案件。最高人民法院管辖全国范围内重大、复杂的第一审税务行政诉讼案件。由此可以看出,我国税务行政诉讼制度在级别管辖上首先确立了基层法院为绝大多数第一审税务行政案件管辖法院。除有特别规定之外,基层人民法院当然作为管辖第一审税务行政案件的人民法辖院。

2.税务行政诉讼级别管的特殊规定

当事人以案件重大复杂为由或者认为有管辖权的基层人民法院不宜行使税务行政诉讼案件管辖权,直接向中级人民法院起诉,中级人民法院应当根据不同情况在7日内分别作出以下处理：

(1)指定本辖区其他基层人民法院管辖。

(2)决定自己审理。

(3)书面告知当事人向有管辖权的基层人民法院起诉。

当事人向有管辖权的基层人民法院起诉，受诉人民法院在7日内未立案也未作出裁定，当事人向中级人民法院起诉，中级人民法院应当根据不同情况在7日内分别作出以下处理：

(1)要求有管辖权的基层人民法院依法处理。

(2)指定本辖区其他基层人民法院管辖。

(3)决定自己审理。

基层人民法院对其管辖的第一审税务行政案件，认为需要由中级人民法院审理或者指定管辖的，可以报请中级人民法院决定。中级人民法院应当根据不同情况在7日内分别作出以下处理：

(1)决定自己审理。

(2)指定本辖区其他基层人民法院管辖。

(3)决定由报请的人民法院审理。

中级人民法院对基层人民法院管辖的第一审税务行政案件，根据案件情况，可以决定自己审理，也可以指定本辖区其他基层人民法院审理。怎样决定、如何决定，应当根据税务行政案件的实际情况而定。

四、税务行政诉讼的地域管辖

地域管辖，是指统计人民法院之间受理第一审税务行政诉讼案件的分工和权限。它以行政辖区为标准划分同级人民法院之间受理第一审税务行政诉讼案件的权限。一个具体的税务行政诉讼案件首先要确定级别管辖，然后再确定地域管辖。级别管辖是地域管辖的前提，只有在明确级别管辖之后，才能通过地域管辖进一步明确具体的税务行政诉讼案件的受理法院，最终解决税务行政诉讼案件的关系问题。级别管辖解决的是人民法院管辖的纵向关系，地域管辖解决的是人民法院关系的横向关系。

1.税务行政诉讼地域管辖的一般规定

税务行政诉讼案件由最初作出具体行政行为的主管税务行政机关所在地的人民法院管辖，即被告所在地人民法院管辖。这里讲的"人民法院"指的是基层人民法院。

对限制人身自由的税收行政强制措施不服提起的诉讼，由被告所在地或者原告所在地人民法院管辖。原告对此类案件诉讼管辖法院享有优先选择权。

因强制执行抵税财物、纳税担保涉及的不动产提起的税务行政诉讼,由不动产所在地人民法院管辖。这类管辖属于特殊的地域管辖。

两个以上人民法院都有管辖权的案件,原告可以选择其中一个人民法院提起诉讼。原告向两个以上有管辖权的人民法院提起税务行政诉讼的,由最先收到税务行政起诉状的人民法院管辖。

2.税务行政诉讼地域管辖的特殊规定

经税务行政复议的案件,税务行政复议机关改变原具体行政行为的,也可以由税务行政复议机关所在地人民法院管辖。

税务行政复议决定有下列情形之一的,属于税务行政诉讼法律制度规定的"改变原具体行政行为":

(1)改变原具体税收行政行为所认定的主要事实和证据的;

(2)改变原具体税收行政行为所适用的规范性依据并且对案件定性产生影响的;

(3)撤销、部分撤销或者变更原具体税收行政行为处理结果的。

第三节　税务行政诉讼被告的确定原则和具体规定

税务行政诉讼的被告,是指原告指控其具体的税收行政行为侵犯原告的合法权益而向人民法院起诉,人民法院受理后依法通知其应诉的税务机关。税务机关作为被告具有如下特征：它恒定为作出具体税收行政行为的税务机关;它是被人民法院通知应诉的税务机关;它是与原告处于对立地位的税务机关。

一、税务行政诉讼被告的确定原则

1.确定税务行政诉讼被告,必须坚持与税务行政执法主体适格、一致的原则,被告必须是作出具体税收行政行为的税务机关。

税务机关属于行政执法机关,因此税务行政诉讼的被告只能是那些能够以自己的名义独立行使税务行政执法权力并能独立承担相应的法律责任的税务行政执法主体。《税收征收管理法》规定的税务局、税务分局是当然的税务行政诉讼案件被告。

实践中,税务部门认为应当将税务稽查局作为独立的税务行政诉讼的被告。笔者认为,税务稽查局不可以作为税务行政诉讼的被告。其理由如下：

第一,按照《行政处罚法》的规定,行政执法主体必须是行政机关,之所以这样严格限制,是因为只有行政机关才能有自己独立的法定职权范围,有自己独立的行政经费和财务会计,这样才能够独立行使自己的权力,并且能够独立承担相应的法律责任。行政执法主体的资格包括组织要件和法律要件。组织要件包括:行政执法主体的设立要有法律依据,属于国务院行政组织序列;行政执法主体的成立要经有权机关批准;行政执法主体已被正式对外公告其成立;行政执法主体已有法定编制个人员;行政执法主体已有独立的经费预算;行政执法主体已具备必要的办公条件。法律要件包括要有法律、行政法规明确的授权。因此,各级税务机关下设的税务稽查局,尽管已经成为外设的直属机构,但是由于没有自己独立的法定职权范围,也没有自己独立的人员编制、行政经费和财务会计,当然不具备税务行政执法主体资格,也就不能充当税务行政诉讼的被告。

第二,《税收征收管理法》第11条明确规定:"税务机关负责征收、管理、稽查、行政复议的人员的职责应当明确,并相互分离、相互制约。"这就是说,税务稽查局明显不是税务机关,而只是税务机关内部与征收、管理和复议等机构相并列、地位等同的内设机构或者科室之一。从公司角度讲,税务稽查局相当于公司的一个部门。因此,税务稽查局不能独立行使行政权力和独立承担法律责任,也没有自己独立的职权范围,不具备行政机关的任何条件,在税法层面是不符合税务行政执法主体资格的,当然也不能充当税务行政诉讼的被告。

第三,1997年9月8日,国家税务总局《关于税务稽查机构执法主体资格问题的通知》(国税发〔1997〕148号)宣布的具有独立执法主体资格的税务机构的范围有所缩小:"省、地、县三级国家税务局、地方税务局依照《中华人民共和国税收征收管理法》第8条规定设立的税务稽查局(分局),具有独立执法主体资格."。尽管专门负责行政机构设置与编制的中央机构编制委员会办公室(以下简称中编办)已经同意国家税务部门将各级税务稽查局设置为所属各级税务局的直属机构,这也只能说明各级税务稽查局与所属税务局的其他内设机构在工作职能上不同, 在税务机关的内部分工上直属机构比其他内设机构有较多的权限,但是决不能就此认为直属机构就是一级税务机关。从"某某市国家税务局税务稽查局"、"某某市地方税务局稽查局"的称谓上也可以看出,税务稽查局显然是隶属于税务局的。

第四,国家税务总局发布实施的《重大税务案件审理办法》(国税发〔2001〕21号)明确规定:稽查部门查处的重大税务案件,必须移送税务局的审理委员会(由税务局局长、副局长及法制、税政、稽查、征管等业务机构负责人组成)审理,以税务局名义做出税务处理决定书,交稽查部门执行。因此,目前税务稽查部门等业务机构履行的职能,只是一个税务行政机关整体职能中的不可分割的一部分,不具备执法主体所必需的法定条件。税务部门提出的所谓只要是直属机构就符合《税收征收管理法》第14条规定的执法主体的条件的说法是错误的。"直属机构"与"行政机关"或者"执法主体"是三个具有不同法律内涵的概念。判断税务稽查局是不是行政机关或者执法主体的关键,要看税务稽查局与所属税务局是不是彻底脱钩,是不是在人员编制、经费和财务上彻底独立了,要不是有自己独立的、法定的职权范围。

但是在税收实践中,税务稽查局可以作出行政处罚决定,但是决不能作为税务行政诉讼的被告被纳税人等当事人起诉到人民法院参加税务行政诉讼。

2.确定税务行政诉讼被告,必须坚持在同一个法定职权范围内只能有一个被告的原则

确定税务行政诉讼被告,必须坚持在同一个法定职权范围内只能有一个被告的原则,这样有利于税务行政诉讼。

从行政法原理的角度看,行政机关的重要特点之一,就是行政首长负责制。同样的税务行政机关作为独立的法人,在法定的职权范围内独立行使法定权力并独立承担相应责任。这一特点就决定了在同一个法定职权范围内只能有一个行政诉讼的被告,也就是说只能有一位行政首长,不可能有两个或者两个以上个行政首长。这里所说的职权范围的划分,只能是由国家有关法律、行政法规和国务院有关组织机构来规定的,划分的标准一般有地域和行政管理性质两个层面。

有人认为可以将税务稽查局作为一个独立的主体参与税务行政诉讼,因此有必要将税务稽查局的职权范围从其所属的税务局中划分出来,也就是说按照国家有关规定将其独立为一个行政机关,行政经费独立、职权独立行使、责任独立承担,与所属税务局没有任何法律上的隶属关系。笔者认为这是不妥的,其理由是:同一个税务行政机关只能有一个行政首长负责,税务行政执法主体也只能有一个,当然也只能有一个税务行政诉讼的被告。因此没有必要将税务稽查局作为一个独立的税务行政执法主体,并且在现时的税务行政诉讼当中,作为被告的只能是税务稽查部门所属的税务局。

其实,税务稽查局与所属税务局的关系就如同检察院与反贪局的关系一样。尽管,反贪局也能以自己的名义行使某些权力,但是,它总归要受人民检察院"管束",在承担法律责任的主体上,仍就是检察院。同样的,税务稽查局也只能是税务局的一个只能部门,因此在税务行政诉讼中,只能由税务局来作为被告。这也就是为何在实践中没有看到税务稽查局作为税务行政诉讼案件被告的原因。

3.确定税务行政诉讼被告,还必须坚持保护纳税人的合法权益的原则

税务行政诉讼被告自身的部门利益不可凌驾于纳税人、扣缴义务人或者纳税担保人的合法权益之上。当代法制国家之所以要实行税务行政诉讼制度,根本目的就是要保护纳税人、扣缴义务人或者纳税担保人的合法权益,要保证国家税务行政机关政令畅通,维护政府在纳税人、扣缴义务人或者纳税担保人心

目中的良好形象。而对于作为税务行政诉讼被告的税务行政机关来说,税务行政诉讼则是一种通过人民法院实施的强有力的司法监督,是对作为税务行政诉讼被告的税务行政机关行使税收行政管理权力的一种司法限制。因此,税务行政诉讼被告的确定,在利益取舍上应当主要是保护国家和纳税人、扣缴义务人或者纳税担保人的利益,而不是为了保护作为税务行政诉讼被告的税务行政机关的利益。税务行政诉讼被告的确定,在利益取舍上也必然要遵从这一原则。

4.确定税务行政诉讼被告,必须坚持有利于规范税收行政执法行为、有利于税务行政诉讼制度发展的原则

税务行政诉讼被告的确定对于税务行政诉讼制度的发展至关重要。如果在确定税务行政诉讼被告时缺乏统一的、规范的、长远的法定原则和考虑,甚至税务行政机关都可以随意指定一个机构去当被告,那么作为纳税人、扣缴义务人或者纳税担保人的原告必然也无所适从,其合法权益也将难以保护,最终将导致税务行政诉讼制度形同虚设。更为严重的是,对于行政执法机关来说,行政诉讼被告制度的混乱又必然直接影响到行政执法环节,最终会造成行政执法主体的混乱。因此,在确定行政诉讼被告时,必须要从行政诉讼和行政执法的大局出发。税务行政诉讼被告当然也不可能脱离于我国行政诉讼这个原则之外。目前有一种趋势是,税务部门主张将税务稽查局确定成为税务执法主体和税务行政诉讼被告, 显然税务部门缺乏对国家整个行政诉讼和行政执法大局利益的考虑,必然会带来诸多不良影响。

二、确定税务行政诉讼被告的具体规定

税务行政诉讼的被告必须是税务机关,并且必须是引起税务争议的税务机关。根据《行政诉讼法》的相关规定,税务行政诉讼的被告确定应按照如下规定执行:

1.一般规定

(1)纳税人、扣缴义务人或者纳税担保人直接向人民法院提起诉讼的,作出具体行政行为的税务机关是被告。

(2)经复议的案件,复议机关决定维持原具体行政行为的,作出原具体行政行为的税务机关机关是被告;复议机关改变原具体行政行为的,复议机关是被告。

(3)两个以上税务机关作出同一具体行政行为的,共同作出具体行政行为的税务机关是共同被告。

(4)由法律、法规授权的组织所作的具体行政行为,该组织是被告。由税务机关委托的组织所作的具体行政行为,委托的税务机关是被告。

(5)税务机关被撤销的,继续行使其职权的税务机关是被告。

2.特殊规定

(1)当事人不服经上级税务机关批准的具体行政行为,向人民法院提起税务行政诉讼的,应当以在对外发生法律效力的文书上署名的税务机关为被告。

(2)税务机关组建并赋予行政管理职能但不具有独立承担法律责任能力的机构,以自己的名义作出具体行政行为,当事人不服提起税务行政诉讼的,应当以组建该机构的税务机关为被告。

(3)税务机关的内设机构或者派出机构在没有法律、法规或者规章授权的情况下,以自己的名义作出具体行政行为,当事人不服提起税务行政诉讼的,应当以该税务机关为被告。比如对税务所作出的具体行政行为不服提起的税务行政诉讼,其被告只能是税务所的所属管理机构税务局或者是税务分局。

(4)法律、法规或者规章授权行使行政职权的税务机关内设机构、派出机构或者其他组织,超出法定授权范围实施行政行为,当事人不服提起税务行政诉讼的,应当以实施该行为的机构或者组织为被告。

(5)税务机关在没有法律、法规或者规章规定的情况下,授权其内设机构、派出机构或者其他组织行使行政职权的,应当视为委托。当事人不服提起税务行政诉讼的,应当以该税务机关为被告。比如对代扣代缴、代收代缴税款行为不服而依法提起税务行政诉讼的,其被告不能是扣缴义务人,只能是委托扣缴义务人代扣代缴、代收代缴的税务机关。

第四节 关于税务行政诉讼其他当事人的规定

根据《行政诉讼法》的相关规定,对税务行政诉讼其他当事人作了如下法律规定:

一、一般规定

1.共同原告

当事人一方或双方为两人以上,因同一具体行政行为发生的税务行政案件,或者因同样的具体行政行为发生的税务行政案件,人民法院认为可以合并审理的,为共同诉讼,当事人是税务行政诉讼的共同原告。

2.第三人

同提起税务行政诉讼的具体行政行为有利害关系的其他公民、法人或者其他组织,可以作为第三人申请参加诉讼,或者由人民法院通知参加诉讼。因此,参加诉讼的,是第三人。

3.法定代理人

没有诉讼行为能力的公民,由其法定代理人代为诉讼。法定代理人互相推诿代理责任的,由人民法院指定其中一人代为诉讼。

4.诉讼代理人

当事人、法定代理人,可以委托一至两人代为诉讼。税务行政诉讼代理人的基本资格要件是必须具有诉讼行为能力。

律师、社会团体、提起税务行政诉讼的公民的近亲属或者所在单位推荐的人,以及经人民法院许可的其他公民,可以接受委托担任税务行政诉讼代理人,但除律师以外的其他诉讼代理人不能进行有偿的代理活动,否则要受到司法行政机关的处罚。

诉讼代理人只能以税务行政诉讼当事人的名义经销诉讼活动,并且必须在代理权限范围内活动。代理诉讼的律师,可以依照规定查阅本案有关材料,可以向有关组织和公民调查、收集证据,但律师在担任被诉的税务机关的诉讼代理人时,调查、收集证据应当符合法律规定。对涉及国家秘密和个人隐私的材料,律师应当依照法律规定保密。

经人民法院许可,当事人和其他诉讼代理人可以查阅本案庭审材料,但涉及国家秘密和个人隐私的除外。

二、特殊规定

1.原告所起诉的被告不适格,人民法院应当告知原告变更被告;原告不同意变更的,裁定驳回起诉。

应当追加被告而原告不同意追加的,人民法院应当通知本应追加的被告以第三人的身份参加诉讼。

2.税务机关的同一具体行政行为涉及两个以上利害关系人,其中一部分关系人对具体行政行为不服提起诉讼,人民法院应当通知没有起诉的其他关系人作为第三人参加诉讼。

第三人有权提出与本案有关的诉讼主张,对人民法院的一审判决不服,有权提起上诉。

第五节　税务行政诉讼的法定程序

税务行政诉讼案件的法定程序主要包括受理环节、证据环节、审理环节、执行环节和救济环节等环节,现在结合行政诉讼法的相关规定进行简要的介绍。

一、税务行政诉讼案件受理程序

1.起诉的条件

税务行政案件的起诉,指的是纳税人、扣缴义务人、纳税担保人认为税务机关的具体行政行为侵犯了自己的合法权益,依法向人民法院递交诉状,诉请人民法院对该具体行政行为予以合法性审查并作出裁判以保护自己的合法权益的诉讼行为。

起诉的条件包括:第一,原告是认为税务机关作出的具体行政行为侵犯其合法权益的纳税人、扣缴义务人和纳税担保人。这一条件包括原告是与税务机关相对的纳税人、扣缴义务人和纳税担保人;税务机关的具体行政行为客观存在;纳税人、扣缴义务人和纳税担保人与被诉的具体行政行为具有利害关系;原告认为税务机关的具体行政行为侵犯其合法权益。第二,有明确的被告。第三,有具体的诉讼请求和事实根据。第四,属于人民法院的受案范围和受诉人民法院管辖。第五,没有超过诉讼时效。

2.人民法院审查起诉的重点

税务行政诉讼案件受理环节的法律关键点在于:审查纳税人、扣缴义务人或者纳税担保人的起诉是否符合法定的起诉要件;审查纳税人、扣缴义务人或者纳税担保人的起诉是否超过诉讼时效;审查人民法院受理纳税人、扣缴义务人或者纳税担保人的起诉是否违背法定程序。如果发现纳税人、扣缴义务人或者纳税担保人的起诉不符合法律规定或者人民法院违法受理案件,那么作为当事人的税务机关应当依法及时讲明。如果符合起诉要求,人民法院应当依法立案。

二、税务行政诉讼案件证据审查程序

证据,是指一切用来证明案件事实情况的材料。证据具有如下特征:税务行政诉讼证据范围宽泛。税务行政诉讼证据包括:书证、物证、视听资料、证人证言、当事人陈述、鉴定结论、勘验笔录以及现场笔录。现场笔录是其他诉讼程序没有的证据形式。税务机关向人民法院提供的作出具体行政行为的事实依据和规范性文件,不属于证据的范畴。证据有真伪之分,应当注意甄别、审查、分析、判断。

(一)证据形式

根据《行政诉讼法》的相关规定,不难看出税务行政诉讼的证据应当包括如下几种:

1.书证

书证是指以文字、符号、图形等所记载的内容或表达的思想来证明案件真实的证据。这种物品之所以称为书证,不仅因它的外观呈书面形式,更重要的是它记载或表示的内容能够证明案件事实。书证的基本特征是用它记载或者反映的内容来证明案件事实。

2.物证

物证是指以其存在的形状、质量、规格、特征等来证明案件事实的证据。物证是通过其外部特征和自身所体现的属性来证明案件的真实情况,较为客观真实,它不受人们主观因素的影响和制约,但通常表现为间接证据。

3.视听资料

视听资料,是指利用录音、录像、电子计算机储存的资料和数据等来证明案件事实的一种证据。它包括录相带、录音片、传真资料、电影胶卷、微型胶卷、电话录音、雷达扫描资料和电脑贮存数据和资料等。在当今网络时代,视听资料作为证据更应该受到重视。由于科学技术的进步,视听资料可以用剪接、拼凑的方法进行伪装或者加工,因此应当注意对其应用专门技术进行审查。

4.证人证言

证人证言,是指知道案件真实情况的人,向办案人员有关案件部分或全部事实的陈述。但是证人证言往往含有很大的主观虚假成分,在审查证人证言时应当根据最高人民法院关于证据的相关司法解释的规定认真审查,但是精神病患者或者缺乏独立思考能力的未成年人等不能作为证人。

5.当事人的陈述

当事人陈述是指当事人在诉讼中就与本案有关的事实,向人民法院所作的陈述。由于当事人往往与案件有直接的利害关系,其所作陈述的真实性应当予以严格审查,并且应当与实体证据相互印证,才能作为定案依据。

6.鉴定结论

鉴定结论是指鉴定人或鉴定组织根据委托人的指派或者聘请,运用自己的专业知识和技能对案件中需要解决的专门性问题进行鉴定后所作出的结论性的判断。鉴定结论包括两大类:一类是依当事人向人民法院提供的鉴定结论;另一类是有人民法院委托专门机构进行鉴定后所得出的鉴定结论。

7.勘验笔录、现场笔录

勘验笔录就是人民法院指派的勘验人员对案件的诉讼标的物和有关证据,经过现场勘验、调查所作的记录。现场笔录,指的是税务执法人员在执行职务过程中,对某些事项所作的能够证明案件事实的记录。

这里要注意的是,现场笔录也是法定证据之一,而我国的民事诉讼制度和刑事诉讼制度却没有这一规定。这是行政诉讼证据与民事诉讼证据和刑事诉讼证据的区别。现场笔录这一证据形式要求税务执法人员在执法过程中一定要制作好现场工作笔录,以备日后作为法定证据使用。现场笔录是行政诉讼中特有的法定证据,是为了适应行政诉讼审判的特殊性而规定的。税务机关制作、运用现场笔录应当遵循相应的规则:第一,现场笔录在证据难以保全的情况下适用;现场笔录在事后难以取证的情况下适用;现场笔录在不可能取得其他证据或者其他证据难以证明案件事实的情况下适用。第二,制作现场笔录应当遵循有关程序;现场笔录是执法现场制作的,不是事后补的;现场笔录应当由当事人签名或者盖章,尽可能有在场的证人签名或者盖章。没有当事人或者其他证人签名或者盖章没有证明作用。现场笔录是为了防止税务机关在某些特殊情况下因难以取得证据导致承担不利诉讼后果而设置的一种特殊证据,因此现场笔录的制作和运用要遵循特殊的规则。

(二)证据规则

税务行政诉讼中的证据规则强调税务机关的举证责任。税务机关的举证责任具有这样的特征:税务行政诉讼强调税务机关的举证责任,它的举证责任与原告的举证责任不等同;税务机关的举证责任是单方的责任,不等同于《民事诉讼法》第64条规定的"谁主张,谁举证"原则;税务机关的举证责任不限于事实证据,还应当包括作出具体行政行为的规范性文件;税务机关的举证必须在人民法院一审庭审结束之前;税务机关不能在诉讼中自行向原告和证人收集证据。

1.一般规定

税务行政诉讼中证据的一般规则包括:对具体行政行为的合法性,由被告税务机关承担举证责任;具体行政行为以外的问题,遵循"谁主张,谁举证"的原则。

被诉的税务机关对作出的具体行政行为负有举证责任,应当提供作出该具体行政行为的证据和所依据的规范性文件。这里强调了举证责任倒置的问题,也就是说在税务行政诉讼中的举证责任是由被诉的税务机关来承担的。如果税务机关在作出具体行政行为之前没有把握好相关证据,在税务行政诉讼程序中面临的法律后果是可想而知的。因此,要求税务机关在作出具体的行政行为之前一定要有充分的证据来支持自己作出的具体行政行为决定。如果被诉的税务机关对作出的具体行政行为不能提供相应证据,就要承担举证不能的法律后果。

当然,这绝不意味着只由被告行政机关来承担举证责任,这也是不现实的。原告也要承担一定的举证责任,按照现行的规定和司法实践,下列有关证据一般应由原告纳税人承担举证责任。

第一,有关起诉法定条件方面的证据。主要包括起诉的一般条件,如原告资格、被告资格、诉讼请求和事实依据等起诉的程序性条件,如对税务机关的征税决定不服提起诉讼,就必须看原告的起诉是否遵循了复议前置原则、复议与诉讼是否同时选择等问题。税务行政诉讼案件的起诉条件是行政诉讼法律所规定的纳税人作为原告起诉所应具备的法定要件,其目的就是防止作为纳税人的原告因为滥诉而妨碍税务机关的依法行政。这些条件性的证据往往都掌握在作为纳税人的原告手中,这些证明起诉条件的举证责任不应由作为被告的税务机关来承担。因为在起诉阶段,只要人民法院未受理税务行政诉讼案件,则作为被告的税务机关就不是"被告",它还没有参与到税务行政诉讼中来,因此,也就不存在作为被告的税务机关来举证的问题。但应该注意的是,原告的起诉是否超过诉讼时效则应由作为被告的税务机关举证。

第二,有关申请方面的证据。对于依申请而发生的具体税务行政行为不服,特别是起诉税务机关行政不作为的案件,原告即纳税人必须有证明自己提出过申请的事实证据。对于必须依申请而发生的行为程序,如果没有纳税人的申请,税务机关不得主动为之,如果纳税人起诉税务机关作出的具体行政行为不是依自己申请的内容或税务机关对其申请不作为,就有责任首先提出证据证明自己提出过申请,而后才能要求人民法院判定税务机关是否正确履行职责。

第三,有关受侵害而造成损失的证据。对税务行政诉讼中一并提出侵害赔偿的案件,有关具体行为的合法性方面的证据由被告税务机关承担举证责任,但涉及的损害的结果,特别是关于损失物品的种类、数额、价值等具体事实,因为其属于原告自己所有,因此,只能由受侵害的原告即纳税人等当事人提供相关证据。

第四,有关说明自己原本意志的证据。在属于征纳双方行为的诉讼中,纳税人对税务机关违背双方契约的行为而提起的诉讼,必须向人民法院提供能够说明自己原本意志的相关证据。比较典型的是税务机关委托代征,尽管《税收征收管理法实施细则》第44条规定了税务机关有权委托有关单位和人员代征零星税款,并按照委托代征证书规定的税种、范围、方式代表税务机关履行委托代征职责,但如果税务机关超过相关规定,要求受委托人征税,那么受委托纳税人可以凭借相关委托凭证向人民法院起诉。

第五,证明税务机关具体行为的证据。对税务机关而言,一般能够真正影响纳税人权利义务的行为都是要式行为,按照税务机关行政执法的规定,其运作程序往往都是通过填制预定格式的法律文书来证明相关内容和结果,这些外部法律文书最终必须通过法定形式送到纳税人、扣缴义务人或者纳税担保人等当事人手中,从而产生法律效力。这些法律文书主要包括税务事项通知书、责令改正通知书、税收保全措施决定书、税收强制执法决定书、税务检查通知书、税务处理决定书、税务行政处罚决定书、行政复议决定书等以及上述文书的送达文书。在税务行政诉讼中,如果对上述法律文书所涵盖的具体行政行为不服提起税务行政诉讼,必须向人民法院提供这些文书,以证明税务机关的具体行政行为的存在。而对于那些正在进行或没有完成并没有法律文书证明其内容和结果的行为提起诉讼的,人民法院一般不会受理。

2.特殊规定

(1)在税务行政诉讼过程中,被诉的税务机关不得自行向原告和证人收集证据。如果允许被诉的税务机关在诉讼过程中可以自行向原告和证人收集证据,那么税务机关在作出具体行政行为之前就可以有很大的随意性,就可以不讲求证据的充分性,纳税人、扣缴义务人或者纳税担保人等行政相对人的合法权益就有随时被税务机关侵害的可能。在诉讼层面,如果被诉的税务机关自行收集证据,即表明其原作出的具体行政行为证据不足。税务行政诉讼的这一证据规则,要求税务机关为了避免因被提起税务行政诉讼所带来的法律后果,就必须在作出具体行政行为之前找到纳税人、扣缴义务人或者纳税担保人等行政相对人违法行为的充分证据。

(2)人民法院有权要求当事人提供或者补充证据。这一证据规则与上列证据规则并不矛盾,因为《行政诉讼法》[1]规定人民法院在审理案件时,可以根据案件需要责成当事人提供或者补充证据。但是,尽管是人民法院责成被诉的税务机关提供或者补充证据,也不包括提供其自行向原告和证人收集的证据。

(3)人民法院有权向有关行政机关以及其他组织、公民调取证据。根据最高人民法院《关于行政诉讼证据若干问题的规定》[2]的规定,在审理案件时,人民法院可以自行收集证据。

(4)在诉讼过程中,人民法院认为对专门性问题需要鉴定的,应当交由具有相应资质的鉴定部门鉴定。

(5)在证据可能灭失或者以后难以取得的情况下,诉讼参加人可以向人民法院申请保全证据,人民法院也可以依职权主动采取保全措施。

(6)未经法庭质证的证据不能作为人民法院裁判的根据。

(7)复议机关在复议过程中收集和补充的证据,不能作为人民法院维持原具体行政行为的根据。

(8)被诉的税务机关在二审过程中向法庭提交在一审过程中没有提交的证据,不能作为二审法院撤销或者变更一审裁判的根据。

(9)有下列情形之一的,当事人经人民法院准许可以补充相关的证据:

被告在作出具体行政行为时已经收集证据,但因不可抗力等正当事由不能提供的。

原告或者第三人在诉讼过程中,提出了其在被告实施行政行为过程中没有

[1]参见《行政诉讼法》第34条。
[2]参见最高人民法院《关于行政诉讼证据若干问题的规定》第22条。

提出的反驳理由或者证据的。

(10)有下列情形之一的,人民法院有权调取证据：

原告或者第三人及其诉讼代理人提供了证据线索,但无法自行收集而申请人民法院调取的。

当事人应当提供而无法提供原件或者原物的。

(11)下列证据不能作为认定被诉具体行政行为合法的根据：

被告及其诉讼代理人在作出具体行政行为后自行收集的证据。

被告严重违反法定程序收集的其他证据。

在税务行政诉讼证据环节,必须要求税务执法人员熟悉证据的相关规则,依法搜集证据、提供证据和审查质疑证据。

(三)人民法院对证据的审查

人民法院审查证据,是指在审判人员的主持下和诉讼参与人的参加下,运用证据规则对证据进行鉴别、分析和判断,从中找到定案依据的活动。当事人处于自己利益的需要,往往向人民法院提供大量的证据,但这些证据不一定都能作为定案依据,这就需要审判人员对证据进行审查。证据审查是人民法院裁判案件的关键。

1.人民法院审查证据要实事求是。这一原则要求人民法院公正、客观的对待每一方当事人的每一份证据,不偏不倚;审查证据应当在法庭上进行,任何一份证据必须经过法庭质证才能作为定案的依据。

2.人民法院审查证据应当全面,不仅包括当事人自己提供的证据,也包括人民法院自行收集的证据。

3.应当对专门性问题进行鉴定。专门性问题往往涉及复杂的技术问题,而人民法院的审判人员可能不具备这方面的知识,为了查清案件事实,人民法院应当对专门性问题交由有关资质部门进行鉴定。

(四)被告税务机关与原告纳税人举证责任的区别

对作为被告的税务机关而言,只要待证明的问题与被诉的具体选择行为的合法性直接相关,那么涉及到这一具体行政行为的合法性就必须由作为被告的税务机关来承担举证责任。对作为原告的纳税人而言,如果待证明的问题不涉及被诉的具体选择行为的合法性,而只是推动诉讼继续进行的事实问题,并且这些主张不是原告提出来的,原告就不予承担举证责任。因此,就诉讼程序而言,作为原告的纳税人所需证明的基本事项是属于程序性的,往往只关系到是否引起被告进一步需要加以证明的事项。而作为被告的税务机关所需证明的事项往往都是实体性的,即被诉的具体行政行为是否合法。从举证风险上看,作为原告的纳税人所承担的举证责任只是一种初步的证明责任。作为被告的税务机关所承担的举证责任是一种最终的实体性的举证责任,它与败诉的不利风险后果直接相关。但原告的举证往往会影响诉讼的进程和效果,因此决不能忽视。

(五)税务诉讼证据的意义

税务行政诉讼过程,本质上是原告、被告在人民法院的主持下,运用证据,查明双方争议的事实,最终确定税收具体行政行为是否合法的过程,因此在这一过程中,证据至关重要。

1.税务行政诉讼证据是当事人双方维护自己合法权益的有力工具

税务行政诉讼的提起,是因为纳税人、扣缴义务人、纳税担保人认为税务机关的税收具体行政行为侵犯了其合法权益,由此向人民法院起诉。因此,税务行政诉讼的核心是税务机关的具体行政行为是否合法,是否侵犯了纳税人、扣缴义务人、纳税担保人的合法权益。诉讼中,税务机关要证明其作出的具体行政行为合法,没有侵犯纳税人、扣缴义务人、纳税担保人的合法权益,必须拿出对自己有利的证据并进行合理的运用,否则会承担不利的法律后果。基于此,证据便成为税务机关证明自己作出的具体行政行为合法的有力工具。反过来,原告要反驳税务机关的主张,也必须拿出对自己有利的证据。因此不难看出,证据对于原、被告均是至关重要的,均是维护自己利益的有力工具和手段。

2.税务行政诉讼证据是人民法院查明案件事实,作出正确裁判的工具

人民法院审理税务行政诉讼案件,必须以事实为根据,以法律为准绳。案件事实是人民法院正确适用法律的前提。案件事实在税务行政诉讼启动前就已发生,为了准确把握案件事实,人民法院必须对当事人进行询问、对各种材料进行审查,在此基础上把握案件事实。因此,双方当事人提供的各种证据就会得到人民法院的重视,就会成为人民法院查明案件事实的有力工具。

3.税务行政诉讼证据是保护纳税人等当事人的合法权益的工具

税务行政诉讼的目的是保护纳税人、扣缴义务人、纳税担保人的合法权益,这一目的只有通过人民法院的正确判决才能实现。人民法院要有正确的判决,必须依靠证据。如果没有证据,人民法院就不可能作出正确的判决。没有人民法院正确的判决,纳税人、扣缴义务人、纳税担保人的合法权益就得不到保护,税务行政诉讼就因此失去了意义。

4.税务行政诉讼证据是维护和监督税务机关依法行政的工具

在税务行政诉讼中,如果税务机关作出的具体行政行为合法,但是人民法院没有掌握这方面的证据,错误判决税务机关败诉,那么就不能保证税务机关依法行政;反之,如果税务机关作出的具体行政行为错误,但是人民法院也没有掌握这方面的证据,错误判决维持税务机关作出的具体行政行为,这样又不能依法维护纳税人、扣缴义务人、纳税担保人的合法权益。因此,无论从哪方面讲,

证据都是十分重要的。

三、税务行政诉讼案件审理程序

人民法院审理税务行政案件适用《行政诉讼法》的相关规定,审理程序按照《行政诉讼法》的相关规定办理,可以有第一审程序、第二审程序、再审程序,但是并不是所有的税务行政诉讼案件都要经历这些审理程序。

人民法院审理税务行政案件的审理方式有:独任审理或者是合议审理;开庭审理或者是书面审理;公开审理或者是不公开审理等方式。适用何种方式审理税务行政诉讼案件,要根据案件的具体情况和法律的规定决定。一般来讲,审理第一审税务行政诉讼案件,要采取合议庭审理、开庭审理、公开审理的审理方式;如果是涉及国家机密、个人隐私或者法律有规定的,应当不公开审理;审理第二审税务行政诉讼案件,可以采取书面审理的方式审理。

人民法院审理税务行政诉讼案件的范围只能是:对税务机关的具体行政行为是否合法进行审查。这是税务行政诉讼审理范围的法定要求。它的内涵是:人民法院只能对具体行政行为进行审查并作出裁决,而不能涉及抽象行政行为;人民法院对具体行政行为进行审查的中心是对其是否合法作出判断。

人民法院审理税务行政案件,主要参照法律、行政法规、地方性法规进行。具体的规定如下:

1.人民法院审理行政案件,以法律、行政法规和地方性法规为依据。

地方性法规适用于本行政区域内发生的行政案件。

人民法院审理民族自治地方的行政案件,以该民族自治地方的自治条例和单行条例为依据。

2.人民法院审理行政案件,参照国务院部、委根据法律和国务院的行政法规、决定、命令制定、发布的规章以及省、自治区、直辖市和省、自治区的人民政府所在地的市和经国务院批准的较大的市的人民政府根据法律和国务院的行政法规制定、发布的规章进行。

人民法院认为地方人民政府制定、发布的规章与国务院部委制定、发布的规章不一致的,以及国务院部委制定、发布的规章之间不一致的,由最高人民法院送请国务院作出解释或者裁决。

3.人民法院审理理行政案件,适用最高人民法院司法解释的,应当在裁判文书中援引。人民法院审理行政案件,可以在裁判文书中引用合法有效的规章及其他规范性文件。

人民法院审理税务行政诉讼案件不适用调解程序,只能用判决或者裁定的方式结案,其原因是在税务行政诉讼中,作为被告一方的税务机关的处分权是受到税法限制的,税务机关履行税收行政管理职能没有处分的任何余地,但税务行政赔偿可以适用调解。

四、税务行政诉讼案件执行程序

人民法院针对具体税务行政案件作出的法律文书一旦生效,当事人就必须履行,如果有一方当事人不履行人民法院作出的法律文书,另一方当事人可以申请人民法院执行。税务行政诉讼执行,指的是人民法院的执行组织根据当事人的申请,当义务人拒不履行已经发生法律效力的法律文书确定的义务时,依法对义务人采取强制措施,从而使生效法律文书的内容得以实现的活动。人民法院作出的发生法律效力的法律文书包括行政判决书、行政裁定书。

税务行政诉讼执行是为了保障当事人的合法权益的实现,也是为了维护法律的尊严与权威。税务行政诉讼执行的条件是有执行根据、有可供执行的内容、被执行人有执行能力但有拒不履行义务、申请执行人在法定期限内提出了执行申请。

税务行政诉讼执行当事人包括原告、被告或者第三人。

(一)关于原告、第三人申请执行的问题

税务机关拒绝履行人民法院已经生效的行政判决书、行政裁定书的,原告或者第三人可以申请第一审人民法院执行。受理执行的人民法院可以采取以下执行措施:

1.对应当归还的罚款或者应当给付的赔偿金,通知银行从该税务机关的账户内划拨。

2.在规定期限内税务机关不执行的,从期满之日起,对该税务机关按日处50元至100元的罚款。

3.向该税务机关的上一级机关或者监察、人事机关提出司法建议,建议对责任人给予行政处分和建议追究责任人的刑事责任。接受司法建议的机关,要根据有关规定进行处理,并将处理情况回复人民法院。

4.拒不执行行政判决、行政裁定,情节严重,构成犯罪的,依法追究主管人员和直接责任人员的刑事责任。

税务机关如果拒不履行人民法院已经生效的行政判决书、行政裁定书的,其风险是面临被罚款、受到上级机关的行政处分、主管人员或者直接责任人员被追究刑事责任。

原告、第三人申请人民法院强制执行前,有充分理由认为被执行人可能逃避执行的,可以申请人民法院采取财产保全措施,但要提供相应的担保。

(二)关于税务机关申请执行的问题

纳税人、扣缴义务人或者纳税担保人拒绝履行人民法院已经生效的行政判决书、行政裁定书的,税务机关可以向第一审人民法院申请执行,或者依法强制执行。

1.关于申请

税务机关申请执行的,应当满足以下条件:

(1)具体行政行为依法可以由人民法院执行;

(2)具体行政行为已经生效并具有可执行内容;

(3)申请人是作出该具体行政行为的税务机关或者法律、法规、规章授权的组织;

(4)被申请人是该具体行政行为所确定的义务人;

(5)被申请人在具体行政行为确定的期限内或者税务机关另行指定的期限内未履行义务;

(6)申请人在法定期限内提出申请;

(7)被申请执行的行政案件属于受理申请执行的人民法院管辖。

税务机关在申请人民法院强制执行前,有充分理由认为被执行人可能逃避执行的,可以申请人民法院采取财产保全措施。

2.关于受理

人民法院对符合条件的申请,应当立案受理,并通知申请人;对不符合条件的申请,应当裁定不予受理。

法律、法规没有赋予税务机关强制执行权,税务机关申请人民法院强制执行的,人民法院应当依法受理。

法律、法规规定既可以由税务机关依法强制执行,也可以申请人民法院强制执行,税务机关申请人民法院强制执行的,人民法院可以依法受理。

税务机关申请人民法院强制执行其具体行政行为,应当自被执行人的法定起诉期限届满之日起180日内提出。逾期申请的,除有正当理由外,人民法院不予受理。

税务机关申请人民法院强制执行其具体行政行为,由申请人所在地的基层人民法院受理;执行对象为不动产的,由不动产所在地的基层人民法院受理。

如果纳税人、扣缴义务人或者纳税担保人拒绝履行人民法院已经生效的行政判决书、行政裁定书的,税务机关一定要依法向第一审人民法院申请执行。

五、税务行政诉讼案件救济程序

税务行政诉讼案件救济环节包括二审程序和申诉程序。

1.关于二审程序

如果作为被告的税务机关在一审程序败诉，可以根据案情启动救济程序，在法定期限提出上诉。

税务行政诉讼中的第二审程序,也称上诉审程序,是指上级人民法院对下级人民法院就第一审税务行政诉讼案件所作的裁判,在法定上诉期内,基于当事人的上诉而对案件进行审理的程序。它与一审程序有密切联系:一审程序是二审程序的前提和基础,是二审程序的必经程序。二审程序是一审程序的继续,是二审程序的监督程序,但是一个税务行政案件是否要经过二审程序,主要取决于当事人是否上诉。税务行政诉讼设立二审程序的目的在于维护当事人的合法权益,在于实现上级人民法院对下级人民法院的监督。从这个角度讲,二审程序是当事人的权利救济程序。

不服人民法院的第一审判决的,可以在判决书送达之日起15日内向上一级人民法院提出上诉;不服人民法院的第一审裁定的,可以在裁定书送达之日起10日内向上一级人民法院提出上诉.

在法定上诉期内,作为被告的税务机关一定要审慎决定是否针对人民法院作出的一审判决提起上诉。。

人民法院对上诉案件,认为事实清楚的,可以实行书面审理。第二审人民法院审理上诉案件,应当对原审人民法院的裁判和被诉具体行政行为是否合法进行全面审查。当事人对原审人民法院认定的事实有争议的,或者第二审人民法院认为原审人民法院认定事实不清楚的,第二审人民法院应当开庭审理。

人民法院审理上诉案件,应当在收到上诉状之日起2个月内作出终审判决。有特殊情况需要延长的,由高级人民法院批准,高级人民法院审理上诉案件需要延长的,由最高人民法院批准。上述审限,是指从立案之日起至裁判宣告之日止的期间。鉴定、处理管辖争议或者异议以及中止诉讼的时间不计算在内。

人民法院审理上诉案件,按照下列情形,分别处理:人民法院审理上诉案件后有四种结果。第一种,原判决认定事实清楚,适用法律、法规正确的,判决驳回上诉,维持原判;第二种,原判决认定事实清楚,但适用法律、法规错误的,依法改判。第三种,原判决认定事实不清,证据不足,或者由于违反法定程序可能影响案件正确判决的,裁定撤销原判发回原审人民法院重审。第四种,原判决认定事实不清,证据不足,或者由于违反法定程序可能影响案件正确判决的,撤销原判,依法查清事实后改判。

第二审人民法院审理上诉案件,需要改变原审判决的,应当同时对被诉具体行政行为作出判决。

第二审人民法院经审理认为原审人民法院不予受理或者驳回起诉的裁定

确有错误,且起诉符合法定条件的,应当裁定撤销原审人民法院的裁定,指令原审人民法院依法立案受理或者继续审理。第二审人民法院裁定发回原审人民法院重新审理的行政案件,原审人民法院应当另行组成合议庭进行审理。

原审判决遗漏了必须参加诉讼的当事人或者诉讼请求的,第二审人民法院应当裁定撤销原审判决,发回重审。原审判决遗漏行政赔偿请求,第二审人民法院经审查认为依法不应当予以赔偿的,应当判决驳回行政赔偿请求。原审判决遗漏行政赔偿请求,第二审人民法院经审理认为依法应当予以赔偿的,在确认被诉具体行政行为违法的同时,可以就行政赔偿问题进行调解;调解不成的,应当就行政赔偿部分发回重审。当事人在第二审期间提出行政赔偿请求的,第二审人民法院可以进行调解;调解不成的,应当告知当事人另行起诉。

2.关于申诉程序

审判监督程序的设置是为了纠正发生法律效力的判决和裁定中的错误,是一种审判上的补救制度。从理论上讲,审判监督程序以人民法院和人民检察院的审判监督权和法律监督权为基础。审判监督程序不是一个审级,它与审级没有关系;它审理的对象是已经发生法律效力的税务行政诉讼法律文书;它不以当事人的申请开始,而是由人民法院和人民检察院依职权提起。在司法实践中,由人民法院和人民检察院依职权提起的再审案件比较少。

如果当事人对发生法律效力的法律文书不服,人民法院和人民检察院也不依职权提起再审程序,当事人怎么办？司法实践中的做法是:由当事人向人民法院申诉。如果当事人对人民法院已经发生法律效力的税务行政判决或者裁定不服,可以向人民法院提出申请,要求重新审理。当事人也可以向人民检察院提出申请,要求人民检察院依法对错误的税务行政判决或者裁定向人民法院提起抗诉。

如果作为被告的税务机关对人民法院的生效法律文书不服的,可以在法定期限内提起申诉,一旦申诉成功,将启动税务行政诉讼的再审程序,即审判监督程序,作为被告的税务机关还有推翻败诉判决的机会。在审判监督程序,税务机关一定要对税务行政诉讼程序的相关规程予以熟悉和重视,力争在再审程序中胜诉。

人民法院审理再审案件,应当对原裁判认定的事实和适用的法律全面进行审查,不受原裁判范围和当事人申诉范围的限制。人民法院对税务行政诉讼案件进行审理后,应区分不同情况作出处理。原判决、裁定认定事实清楚,适用法律正确的,应当判决维持并继续执行原判决;原判决、裁定认定事实不清,适用法律、法规不正确的,应当依法作出新的裁判。

第六节　延伸阅读——税务行政诉讼案[1]

　　某市商场具有独立法人资格,属于一般纳税人。2006年,该商场调拨多批商品到所属集团公司实行独立核算的相关企业进行销售,金额为430万元。其中,销项税额75万元未作销售,后经该市国税直属稽查分局稽核后,认定商场将该销项税额不作销售的行为为偷税行为,遂对该商场作出追缴所偷增值税75万元,并处以所偷税款0.5倍罚款。《追缴税款通知书》发出后,该商场未在税务机关限定的时间内缴足税款和罚款,于是该局依法对其采取税收强制措施,书面通知商场的开户银行从其存款中扣缴税款和罚款。由于商场银行户头上存款有限,在采取税收强制措施的同时,税务稽查分局了解到该市石油公司对该商场尚有一笔未支付的款项,该笔款项系因商场举办"质量万里行巨星演唱会"的活动,石油公司应允对此项活动进行赞助的赞助款,合计人民币20万元。为保证国家的税款及时足额到位,税务机关遂对石油公司采取强制措施,扣缴石油公司账上的20万元,作为商场应补缴的税款和罚款。该商场对税务机关认定其为偷税并处以罚款的决定以及扣缴石油公司20万元赞助款的行政措施不服,向法院提起诉讼。

　　专家评析:《中华人民共和国增值税暂行条例实施细则》第4条规定:"设有两个以上机构并实行统一核算的纳税人,将货物从一个机构移送其他机构用于销售的,视同销售货物,但相关机构设在同一县(市)的除外。"根据增值税条例实施细则的这一条规定,纳税人送货物到相关机构销售,只有在该相关机构同纳税人处于同一县(市),且又是实行统一核算的情况下,纳税人的移送行为不视为销售,其他移送行为都视同销售。本案中,商场和其调拨商品的相关企业分别实行独立核算,而并未实行统一核算,很显然,该商场不符合增值税条例实施细则规定的条件,税务机关根据《税收征收管理法》第40条的规定,认定该公司调拨到相关独立核算企业的收入,不并入销售收入缴纳增值税的行为属于偷税行为,并对其追缴税款,同时处以偷税额5倍以下罚款,该行政决定完全合法。但关键在于,税务机关为确保追缴的税款能足额入库,扣缴了该市石油公司对该商场的一笔尚未支付的赞助款,这一行政行为是否合法?

　　石油公司因商场举办"质量万里行巨星演唱会"活动,应允对其举办活动赞助20万元,这一将自己所有财产无偿地转移于另一方所有的无偿的法律行为,从法律概念上讲即为赠与。赠与必须是一方无偿地给予他方财产,而另一方愿

---

[1]案例来源:引自《税务信息网》。

意接受赠与。赞助合同是以赞助人石油公司将其财产(20万元)给予受赞助人商场所有为内容,该赞助的结果便是发生财产20万元所有权的转移。如果在本案中,税务机关扣缴石油公司赞助款20万元时,该赞助款的所有权已经依据赞助合同转移到了商场,那么税务机关的扣缴行为即为合法。但我们在这里要分析的是石油公司这笔赞助款的所有权是否在税务机关扣缴时已转移到了商场。赠与合同是指当事人约定一方将自己所有的财产无偿地转移于另一方所有的协议。赠与合同除了转移财产所有权、单方无偿等特征以外,还有一个重要的特征就是,赠与合同为实践性合同。最高人民法院《关于贯彻执行〈中华人民共和国民法通则〉若干问题的意见(试行)》第128条中规定:"赠与关系的成立,以赠与物的交付为准。"这就是说,赠与合同的成立,仅仅有赠与双方的意见表示还不够,还必须要有赠与物的交付。赠与合同自赠与物交付之时方为成立,仅有赠与的意思表示,但无赠与物的实际交付,赠与合同不成立。这便是赠与合同实践性的体现,但经过公证的赠与合同除外。把赠与合同规定为实践合同的出发点,是考虑到赠与人到期不实施赠与行为的法律后果问题,赠与人将自己财产无偿赠与对方,在这种情况下,对赠与人的责任要求是很低的,赠与人即使到期不交付赠与物,也不应依法强制其赠与,否则,对赠与人便不公平。在本案中,石油公司虽然答应对商场进行赞助,双方并就此签订了赞助合同,但直到税务机关扣缴时,石油公司尚未将这笔款项实际支付给商场,因此,按照赠与合同实践性的特点,该赞助合同尚未成立。既然合同未成立,当然这笔赞助款的所有权便未发生转移,税务机关扣缴石油公司的款项,作为补缴商场所偷的税款,显然构成了对石油公司的行政侵权,税务机关的这一行政行为是不符合法律规定的。但是,如果该赠与合同在事先经过公证,那么即使石油公司尚未支付这笔赞助款,但由于赠予合同在公证时已生效,则税务机关扣缴该赞助款,应当认为合法。

要补充说明的是,税务机关扣缴石油公司20万元赞助款的行为侵犯的是石油公司的权利,而未侵犯商场的权利,因此商场无权就此行为提起诉讼,而应由石油公司提起诉讼。

附 录

税收征收管理法

第一章 总 则

第一条 为了加强税收征收管理,规范税收征收和缴纳行为,保障国家税收收入,保护纳税人的合法权益,促进经济和社会发展,制定本法。

第二条 凡依法由税务机关征收的各种税收的征收管理,均适用本法。

第三条 税收的开征、停征以及减税、免税、退税、补税,依照法律的规定执行;法律授权国务院规定的,依照国务院制定的行政法规的规定执行。任何机关、单位和个人不得违反法律、行政法规的规定,擅自作出税收开征、停征以及减税、免税、退税、补税和其他同税收法律、行政法规相抵触的决定。

第四条 法律、行政法规规定负有纳税义务的单位和个人为纳税人。法律、行政法规规定负有代扣代缴、代收代缴税款义务的单位和个人为扣缴义务人。纳税人、扣缴义务人必须依照法律、行政法规的规定缴纳税款、代扣代缴、代收代缴税款。

第五条 国务院税务主管部门主管全国税收征收管理工作。各地国家税务局和地方税务局应当按照国务院规定的税收征收管理范围分别进行征收管理。地方各级人民政府应当依法加强对本行政区域内税收征收管理工作的领导或者协调,支持税务机关依法执行职务,依照法定税率计算税额,依法征收税款。各有关部门和单位应当支持、协助税务机关依法执行职务。税务机关依法执行职务,任何单位和个人不得阻挠。

第六条 国家有计划地用现代信息技术装备各级税务机关,加强税收征收管理信息系统的现代化建设,建立、健全税务机关与政府其他管理机关的信息共享制度。纳税人、扣缴义务人和其他有关单位应当按照国家有关规定如实向税务机关提供与纳税和代扣代缴、代收代缴税款有关的信息。

第七条 税务机关应当广泛宣传税收法律、行政法规,普及纳税知识,无偿地为纳税人提供纳税咨询服务。

第八条　纳税人、扣缴义务人有权向税务机关了解国家税收法律、行政法规的规定以及与纳税程序有关的情况。纳税人、扣缴义务人有权要求税务机关为纳税人、扣缴义务人的情况保密。税务机关应当依法为纳税人、扣缴义务人的情况保密。纳税人依法享有申请减税、免税、退税的权利。纳税人、扣缴义务人对税务机关所作出的决定,享有陈述权、申辩权;依法享有申请行政复议、提起行政诉讼、请求国家赔偿等权利。纳税人、扣缴义务人有权控告和检举税务机关、税务人员的违法违纪行为。

第九条　税务机关应当加强队伍建设,提高税务人员的政治业务素质。税务机关、税务人员必须秉公执法,忠于职守,清正廉洁,礼貌待人,文明服务,尊重和保护纳税人、扣缴义务人的权利,依法接受监督。税务人员不得索贿受贿、徇私舞弊、玩忽职守、不征或者少征应征税款;不得滥用职权多征税款或者故意刁难纳税人和扣缴义务人。

第十条　各级税务机关应当建立、健全内部制约和监督管理制度。上级税务机关应当对下级税务机关的执法活动依法进行监督。各级税务机关应当对其工作人员执行法律、行政法规和廉洁自律准则的情况进行监督检查。

第十一条　税务机关负责征收、管理、稽查、行政复议的人员的职责应当明确,并相互分离、相互制约。

第十二条　税务人员征收税款和查处税收违法案件,与纳税人、扣缴义务人或者税收违法案件有利害关系的,应当回避。

第十三条　任何单位和个人都有权检举违反税收法律、行政法规的行为。收到检举的机关和负责查处的机关应当为检举人保密。税务机关应当按照规定对检举人给予奖励。

第十四条　本法所称税务机关是指各级税务局、税务分局。税务所和按照国务院规定设立的并向社会公告的税务机构。

第二章　税务管理

第一节　税务登记

第十五条　企业,企业在外地设立的分支机构和从事生产、经营的场所,个体工商户和从事生产、经营的事业单位(以下统称从事生产、经营的纳税人)自领取营业执照之日起三十日内,持有关证件,向税务机关申报办理税务登记。税务机关应当自收到申报之日起三十日内审核并发给税务登记证件。工商行政管理机关应当将办理登记注册、核发营业执照的情况,定期向税务机关通报。本条第一款规定以外的纳税人办理税务登记和扣缴义务人办理扣缴税款登记的范围和办法,由国务院规定。

第十六条　从事生产、经营的纳税人,税务登记内容发生变化的,自工商行政管理机关办理变更登记之日起三十日内或者在向工商行政管理机关申请办理注销登记之前,持有关证件向税务机关申报办理变更或者注销税务登记。

第十七条　从事生产、经营的纳税人应当按照国家有关规定,持税务登记证件,在银行或者其他金融机构开立基本存款账户和其他存款账户,并将其全部账号向税务机关报告。银行和其他金融机构应当在从事生产、经营的纳税人的账户中登录税务登记证件号码,并在税务登记证件中登录从事生产、经营的纳税人的账户账号。税务机关依法查询从事生产、经营的纳税人开立账户的情况时,有关银行和其他金融机构应当予以协助。

第十八条　纳税人按照国务院税务主管部门的规定使用税务登记证件。税务登记证件不得转借、涂改、损毁、买卖或者伪造。

第二节　账簿、凭证管理

第十九条　纳税人、扣缴义务人按照有关法律、行政法规和国务院财政、税务主管部门的规定设置账簿,根据合法、有效凭证记账,进行核算。

第二十条　从事生产、经营的纳税人的财务、会计制度或者财务、会计处理办法和会计核算软件,应当报送税务机关备案。纳税人、扣缴义务人的财务、会计制度或者财务、会计处理办法与国务院或者国务院财政、税务主管部门有关税收的规定抵触的,依照国务院或者国务院财政、税务主管部门有关税收的规定计算应纳税款、代扣代缴和代收代缴税款。

第二十一条　税务机关是发票的主管机关,负责发票印制、领购、开具、取得、保管、缴销的管理和监督。单位、个人在购销商品、提供或者接受经营服务以及从事其他经营活动中,应当按照规定开具、使用、取得发票。发票的管理办法由国务院规定。

第二十二条　增值税专用发票由国务院税务主管部门指定的企业印制;其他发票,按照国务院税务主管部门的规定,分别由省、自治区、直辖市国家税务局、地方税务局指定企业印制。未经前款规定的税务机关指定,不得印制发票。

第二十三条　国家根据税收征收管理的需要,积极推广使用税控装置。纳税人应当按照规定安装、使用税控装置,不得损毁或者擅自改动税控装置。

第二十四条　从事生产、经营的纳税人、扣缴义务人必须按照国务院财政、税务主管部门规定的保管期限保管账簿、记账凭证、完税凭证及其他有关资料。

账簿、记账凭证、完税凭证及其他有关资料不得伪造、变造或者擅自损毁。

第三节　纳税申报

第二十五条　纳税人必须依照法律、行政法规规定或者税务机关依照法律、行政法规的规定确定的申报期限、申报内容如实办理纳税申报,报送纳税申报表、财务会计报表以及税务机关根据实际需要要求纳税人报送的其他纳税资料。扣缴义务人必须依照法律、行政法规规定或者税务机关依照法律、行政法规的规定确定的申报期限、申报内容如实报送代扣代缴、代收代缴税款报告表以及税务机关根据实际需要要求扣缴义务人报送的其他有关资料。

第二十六条　纳税人、扣缴义务人可以直接到税务机关办理纳税申报或者报送代扣代缴、代收代缴税款报告表,也可以按照规定采取邮寄、数据电文或者其他方式办理上述申报、报送事项。

第二十七条　纳税人、扣缴义务人不能按期办理纳税申报或者报送代扣代缴、代收代缴税款报告表的,经税务机关核准,可以延期申报。经核准延期办理前款规定的申报、报送事项的,应当在纳税期内按照上期实际缴纳的税额或者税务机关核定的税额预缴税款,并在核准的延期内办理税款结算。

第三章　税款征收

第二十八条　税务机关依照法律、行政法规的规定征收税款,不得违反法律、行政法规的规定开征、停征、多征、少征、提前征收、延缓征收或者摊派税款。农业税应纳税额按照法律、行政法规的规定核定。

第二十九条　除税务机关、税务人员以及经税务机关依照法律、行政法规委托的单位和人员外,任何单位和个人不得进行税款征收活动。

第三十条　扣缴义务人依照法律、行政法规的规定履行代扣、代收税款的义务。对法律、行政法规没有规定负有代扣、代收税款义务的单位和个人,税务机关不得要求其履行代扣、代收税款义务。扣缴义务人依法履行代扣、代收税款义务时,纳税人不得拒绝。纳税人拒绝的,扣缴义务人应当及时报告税务机关处理。税务机关按照规定付给扣缴义务人代扣、代收手续费。

第三十一条　纳税人、扣缴义务人按照法律、行政法规规定或者税务机关依照法律、行政法规的规定确定的期限,缴纳或者解缴税款。纳税人因有特殊困难,不能按期缴纳税款的,经省、自治区、直辖市国家税务局、地方税务局批准,可以延期缴纳税款,但是最长不得超过三个月。

第三十二条　纳税人未按照规定期限缴纳税款的,扣缴义务人未按照规定期限解缴税款的,税务机关除责令限期缴纳外,从滞纳税款之日起,按日加收滞纳税款万分之五的滞纳金。

第三十三条 纳税人可以依照法律、行政法规的规定书面申请减税、免税。减税、免税的申请须经法律、行政法规规定的减税、免税审查批准机关审批。地方各级人民政府、各级人民政府主管部门、单位和个人违反法律、行政法规规定,擅自作出的减税、免税决定无效,税务机关不得执行,并向上级税务机关报告。

第三十四条 税务机关征收税款时,必须给纳税人开具完税凭证。扣缴义务人代扣、代收税款时,纳税人要求扣缴义务人开具代扣、代收税款凭证的,扣缴义务人应当开具。

第三十五条 纳税人有下列情形之一的,税务机关有权核定其应纳税额:(一)依照法律、行政法规的规定可以不设置账簿的;(二)依照法律、行政法规的规定应当设置账簿但未设置的;(三)擅自销毁账簿或者拒不提供纳税资料的;(四)虽设置账簿,但账目混乱或者成本资料、收入凭证、费用凭证残缺不全,难以查账的;(五)发生纳税义务,未按照规定的期限办理纳税申报,经税务机关责令限期申报,逾期仍不申报的;(六)纳税人申报的计税依据明显偏低,又无正当理由的。税务机关核定应纳税额的具体程序和方法由国务院税务主管部门规定。

第三十六条 企业或者外国企业在中国境内设立的从事生产、经营的机构、场所与其关联企业之间的业务往来,应当按照独立企业之间的业务往来收取或者支付价款、费用;不按照独立企业之间的业务往来收取或者支付价款、费用,而减少其应纳税的收入或者所得额的,税务机关有权进行合理调整。

第三十七条 对未按照规定办理税务登记的从事生产、经营的纳税人以及临时从事经营的纳税人,由税务机关核定其应纳税额,责令缴纳;不缴纳的,税务机关可以扣押其价值相当于应纳税款的商品、货物。扣押后缴纳应纳税款的,税务机关必须立即解除扣押,并归还所扣押的商品、货物;扣押后仍不缴纳应纳税款的,经县以上税务局(分局)局长批准,依法拍卖或者变卖所扣押的商品、货物,以拍卖或者变卖所得抵缴税款。

第三十八条 税务机关有根据认为从事生产、经营的纳税人有逃避纳税义务行为的,可以在规定的纳税期之前,责令限期缴纳应纳税款;在限期内发现纳税人有明显的转移、隐匿其应纳税的商品、货物以及其他财产或者应纳税的收入的迹象的,税务机关可以责成纳税人提供纳税担保。如果纳税人不能提供纳税担保,经县以上税务局(分局)局长批准,税务机关可以采取下列税收保全措施:(一)书面通知纳税人开户银行或者其他金融机构冻结纳税人的金额相当于应纳税款的存款;(二)扣押、查封纳税人的价值相当于应纳税款的商品、货物或者其他财产。纳税人在前款规定的限期内缴纳税款的,税务机关必须立即解除税收保全措施;限期期满仍未缴纳税款的,经县以上税务局(分局)局长批准,税务机关可以书面通知纳税人开户银行或者其他金融机构从其冻结的存款中扣缴税款,或者依法拍卖或者变卖所扣押、查封的商品、货物或者其他财产,以拍卖或者变卖所得抵缴税款。个人及其所扶养家属维持生活必需的住房和用品,不在税收保全措施的范围之内。

第三十九条　纳税人在限期内已缴纳税款,税务机关未立即解除税收保全措施,使纳税人的合法利益遭受损失的,税务机关应当承担赔偿责任。

第四十条　从事生产、经营的纳税人、扣缴义务人未按照规定的期限缴纳或者解缴税款,纳税担保人未按照规定的期限缴纳所担保的税款,由税务机关责令限期缴纳,逾期仍未缴纳的,经县以上税务局(分局)局长批准,税务机关可以采取下列强制执行措施:(一)书面通知其开户银行或者其他金融机构从其存款中扣缴税款;(二)扣押、查封、依法拍卖或者变卖其价值相当于应纳税款的商品、货物或者其他财产,以拍卖或者变卖所得抵缴税款。税务机关采取强制执行措施时,对前款所列纳税人、扣缴义务人、纳税担保人未缴纳的滞纳金同时强制执行。个人及其所扶养家属维持生活必需的住房和用品,不在强制执行措施的范围之内。

第四十一条　本法第三十七条、第三十八条、第四十条规定的采取税收保全措施、强制执行措施的权力,不得由法定的税务机关以外的单位和个人行使。

第四十二条　税务机关采取税收保全措施和强制执行措施必须依照法定权限和法定程序,不得查封、扣押纳税人个人及其所扶养家属维持生活必需的住房和用品。

第四十三条　税务机关滥用职权违法采取税收保全措施、强制执行措施,或者采取税收保全措施、强制执行措施不当,使纳税人、扣缴义务人或者纳税担保人的合法权益遭受损失的,应当依法承担赔偿责任。

第四十四条　欠缴税款的纳税人或者他的法定代表人需要出境的,应当在出境前向税务机关结清应纳税款、滞纳金或者提供担保。未结清税款、滞纳金,又不提供担保的,税务机关可以通知出境管理机关阻止其出境。

第四十五条　税务机关征收税款,税收优先于无担保债权,法律另有规定的除外;纳税人欠缴的税款发生在纳税人以其财产设定抵押、质押或者纳税人的财产被留置之前的,税收应当先于抵押权、质权、留置权执行。纳税人欠缴税款,同时又被行政机关决定处以罚款、没收违法所得的,税收优先于罚款、没收违法所得。税务机关应当对纳税人欠缴税款的情况定期予以公告。

第四十六条　纳税人有欠税情形而以其财产设定抵押、质押的,应当向抵押权人、质权人说明其欠税情况。抵押权人、质权人可以请求税务机关提供有关的欠税情况。

第四十七条　税务机关扣押商品、货物或者其他财产时,必须开付收据;查封商品、货物或者其他财产时,必须开付清单。

第四十八条　纳税人有合并、分立情形的,应当向税务机关报告,并依法缴清税款。纳税人合并时未缴清税款的,应当由合并后的纳税人继续履行未履行的纳税义务;纳税人分立时未缴清税款的,分立后的纳税人对未履行的纳税义务应当承担连带责任。

第四十九条　欠缴税款数额较大的纳税人在处分其不动产或者大额资产之前,应当向税务机关报告。

第五十条　欠缴税款的纳税人因怠于行使到期债权,或者放弃到期债权,或者无偿转让财产,或者以明显不合理的低价转让财产而受让人知道该情形,对国家税收造成损害的,税务机关可以依照合同法第七十三条、第七十四条的规定行使代位权、撤销权。税务机关依照前款规定行使代位权、撤销权的,不免除欠缴税款的纳税人尚未履行的纳税义务和应承担的法律责任。

第五十一条　纳税人超过应纳税额缴纳的税款,税务机关发现后应当立即退还;纳税人自结算缴纳税款之日起三年内发现的,可以向税务机关要求退还多缴的税款并加算银行同期存款利息,税务机关及时查实后应当立即退还;涉及从国库中退库的,依照法律、行政法规有关国库管理的规定退还。

第五十二条　因税务机关的责任,致使纳税人、扣缴义务人未缴或者少缴税款的,税务机关在三年内可以要求纳税人、扣缴义务人补缴税款,但是不得加收滞纳金。因纳税人、扣缴义务人计算错误等失误,未缴或者少缴税款的,税务机关在三年内可以追征税款、滞纳金;有特殊情况的,追征期可以延长到五年。对偷税、抗税、骗税的,税务机关追征其未缴或者少缴的税款、滞纳金或者所骗取的税款,不受前款规定期限的限制。

第五十三条　国家税务局和地方税务局应当按照国家规定的税收征收管理范围和税款入库预算级次,将征收的税款缴入国库。对审计机关、财政机关依法查出的税收违法行为,税务机关应当根据有关机关的决定、意见书,依法将应收的税款、滞纳金按照税款入库预算级次缴入国库,并将结果及时回复有关机关。

第四章　税务检查

第五十四条　税务机关有权进行下列税务检查:(一) 检查纳税人的账簿、

记账凭证、报表和有关资料,检查扣缴义务人代扣代缴、代收代缴税款账簿、记账凭证和有关资料;(二)到纳税人的生产、经营场所和货物存放地检查纳税人应纳税的商品、货物或者其他财产,检查扣缴义务人与代扣代缴、代收代缴税款有关的经营情况;(三)责成纳税人、扣缴义务人提供与纳税或者代扣代缴、代收代缴税款有关的文件、证明材料和有关资料;(四)询问纳税人、扣缴义务人与纳税或者代扣代缴、代收代缴税款有关的问题和情况;(五)到车站、码头、机场、邮政企业及其分支机构检查纳税人托运、邮寄应纳税商品、货物或者其他财产的有关单据、凭证和有关资料;(六)经县以上税务局(分局)局长批准,凭全国统一格式的检查存款账户许可证明,查询从事生产、经营的纳税人、扣缴义务人在银行或者其他金融机构的存款账户。税务机关在调查税收违法案件时,经设区的市、自治州以上税务局(分局)局长批准,可以查询案件涉嫌人员的储蓄存款。税务机关查询所获得的资料,不得用于税收以外的用途。

　　第五十五条　税务机关对从事生产、经营的纳税人以前纳税期的纳税情况依法进行税务检查时,发现纳税人有逃避纳税义务行为,并有明显的转移、隐匿其应纳税的商品、货物以及其他财产或者应纳税的收入的迹象的,可以按照本法规定的批准权限采取税收保全措施或者强制执行措施。

　　第五十六条　纳税人、扣缴义务人必须接受税务机关依法进行的税务检查,如实反映情况,提供有关资料,不得拒绝、隐瞒。

　　第五十七条　税务机关依法进行税务检查时,有权向有关单位和个人调查纳税人、扣缴义务人和其他当事人与纳税或者代扣代缴、代收代缴税款有关的情况,有关单位和个人有义务向税务机关如实提供有关资料及证明材料。

　　第五十八条　税务机关调查税务违法案件时,对与案件有关的情况和资料,可以记录、录音、录像、照相和复制。

　　第五十九条　税务机关派出的人员进行税务检查时,应当出示税务检查证和税务检查通知书,并有责任为被检查人保守秘密;未出示税务检查证和税务检查通知书的,被检查人有权拒绝检查。

第五章　法律责任

　　第六十条　纳税人有下列行为之一的,由税务机关责令限期改正,可以处二千元以下的罚款;情节严重的,处二千元以上一万元以下的罚款:(一)未按照规定的期限申报办理税务登记、变更或者注销登记的;(二)未按照规定设置、保管账簿或者保管记账凭证和有关资料的;(三)未按照规定将财务、会计制度或者财务、会计处理办法和会计核算软件报送税务机关备查的;(四)未按照规定将其全部银行账号向税务机关报告的;(五)未按照规定安装、使用税控装置,或者损毁或者擅自改动税控装置的。纳税人不办理税务登记的,由税务机关责令限期改正;逾期不改正的,经税务机关提请,由工商行政管理机关吊销其营业执照。纳税人未按照规定使用税务登记证件,或者转借、涂改、损毁、买卖、伪造税务登记证件的,处二千元以上一万元以下的罚款;情节严重的,处一万元以上五万元以下的罚款。

第六十一条　扣缴义务人未按照规定设置、保管代扣代缴、代收代缴税款账簿或者保管代扣代缴、代收代缴税款记账凭证及有关资料的,由税务机关责令限期改正,可以处二千元以下的罚款;情节严重的,处二千元以上五千元以下的罚款。

第六十二条　纳税人未按照规定的期限办理纳税申报和报送纳税资料的,或者扣缴义务人未按照规定的期限向税务机关报送代扣代缴、代收代缴税款报告表和有关资料的,由税务机关责令限期改正,可以处二千元以下的罚款;情节严重的,可以处二千元以上一万元以下的罚款。

第六十三条　纳税人伪造、变造、隐匿、擅自销毁账簿、记账凭证,或者在账簿上多列支出或者不列、少列收入,或者经税务机关通知申报而拒不申报或者进行虚假的纳税申报,不缴或者少缴应纳税款的,是偷税。对纳税人偷税的,由税务机关追缴其不缴或者少缴的税款、滞纳金,并处不缴或者少缴的税款百分之五十以上五倍以下的罚款;构成犯罪的,依法追究刑事责任。扣缴义务人采取前款所列手段,不缴或者少缴已扣、已收税款,由税务机关追缴其不缴或者少缴的税款、滞纳金,并处不缴或者少缴的税款百分之五十以上五倍以下的罚款;构成犯罪的,依法追究刑事责任。

第六十四条　纳税人、扣缴义务人编造虚假计税依据的,由税务机关责令限期改正,并处五万元以下的罚款。纳税人不进行纳税申报,不缴或者少缴应纳税款的,由税务机关追缴其不缴或者少缴的税款、滞纳金,并处不缴或者少缴的税款百分之五十以上五倍以下的罚款。

第六十五条　纳税人欠缴应纳税款,采取转移或者隐匿财产的手段,妨碍税务机关追缴欠缴的税款的,由税务机关追缴欠缴的税款、滞纳金,并处欠缴税款百分之五十以上五倍以下的罚款;构成犯罪的,依法追究刑事责任。

第六十六条　以假报出口或者其他欺骗手段,骗取国家出口退税款的,由税务机关追缴其骗取的退税款,并处骗取税款一倍以上五倍以下的罚款;构成犯罪的,依法追究刑事责任。对骗取国家出口退税款的,税务机关可以在规定期间内停止为其办理出口退税。

第六十七条　以暴力、威胁方法拒不缴纳税款的,是抗税,除由税务机关追缴其拒缴的税款、滞纳金外,依法追究刑事责任。情节轻微,未构成犯罪的,由税务机关追缴其拒缴的税款、滞纳金，并处拒缴税款一倍以上五倍以下的罚款。

第六十八条　纳税人、扣缴义务人在规定期限内不缴或者少缴应纳或者应解缴的税款，经税务机关责令限期缴纳，逾期仍未缴纳的，税务机关除依照本法第四十条的规定采取强制执行措施追缴其不缴或者少缴的税款外，可以处不缴或者少缴的税款百分之五十以上五倍以下的罚款。

第六十九条　扣缴义务人应扣未扣、应收而不收税款的，由税务机关向纳税人追缴税款，对扣缴义务人处应扣未扣、应收未收税款百分之五十以上三倍以下的罚款。

第七十条　纳税人、扣缴义务人逃避、拒绝或者以其他方式阻挠税务机关检查的，由税务机关责令改正，可以处一万元以下的罚款；情节严重的，处一万元以上五万元以下的罚款。

第七十一条　违反本法第二十二条规定，非法印制发票的，由税务机关销毁非法印制的发票，没收违法所得和作案工具，并处一万元以上五万元以下的罚款；构成犯罪的，依法追究刑事责任。

第七十二条　从事生产、经营的纳税人、扣缴义务人有本法规定的税收违法行为，拒不接受税务机关处理的，税务机关可以收缴其发票或者停止向其发售发票。

第七十三条　纳税人、扣缴义务人的开户银行或者其他金融机构拒绝接受税务机关依法检查纳税人、扣缴义务人存款账户，或者拒绝执行税务机关作出的冻结存款或者扣缴税款的决定，或者在接到税务机关的书面通知后帮助纳税人、扣缴义务人转移存款，造成税款流失的，由税务机关处十万元以上五十万元以下的罚款，对直接负责的主管人员和其他直接责任人员处一千元以上一万元以下的罚款。

第七十四条　本法规定的行政处罚，罚款额在二千元以下的，可以由税务所决定。

第七十五条　税务机关和司法机关的涉税罚没收入，应当按照税款入库预算级次上缴国库。

第七十六条　税务机关违反规定擅自改变税收征收管理范围和税款入库预算级次的，责令限期改正，对直接负责的主管人员和其他直接责任人员依法给予降级或者撤职的行政处分。

第七十七条　纳税人、扣缴义务人有本法第六十三条、第六十五条、第六十六条、第六十七条、第七十一条规定的行为涉嫌犯罪的，税务机关应当依法移交司法机关追究刑事责任。税务人员徇私舞弊，对依法应当移交司法机关追究刑事责任的不移交，情节严重的，依法追究刑事责任。

第七十八条 未经税务机关依法委托征收税款的,责令退还收取的财物,依法给予行政处分或者行政处罚;致使他人合法权益受到损失的,依法承担赔偿责任;构成犯罪的,依法追究刑事责任。

第七十九条 税务机关、税务人员查封、扣押纳税人个人及其所扶养家属维持生活必需的住房和用品的,责令退还,依法给予行政处分;构成犯罪的,依法追究刑事责任。

第八十条 税务人员与纳税人、扣缴义务人勾结,唆使或者协助纳税人、扣缴义务人有本法第六十三条、第六十五条、第六十六条规定的行为,构成犯罪的,依法追究刑事责任;尚不构成犯罪的,依法给予行政处分。

第八十一条 税务人员利用职务上的便利,收受或者索取纳税人、扣缴义务人财物或者谋取其他不正当利益,构成犯罪的,依法追究刑事责任;尚不构成犯罪的,依法给予行政处分。

第八十二条 税务人员徇私舞弊或者玩忽职守,不征或者少征应征税款,致使国家税收遭受重大损失,构成犯罪的,依法追究刑事责任;尚不构成犯罪的,依法给予行政处分。税务人员滥用职权,故意刁难纳税人、扣缴义务人的,调离税收工作岗位,并依法给予行政处分。税务人员对控告、检举税收违法违纪行为的纳税人、扣缴义务人以及其他检举人进行打击报复的,依法给予行政处分;构成犯罪的,依法追究刑事责任。税务人员违反法律、行政法规的规定,故意高估或者低估农业税计税产量,致使多征或者少征税款,侵犯农民合法权益或者损害国家利益,构成犯罪的,依法追究刑事责任;尚不构成犯罪的,依法给予行政处分。

第八十三条 违反法律、行政法规的规定提前征收、延缓征收或者摊派税款的,由其上级机关或者行政监察机关责令改正,对直接负责的主管人员和其他直接责任人员依法给予行政处分。

第八十四条 违反法律、行政法规的规定,擅自作出税收的开征、停征或者减税、免税、退税、补税以及其他同税收法律、行政法规相抵触的决定的,除依照本法规定撤销其擅自作出的决定外,补征应征未征税款,退还不应征收而征收的税款,并由上级机关追究直接负责的主管人员和其他直接责任人员的行政责任;构成犯罪的,依法追究刑事责任。

第八十五条 税务人员在征收税款或者查处税收违法案件时,未按照本法规定进行回避的,对直接负责的主管人员和其他直接责任人员,依法给予行政处分。

第八十六条 违反税收法律、行政法规应当给予行政处罚的行为,在五年内未被发现的,不再给予行政处罚。

第八十七条 未按照本法规定为纳税人、扣缴义务人、检举人保密的,对直接负责的主管人员和其他直接责任人员,由所在单位或者有关单位依法给予行政处分。

第八十八条 纳税人、扣缴义务人、纳税担保人同税务机关在纳税上发生争议时,必须先依照税务机关的纳税决定缴纳或者解缴税款及滞纳金或者提供相应的担保,然后可以依法申请行政复议;对行政复议决定不服的,可以依法向人民法院起诉。当事人对税务机关的处罚决定、强制执行措施或者税收保全措施不服的,可以依法申请行政复议,也可以依法向人民法院起诉。当事人对税务机关的处罚决定逾期不申请行政复议也不向人民法院起诉、又不履行的,作出处罚决定的税务机关可以采取本法第四十条规定的强制执行措施,或者申请人民法院强制执行。

第六章 附 则

第八十九条 纳税人、扣缴义务人可以委托税务代理人代为办理税务事宜。

第九十条 耕地占用税、契税、农业税、牧业税征收管理的具体办法,由国务院另行制定。关税及海关代征税收的征收管理,依照法律、行政法规的有关规定执行。

第九十一条 中华人民共和国同外国缔结的有关税收的条约、协定同本法有不同规定的,依照条约、协定的规定办理。

第九十二条 本法施行前颁布的税收法律与本法有不同规定的,适用本法规定。

第九十三条 国务院根据本法制定实施细则。

第九十四条 本法自2001年5月1日起施行。

参考文献

1.徐梦洲.税法[M].北京:中国人民大学出版社,1999.

2.刘兵.税务执法程序的风险控制[M].北京:法律出版社,2009.

3.翟继光.美国联邦最高法院经典税法案例评析[M].上海:立信会计出版社,2009.

4.严振生.税法[M].北京:中国政法大学出版社,2007.

5.刘天永.中国税务律师实务[M].北京:法律出版社,2009.

6.施正文.税收程序法论[M].北京:北京大学出版社,2003.

7.刘剑文,熊伟.财政税收法[M].北京:法律出版社,2007.

8.王利民,崔建远.合同法[M].北京:北京大学出版社,1992.

9.刘金国等.法理学教科书[M].北京:中国政法大学出版社,1999.

10.谭兵.民事诉讼法学[M].北京:法律出版社,2004.

11.方世荣.行政法与行政诉讼法学[M].北京:中国政法大学出版社,2002.

12.汤贡亮.中国税收发展报告——经济与社会转型中的税收改革[M].北京:中国税务出版社,2010.

后 记

近年来,我在有关税务机关举办的税务执法程序培训班授课,主要讲授税务执法程序的风险控制策略和技巧。授课之余,与学员进行了气氛热烈的讨论。学员普遍反映,税务机关举办执法程序培训班聘请外面的老师授课是一件大好事,应该多举办这样的培训班,最好每年能举办一次。但是,有的老师讲课没有给学员印发质量较高的学习资料,这样就会影响培训质量,因此,学员建议其他老师都能像我一样每次能给他们印发学习资料,并请我每次最好能多印一些,以便他们带回去给没来参加培训的同事学习。培训学员还建议,如果我有时间,最好能写一本与税收执法程序有关的著作,不管卖多少钱他们都一定会购买。

我被学员们的热忱所感动。

说实在的,关于税收执法程序方面的专著,目前除了施正文先生的《税收程序法论》(北京大学出版社,2003年)之外,还较少见。倒是有很多税法理论方面的著作或者财税法理论方面的著作问世,在这些著作中,几乎所有的作者都只设立专章专节来介绍税收征收管理的理论,只有个别的学者[1]在其著作中设立专章介绍了税收程序法的概念和理论以及其学术立场,但没有展开论述,没有从现行的税收程序法律制度层面全面介绍税收程序法的基本原理、基本制度、具体制度、法律责任,没有系统总结、梳理税收程序法的理论和税法制度。我在写作本书之前,已经通过法律出版社出版了《税务执法程序的风险控制》一书,该书受到好评,很快在各地的新华书店售完。我出版的《税务执法程序的风险控制》也没有系统地论述税收程序的基本理论、基本原则、具体制度等诸多问题,因此,仍然不能满足税收执法程序方面的进一步学习之需。这是很遗憾的。

鉴于如上现实,我决定写作这本《税收程序法概论》。

写作本书之前,我到有关税务机关作了不少调查研究,收集了很多来自税收执法一线的信息和实际案例,了解到不少税务执法工作者在实际执法过程中遇到的困难和因为税收法规不健全、不完善所带来的难堪和无奈。除了调研之外,我还对现行的税收法律、法规结合律师实践,进行了较为系统的比较、分析和研究,写出了大量的分析资料,梳理出了税收程序法的基本原理、基本制度、

---

[1]刘剑文、熊伟:《财政税收法》,法律出版社,2007年版。

具体制度和法律责任这样的逻辑结构。因此,这本《税收程序法概论》就是按照税收程序法的基本原理、基本制度、具体制度和法律责任这条主线来展开论述的,其中也参考了《税务执法程序的风险控制》的相关内容。

本书是以概论来命题的,顾名思义,即对税收程序法的相关理论和制度只作概括性的论述。事实上也是如此,在本书中,我只是粗疏地勾勒了税收程序法的理论和制度范畴,希望能抛砖引玉。

在理论界,对税收程序法的研究,刘剑文先生已有成果。他在《财政税收法》中设立专章提出了税收程序法的命题,并形成了自己的学术立场。施正文博士出版了《税收程序法论》,较为全面地总结了税收程序法的理论问题。翟继光博士在税收程序法的理论方面也著述颇丰,并提出了很多新的理论命题。这些专家、学者的研究成果,对我启迪较多,在本书中也有借鉴。在此,我谨向这些专家、学者表示感谢。

本书在写作过程中,甘肃省国家税务局政策法规处赵俊杰处长、甘肃省地方税务局政策法规处赵永生处长欣然担任本书顾问,他们或者在税收政策上、或者在书稿的筹划上给予了很多指导,在此向他们表示衷心感谢。

我的同事牛薇为我收集了部分案例资料。我原来的助手高承菊已经是华东政法大学2009级的法律硕士了,但她仍然利用休息时间不辞辛劳地帮我编制书稿目录,在此向她们致谢。

由于笔者水平有限,书中定有不少不足乃至错误,恳请读者批评、指正。

刘　兵

2010年11月

于广东五邑碧桂园